Lazarus, komm heraus

SAMMLUNG
ÜBERLIEFERUNG UND WEISHEIT

HERDER BASEL

LAZARUS, KOMM HERAUS

VIER SCHRIFTEN
VON VALENTIN TOMBERG

MIT EINER EINFÜHRUNG
VON
ROBERT SPAEMANN

HERDER BASEL

HERAUSGEGEBEN VON MARTIN KRIELE

Alle Rechte vorbehalten – Printed in Germany
© Verlag Herder Basel 1985
Herstellung: Difo-Druck GmbH, Bamberg
ISBN 978-3-906371-12-2

INHALT

Einführung 11

LAZARUS
Das Wunder der Auferweckung in der Weltgeschichte

I. Einleitung 17
Allgemeingültigkeit als Spielregel der Wissenschaft – Intuition.

II. Die sieben Wunder des Johannesevangeliums 21
Können, Wissen, Liebesfähigkeit – Juden, Griechen, Christen – Freiheit des Glaubens, Freiheit der Liebe – Glaube und Erkenntnis – Glaube und Wille – Wunder als Ereignis, Zeichen, Gleichnis und Lehre – Das Lazaruswunder als Schlüssel zu allen Wundern – Die sieben Schöpfungstage und die sieben Wunder des Johannesevangeliums – Der Siebente Tag und das Wunder zu Kana – Der Sechste Tag und die Heilung des Sohnes des königlichen Beamten – Der Fünfte Tag und die Heilung des Gelähmten – Der Vierte Tag und die Speisung der Fünftausend – Der Dritte Tag und das Wandeln auf dem See – Der Zweite Tag und die Heilung des Blindgeborenen – Der Erste Tag und die Auferweckung des Lazarus.

III. Das Wunder der Auferweckung des Lazarus 50

1. Vergessen, Schlaf und Tod 50
2. Erinnerung, Erwachen, Auferstehung 54

Mechanisches, logisches, moralisches Gedächtnis – Gedächtnis und Altersstufen – Stufen des Erwachens des Bewußtseins – Das „neue Jerusalem" – Auferstehung und Auferweckung – Der Auferstehungsleib – Das Wirken der Heiligen nach dem Tode – Heiligenverehrung – Vererbung und Individualisierung des Leibes – Reinkarnation und Auferstehung – Die platonische Wiedererkenntnislehre – Der Weise als Überwinder des Vergessens – Buddha als Überwinder des Schlafes – Christus als Überwinder des Todes.

3. Wie es geschah 73
Lazarus in der Überlieferung – Die Freunde Jesu – Der Weg, die Wahrheit und das Leben – Christliche Initiation – Die „Krankheit" des Lazarus: himmlische Gravitation – „Abrahams Schoß" – Lazarus' Weg zum Uranfang – Das „Vorspiel der Auferstehung" – Jesu Tränen – „Lazarus, komm heraus!"

4. Was geschieht 85
Die Gegenwart des Vergangenen.

IV. Das Lazaruswunder in der Geistgeschichte der Menschheit 87

1. Was ist Geistgeschichte? 87
Die „biblische" Betrachtungsweise der Geschichte.

2. Die Tages- und Nachtseite der Geschichte 89
Die Auseinandersetzung der Menschheit mit den drei Versuchungen der Macht (Gehorsam), des Instinktiv-Unterbewußten (Keuschheit) und des Materialismus (Armut) – Zweifel des Denkens, Verlockung des Gefühls, Verführung des Willens – Degeneration und Regeneration – Das Konzil von Nizäa – Ordensgründer – Das Gesetz der aufeinanderfolgenden auferweckenden Impulse – Avatare, Buddhas, Imame – Der Heilige Geist – „Götterdämmerungen" und „Renaissancen" – Die Weltgeschichte ist das Weltgericht

3. Kausalität und Wunder in der Geistgeschichte der Menschheit 109
Das Wesen des Wunders – Die jungfräuliche Empfängnis Mariens – Das Christentum ist „Wunder" – Anpassung der Kirche an die „Welt von heute"? – Die Wirklichkeit der moralischen Weltordnung – „Mein Reich ist nicht von dieser Welt" – Die „Pforten der Hölle" – Das Amt des Papstes.

4. Das Christentum als Auferstehungsvorgang in der Geistgeschichte der Menschheit 119
Wandlung und Verklärung – Ewige Wiederkehr des Gleichen – Ebbe und Flut im kollektiven Unterbewußten – „Wiederkehr" der Vergangenheit – Beispiel: der Erste Weltkrieg – Die Tragik Nietzsches – Auferstehung des Eremitentums – Auferstehung des Heidentums – Die Auferstehung aller Wahrheit und Liebe der Vergangenheit im Christentum.

DIE VERKÜNDUNG AUF DEM SINAI
Der Bund und die Gebote

I. Einleitung: Die Wolke über dem Berge 131

Der göttliche Ursprung der zehn Gebote – Spiegelung der moralischen Weltordnung

II. „Ich bin Jahwe, dein Gott" – Die Einheit in der Zehnheit . 132

Die Zehn in der hebräisch-esoterischen Tradition – Die qualitative Bedeutung der Zahl – Das Gebot der Anerkennung der Offenbarung des Herrn – Die zehn Gebote als zehn Flammenzungen dieses Grundgebots

III. „Du sollst keine anderen Götter haben als mich" – Das Gebot des Essentialismus 134

Sein und Dasein – Essentialismus und Existentialismus – Gott als überichliches Ich („Mehr Ich als das eigene Ich") – „Das Haus der Hörigkeit" – Anbeter der Venus, des Mars, des Molochs – Versklavung durch die „anderen Götter" – Freiheit in Gott – Moses und Aaron – Das goldene Kalb – Offenbarung und Zeitgeist – Das Wesen des Dogmas – Der Stuhl Petri – Die „Ich bin"-Worte – Amtsautorität und Volkswille

IV. „Du sollst dir kein Bild machen" – Das Gesetz der Unvorstellbarkeit und Unvergleichlichkeit als Grundbedingung für die Wesensoffenbarung und die Wesenserkenntnis 147

Positive und negative Theologie – Der „Tagesweg" und der „Nachtweg" – Die Welt als „die andere Heilige Schrift" – Bonaventura und Johannes vom Kreuz – Die „Nacht des Geistes" – Licht und Wahrheit – Bilder und Gleichnisse – Die Begegnung auf dem Berge Tabor – Der Weg durch die Wüste – Glauben und Sehen – „Manna" – Tatsache und Symbol

V. „Du sollst den Namen Jahwes, deines Gottes, nicht mißbrauchen" – Der unaussprechliche Name Gottes 154

Die Bedeutung der Namengebung – „Ich bin der Ich bin" und der Gott der Väter – Die Unaussprechlichkeit des Gottesnamens – Vererbung und individuelles Karma

VI. Der Gebrauch des Namens Gottes in der Meditation . . 159

Die zehn Namen Gottes: EHIYEH – JHWH – SCHADDAI – EL – JAH – ELOHIM – ELOHA – ELOHIM-GIBOR – JHWH-ZEBAOTH – ADONAI – Die zehn Sephiroth und die zehn Namen Gottes

VII. „Gedenke des Sabbattages, daß du ihn heiligst" – Das Gesetz der Einkehr 168

Meditation, Kontemplation, Gebet – Die Meditationsschule Bernhard von Clairvaux' – Das Urbild des Siebenten Schöpfungstages – Einkehr und Rückkehr in die Welt – Toynbees Lehre von Einkehr und Rückkehr – Beispiele

VIII. „Ehre deinen Vater und deine Mutter" – Das Gesetz der Kontinuität oder des Lebens der Tradition 174

1. Der göttliche Grund und das Urbild von Vaterschaft und Mutterschaft 174

Die Erfahrung der Elternliebe – Elternliebe und Gottesliebe – Der ewige Vater und die ewige Mutter – Die weinende Jungfrau – Der Stern Davids (Das Siegel Salomos)

2. „Auf daß du lange lebest in dem Lande, das dir der Herr, dein Gott, gibt" – Das Gesetz der lebendigen Tradition 178

Zeitablauf und Tradition – Vererbung, Schuld, Fügung – Biologische Evolution und geistige Tradition – Der Ingenieur und der Weise – Vergegenwärtigung der Tradition – Das Sakrament der Kommunion – Ordensgründer und Ordensregeln

IX. „Du sollst nicht töten" – Das Verbot der Zerstörung . . 183

Das 6.–10. Gebot als Ausprägung des 5. Gebots – Seele und Leib – Besitz als „erweiterter Leib" – Guter Ruf als „erweiterte Seele" – Ehe und der Bund Jahwe-Israel – Zerstörung der Tradition – Zerstörung heidnischer Traditionen – Toleranz heißt Geduld – Die Auferstehung verdrängter Traditionen – Die „Pforten der Hölle" (des Todes)

X. Wer ist Jahwe-Elohim? 189

Prophetie und Stellvertretung – Wirkende und verkündende Propheten – Prophetische Mission der Engel – Der Engel des Herrn – Die neun Hierarchien – Dionysius Areopagita, Thomas von Aquin, Bonaventura – Die Engellehre Rudolf Steiners – Die Sprache der Liebe

„DEIN REICH KOMME"
Die drei Reiche der Natur, des Menschen und Gottes

I. Das Reich der Natur 195

„Schlüssiges Handeln" der Natur – Die zwei Lehren der Evolution: Recht des Stärkeren und Recht des Kollektivs – Das Symbol der Schlange – „Ihr werdet sein wie Götter – ohne Gott" – Die Natur als Spiegel von Urbildern – Evolution oder Differenzierung

II. Das Reich des Menschen 204

Der evolutionäre Instinkt wird zur wissenschaftlich-technischen Intelligenz – Der erste Altar – Der Adel des Menschen – Kontemplative Vernunft – Selbstbeherrschung – Humanismus als moralische Haltung

III. Das Reich Gottes – Die Seligpreisungen 208

Das Heilswerk in der Geschichte der Menschheit – Natürliche Evolution, Kulturgeschichte, Heilsgeschichte: Die „Evolution als Ganzes" – Die Offenbarungen der vorchristlichen Religionen – „Ebenbild und Gleichnis Gottes" – Selig die Armen im Geiste – Selig die Trauernden – Selig die Sanftmütigen – Selig, die hungern und dürsten nach der Gerechtigkeit – Selig, die um meinetwillen verfolgt werden – Selig die Barmherzigen – Selig, die reinen Herzens sind – Selig die Friedensstifter – Läuterung, Erleuchtung und Vereinigung als Weg der Menschheit zum Reich Gottes

DER ODEM DES LEBENS
Ein Fragment

Statt einer Vorrede 223

I. Das Geheimnis des Atems 223

Der Stufenbau des Menschen in der jüdischen Mystik – Gebet und Meditation – homo amans – Die Sprache vor dem Turmbau zu Babel – Die Pfingstsprache der Apostel

II. Die natürlich-übernatürlichen Sinnbilder der heiligen Dreieinigkeit Gottes 229

Atemübungen und Konzentration – Die Botschaft des Nachthimmels – Die Botschaft des Sonnenunterganges – Die Botschaft der Geburt des neuen Tages

Nachwort des Herausgebers 235

EINFÜHRUNG

Die Absicht dieses Buches ist, „das Wunder der Auferweckung des Lazarus auf einem Niveau zu betrachten, das seiner würdig ist". Was das heißt, kann man sich vielleicht am ehesten verdeutlichen, wenn man die Betrachtungsweise des Verfassers abgrenzt von den zwei Zugangsarten, die seit längerem herrschend geworden sind. Die eine besteht darin, mit mehr oder weniger Glück die nackten historischen Fakten hypothetisch zu rekonstruieren, die einem biblischen Bericht zugrunde liegen. Die andere darin, den Bericht als Literatur zu nehmen, die auf ihren „Skopus", ihr Erzählziel, ihre „Aussage" hin interpretiert wird. Beide Zugangsarten bleiben notwendig unter dem Niveau dessen, was sie erschließen wollen. Die geschichtliche Wirklichkeit ist nämlich nie „nackt", und die der Heilsgeschichte ist es am wenigsten. Sie ist von unerschöpflicher Bedeutsamkeit. Was aber die Heiligen Schriften betrifft, so sollte für ihre Auslegung mindestens gelten, was für jede große Dichtung gilt: man erschließt sie nicht, wenn man den größten Teil des Textes zur bloßen Funktion oder zum Mittel im Dienste eines Erzählzieles oder einer „Aussage" herabsetzt. Wer das mit den Texten des Neuen Testamentes tut, siedelt das Heilsgeschehen unter dem strukturellen Niveau eines Gänseblümchens an. Valentin Tombergs Weise, den Bericht der Auferweckung das Lazarus ernst zu nehmen, gibt allein schon heute seinem Buch Anspruch auf Aufmerksamkeit und auf jenen Vertrauensvorschuß, ohne welchen spirituelle, nicht diskursiv gewonnene Einsichten nie vermittelt werden können. Wer bereit ist, sich dem Autor und dem, was er mitzuteilen hat, für eine Weile aufmerksam und vorurteilslos zu überlassen, wird überrascht und reich belohnt. Er sieht mehr als er zuvor sah. Vielleicht vermag er nicht alles zu sehen, was der Autor sah. Der geniale Interpret mag auf Entsprechungen und Beziehungen hinweisen, die einem anderen Betrachter weniger einleuchten. Der unerschöpfliche Beziehungsreichtum ist es ja, der das große Werk auszeichnet, die Unendlichkeit dieses Reichtums aber die göttliche Offenbarung. In dieser Überzeugung trifft sich der Verfasser dieses Buches mit dem christlichen Schriftverständnis von anderthalb Jahrtausenden, aber darüber hinaus mit der großen Tradition jüdischer Mystik von der Antike bis in die Gegenwart. „Die Tora – d. h. die Bibel (R. Sp.) – ist für sie ein lebendiger Organismus. Ein geheimes Leben pulsiert in unendlichen Schichten in dessen Innerem unter der äußeren Schale des Wortsinns und jede solche Schicht entspricht einem neuen und tiefen Sinn der Tora ... Sie ist nicht nur das historische Gesetz des Gottesvolkes, obwohl sie *auch* das ist, sie ist vielmehr das kosmische Gesetz aller Welten, das der göttlichen Weisheit entsprang ... So wie der Gedanke Gottes im Unterschied zu dem des Menschen von unendlicher Tiefe ist, so auch vermag keine einzelne Deutung der Tora in Menschensprache ihre lebendige Fülle zu umfassen".[1] Wer an die komplizierte und trübe Seichtigkeit der heutigen Schwemme an biblischer Literatur gewöhnt ist, wird vielleicht vor der einfachen und klaren Tiefe der in diesem Buch entfalteten Perspektiven zurückschrecken. Der Einwand liegt nahe, solcherart Deutungen seien bloß „subjektiv". Tomberg antwortet auf diesen Einwand selbst mit entwaffnender Klarheit: „Selbstverständlich ist sie subjektiv, wenn man unter ‚subjektiv' eine Einsicht versteht, die der eine hat und der andere nicht hat. Es handelt sich bei der biblischen Betrachtungsweise nicht um Wissenschaftlichkeit, sondern um Wahrheit, d.h. um ein möglichst vollständiges Erfassen des gesamten Geschehens in der Geschichte der Menschheit." Neutrale wissenschaftliche Allgemeingültigkeit führt nur zu einem hypothetischen Minimalwissen. Wollen wir uns die Wirklichkeit in ihrer konkreten Tiefe angemessen vergegenwärtigen, so müssen wir uns selbst in diesem Erkenntnisweg engagieren.

Das Ideal subjektfreier Objektivität ist dabei eher hinderlich als hilfreich, denn es kommt gerade darauf an, wer hier erkennt. Quis cognoscit spiritum nisi ipse spiritus? Um so wichtiger wird deshalb *der Lehrer, der „sehen lehrt"*. Daß an die Stelle methodischer Entlastung und Absicherung bloße Beliebigkeit und Willkür trete, kann nur der vermuten, der sich auf die Strenge eines solchen Seh- und Denkweges noch nie eingelassen hat.

Aber ist nicht die ganze Sehweise selbst doch nur das Resultat einer beliebigen Option? Auch das ist nicht der Fall. Mit Bezug auf die Bibel ist diese Sehweise deshalb besonders angemessen, weil der Verfasser sie aus ihr selbst gelernt hat. Er liest sie so, wie Christus sie gelesen hat, wie die Apostel sie gelesen haben, wie die Kirchenväter sie gelesen haben, wie mutatis mutandis die jüdischen Mystiker sie lasen, wie der Magus des Nordens, der große Hamann sie las und wie die Liturgie der westlichen und östlichen Kirche sie lesen lehrt. Für Tomberg ist diese Weise zu lesen die dem Gegenstand angemessenste Erkenntnismethode. Wenn die Kirche in der Frühe des Epiphanietages singt: „Heute wurde die Kirche ihrem göttlichen Bräutigam anvermählt, da Christus im Jordan ihre Sünden abwusch. Es eilen die Magier mit Geschenken herbei, und am Wein, der aus Wasser verwandelt wurde, erfreuen sich die Hochzeitsgäste", dann ist dieser Text nicht als Spielerei mit Bildern gemeint, sondern in eben jenem Sinne als kosmisch-heilsgeschichtliche Zusammenschau, wie Tomberg sie mit Bezug auf die Auferweckung des Laza-

---

[1] G. Scholem, Die Jüdische Mystik, Frankfurt a. M. 1957, S. 15.

rus gelingt. Wissenschaftliche Exegese kann infolge ihres Wissenschaftsverständnisses in der Regel von der Exegese des Apostels Paulus oder der Liturgie kaum lernen; sie kann diese nur wiederum zu einem Forschungsobjekt verfremden. Damit zerbricht sie jedoch den lebendigen Zusammenhang, in dem wir selbst mit den Vätern im Glauben stehen. Wenn Paulus sagt, Christus sei der Fels gewesen, aus dem Moses Wasser schlug, wenn der Evangelist schreibt, Kaiphas habe wider Willen als Prophet geweissagt, als er sagte, Jesus müsse „für das Volk sterben", wenn uns das Abrahamopfer als „Typus" der Sohneshingabe Gottes und das Lämmerblut an den Türpfosten der Israeliten als Typus des Blutes Christi am Kreuz vorgestellt wird, wenn die Liturgie Paradiesesbaum und Kreuzesbaum sich wechselseitig deuten läßt, dann ragt diese Welt analoger und typologischer Strukturen normalerweise nur in der Form erratischer Zitatblöcke in unseren ihr fast ganz entfremdeten Denkraum hinein. In einem Buch wie diesem von Valentin Tomberg erweist sie ihre überraschend unmittelbare Präsenz und Lebendigkeit. Bereichert um platonische, kabbalistische und tiefenpsychologische Elemente, strömen aus ihr wie eh und je – in jahrzehntelanger Meditation gewonnen – die kostbarsten Einsichten, auch wenn man für sie nicht den Rang und die Verbindlichkeit der „klassischen" Texte wird beanspruchen wollen. Aber ich kenne z.b. keine schönere meditative Erläuterung des Gebetes „Gott, Du hast die Welt wunderbar erschaffen und noch wunderbarer erneuert" als Tombergs Deutung der sieben Wunder des Johannesevangeliums als Wiederherstellung des Sieben-Tage-Werks der Schöpfung. Aber das mag sein, wie es will. Ein Analogiedenken wie das hier praktizierte stellt nicht vor Ja-Nein-Entscheidungen, sondern leitet an zu eigenem Eindringen in die unendlich strukturierten Tiefendimensionen der Wirklichkeit. Erwähnen möchte ich nur noch als weiteres kostbares Beispiel der Fruchtbarkeit solchen Denkens die an geistlichen, tiefenpsychologischen und weltgeschichtlichen Perspektiven so reiche Deutung der drei Versuchungen Jesu auf dem Hintergrund der drei Gelübde der Armut, der Keuschheit und des Gehorsams. Hier vor allem wird die Nähe der Gedanken dieses Buches zu den „Meditationen über die Großen Arcana des Tarot" des Anonymus d'Outre-Tombe[2] deutlich, jener Summa moderner christlicher Hermetik, die vor wenigen Jahren, aus dem Französischen übersetzt, den deutschen Lesern zugänglich wurde.

Zwei Abschnitte des Buches verlangen vielleicht nach einer kurzen Erläuterung: der „Bericht" über die Auferweckung des Lazarus selbst und die Bemerkungen über Reinkarnation. Um mit dem letzten zu beginnen – der wohlberatene Leser wird am besten daran tun, diese wenigen Seiten mit Aufmerksamkeit zu lesen und sich bei ihnen dann weiter nicht aufzuhalten, schon gar nicht über das Für und Wider dieser Auffas-

---

[2] Der Anonymus d'Outre-Tombe, Die Großen Arcana des Tarot – Meditationen. Ausgabe A in 4 Bänden, Ausgabe B in 2 Bänden. Herder Basel 1983.

sung nachzugrübeln. Er handelt damit im Sinne des Verfassers. Tomberg hat sich über Reinkarnation auf das bestimmteste ausgesprochen. Sie ist für ihn eine persönliche Erfahrung. Als solche, als eigene Erinnerung an frühere Erdenleben ist sie nicht durch Theorien widerlegbar, sondern wirft umgekehrt ein Licht tieferen Verständnisses über das Leben des Einzelnen und der Menschheit. Andererseits sah Tomberg einen tiefen Sinn darin, daß die meisten Menschen in dieser Hinsicht dem Vergessen unterworfen sind. Er hielt es deshalb für falsch, die Wiederverkörperung als „Theorie" zu lehren, um so mehr, als er sie selbst zu den „Tatsachenwahrheiten" zählt, deren Kenntnis oder Unkenntnis keine Heilsbedeutung hat, weil sie an der Einmaligkeit der Gesamtbiographie eines Menschen ebensowenig ändern wie an seiner ewigen Bestimmung zum seligen Leben in Gott und an der unendlichen Bedeutung der Erlösungstat Jesu Christi.

Er berührt sich in dieser Einschätzung auf überraschende Weise mit Gabriel Marcel, der die Reinkarnationslehre für eine plausible Hypothese zur Deutung empirischer Tatsachen hielt und der Meinung war, „daß der Theologe nicht für oder gegen die Reinkarnation Partei zu ergreifen habe", da das fundamentale Dogma von der Auferstehung des Fleisches einer ganz anderen Ebene angehöre, nämlich, so können wir hinzufügen, der „Lehre von den letzten Dingen".[3] Mindestens von *einem* Menschen bezeugt jedenfalls das Neue Testament, daß er sich zu einem weiteren irdischen Leben reinkarniert hat: von Lazarus.

Dennoch ist Reinkarnation *kein* Schlüsselthema dieses Buches, und es bleibt dem Leser freigestellt, die diesbezügliche Erfahrung des Autors als authentische, unmittelbare Erfahrung der Sache selbst zu betrachten – aber gibt es so etwas überhaupt außerhalb der überkategorialen mystischen Gotteserfahrung? – oder aber als unwillkürliche Deutung der eigenen Biographie durch einen Menschen, der durch die Fügung der Dinge den größten Teil seines Lebens in Kreisen verbracht hat, für welche die Reinkarnation eine ausgemachte Sache ist. Es gibt kein definitives Kriterium, geträumte von wirklicher Erinnerung zu unterscheiden. Tomberg selbst war offenbar der Meinung, derjenige, der solche Erfahrung nicht besitze, solle diese Frage auf sich beruhen lassen dürfen.

Eine ähnliche Freiheit muß der Leser bezüglich jenes kleinen, faszinierenden Kapitels beanspruchen, in dem Valentin Tomberg über die Auferweckung des Lazarus so etwas wie einen Augenzeugenbericht aus kosmischer Perspektive gibt. Die Authentizität dieses Berichts hängt wiederum an der Authentizität der Erfahrungen, die ihm zugrunde liegen, und der Leser, der über die spirituelle Biographie des Verfassers nicht unterrichtet ist, kann nur sagen: „So könnte es gewesen sein. Es ist sogar überaus einleuchtend und faszinierend, wenn es so gewesen ist."

---

[3] Vgl. Gabriel Marcel, Die Menschenwürde und ihr existentieller Grund, Frankfurt a. M. 1965.

Es ist aber hier doch zum Schluß ein Wort angebracht über den Sinn einer solchen Versenkung in die konkrete Tiefe eines Ereignisses, das uns vom Evangelium berichtet wird. Wem z.b. die Geschichte von der wunderbaren Brotvermehrung *nur* ein Bild ist, der wird in den 12 Körben übriggebliebener Stücke eben ein bloßes Bild der Überschwenglichkeit der Gabe Gottes sehen und damit genug. Wer jedoch davon ausgeht, daß das Zeichen zugleich Wirklichkeit war, der wird sich fragen, wie denn das zuging, daß plötzlich jedem unter der Hand sich das Brot noch einmal vermehrte, und bei solcher Versenkung ins Detail wird dann diese zweite Brotvermehrung, wie bei Tomberg, noch einmal zu einem Bild, analog dem, das der Herr gebraucht, wenn er der Samariterin ein Wasser verspricht, das in dem, der es empfängt, ,,zur Quelle wird, die sprudelt, um ewiges Leben zu spenden". Wenn die Auferweckung des Lazarus nur ein von Menschen ,,gemaltes Bild" ist, dann haben wir uns auf das zu beschränken, was auf diesem Gemälde zu sehen ist. Es hat keinen Sinn, nach dem Herzschlag der Venus von Milo zu fragen, sie *hat* kein Herz. Wenn Lazarus nur eine Venus von Milo ist, hat es auch keinen Sinn, in die Tiefe dessen zu dringen, was da geschah, als der Mensch Lazarus, also eine Welt, unterging, als seine Seele in ihren Ursprung, an den Anfang der Dinge zurückkehrte, als sein Blut sich zersetzte, der Leichnam verweste und als ein neues ,,Es werde Licht" diesen Menschen ins Erdenleben zurückkehren ließ. Das Blut gemalter Menschen gerinnt nicht und zersetzt sich nicht. Zwar enthalten auch gut erfundene Geschichten mehr als das ,,Erzählziel" ihres Verfassers, erst recht die Gleichnisse Jesu. Aber wenn in einer erfundenen Geschichte ein Vogelschwarm erwähnt wird, hat es keinen Sinn, nach der Zahl der Vögel zu fragen. Die Zahl ist nicht bestimmter als die in der Geschichte erwähnte. Anders dann, wenn es eine ,,wahre Geschichte" ist. Dann gilt, daß alles in der Erzählung unbestimmt Gelassene in Wirklichkeit vollständig bestimmt war. Wirklichkeit ist immer mehr als je von ihr erzählt werden kann. Und wenn Gott, wie Thomas von Aquin schreibt, Wirklichkeiten als Bilder zur Deutung anderer Wirklichkeiten schafft, dann haben solche Bilder eine unendliche Tiefe. In ihnen gibt es nicht Skopus und Beiwerk, nicht die Notwendigkeit, sich auf das tertium comparationis zu beschränken. Alles ist hier Wirklichkeit. Weil aber alles Wirklichkeit ist, ist alles Bild, und wir kommen an kein Ende. Nicht von ungefähr lautet der letzte Satz des Johannesevangelium, daß bei vollständiger Aufzeichnung der Taten Jesu ,,die Welt die Bücher nicht fassen könnte". Wenn wir begreifen, daß dies wörtlich zu verstehen ist, dann sind wir in der geeigneten Verfassung, ein Buch wie das vorliegende zu lesen. Manchem aber mag dieses Buch auch eine Hilfe sein, sich von der Unendlichkeit jener möglichen Bücher eine Vorstellung zu machen, denn es ist selbst eines von ihnen.

Ostern 1985 *Robert Spaemann*

Sonja öffnete das Buch und suchte die Stelle. Ihre Hände zitterten; die Stimme versagte ihr. Zweimal setzte sie an und vermochte doch das erste Wort nicht auszusprechen.
„Es lag aber einer krank mit Namen Lazarus, von Bethanien ...", sagte sie schließlich mühsam, doch plötzlich, schon beim dritten Wort, brach ihr die Stimme und sprang wie eine zu straff gespannte Saite. Der Atem versagte ihr, und ihre Brust schnürte sich zusammen.
Raskolnikow begriff bis zu einem gewissen Grade, warum sich Sonja nicht entschließen konnte, ihm vorzulesen, und er verstand dies um so mehr, je dringender und gereizter er auf dem Vorlesen beharrte. Er begriff nur allzugut, wie schwer es ihr fiel, ihr Innerstes preiszugeben und zu enthüllen. Er erkannte, daß diese Gefühle ihr seit langem gehütetes tiefes Geheimnis waren, vielleicht seit ihrer Kindheit schon ... Doch gleichzeitig wußte er, und er wußte es mit Sicherheit, daß sie sich zwar fürchtete und sich vor irgend etwas entsetzte, wenn sie ihm jetzt vorlesen sollte, daß sie dabei aber selbst den qualvollen Wunsch hegte, ihm trotz aller Furcht und trotz allem Entsetzen vorzulesen, gerade ihm, damit er es höre, und unbedingt jetzt – „was auch daraus später werden möge! ..." Er sah das ihren Augen an; er erriet es aus ihrer begeisterten Erregung ... Sie bezwang sich, unterdrückte den Krampf in ihrer Kehle, der ihr zu Beginn des Verses die Stimme erstickt hatte, und setzte die Vorlesung aus dem elften Kapitel des Johannes-Evangeliums fort.

Aus: Dostojewski, Schuld und Sühne, IV. Teil, 4. Kapitel

LAZARUS

Das Wunder der Auferweckung in der Weltgeschichte

I
EINLEITUNG

Die vorliegende Schrift ist weder eine theologische noch eine historische Abhandlung. Denn sowohl die Theologie als auch die Geschichtswissenschaft haben – gleich einem Schachspiel oder Damespiel – ihre festen „Spielregeln", die streng einzuhalten sind, will man zu theologisch oder historisch gültigen Ergebnissen gelangen. So gilt nur das als historische Wahrheit, was durch echte zeitgenössische Urkunden bezeugt wird, und was nicht in Widerspruch steht zu den Zeugnissen anderer Urkunden oder zur allgemeinen Lebenserfahrung des heutigen Menschen. So würde es z.b. nicht als historischer Bericht anerkannt werden, wenn im Buch des Philostratus über das Leben des Apollonius von Tyana geschildert wird, wie Apollonius in Rom seinem Prozeß unter Vorsitz des Kaisers dadurch ein Ende machte, daß er, der Angeklagte, einfach von der Bildfläche verschwand. Denn obgleich das Buch des Philostratus ein echtes Werk der Antike ist, ist es dennoch nicht zeitgenössisch – es wurde über zwei Jahrhunderte nach dem Tode des Apollonius von Tyana verfaßt; außerdem widerspricht es unserer allgemeinen Lebenserfahrung, daß ein Angeklagter einfach aus dem Gerichtssaal verschwinden kann. Folglich wird der Bericht des Philostratus nicht als historisch erachtet, sondern dem Bereich der Phantasie, der Erfindung, des Irrtums zugewiesen – wenn nicht gar der Lüge. Nun könnte man freilich wagen, zögernd einige Einwände zu erheben. Erstens ist das Buch des Philostratus eingestandenerweise nur eine literarische Umarbeitung der Aufzeichnung eines Augenzeugen, und zwar des assyrischen Schülers des Apollonius, der sein Reise- und Lebensgenosse über mehrere Jahrzehnte und gleichsam sein „Eckermann" war. Zweitens gibt es ja gewisse Erfahrungen mit Hypnose und Suggestion, denken wir etwa an den indischen Fakir, der einen Strick hochschießen und als Pfahl steif stehen läßt, um dann vor den Augen der Anwesenden einen Knaben daran hochklettern zu lassen, während die photographische Aufnahme nur das Bild des ruhig dasitzenden Fakirs und des ebenso ruhig dasitzenden Knaben zeigt; da kann man doch die Möglichkeit nicht ausschließen, daß Apollonius, der ja in Indien längere Zeit in der Schule gewesen war, tatsächlich von der Suggestion Gebrauch gemacht haben könnte und daß, folglich, der Bericht des Philostratus doch wahr sein könnte. Nun, ich weiß nicht, ob jemals tatsächlich einer diesen einfachen Einwand erhoben hat. Wenn ja, wird man ihm wahrscheinlich erwidert haben, daß die Geschichtswissenschaft keine Parapsychologie ist – man könne ja den „Fall des Verschwindens des Apollonius aus dem Kaiserlichen Gerichtshof in Rom" der Society for Psychical Research zur Behandlung überlassen; der Historiker jedenfalls könne damit nichts anfangen – so etwas sei Sache der Parapsychologen oder Tiefenpsychologen Jungscher Richtung, der Okkultisten usw., nicht aber der Geschichtswissenschaft. So haben wir das Ergebnis, daß zwar nach unserem besten Wissen und Gewissen der Bericht des Philostratus an sich *wahr sein könnte*, daß er aber nicht als *historisch* wahr anerkannt wird.

Die Geschichtswissenschaft betrachtet somit als historisch wahr nur jenen Ausschnitt des Geschehens der Vergangenheit, der ihr nach Anwendung ihrer eigenen „Spielregeln" verbleibt. Außerhalb dieses Ausschnitts liegen selbstverständlich sämtliche Begebenheiten und Ereignisse im Alten und Neuen Testament, die unter die Kategorie der „Zeichen und Wunder" fallen. Auch die Auferstehung Christi! Obwohl Paulus im ersten Korintherbrief schreibt: „Christus ist am dritten Tage auferweckt worden nach der Schrift, und er ist dem Kephas erschienen, dann den Zwölfen. Darnach ist er mehr als fünfhundert Brüdern auf einmal erschienen; die meisten von ihnen leben jetzt noch, einige aber sind entschlafen. Darnach ist er dem Jakobus erschienen, dann allen Aposteln. Zuletzt aber von allen ist er auch mir erschienen, gleichsam der Fehlgeburt" (1 Kor 15, 4–8). Trotz dieser sorgfältig aufgestellten Zeugenliste gilt dieses Zeugnis nicht als historisch zuverlässig, denn es widerspricht der allgemeinen Lebenserfahrung und den auf ihr beruhenden Erkenntnissen der biologischen Wissenschaft. Dasselbe gilt auch für das siebente Wunder des Johannesevangeliums – die Auferweckung des Lazarus. Es gehört nicht zum Bereich der Geschichte. Es ist Glaubenssache. Reflexionen darüber haben nichts mit Geschichte zu tun.

Wohl aber berühren sie die Theologie, denn das Wunder der Auferweckung des Lazarus ist für die Theologie eine Tatsache, d.h. eine theologische Tatsache. Es gehört zu den zu glaubenden Wahrheiten, da von ihm in der Heiligen Schrift, im Johannesevangelium, in unzweideutiger und konkreter Art berichtet wird. Da die Heilige Schrift Glaubensurkunde ist und das Johannesevangelium zur Heiligen Schrift gehört, und der Bericht über das Lazaruswunder zum Johannesevangelium gehört, ist das Lazaruswunder eine „Tatsache" der Theologie.

Aber als „Tatsache" der Theologie gilt das Lazaruswunder nur, soweit man diese Tatsache aus der Schilderung des Johannesevangeliums „erheben" kann. Diesem Bericht, wie er im Evangelium dasteht, darf nichts hinzugefügt und auch nichts weggenommen werden. Das Wunder der Auferweckung des Lazarus darf nicht berührt, nicht erweitert, in keinen anderen Kontext gebracht werden – es soll gleichsam wie eine Fixsternkonstellation am Himmel der übervernünftigen Glaubenstatsachen stehen. Darum kann eine Schrift, die die Wirkung des Lazaruswunders in der geistigen Geschichte der Welt zum Gegenstand hat, keinen Beitrag zur Theologie bedeuten – denn in einem solchen Buch wird ja die Auferweckung des Lazarus nicht bloß als einmaliges Ereignis (wie sie im Johannesevangelium geschildert wird) betrachtet, sondern darüber hinaus auch im Kontext der geistigen Geschichte der Menschheit – also in einem anderen Kontext als dem des Evangeliums. Theologisch ist so etwas zwar nicht gegenstandslos, aber belanglos. Denn alles, was theologisch von Belang ist, ist bereits über das Lazaruswunder im Evangelium selbst, von den Kirchenvätern, von den Kirchenlehrern und befugten Theologen gesagt worden: eine Erweiterung oder Vertiefung der Interpretation seiner Bedeutung, indem die Wirksamkeit des Lazaruswunders in der geistigen Geschichte der Welt betrachtet wird, gehört nicht mehr zur Theologie.

Nun hat die vorliegende Schrift nicht nur aus diesen Gründen, sondern noch aus einem anderen Grund keinen Anspruch auf historische oder theologische Gültigkeit. Dieser andere Grund, der nicht minder maßgebend ist, besteht darin, daß dieser Schrift eine andere Auffassung der Wahrheit als die der Wissenschaft zugrunde liegt. Ihr Postulat der Wahrheit ist das der materiellen „Einsicht", im Unterschied zur formellen „Ansicht". Zwei Sprichwörter – ein deutsches und ein russisches – können zur Erklärung dieses Wahrheitspostulats guten Dienst leisten, nämlich das deutsche Sprichwort „Kleider machen Leute" und das russische Sprichwort „Um einen Menschen zu kennen, muß man mit ihm zusammen ein Pud (d.h. vierzig Pfund) Salz gegessen haben". Nach dem ersten Sprichwort schließt man von der äußeren Erscheinung („Kleider") auf das Wesen; nach dem zweiten Sprichwort ist es genau umgekehrt: nur durch unmittelbaren ständigen *Umgang* mit einem anderen erkennt man dessen Wesen und versteht dann auch seine bisherigen oder zu erwartenden Äußerungen. Nun bedeutet aber „ständiger unmittelbarer Umgang" den Weg, auf dem die gesamte Erfahrung zur unmittelbaren Einsicht führt und in ihr kulminiert. Mit anderen Worten: Die Erfahrungen haben da nicht die Rolle von Bausteinen für eine *Schlußfolgerung*, sondern vielmehr die Rolle eines Sprungbrettes – für den Sprung in das jenseits der Erfahrung liegende Element des Wesenhaften, für das Untertauchen also aus dem Bereich der formellen Erkenntnis in den Bereich der materiellen Erkenntnis. Henri Bergson bezeichnete eine solche Erkenntnis als „Intuition"; „Intuition" steht bei ihm für jene Art der materiellen Erkenntnis, zu der man gelangt, wenn sich die (an sich nur der formellen Erkenntnis fähige) Vernunft, „l'intelligence", mit dem (mit der materiellen Erkenntnissicherheit begabten) Instinkt vereinigt, „vereinigt", indem sie ihn, mit ihrem Lichte ihn erhellend, walten läßt. Die Intuition im Sinne Bergsons ist somit die Erkenntnis, die sich aus dem vernunftdurchhellten Instinkt ergibt. Die Fähigkeit zur Intuition ist im tiefsten Inneren des Menschen angelegt. Intuition ist das in Finsternis gehüllte Wirken im Grunde seines Wesens, dem sich die Reflexionsfähigkeit der Vernunft – das Oberflächlichste und das Hellste am menschlichen Wesen – zur Einheit verbindet.

Von „Intuition" spricht auch Rudolf Steiner, der Begründer der anthroposophischen Bewegung. Für ihn ist Intuition die höchste und sicherste Art der Erkenntnis des Wesenhaften – also der „materiellen" Erkenntnis (der Erkenntnis des „Was", im Unterschied zur Erkenntnis des bloßen „Wie" des Zusammenhangs der Dinge). Bei Rudolf Steiner ist die „Intuition" das Ergebnis und das Ziel eines Vorganges stufenweiser Annäherung von erkennendem Subjekt und erkanntem Objekt, d.h. ihre Verschmelzung zur Einheit. Intuition ist jene Erkenntnis, die sich aus dem Einswerden von Subjekt und Objekt ergibt und die darum die höchste Stufe, die Endstufe der Erkenntnis ist – nach der ersten Stufe des „Gegenstandsbewußtseins" (auf der erkennendes Subjekt und erkanntes Objekt einander in gewisser Entfernung gegenüberstehen); nach der zweiten Stufe des „imaginativen Bewußtseins" (auf der das Objekt dem Subjekt insofern näher tritt, als es sich dem Subjekt in dessen Sprache kundtut, d.h. in das Subjektive hereinragt in der Form von unwillkürlich entstehenden symbolischen Bildern); und schließlich nach der dritten Stufe des „inspirativen Bewußtseins" (auf der das Objekt dem Subjekt noch näher tritt, indem es sich im Subjekt gleichsam „ausspricht", d.h. sich ihm nicht mehr bloß als symbolisches Bild, sondern als inhaltsvolles Wort kundtut). Auf die inspirative Stufe folgt dann als höchste die der Intuition, auf der das Objekt und das Subjekt eins werden, wo also die unmittelbarste Erkenntnis des Wesens dieses Objekts durch das Wesen des Subjekts zustande kommt.

Auch das Ziel des indischen Yoga, nämlich dessen dritte Bewußtseinsstufe, „Samadhi", entspricht der Intuition als dem Zustand der Einswerdung von erkennendem Subjekt und erkanntem Objekt. Die vorangehenden zwei Stufen – „Dharana" und „Dhyana" – sind Stufen der Annäherung des Subjektes an das Objekt, die, wenn nicht identisch mit den Stufen des „imaginativen" und des „inspirativen" Bewußtseins bei Rudolf Steiner, ihnen doch zumindest analog sind.

Die Wege zur Intuition mögen bei verschiedenen Geistesströmungen und Autoren verschieden sein, aber alle sind sie darin einig, daß „Intuition" nicht eine aus bloßer Erfahrung und verstandesmäßiger Überlegung (Reflexion) gewonnene Einsicht ist, sondern ein unmittelbares Erleben der Wirklichkeit, „eine aus dem inneren Menschen sich entwickelnde Offenbarung", wie Goethe sie nennt, „ein unmittelbares Erfassen des Wesens der Dinge", das, nach Spinoza, die höchste Art der Erkenntnis ist.

Diese Art der Erkenntnis gilt dem, der sie erlebt, als höchste Erkenntnis, weil er sie als Ergebnis äußerster Vertiefung und äußerster Konzentration erfährt: im Vergleich damit erscheint ihm alle Erkenntnis durch beobachtete Erfahrung und verstandesmäßige Überlegung als oberflächlich. „Bloße Intuition" gilt aber überhaupt nicht als „Erkenntnis" – geschweige denn als höchste Art der Erkenntnis – im Bereich der wissenschaftlichen Disziplinen, die als solche Allgemeingültigkeit beanspruchen. Denn „Wissenschaftlichkeit" ist nicht Streben nach Wahrheit schlechthin, sondern das Streben nach einer solchen Wahrheit, die allgemeingültig ist, d.h. für jeden Menschen einsichtig, der über gesunden Verstand und eventuell erforderliche Fachkenntnisse verfügt. Eine wissenschaftliche Disziplin – ob geisteswissenschaftliche oder naturwissenschaftliche – will und kann sich nicht nur an Menschen wenden, die der für die Intuition notwendigen Vertiefung und Konzentration fähig sind. Täte sie es dennoch, so wäre sie nicht mehr wissenschaftlich (mit allgemein einsehbaren und nachprüfbaren Ergebnissen), sondern „esoterisch", d.h. die Sache einer Elite von besonderen Menschen. Auch die Theologie ist in diesem Sinne „Wissenschaft", da ihre Ergebnisse ja ebenfalls – die Autorität der Schrift und der Kirche vorausgesetzt – prinzipiell von jedem Gläubigen eingesehen und überprüft werden können.

Die Vertreter der wissenschaftlichen Disziplinen können deswegen nicht anders, wenn man sie der an die Intuition appellierenden Wahrheit gegenüberstellt, als sich Pontius Pilatus anzuschließen; denn auf Jesu Christi Wort hin: „Jeder, der aus der Wahrheit ist, hört auf meine Stimme", wußte Pilatus nur mit der Frage zu erwidern: „Was ist Wahrheit?" (Joh 18, 37 f.). „Aus der Wahrheit sein" ist unmittelbare Wesenserkenntnis, ist Intuition der Wahrheit, die nicht allgemeingültig im Sinn der Wissenschaft ist, weil sie nicht auf der allen Menschen zugänglichen Erfahrung und nicht auf den allgemeingültigen Verstandesgründen basiert. Diese Art Erkenntnis hat zur Voraussetzung, daß man „aus der Wahrheit ist", „aus der Wahrheit kommt".

Das ist der tiefere Grund, warum die vorliegende Schrift weder einen Anspruch auf wissenschaftliche Geltung erheben kann noch ihn erheben darf. Sie kann es nicht, weil sie von der Wissenschaft nicht als wissenschaftlich anerkannt werden kann, und sie darf es nicht, weil es eine Verstellung bedeuten würde, für eine solche Schrift Allgemeingültigkeit zu beanspruchen – während sie in Wirklichkeit nur für Menschen geschrieben ist und geschrieben werden konnte, die fähig und willens sind, von ihrer Intuitionsfähigkeit als dem unmittelbaren „Wahrheitssinn" Gebrauch zu machen. Sie ist also an solche Menschen gerichtet, „die Ohren haben zu hören und Augen haben zu sehen".

II

DIE SIEBEN WUNDER DES JOHANNESEVANGELIUMS

Drei Kriterien gibt es für das menschliche Bewußtsein bei der Einstufung der Wesen als untermenschlich, menschlich, übermenschlich und göttlich: ihr Können, ihr Wissen und ihre Liebesfähigkeit oder moralische Freiheit. Ein Tier wird als untermenschlich eingestuft, da es vieles nicht kann, was der Mensch kann, nicht weiß, was der Mensch weiß, und nicht so frei ist, wie der Mensch, aus sich selbst schöpferisch-moralisch zu handeln. Typisch menschlich ist dagegen die schier unbegrenzte Lernfähigkeit, die von immer mehr zunehmendem Können begleitet ist, die stets wachsende Erkenntnis- und Einsichtsfähigkeit und die gleichfalls stets wachsende moralische Freiheit, die sich als Opfer- und Schenkfähigkeit offenbart.

Ein Wesen, dessen Können, Wissen und Güte das menschliche Niveau überragt, kann nicht anders als übermenschlich eingeschätzt werden – sei es zumindest als ein „Genie" oder radikaler, wie es in der Antike üblich war, als ein „Dämon" oder ein „Gott".

Von diesen drei Kriterien wird in der Bibel, und zwar sowohl im Alten Testament als auch im Neuen Testament, ausgiebig Gebrauch gemacht. Auch Paulus spricht von ihnen ausdrücklich, wenn er im ersten Korintherbrief (1, 22) schreibt, daß „die Juden Zeichen [Wunder] fordern", während die Griechen „Weisheit suchen", „wir aber predigen Christus, den Gekreuzigten, den Juden ein Ärgernis und den Griechen eine Torheit". Während er die drei Kriterien – „Zeichen", „Weisheit" und „Liebe" – erwähnt, gibt er den Vorrang seinem apostolischen Kriterium; dem des Wunders und der Weisheit der Liebe, das die beiden anderen Kriterien umfaßt und das das eigentliche und absolute Kriterium für ihn als Apostel ist. Dagegen sind die zwei anderen – für sich allein genommen – nicht ausreichend, um dem Liebesmysterium des Kreuzes gerecht zu werden. Darum ist das Kreuz den Juden, „die Zeichen fordern", ein Ärgernis, und den Griechen, „die Weisheit suchen", eine Torheit. Das Kriterium der übermenschlichen Liebe ist für Paulus darum das entscheidende, weil es auch bei den Wundern (oder dem Kriterium des übermenschlichen Könnens) um die Macht der Liebe geht und weil es sich auch bei der Weisheit (oder dem Kriterium der übermenschlichen Erkenntnis) um die Weisheit der Liebe handelt. Mit anderen Worten: Die Wunder sind Zeichen der göttlichen Liebe, und die Weisheit ist das Licht der göttlichen Liebe, während das Kreuz auf Golgatha die gleichsam „nackte" göttliche Liebe selbst ist. Und darum kommt es letzten Endes nur auf das Kreuz an, auf „Christus, den Gekreuzigten", den „wir predigen", wie Paulus kraftvoll hervorhebt.

Aber das Neue Testament als Ganzes ist nicht nur paulinisch. Es räumt allen drei Kriterien eine ihnen zukommende Bedeutung ein. So lesen wir im Lukasevangelium, daß Jesus den zwei Jüngern des Täufers, die Johannes mit der Frage zu ihm gesandt hatte: „Bist du es, der da kommen soll, oder sollen wir auf einen anderen warten?", antwortete: „Geht hin und berichtet dem Johannes, was ihr gesehen und gehört habt: Blinde sehen, Lahme gehen, Aussätzige werden rein, und Taube hören, Tote stehen auf, Armen wird frohe Botschaft verkündet. Und selig ist, wer an mir keinen Anstoß nimmt" (Lk 7, 18–23).

So wurden die „Juden, die Zeichen fordern" – und Johannes und seine Schüler waren die edelsten Vertreter der Juden, Wegbereiter für Christus im Judentum –, von Jesus nicht einfach abgewiesen, sondern im Gegenteil: es wurde ihnen eine Antwort gegeben, die volle Befriedigung ihres Verlangens bedeutete.

Und die Forderung der Griechen? Welche Antwort gibt das Evangelium den Menschen, die auf das Kriterium der Erkenntnis angewiesen sind, d.h. die „nach Weisheit suchen"?

Wir lesen im Johannesevangelium: „Es waren aber einige Griechen unter denen, die hinauszogen, um am Feste anzubeten. Diese nun traten an Philippus aus Betsaida in Galiläa mit der Bitte heran: ‚Herr, wir möchten gerne Jesus sehen.' Philippus geht und sagt es dem Andreas. Andreas und Philippus gehen und sagen es Jesus. Jesus aber antwortet ihnen und sagt: ‚Die Stunde ist gekommen, daß der Menschensohn verherrlicht werde. Wahrlich, wahrlich, ich sage euch: Wenn das Weizenkorn nicht in die Erde fällt und stirbt, bleibt es allein. Wenn es aber stirbt, bringt es viel Frucht. Wer sein Leben liebt, verliert es; und wer sein Leben in dieser Welt haßt, der wird es zu ewigem Leben bewahren. Wenn einer mir dient, folge er mir, und wo ich bin, dort wird auch mein Diener sein. Wenn einer mir dient, wird ihn der Vater ehren.

Jetzt ist meine Seele erschüttert, und was soll ich sagen: Vater, rette mich aus dieser Stunde? Aber deshalb bin ich in diese Stunde gekommen. Vater, verherrliche deinen Namen! Da kam eine Stimme vom Himmel: Ich habe verherrlicht, und ich werde wieder verherrlichen.

Das Volk nun, das dabeistand und es hörte, sagte, es habe gedonnert. Andere sagten: ‚Ein Engel hat mit ihm geredet.'

Jesus antwortete und sprach: ‚Nicht meinetwegen ist diese Stimme ergangen, sondern euretwegen'" (Joh 12, 20–30).

Die Stimme vom Himmel, der sprechende Himmel, war somit die Antwort, die den Griechen, die Jesus sehen wollten, gegeben wurde. Der Himmel wird sprechen, nachdem das Golgatha-Opfer dargebracht sein wird, d.h., wenn „das Weizenkorn" des Menschensohnes gestorben ist und „viel Frucht" zu bringen beginnen wird. Und wie das Weizenkorn, in die Erde gesenkt, stirbt und seine Frucht, über die Erde erhoben, reift, so wird die Frucht des Erdentodes des Menschensohnes der sprechende Himmel sein. Nun ist aber der „sprechende Himmel" nichts anderes als die vollkommene Befriedigung des Strebens nach Weisheit, d.h. des Strebens nach jener Gewißheit und Sicherheit, die sich aus der innerlichen erlebten Stimme der Wahrheit ergeben. Denn Weisheit ist Gewißheit; Weisheit ist Wissen, das weder auf Gnade oder Ungnade der empirischen Erfahrung noch auf der Wahrscheinlichkeit von Hypothesen, noch auf der Fertigkeit im logischen Schlußfolgern beruht, sondern auf der einprägenden Macht der Stimme der Wahrheit, die durch ihre Wahrhaftigkeit allein vollkommen überzeugt. Im Sinne des Gleichnisses vom guten Hirten, der vor seinen Schafen hergeht: „Und die Schafe folgen ihm, denn sie kennen seine Stimme; einem Fremden aber folgen sie nicht, sondern fliehen von ihm; denn sie kennen seine Stimme nicht" (Joh 10, 1–5). Oder auch im Sinne von Johannes 6, 45: „Es steht geschrieben bei den Propheten: Und sie werden alle von Gott unterwiesen sein. Jeder, der vom Vater gehört und gelernt hat, kommt zu mir."

Der hl. Augustinus war ein „Grieche" (er war zwar ein römischer Bürger, dennoch war er Grieche, Hellene im Sinne des Evangeliums, denn ein Nichtjude – wie später auch der Nichtchrist – galt als „Hellene"), der Christ wurde. Man lese seine „Bekenntnisse" aufmerksam – und man wird verstehen, wie die „Stimme vom Himmel", von der im Johannesevangelium die Rede ist, zu ihm gesprochen hat. Die innerlich erlebte Gewißheit ging bei Augustinus so weit, daß er sagen konnte: „Gott ist mehr «ich», als ich selbst." Dabei ist doch die Erfahrung des „Ich" die unmittelbarste und folglich sicherste Erfahrung, die der Mensch hat. Augustinus behauptet sogar, daß „des Menschen Seele ihrem Wesen nach christlich" sei („anima naturaliter christiana"). So spricht die „Stimme vom Himmel" – mit solcher Gewißheit prägt sich ihre Wahrheit der menschlichen Seele ein.

Ist Erkenntnis (gnosis) oder Glaube (pistis) die Quelle dieser Gewißheit? Es ist die Gewißheit der sich innerlich offenbarenden Wahrheit, die als Wahrheit sich kundtut und der gegenüber alle Seelenkräfte des Menschen – Denken, Fühlen und Wollen – zustimmend „ja" sagen. Wo hört da „Erkenntnis" als Wahrheitserfahrung auf, und wo beginnt da der Zustimmungsakt des „Glaubens"?

Hier eine scharfe Grenze ziehen, das konnten, das wollten bekanntlich die ersten griechischen Kirchenväter, namentlich der alexandrinischen Schule, nicht. Sowohl Klemens von Alexandrien als auch Origenes und seine Nachfolger sprachen von einer „wahren christlichen Gnosis", die sie der häretischen, falschen Gnosis (einer schlechten Legierung von heidnischen Mythen, dekadent gewordenem Mysterienwesen und Christentum) gegenüberstellten. So schreibt z.B. Klemens: „Wie also die Philosophie durch Hochmut und Einbildung in üblen Ruf gebracht wurde, so auch die Gnosis durch die falsche Gnosis, die aber denselben Namen hat und von welcher der Apostel schreibt und sagt: ‚O Timotheos, bewahre die Überlieferung, indem du dich fernhältst von den frevelhaften leeren Reden und Antithesen der fälschlich so genannten Gnosis, zu welcher sich manche bekannten und vom Glauben abfielen.' Von diesen Worten getroffen, verwerfen die Häretiker die Briefe an Timotheos. Wohlan denn, wenn der Herr die Weisheit und die Kraft Gottes ist – wie es der Fall ist –, so ist bewiesen, daß derjenige wahrer Gnostiker ist, der den Herrn erkannt hat und durch ihn seinen Vater. Denn er versteht den, der spricht: ‚Die Lippen der Gerechten wissen Hohes'."[1]

Bei Origenes ist der Glaube der Beginn des christlichen Lebens. Der Mensch glaubt, bevor er erkennt, entsprechend dem Worte von Isaias: „Wenn ihr nicht glaubt, so werdet ihr nicht erkennen"[2] (Jes 6, 9). Die Jünger Jesu sind ebenfalls durch das Anfangsstadium des Glaubens durchgegangen; tatsächlich sagt ihnen Jesus: „Ihr werdet die Wahrheit erkennen", als sie bereits gläubig sind (Joh 8, 31 f.).

---

[1] Strom., 2. Buch, 11. Kap., 52, 5 (Übers. des Autors; dt.: Bibliothek der Kirchenväter, Zweite Reihe, Bd. XVII; Clemens von Alexandreia, Bd. III, S. 190).
[2] Comment. in Matthaeum XVI, 9.

Geht der Akt der Glaubenszustimmung dem Erkenntnisakt voran, oder ist es so, daß eine blitzartige Einsicht (wie etwa bei Petrus, der die Frage Jesu: „Und was glaubt ihr, daß ich bin?" mit spontaner Gewißheit beantwortete: „Du bist Christus, der Sohn des lebendigen Gottes!") dem Zustand des Überzeugtseins, also dem Glauben, vorangeht? Worin besteht der Glaubensakt? Ist er die Zustimmung der Seele zu einer vorangehenden Einsicht, ist er diese Einsicht selbst, oder ist er gleichzeitig beides, d.h. sowohl Einsicht als auch Zustimmung? Was ist primär, die Einsicht, d.h. die Erkenntnis, oder der Glaube, d.h. das innere Überzeugtsein?

Origenes hält den Glauben als Akt der Willensbereitschaft (gleichsam als pragmatischen Akt der Entscheidung – für das Gute, das Bessere und das Beste) für primär, während die Erkenntnis, die Einsicht und die Schau (Kontemplation), die spätere reife Frucht des ihr vorangehenden Glaubensaktes sei. Auch Klemens von Alexandrien ist der Ansicht, durch die Gnosis werde der Glaube vollendet, da durch sie allein der Gläubige vollendet wird. „Der Glaube nun ist ein im Innern niedergelegtes Gut; auch ohne Gott zu suchen, bekennt er, daß er ist, und lobpreist ihn als den Seienden. Daher soll man, von diesem Glauben ausgehend und durch die Gnade Gottes in ihm gefestigt, die Erkenntnis Gottes, soweit es möglich ist, erlangen. Wir behaupten nun, daß diese Erkenntnis (Gnosis) etwas anderes ist als jenes Wissen, das durch Lernen erworben wird. Sofern nämlich etwas Erkenntnis ist, ist es auch durchaus Wissen, sofern aber etwas Wissen ist, ist es nicht durchaus [schon] Erkenntnis."[3]

Was die katholische Theologie unseres Jahrhunderts anbelangt, so lesen wir in dem umfassenden klassischen Werk von A. Tanquerey: „Es gibt drei subjektive oder effektive Ursachen des Glaubens: die Vernunft (intellectus), die den Glaubensakt eigentlich hervorruft; den Willen (voluntas), der die Zustimmung der Vernunft bewirkt; die wirkende Gnade (gratia actualis), die die Vernunft erleuchtet und den Willen bewegt, so daß der Glaubensakt übernatürlich (supernaturalis) ist."[4] Mit anderen Worten: die Erleuchtung (illuminatio) der Vernunft durch die wirkende Gnade ist das Primäre, worauf die freie Zustimmung des von der wirkenden Gnade bewegten Willens folgt. Die innerliche Offenbarung der Wahrheit und die dadurch bewirkte Einsicht gehen somit dem Zustimmungsakt des Willens voran.

Ist es aber immer so? Kann es nicht geschehen, geschieht es nicht manchmal, daß es der Wille ist, der unmittelbar von der wirkenden Gnade – ohne Vermittlung der Vernunft – bewegt wird? Und daß es der gnadenerleuchtete Wille ist, der dann die Vernunft zur Zustimmung be-

---

[3] Strom., 7. Buch, 10. Kap., 55, 2 (Übers. des Autors; dt.: Bibliothek der Kirchenväter, Zweite Reihe, Bd. XX; Clemens von Alexandreia, Bd. V, S. 60).
[4] Synopsis Theologiae Dogmaticae specialis ad mentem S. Thomae Aquinatis hodiernis moribus accommodata, Bd. I, S. 113.

wegt? Kann es nicht vorkommen, kommt es nicht vor, daß der Wille so gehorsam ist, daß er auf den leisesten Wink von oben sofort und unmittelbar mit Zustimmung reagiert? Und finden wir nicht das Urbild und Vorbild eines Glaubensaktes dieser Art in jenem Ereignis, das man als „Mariä Verkündigung" bezeichnet? Unglaubliches wurde der heiligen Jungfrau verkündet, und der gehorsame Wille der heiligen Jungfrau reagierte dem Unglaublichen gegenüber mit der Zustimmung des Glaubens: „Ecce ancilla Domini, fiat mihi secundum verbum tuum – Ich bin die Magd des Herrn, mir geschehe nach deinem Worte." Ist nicht dieses Wort der Zustimmung überhaupt die Formel, die den vertrauenden und gehorchenden Glaubensakt des Willens – nicht aus Einsicht, sondern aus liebendem Vertrauen – zum Ausdruck bringt? Ist es nicht so, daß Gehorsam, Keuschheit und Armut (im umfassenden Sinn der drei spirituellen Grundhaltungen) zur Wesensbeschaffenheit des Willens werden können und daß der Wille als solcher dadurch zum Organ nicht nur des Handelns wird, sondern auch zum Empfangsorgan der unmittelbaren Offenbarung von oben?

Wo aber der Glaubensakt durch unmittelbare Einwirkung der offenbarenden Gnade auf den Willen hervorgerufen wird, könnte der Einwand erhoben werden, daß der Wille dann nicht frei sei und in einem solchen Fall das heiligste und höchste Gut des Daseins – die Freiheit, ohne die es keine Moralität geben kann – fehle. Was ist aber Freiheit? Dem Vagabunden, dem Zigeuner, dem Nomaden ist sie die Möglichkeit des Schweifens, die Zaun- und Mauerlosigkeit für freie Bewegung im Raum; dem ansässigen Bauern ist sie die Herrschaft oder Selbstbestimmung in seinem Haus, auf Hof und Feld; dem aufgeklärten Humanisten bedeutet sie „wissen, was man tut – und tun, was man weiß" – Autonomie des Bewußtseins und Selbstverantwortlichkeit. Für den Gottsucher ist Freiheit die Erfüllung der Gelübde des Gehorsams, der Keuschheit und der Armut, damit er, frei vom Eigenwillen, den Willen Gottes erfülle; seine Freiheit ist in dem Gebet zum Ausdruck gebracht: nicht mein Wille, sondern dein Wille geschehe. Wenn nun sein Gebet erhört wird und die göttliche Gnade sich dem nach Gehorsam lechzenden Willen des gottliebenden Menschen unmittelbar offenbart, ist er dann unfrei? In der Liebe ist überhaupt alles frei. Da gibt es keine Pflichten, die mit Ach und Krach erfüllt, keine Opfer, die unter Zwang gebracht werden – da gibt es nur die Freude des freien Schenkens und Beschenktwerdens.

Es gibt, wie wir sehen, viele Stufen der Freiheit. Aber die höchste ist die der Liebe. Da ist die Freiheit am vollkommensten. Darum ist die Liebe das einzige im menschlichen Dasein, was nicht gefordert werden kann und darf. Man kann Pflichterfüllungen, Mühe, Wahrhaftigkeit, Ehrlichkeit, Gehorsam fordern, nie aber Liebe. Sie ist und bleibt für alle Zeiten das jedem Zwang unzugängliche Heiligtum der Freiheit. Darum ist das höchste Gebot: Liebe Gott aus allen Kräften und den Nächsten wie dich selbst – eigentlich kein gebietendes Gebot, sondern eine gottmenschliche Bitte. Denn Liebe kann nicht geboten, nur erbeten werden.

Der Glaubensakt kann somit sowohl als Folge der Einsicht als auch als Ursache der Einsicht zustande kommen. Es kann die Erkenntnis dem zustimmenden Willen vorangehen, und es kann der durch Liebe bewegte Wille die Zustimmung der Vernunft bewirken. Was ist also primär, der Glaube oder die Einsicht? Auf die Beantwortung dieser Frage müssen wir ebenso verzichten wie auf die Beantwortung der Frage, was vor Jahrmillionen zuerst da war, das Huhn oder das Ei. Unsere Erfahrung lehrt uns nichts darüber hinaus, als daß jedes Ei vom Huhn kommt und daß jedes Huhn aus einem Ei kommt. Ebenso lehrt uns unsere Erfahrung nur: Je mehr Einsicht man hat, desto tiefer der Glaube, und je mehr Glauben man hat, desto tiefer die Einsicht.

Die Evangelien sprechen gleichfalls wie in einem Atemzug über Glauben und Erkenntnis, und über ihre Wirkungen und Möglichkeiten. Sie machen von allen drei Kriterien – denen der „Juden", der „Griechen" und der johanneisch-paulinischen Menschen – Gebrauch. Ja sogar die empirische Erkenntnis aufgrund der fünf Sinne, die vom Glauben und der übersinnlichen Erkenntnis oder Gnosis am weitesten entfernt ist, wird nicht einfach abgewiesen: Thomas wird vom Auferstandenen aufgefordert, sich von seiner Wirklichkeit durch den eigenen Tastsinn zu überzeugen. Die Evangelien sprechen somit in dreierlei Sprachen: in der Sprache der Wunder, in der Sprache der Erkenntnis und in der Sprache der Liebe. Von einem Können, das übermenschlich ist, von einem Wissen, das göttlich ist, und von einer Liebe, die gottmenschlich ist, sprechen sie in einer solchen Art, daß sie – wenn man meditativ liest – ungeheuer überzeugend wirken. So ist es unmöglich für einen ruhigen und konzentrierten (d.h. meditativen) Leser der Evangelien, die Person Jesu Christi persönlich nicht liebzugewinnen – und ebenso unmöglich, nicht zu empfinden, daß sie eine wirkende und wirkliche Realität ist. Es ist auch unmöglich für einen Leser, der sich mit ruhiger Gelassenheit in den Klang und Rhythmus z.B. des Johannesevangeliums einlebt, gleichsam „hineinatmet", sich nicht als in eine andere Daseinssphäre erhoben zu fühlen – in eine Daseinssphäre des atmenden geistigen Kosmos, wo man zu verstehen beginnt, was das Weltenwort (der Logos, durch „den alles geworden ist und ohne den nichts geworden ist von dem, was geworden ist") bedeutet. Und es wird einem meditativen Leser des Evangeliums ungeheuer schwerfallen – es wird ihm geradezu unmöglich sein –, die wunderbare Komposition des Evangeliums als Ganzes nicht als Ganzes hinzunehmen und es statt dessen zu zerstückeln und in „Wesentliches" und „Nebensächliches" einzuteilen. Er wird es sich nicht erlauben können, „Mythisches" vom „Historischen" zu unterscheiden und die „ursprüngliche Lehre" aus den „Ausschmückungen" des „Legendären" herauszuschälen. Ihm wird es selbstverständlich sein, daß z.B. die Wunder ebenso zu den Evangelien gehören, ebenso ihr organischer Bestandteil sind wie z.B. die Bergpredigt oder die Passionsgeschichte. Denn die Wunder sind nicht bloß Großtaten göttlicher Macht, sondern auch

„Zeichen" der göttlichen Weisheit und Liebe. Sie sind ebenso Offenbarungen des fleischgewordenen Weltenwortes wie die menschlichen Worte der Reden und Gleichnisse Jesu oder die Ereignisse seiner Passion. Das Evangelium wird uns verkündet in Ereignissen, Zeichen, Gleichnissen und Lehren. Dabei sind die Ereignisse gleichzeitig Zeichen, Gleichnisse und Lehren; die Zeichen ihrerseits sind zugleich Ereignisse, Gleichnisse und Lehren; ebenso sind die Gleichnisse Ereignisse, Zeichen und Lehren, und die Lehren schließlich sind wiederum Ereignisse, Zeichen und Gleichnisse. Alles ist im Evangelium Ereignis, Zeichen, Gleichnis und Lehre, d.h., alles ist Ereignis, Wunder, Symbol und Offenbarung der Wahrheit.

Darum sind auch die Wunder der Evangelien sowohl tatsächliche Ereignisse als auch Symbole und Offenbarungen der Wahrheit. Und es ist die Aufgabe dieser Arbeit, anhand des Lazaruswunders zu zeigen, daß dem so ist.

Das Johannesevangelium berichtet nur von sieben Wundern (die Verwandlung von Wasser in Wein zu Kana in Galiläa; die Heilung des Sohnes des königlichen Beamten; die Heilung des achtunddreißig Jahre Gelähmten; die Speisung der Fünftausend; das Wandeln auf dem Meer; die Heilung des Blindgeborenen; die Auferweckung des Lazarus), während es die anderen Wunder, von denen die drei ersten Evangelien berichten, nicht erwähnt. Der Grund liegt auf der Hand, wie der Schlußsatz des Johannesevangeliums es gesteht: „Es gibt aber auch noch vieles andere, was Jesus getan hat. Wollte man das alles im einzelnen niederschreiben, würde – so glaube ich – selbst die (ganze) Welt die Bücher nicht fassen, die man da schreiben müßte" (Joh 21, 25). Im vierten Evangelium sind nur solche Wunder geschildert, die gleichsam „repräsentativ" sind: jedes von ihnen vertritt eine Gruppe oder Kategorie, indem es sie umfaßt und überragt. So umfaßt, überragt und vertritt die Speisung der Fünftausend auch die Speisung der Viertausend. Und die Auferweckung des Lazarus umfaßt, überragt und vertritt auch die Auferweckung des Jünglings zu Naim und die Auferweckung der Tochter des Jairus, denn Lazarus war sogar schon über drei Tage tot und bestattet. Das Johannesevangelium faßt die Wunder Jesu zusammen, indem es eine Auswahl von ihnen bringt, die sowohl an Intensität der Wirkung als auch an „Zeichenwert" oder offenbarender Bedeutung die bedeutsamsten sind und die deswegen gleichsam als „Titelwunder" über die verschiedenen Kategorien von Wundern gesetzt werden können.

Da nun die sieben Wunder des Johannesevangeliums die „Titelwunder" oder umfassende „Typen" aller anderen Wunder sind und das siebente Wunder wiederum – die Erweckung des Lazarus – das höchste dieser sieben Wunder ist, das alle anderen umfaßt und vertritt, so haben wir – uns an das Kriterium der Auswahl des Johannesevangeliums haltend – die Auferweckung des Lazarus zum Gegenstand der vorliegenden Arbeit gewählt. Denn hat man die Bedeutung, die Tragweite und die in der Geistgeschichte der Menschheit sich offenbarende Wirkung dieses

Wunders verstanden, so wird man auch die Bedeutung, Tragweite und überzeitliche Wirkung aller anderen Wunder verstehen. Das Lazaruswunder enthält alle übrigen Wunder, umfaßt und vertritt sie. Es ist das „Schlüsselwunder" zu allen anderen Wundern.

Auch die Genesis gibt keinen ausführlichen Bericht über die unzähligen Einzelheiten des Urwunders des Daseins – der Schöpfung der Welt –, sondern beschränkt sich auf sieben Schöpfungsakte, die sie als „Tage" bezeichnet, und die – ebenso wie im Johannesevangelium die sieben Wunder Jesu – die bedeutsamsten Schöpfungsakte darstellen. Auch da findet eine Auswahl statt, nach demselben Kriterium wie im Johannesevangelium. Diese Übereinstimmung ist nicht zufällig; sie ist durch die Aufgabe, der sowohl die Genesis als auch das Johannesevangelium dienen, mit Notwendigkeit geboten. Denn die Genesis stellt sich die Aufgabe, das in sieben „Tage" gegliederte Wunder der Schöpfung und das Ereignis des Falles dieser Schöpfung in die Sphäre der Mühe, des Leidens und des Todes – den Fall in die „Evolution" – zu schildern. Die Genesis will Antwort auf die Frage geben: Wie geschah es, daß die göttliche Schöpfung zu dem wurde, was wir heute als Ergebnis der „natürlichen Evolution" kennen?

Das Johannesevangelium will Antwort auf die Frage geben, wie die Welt der Evolution, beherrscht von Mühe, Leiden und Tod, wieder zur Absicht und Ordnung der ursprünglichen göttlichen Schöpfung gewendet, d. h., wie die Mühe zum „Weg", das Leiden zur „Erkenntnis der Wahrheit" und der Tod zum „Leben" wird. Es will, mit anderen Worten, zeigen, wie die durch das göttliche Wort geschaffene Welt, die der Sünde – und damit dem Abfall von Gott, dem Irrtum, der Krankheit und dem Tode – anheimgefallen ist, geheilt wird!

Während die Genesis von der göttlichen Schöpfung und von Sündenfall spricht, geht es im Johannesevangelium um das göttliche Heilswerk: die Erneuerung der gefallenen Welt entsprechend ihrem göttlichen Urbild, ihre Wiederherstellung also. Die These des Johannesevangeliums ist, daß dasselbe göttliche Wort, das in sieben Schöpfungsakten die Welt erschaffen hat, Fleisch wurde und die Heilung dieser in Verzerrung geratenen Welt durch sieben Heilungsakte – die sieben Wunder des Johannesevangeliums – vollbringt. Das Johannesevangelium zeigt uns, wie das göttliche Wort (das „am Anfang bei Gott war und Gott war" und durch welches „alles geschaffen worden ist, was geschaffen worden ist, und ohne das nichts geschaffen worden ist") Fleisch geworden ist und die sieben Schöpfungsakte der Weltschöpfung nun durch sieben Heilungsakte vollendet. Das Wort, das „bei Gott war" und die Welt schuf, es ist nun „unter uns, voll Wahrheit und Gnade" und heilt die Welt – vom Innersten der Welt selbst her, d. h. aus dem menschlichen Wesen heraus. Der Gottessohn, durch den die Welt geschaffen wurde, wirkt nun im Menschensohn als Heiland der Welt: Das ist die Botschaft des Johannesevangeliums. Es zeigt, wie die sieben Schöpfungsakte der Genesis, die sieben „Schöpfungstage", nun in sieben Heilungsakte, die sieben

Wunder, umgewandelt wurden. Aber das Evangelium zeigt auch, wie der Sündenfall (der das Drama der „natürlichen Evolution" unter dem Vorzeichen der Verheißung der Schlange: „Ihr werdet sein wie Gott", in Bewegung gesetzt hat) gesühnt wurde: es führt zu den sieben Stufen der Passion Jesu Christi – Fußwaschung, Geißelung, Dornenkrönung, Kreuztragung, Kreuzigung, Grablegung und Auferstehung. Die gesamte Komposition des Johannesevangeliums ist in dem Satz des Prologs enthalten: „Und das Licht scheint in der Finsternis, und die Finsternis hat es nicht umfaßt." „Das Licht scheint in der Finsternis" – das fleischgewordene Wort offenbart sich in den Wundern und Zeichen. „Und die Finsternis hat es nicht umfaßt" – das ist die Passionsgeschichte, die im Triumph der Auferstehung endet. Und wie die Passionsgeschichte in der Auferstehung kulminiert, so kulminiert die Heilungsgeschichte in der Auferweckung des Lazarus. Beide kulminieren in der Überwindung des Todes, der ja die letzte Konsequenz des Sündenfalls ist.

Die Genesis sagt, wie in der gottgeschaffenen Welt, die „gut" (tov) war, der Tod entstand. Das Johannesevangelium bezeugt, wie in der ursprünglich gottgeschaffenen, nun aber verfinsterten Welt der Tod überwunden wurde. Und es bezeugt es dadurch, daß es überliefert, was Jesus Christus wirkte (die Wunder, einschließlich der Auferweckung des Lazarus) und was ihm widerfahren ist (die Passion und die Auferstehung).

*

Der Schöpfungsbericht der Genesis ist die Geschichte der stufenweisen Verselbständigung und Verinnerlichung der Welt, welche in der Geburt der Freiheit kulminiert; aber die Genesis schildert auch den Mißbrauch der Freiheit und dessen Folgen. In der Tat: Was ist im wesentlichen die Schöpfungsgeschichte der Genesis anderes als der Bericht darüber, wie die Welt zuerst Eigendasein neben Gott erhielt, dann Eigenbewegung („Wasser"), dann Eigenleben („Pflanzen"), dann Eigenseelenleben („Tiere") und zuletzt – im Menschen, als „Ebenbild und Gleichnis Gottes" – Selbstbewußtsein, d. h. Freiheit, erhielt? Und was ist der Siebente „Schöpfungstag" – der kosmische Sabbat, der „Ruhetag" Gottes –, wenn nicht die erreichte Stufe der Freiheit, wo Gott von seinen Taten „ruht", d. h. seine Freiheit der Welt gegenüber manifestiert, während die Welt erlebt, daß sie ihrer Freiheit überlassen ist, und die Wesen der Welt ihre Freiheit erfahren? Der siebente Schöpfungstag ist der Schöpfungstag der Freiheit. Die Segnung des siebenten Tages ist der göttliche Akt der Erschaffung des höchsten Wertes des Daseins und der Grundlage aller Sittlichkeit – der Freiheit. Da erreichte das Geschaffene die höchste Stufe der Verinnerlichung: die Freiheit. Der Siebente „Schöpfungstag" ist der „Tag" des Sinnes der Welt. Da wird die geschaffene Welt zu einer Wirklichkeit der „moralischen" Dimension: die Welt tritt in ein freies Verhältnis zu Gott und Gott in ein freies Verhältnis zur Welt. Da aber die Freiheit nur in der Liebe vollkommen ist, so darf man auch sagen, daß der Siebente „Tag" der Tag der Begründung und Besiegelung des Verhältnisses der Liebe zwischen dem Schöpfer und den Geschöpfen ist. Die Liebe ist deswegen die Grundlage, der Sinn und das Ziel der Welt.

Der mosaische Schöpfungsbericht gipfelt auf in der Segnung und Heiligung des Siebenten Tages als des Tages der „Ruhe" (d. h. des Tages der „Verinnerlichung"); dadurch wird deutlich, daß es hier wesentlich darauf ankommt, wie das Schöpfungswunder des Daseins, des Lebens, des Seelischen im Wunder des Werdens der Freiheit seine Vollendung findet. Mit anderen Worten: Das Dasein verinnerlicht sich zum Leben, das Leben verinnerlicht sich zum Erleben, das Erleben verinnerlicht sich zur Freiheit, zur Liebe. Das „Wasser", über dem der Geist Gottes (ruach elohim) am Ersten Schöpfungstag schwebte, wurde am Siebenten Tag zu „Wein", es wurde mit warmem Innenleben begabt. Und das Verhältnis zwischen Gott und Welt verwandelte sich aus dem Verhältnis zwischen Beweger und Bewegtem (wie es am Ersten Schöpfungstag war) in das Verhältnis eines Bundes in der Freiheit der Liebe. Der Siebente Tag, der kosmische Sabbat, ist seinem geistig-moralischen Wesen nach die Feier, der Feiertag der Hochzeit zwischen Gott und Welt.

Und das Wunder der Verwandlung von Wasser in Wein bei der Hochzeit zu Kana – das erste der sieben Wunder des Johannesevangeliums – ist das „Zeichen" der Wirkung jener Kraft des Siebenten Schöpfungstages. Der Segen, die Heiligung des Siebenten Tages, wurde gleichsam „heraufbeschworen" beim Wunder der Hochzeit zu Kana.

Nun sehen wir, daß das heilende Wunderwirken des fleischgewordenen Wortes, wie es das Johannesevangelium schildert, verglichen mit dem schaffenden Wunderwirken des göttlichen Wortes nach der Genesis, in entgegengesetzter Reihenfolge geschieht: die göttliche Magie des Siebenten Tages wird zur ersten heilenden Wirkung des fleischgewordenen Wortes im Wunder von Kana. Dies wird verständlich, wenn man bedenkt, daß Schöpfung und Heilung in entgegengesetzter Reihenfolge zu geschehen haben, daß dort, wo die Schöpfung vollendet wurde, der Anfangspunkt der heilenden, d. h. der wiederherstellenden Wirkung liegt. Darum gibt auch der Prolog des Johannesevangeliums die Stufen des Schöpfungsberichtes: Licht, Leben, Mensch in entgegengesetzter Reihenfolge: „in ihm (dem Worte) war das Leben, und das Leben war das Licht der Menschen". Das Heilswerk ist dem Schöpfungswerk insofern entgegengesetzt, als die letzte Stufe des Schöpfungswerkes die erste des Heilswerkes ist.

Wenn wir nun bedenken, daß jedes Wunder des Johannesevangeliums gleichzeitig ein Ereignis, ein Zeichen, ein Gleichnis und eine Lehre ist, so werden wir das Wunder der Hochzeit zu Kana als den ersten Heilungsakt des fleischgewordenen Wortes in seiner Bedeutung und Tragweite verstehen. Der freie Liebesbund zwischen Gott und Welt, der am Siebenten Schöpfungstag gefeiert, gesegnet und geheiligt wurde, wurde durch den Sündenfall gebrochen: die Welt wurde Gott untreu. Und da dieser kosmisch-göttliche Bund seine Spiegelung in der menschlichen Ehe – deren Ideal, Urbild und Sinn er ist – findet, so wirkt sich die Urkrankheit der Welt durch den Bruch des freien Liebesbundes zwischen Gott und Welt in analoger Weise im menschlichen Leben in der Verzerrung und Degeneration der Ehe aus. Die menschliche Ehe – so wie sie nunmehr ist – beginnt mit der Begeisterung, mit dem „Wein" des Honigmonds, und endet mit dem „Wasser" der Gewohnheit. Nun verwandelt Jesus das Wasser – als kein Wein mehr da war – in Wein, und „der zweite Wein war besser als der erste".

Das Wunder bei der Hochzeit zu Kana war somit das „Zeichen", Symbol und Ereignis der Heilung der Ehe, d. h. ihrer Wiederherstellung entsprechend ihrem kosmisch-göttlichen Urbild, das der Siebente Schöpfungstag ist.

*

Der Sechste Schöpfungstag der Genesis berichtet über das Entstehen der Tierwelt und des Menschen entsprechend ihren Urbildern (leminah). Das Urbild des Menschen ist Gott selbst („und Gott schuf den Menschen nach seinem Bilde, zum Bilde Gottes schuf er ihn, männlich und weiblich ‚schuf er sie'"), während die Tiere „ein jegliches nach seiner Art" (leminah) von der Erde hervorgebracht und von Gott geformt („gemacht") wurden entsprechend ihren Urbildern („Arten" – minah).

Der Bericht über den Sechsten Tag enthält somit das göttlich-kosmische Urbild der „Vererbung", so wie der Bericht über den Siebenten Tag das göttlich-kosmische Urbild der Ehe enthielt. Er zeigt, daß das urbildliche Wesen der Vererbung vertikal ist: das Urbild (die „Art" – min) ist oben, und die es spiegelnde Gestaltung geschieht unten, im Irdischen. „Vererbung" bedeutet ja wesentlich: Übertragung der Ähnlichkeit vom Vorfahren auf die Nachkommen. In diesem Sinne sind die unsichtbaren göttlich-geschaffenen Urbilder, die „Arten" (minah), „Vorfahren" der sichtbaren Arten der Tiere. Und das unsichtbare Urbild des Menschen, das göttliche Wesen selbst, ist der „Vorfahre" des sichtbaren Menschenwesens. Das Unheil, das mit dem Sündenfall entstand, war die Veränderung der Grundrichtung des Spiegelungsvorganges der Vererbung: statt „vertikal" wurde sie „horizontal". Das bedeutet, daß die „Ähnlichkeit" nicht mehr direkt aus dem unsichtbaren überzeitlichen Urbilde oben entstammte, sondern vom sichtbaren Vorfahren in der Folge der Generationen in der Zeit hier unten. Statt unmittelbar Ebenbild und Gleichnis (imago und similitudo) ihres Urbildes zu werden, wurden die Menschen und die anderen Wesen der Natur Ebenbilder und Gleichnisse ihrer irdischen Vorfahren – nur mittelbar also ihr Urbild spiegelnd. Die Vererbung, wie wir sie kennen, wurde somit zum horizontalen Strom der Übertragung im Zeitenlauf; in ihm wird nicht nur die ursprüngliche Spiegelung des Urbildes weiter vermittelt, sondern auch all das, was mit und nach dem Sündenfall in den Vorfahren hinzukam. Die Vererbung wurde zum Strom der Übertragung auch der „Sünde", der Krankheit und des Todes. Durch sie wurde die „Sünde der Väter" zur Wirklichkeit. Und so finden wir als zweites Wunder des Johannesevangeliums die Heilung des Sohnes des königlichen Beamten – die ebenfalls zu Kana in Galiläa geschah. Der Sohn wird durch den Glauben des Vaters geheilt. Damit wird nicht nur das Verhältnis Vater–Sohn verwandelt, sondern das der Vererbung überhaupt: aus einem Strom der Übertragung von Krankheit wird ein Strom der Übertragung von Heilung. Das zweite Wunder des Johannesevangeliums ist also jenes Ereignis – Zeichen sowohl wie Lehre –, das sich auf den Sechsten Schöpfungstag bezieht, auf die göttlich-urbildliche Vererbung und auf deren Verzerrung durch den Sündenfall. Das ursprüngliche Verhältnis zum „Ebenbild und Gleichnis Gottes", wie es am Sechsten Schöpfungstage war, wird dadurch wiederhergestellt, daß der Vater durch seinen Glauben an Jesus Christus, an den neuen Adam, seinen Sohn zum göttlichen Urbild wieder in unmittelbare Beziehung setzt, während er selbst als irdischer Vater und als Vorbild zurücktritt. Er verbindet gleichsam seinen Sohn mit dem neuen Adam, der nun statt seiner in das Vererbungsverhältnis Vater–Sohn eintritt. In dem Augenblick ist der Sohn geheilt. Und wie das Wunder der Hochzeit zu Kana die Heilung und die Heiligung der Ehe ist, das Sakrament der Ehe also Wiederholung der Segnung und Heiligung des Siebenten Schöpfungstages ist, so ist hier die Heilung des Sohnes „Zeichen" für das Sakrament der Taufe als der Wiederherstellung jener Vaterschaft und Sohnschaft, die im Sechsten Schöpfungstag ihr Urbild haben.

Nun könnte der Einwand erhoben werden, daß die hier vertretene Auffassung vom Verhältnis der Wunder des Johannesevangeliums zum Schöpfungsbericht der Genesis eigentlich nicht „biblisch", sondern „platonisch" sei. Weder Moses noch Johannes waren doch Platoniker, die die Welt der Erscheinung als Spiegelung einer Welt von Urbildern oder „Ideen" aufgefaßt hätten. Aber wie soll man sich die Erschaffung etwa der Tiere – „ein jegliches nach seiner Art" – denken, wenn die „Art" nicht als Urbild aufgefaßt wird? Wenn man es sich nicht so vorstellt, daß die „Art" als geistiges Urbild den konkreten Gestalten vorangeht (nicht notwendigerweise in der Ordnung der Zeit, wohl aber „in ordine cognoscendi", in der Ordnung der Erkenntnis), so müßte man annehmen, daß zuerst die Tiere geschaffen worden seien und daß ihre jeweiligen Arten aus den individuellen Tieren später gleichsam „von selbst" in Erscheinung getreten wären, daß also die Schöpfung gleichsam „aufs Geratewohl" geschehen sei und daß sie dennoch so geraten ist, daß die verschiedenen Arten aus der bunten Mannigfaltigkeit post factum in Erscheinung treten konnten.

Man muß entweder auf das Denken verzichten, es zum Stillstand bringen, oder platonisch denken, wenn man nicht gedankenlos den biblischen Schöpfungsbericht hinnehmen will.

Hinzuzufügen wäre noch, daß wir, indem wir platonisieren, in guter Gesellschaft sind. Der jüdische Philosoph Philo von Alexandrien sieht im mosaischen Schöpfungsbericht zwar nicht reinen Platonismus, wohl aber die wahre Quelle, aus der Plato geschöpft habe. Nicht die Genesis ist platonisch – was sie auch nicht sein konnte, da sie ja älter als der geschichtliche Platonismus ist –, sondern der Platonismus sei mosaisch, behauptete Philo, für den die wesentliche Identität der beiden Geistesrichtungen offenkundig war.

Diese Ansicht teilten auch Klemens von Alexandrien, Origenes und Augustinus. Auch sie sahen keine andere Möglichkeit, falls man sich nicht gedankenlos der Genesis bedienen will, als sich dabei etwas zu *denken* – und anders als „platonisch" könne man nicht über die Genesis nachdenken. Dasselbe gilt für das Johannesevangelium – das Evangelium des Logos, der das Licht der Menschen ist.

„Platonisch" denken ist nichts anderes als in der Vertikalen denken – in der Richtung „oben–unten". Und wie könnte man ohne diese Art des Denkens ein Buch verstehen, das mit dem Satz beginnt: „Am Anfang schuf Gott Himmel und Erde"? Oder ein Buch, das mit dem Satz beginnt: „Am Anfang war das Wort, und das Wort war bei Gott und das Wort war Gott"?

Die Genesis und das Johannesevangelium setzen ein Denken voraus, das in den Kategorien oben–unten verläuft, d.h. das „platonische" Denken. Eigentlich ist es aber nicht platonisch – wenn man den geschichtlichen Platonismus nimmt –, sondern älter: Man sollte es besser „hermetisch" nennen, da ja der Grundsatz dieser Denkmethode in einer Schrift des Hermes Trismegistos, der berühmten „Tabula Smaragdina – Smaragdene Tafel" in lapidarer Form zu finden ist: „Verum, sine mendacio, certum verissimum: Quod est inferius est sicut quod est superius, et quod est superius est sicut quod est inferius ... – Was unten ist, ist gleich dem, was oben ist, und was oben ist, ist gleich dem, was unten ist", was der Grundsatz der Analogie ist, der ja die Einheit der Welt und die Verwandtschaft aller Wesen und Dinge zur Voraussetzung hat – ganz im Sinne des ersten Satzes der Genesis: Im Anfang schuf Gott das Oben (Himmel) und das Unten (Erde). Ob in „platonischer" oder „hermetischer" Weise geschaffen, ist freilich für uns nicht weiter von Belang! Fahren wir also fort mit unserer Betrachtung der sieben Wunder des Johannesevangeliums, in denen wir die in Heilswirkungen umgewandelten sieben Schöpfungstage der Genesis wiedererkennen können.

*

Der Fünfte Schöpfungstag der Genesis berichtet über das Entstehen der beseelten Eigenbewegungen in den Wassern, und zwar in der horizontalen Richtung („schwärmende lebende Tiere") und in der vertikalen Richtung („fliegende lebende Tiere") – also „Fische" und „Vögel". Die beseelte Eigenbewegung innerhalb der Welt ist das Ergebnis des Fünften Schöpfungstages. Ergebnis des dritten Wunders im Johannesevangelium ist die Heilung des seit achtunddreißig Jahren Gelähmten: die Wiederherstellung der beseelten Bewegungsfähigkeit bei dem Gelähmten, der auf Heilung in dem durch einen Engel bewegten Wasser wartete.

„In Jerusalem aber gibt es beim Schafteich die auf Hebräisch Betesda genannte (Stätte) mit fünf Säulenhallen. In diesen lag eine Menge Kranker, Blinder, Lahmer und Ausgezehrter, die auf die Bewegung des Wassers warteten. Denn ein Engel des Herrn stieg von Zeit zu Zeit in den Teich und setzte das Wasser in Wallung. Wer nun zuerst nach dem Wallen des Wassers hineinstieg, wurde gesund, an welcher Krankheit auch immer er litt." So berichtet das Johannesevangelium (5, 2 ff.) über die Stätte und ihre Besonderheiten, an der das Wunder der Heilung des seit achtunddreißig Jahren Gelähmten vollbracht wurde. Die Heilung selbst geschah freilich nicht durch Eintauchen des Kranken ins bewegte Wasser, sondern durch Jesu Wort allein: „Steh auf, nimm dein Bett und geh umher." Dieses Wort enthält die Schöpfungstat des Fünften Tages, nämlich die Erschaffung der beseelten Eigenbewegung sowohl in der vertikalen Richtung („steh auf") wie in der horizontalen Richtung („geh umher und wandele"). Dieselbe Kraft, die am Fünften Schöpfungstage wirkte, die die Eigenbewegung schuf, gibt dem Gelähmten die Fähigkeit der Eigenbewegung zurück. Denn die Bewegungsfähigkeit ist ihrem Wesen nach kosmisch – und zwar nicht nur ihren Wirkungen nach (da jede Bewegung, selbst die geringste, sich letzten Endes auf die ganze Welt auswirkt), sondern auch ihren anregenden Ursachen nach. Der Mensch steht im Strom der kosmischen Energien: seine Gedanken sind in die Ströme der Gedankenwelt, seine Gefühle in die Ströme der psychischen Kräfte der Welt und seine Willensimpulse in die Ströme der Weltenergie eingetaucht und eingeschaltet. Und so wie einer, der aufhört zu atmen und sich so von der Luft abschließt, erstickt, so wird gelähmt, wer sich von den kosmischen Energieströmen abschließt. Dieses Sichabschließen ist der Kern der „Sünde" – gegen Gott, gegen die Menschheit und gegen die Natur. Darum sagte Jesus später im Tempel zu dem inzwischen Geheilten: „Siehe, du bist gesund geworden; sündige nicht mehr, damit dir nicht noch Schlimmeres geschehe."

Das dritte Wunder des Johannesevangeliums, in dem das Geheimnis des Fünften Schöpfungstages wieder auflebt, ist zugleich Urbild der heilenden Kraft des Sakramentes der Sündenvergebung – wird doch der Gelähmte wieder an jenen alles durchkreisenden Strom beseelter Bewegung angeschlossen, von dem er durch die Sünde abgeschaltet war.

Jesu Wort nach der Heilung des Gelähmten: „Mein Vater wirkt bis jetzt, und auch ich wirke" (Joh 5, 17), bringt deutlich zum Ausdruck, daß die schöpferische Wirksamkeit des Vaters (also die der „Schöpfungstage") das Vorbild der heilenden Wirksamkeit des Sohnes (also der „Wunder") ist, daß also die Wunder des Johannesevangeliums in den Schöpfungstagen der Genesis ihre Quelle und ihr Urbild haben. Noch deutlicher wird das einige Verse später: „Denn der Vater liebt den Sohn und zeigt ihm alles, was er selbst tut. Und er wird ihm noch größere Werke als diese zeigen, so daß ihr euch wundern werdet" (Joh 5, 20). Das heißt: Die überzeitlichen Schöpfungswerke des Vaters werden dem Sohne vom Vater gezeigt und werden vom fleischgewordenen Sohn in der Form von Zeichen und Wundern vollbracht; und größere Zeichen und Wunder als die Heilung des Gelähmten stehen deshalb noch bevor,

„so daß ihr euch wundern werdet". Denn: „Der Sohn kann von sich aus nichts tun, außer was er den Vater tun sieht. Denn was jener tut, das tut der Sohn in gleicher Weise" (Joh 5, 19).

Der Fünfte Schöpfungstag der Genesis ist also das Werden der beseelten Eigenbewegung, die ursprünglich in einem harmonischen Einklang war. Das dritte Wunder des Johannesevangeliums als heilende Tat stellt diesen Einklang bei dem Gelähmten wieder her, der durch Sünde in Widerspruch zu jener Harmonie der beseelten Eigenbewegung in der Welt geraten ist. Die ursprüngliche Harmonie der Eigenbewegung einer solchen Vielheit von Wesen, deren jedes aus eigenem Antrieb sich bewegt, kann man am besten durch den Vergleich mit einem dirigierten Orchester verstehen. Denn im Orchester spielt jeder sein eigenes Instrument und hat sein eigenes Notenblatt; das Ergebnis ist aber nicht Dissonanz, sondern Harmonie; und das ist sozusagen das Verdienst des Dirigenten, der Zeit und Tempo anweist und der ebenso wie das Musikwerk selbst dem Spiele des Orchesters vorangeht, das Spiel leitet und ihm vorsteht.

*

In diesem Sinne steht der Vierte Schöpfungstag dem „Spiel" der mannigfaltigen Eigenbewegungen des Fünften Schöpfungstages vor und geht ihm voran. Denn der Vierte Schöpfungstag ist der Tag des Werdens der „Zeit", der Tag der das „Tempo" angebenden und, folglich, dirigierenden Prinzipien des Weltorchesters: des Werdens der Sonne, des Mondes und der Sterne. „Gott machte die beiden großen Leuchten, die größere Leuchte zur Herrschaft über den Tag, die kleinere Leuchte zur Herrschaft über die Nacht, dazu die Sterne. Gott setzte sie an das Firmament des Himmels, damit sie über die Erde leuchten." Sie sollten „scheiden zwischen dem Tag und der Nacht" und „als Zeichen dienen für Festzeiten und Tage und Jahre". So heißt es in der Genesis (1, 16 19). Die „Leuchten", die über „Tag und Nacht herrschen und Zeichen sind für Feste, Zeiten, Tage und Jahre", was sind sie anderes als Organe des Dirigierens, um Zeit und Tempo im Weltorchester anzugeben, wie es der Sternenmusikschrift entspricht.

Der Vierte Schöpfungstag ist das Werden des umfassenden Weltrhythmus, an dem alle Wesen teilnehmen – der Tag, der sie zu einer weltumfassenden Gemeinschaft (communio) vereinigt. Wir können uns diese „Integration" im Makrokosmos an der Integration verdeutlichen, die wir im Mikrokosmos – im Menschen – beobachten. Das menschliche Bewußtsein wird im Widerstreit der Wünsche, Begierden, Neigungen, Stimmungen, Einfälle und der zahllosen Anregungen von außen und von innen, aus der Phantasie und dem Gedächtnis nicht zum Chaos, sondern ordnet sich um einen Mittelpunkt – das Ich. Das Ich ist das Gravitationszentrum des Seelenlebens: in ihm gründet die bleibende Identität der Persönlichkeit, und mit Hilfe des Lichtes der Vernunft wirkt es auch ordnend in die „Nacht" des Unterbewußtseins hinein und leitet das ganze Seelenleben, das bewußte und unbewußte („Tag" und

„Nacht"), in der Richtung der Ideale (die gleich den Sternen die orientierenden Wegweiser sind). Im Makrokosmos ist der wirkende Mittelpunkt, das Zentrum, eine „Sonne", die Licht, Wärme und Leben ausströmt und die das gemeinschaftsbildende Prinzip der wachen Welt (des „Tages") darstellt, während ihr reflektiertes Licht („Mond") das gemeinschaftsbildende Prinzip der unbewußten, schlafenden Welt („Nacht") ist. Das Ganze aber, sowohl die „Tages-" als auch die „Nachtwelt", wird im Einklang mit der Sternenwelt erhalten und geführt. Die Sonne – oder vielmehr die Sonnenhaftigkeit – in der großen Welt entspricht der schöpferischen, leitenden und ordnenden Rolle des Ich in der „kleinen Welt" des menschlichen Seelenlebens, und die Mondhaftigkeit entspricht der Reflexionsfähigkeit der Vernunft, die das Vernunftlos-Triebhafte im Seelenleben beurteilend beleuchtet, während die Sternhaftigkeit in der großen Welt den richtunggebenden Idealen im menschlichen Seelenleben entspricht.

Der Vierte Schöpfungstag berichtet über das Werden der weltumspannenden Gemeinschaft dieser alle Wesen der Welt umfassenden Einheit. Er ist deswegen das göttlich-kosmische Urbild des Sakraments der Eucharistie – der „Kommunion".

Und das vierte Wunder des Johannesevangeliums – die Speisung der Fünftausend in der Wüste – ist die ihm entsprechende heilende Wirkung des fleischgewordenen Wortes. Diese Wirkung, Wiederherstellung der im Vierten Schöpfungstag gründenden, ursprünglichen Gemeinschaft der Wesen entspricht der Ordnung dieses Schöpfungstages: Sonne, Mond und Sterne. Denn wie die Sonne, die Licht, Wärme und Leben ausstrahlt, alle Wesen „ernährt" und sie zu einer „Ernährungsgemeinschaft" vereinigt, so wirkte bei der Speisung der Fünftausend Jesus Christus als der „ernährende", spendende Mittelpunkt für die Fünftausend. Er vollbrachte in der kurzen Zeit der Speisung, was die Sonne im Jahreslauf vollbringt, indem sie „Brot vermehrt" durch das Keimen, Wachsen und Reifen des Korns. Denn es geschieht ja jährlich eine „Brotvermehrung" auf Erden, durch die Kraft der Sonne bewirkt, indem das ausgesäte Korn sich bei der Ernte verhundertfacht. – Und wie der Mond, der das Licht der Sonne reflektiert und es zugleich mäßigt, während er es weitergibt, so empfingen die Jünger, die mit auf dem Berge waren, das von Jesus gesegnete Brot und gaben es an die Fünftausend, die sich gelagert hatten, weiter. Sie „verteilten" es, d.h. mäßigten den schöpferischen Strom der Vermehrung, indem sie ihn „aufteilten", das Brot „portionsweise" austeilten. „Jesus aber nahm die Brote, dankte und gab sie den Jüngern, die Jünger aber denen, die sich gelagert hatten"[5] (Joh 6, 11).

Die Jünger empfingen und gaben weiter das dankgesegnete (eucharistische) Brot, so wie der Mond das Licht der Sonne empfängt und es weiterstrahlt in gedämpfter, gemilderter Form. „Gedämpft und gemildert"

---

[5] So der Luther-Text; die Austeilung durch die Jünger, entsprechend der synoptischen Überlieferung, ist in den älteren Lesearten von Joh 6, 11 nicht zu finden.

bedeutet, wenn man von der Lichtwirkung spricht, „nicht blendend", und wenn man von der Kraftwirkung spricht, „erträglich". Diese vermittelnde Wirkung des Mondes, welche das Maßlose der schenkenden Sonnenkraft ins Individuell-Angemessene verwandelt, kann auch anhand der Erfahrungen des Sakraments der Eucharistie, der heiligen Kommunion, verstanden werden. Da geschieht es äußerst selten, daß kommunizierende Mitglieder der Gemeinde tief erschüttert werden oder in einen ekstatischen Zustand durch den Empfang der heiligen Kommunion geraten – was man eigentlich doch erwarten sollte, da das Sakrament der Kommunion eine innere Bewegung und Vereinigung mit Jesus Christus ist, ähnlich der Begegnung, die Paulus auf dem Wege nach Damaskus erlebte und die ihn so erschütterte, daß er drei Tage blind war. Was sich beim Kommunizieren einstellt, ist ein sanftes inneres Licht, das im Menschen aufgeht, eine Stimmung, die als heitere Ruhe nachwirkt. Sanftes Licht statt tiefer Erschütterung ist das Ergebnis der barmherzig vermittelnden und mildernden Wirkung des Mondprinzips.

Bei der Speisung der Fünftausend war es der Jüngerkreis, der die mächtige, erleuchtende, erwärmende und belebende Kraft des fleischgewordenen Weltenwortes aufnahm und sie „spiegelnd", d. h. sie bis zur Stufe der „Erquickung" und „Sättigung" mildernd, weiterleitete. So ergab es sich, daß die fünftausend Menschen nicht in Verzückung gerieten, sondern eben nur erquickt und gestärkt, „gespeist", wurden.

Diese Tatsache ist gleichzeitig ein Schlüssel (wir sagen vorsichtig „ein Schlüssel" – nicht „der Schlüssel") zum Verständnis des hierarchischen Prinzips schlechthin, sowohl in der Welt als ganzer – der Welt des Vierten Schöpfungstages, wo Sonne, Mond und Sterne als hierarchische Weltenordnung eingesetzt wurden – als auch in der hierarchischen Ordnung innerhalb der Menschheit. Denn jede untere Hierarchie verhält sich zu der über ihr stehenden wie der „Mond" zur „Sonne". Die Engel übermitteln die brausend starken Impulse der Erzengel in einer Form, die den einzelnen Menschen angemessen und erträglich ist, d.h. in der Form des sanften Lichtes der moralischen Klarheit; die Erzengel passen die allmenschheitlich geltenden radikalen Gebote und Verbote der Fürstentümer (archai, principates) den Eigenarten und Fähigkeiten der verschiedenen Menschengruppen (Völker) an und schützen sie dadurch vor Überforderung. Und ein ähnliches tun die Fürstentümer den Gewalten (exusiai, potestates) gegenüber, die Gewalten den Kräften (dynameis, virtutes) gegenüber, die Kräfte den Herrschaften (kyriotetes, dominationes) gegenüber, die Herrschaften den Thronen (thronoi, throni) gegenüber, die Throne den Cherubim gegenüber, die Cherubim den Seraphim gegenüber und die Seraphim der ewigen Trinität Gottes gegenüber. Das spiegelt sich auch – wie schon Dionysius Areopagita dargestellt hat – in der Hierarchie der Kirche wieder, wo der Priester als Seelsorger gleichsam die Rolle des Engels dem einzelnen Menschen gegenüber spielt, während der Bischof, wie ein Erzengel, für das Wohl einer gesamten Diözese zu sorgen hat.

Menschen, die das hierarchische Prinzip verneinen – etwa solche protestantischen Christen, die auf dem Standpunkt stehen, daß „zwischen mir und meinem Gott" keine Vermittlung notwendig und zulässig sei –, wissen nicht, was sie sagen und was sie wollen. Zwar sind sie sich dessen bewußt – und bekennen es –, daß sie sündig sind, also in der „Finsternis" leben, aber das zurückgestrahlte Licht des „Mondes", der ja dazu eingesetzt ist, um über „Nacht und Finsternis" zu herrschen, wollen sie nicht anerkennen, sondern fordern, daß die Sonne selbst in ihre Finsternis scheine – aber natürlich so, daß sie von ihr nicht geblendet werden! Andere wiederum, die sich mit Vorliebe als „Humanisten" bezeichnen, halten dafür, daß das zurückgestrahlte gedämpfte Licht des „Mondes" für sie – für ihr Leben und Sterben – genüge: sie halten sich an ihr Gewissen und begnügen sich stets damit, „ihr Bestes zu tun" – vergessen dabei, daß es auch nichtrelative, absolute Wahrheit gibt, daß es „Sonne" gibt!

Nach dieser Abschweifung kehren wir nun zu der Betrachtung des Wunders der Speisung der Fünftausend in der Wüste zurück. Wir haben gesehen, daß Jesus Christus bei diesem Wunder die Vermehrung des Brotes wirkt, während der Jüngerkreis dessen Verwandlung ins individuelle Angemessene, d.h. dessen „Verteilung", ausführt. Christus wirkt da als Sonne und die Jünger als Mond. Durch dieses Zusammenwirken wurde das beabsichtigte Ziel („Als Jesus sah, daß eine große Volksmenge zu ihm kam, sagte er zu Philippus: ‚Wo sollen wir Brot kaufen, damit diese zu essen bekommen?'") – die Sättigung der Fünftausend – erreicht.

Nun geschah aber bei dem Wunder noch etwas, was über die Grenzen des gesetzten Zieles hinausging: Es wurden zwölf Körbe von übriggebliebenen Brocken nach der Speisung gesammelt. Auf die ursprüngliche Vermehrung des Brotes durch Jesus Christus und auf die Verteilung des Brotes durch die Jünger folgte also eine zweite „Brotvermehrung" nach der Verteilung und Speisung. Ein Drittes geschah da, das – neben „Sonne" und „Mond" – auf die Wirkung eines dritten Prinzips, auf eine dritte Kraftwirkung, hinweist. Denn außer Christus und dem Jüngerkreis war am Wunder auch das Volk, die Fünftausend also, beteiligt. Außer dem Sonnenprinzip und dem Mondprinzip war bei dem „Zeichen" der Speisung auch das Sternenprinzip wirksam.

Das Wunder war noch wunderbarer – nicht bloß eine Speisung der Fünftausend mit fünf Broten und zwei Fischen! Es umfaßte auch die tätige, wunderwirkende Beteiligung all der fünftausend Menschen. Sie alle wurden – jeder einzelne von ihnen – ebenfalls zu „Brotvermehrern" innerhalb ihrer individuellen Grenzen, d. h., sie wurden selber zu aktiven Lichtquellen – sie wurden für eine Zeitlang zu „Sternen"! Und dieses „Sternwerden" ist der Höhepunkt, das Gipfelereignis des Wunders.

Damit ist gesagt, daß die Fünftausend nicht nur – die ihnen wunderbar vermehrte – Nahrung empfingen, sondern auch die vermehrende Kraft selbst („Ich bin das Brot des Lebens") in sich aufnahmen. Sie wurden – innerhalb ihrer individuellen Grenzen – wie Christus zu „Brotvermehrern", zu schöpferischen Quellen des lebenspendenden Lichts. Der Christus, der vor der Verteilung des Brotes draußen, auf dem Berge, war, war nun in ihnen selbst wirksam gegenwärtig. Es geschah das Wunder des Sakraments der heiligen Kommunion als Höhepunkt des Wunders der Speisung.

Die Fünftausend wurden zu wirkenden Lichtquellen. Sie erstrahlten – ein jeder innerhalb seiner individuellen Grenzen.

Nun bedeutet aber „Erstrahlen innerhalb der individuellen Grenzen" nichts anderes als individuell-beschränkte Sonne werden. Und das ist das Sternenprinzip. Das Sternenprinzip unterscheidet sich vom Sonnenprinzip dadurch, daß das letztere unbeschränkt-universell wirkt („die Sonne scheint über Gute und Böse"), während das Sternenprinzip individuell konzentrierte und beschränkte Sonnenhaftigkeit ist. Vom Mondprinzip aber unterscheidet es sich dadurch, daß es das Licht nicht widerspiegelt, sondern es aus sich erstrahlt. „Sterne" in diesem Sinne sind „Sonnenkeime", keimende Sonnensaat.

So ersteht aus der vertieften Betrachtung des Wunders der Speisung der Fünftausend ein wunderbares Bild: in der Mitte und „oben auf dem Berge" Jesus Christus, als leuchtende und lebenspendende Sonne, um ihn der Jüngerkreis als silberner Mond und rund um den Berg – ein Sternenschwarm von Tausenden Sternen – das Volk.

Die Fünftausend erlebten mehr als bloße Sättigung: sie erlebten die Realität des hierarchischen Prinzips, wie es am Vierten Schöpfungstage eingesetzt wurde. Darum wollten sie, nach der Speisung, Jesus Christus zum König machen (Joh 6, 15). Denn sie hatten während des „Zeichens" die königliche Wirkung des kosmischen regierenden Zentrums erfahren, deuteten aber diese Erfahrung entsprechend den Begriffen ihres gewöhnlichen Tagesbewußtseins so, daß sie sich sagten: „Wahrlich, das ist der Prophet, der in die Welt kommen soll" (Joh 6, 14). Darum forderten sie, daß er König im irdischen Sinne werden solle. Diese Deutung brachte das Göttlich-Kosmische des Ereignisses auf die Fläche des Menschlich-Irdischen herunter. Da „floh er wieder auf den Berg, er allein" (Joh 6, 15).

*

„Er allein" – ist das Schlüsselwort für das nächste, das fünfte Wunder des Johannesevangeliums, wie es auch das Schlüsselwort ist für das Verständnis des Dritten Schöpfungstages der Genesis. Denn wenn der Siebente Schöpfungstag der „Tag" des freien Bundes der Liebe zwischen Welt und Gott ist, wie das erste Wunder die Wiederherstellung dieses Bundes in der Menschheit; wenn der Sechste Schöpfungstag der „Tag" des Werdens der wahren Vererbung ist, wie das zweite Wunder die Wiederherstellung dieser Vererbung in der Menschheit; wenn der Fünfte Schöpfungstag der „Tag" des Werdens der beseelten Eigenbewegung ist, wie das dritte Wunder die Wiederherstellung dieser Eigenbewegung im Menschen, der vom Weltganzen abgekapselt war; wenn, endlich, der

Vierte Schöpfungstag der „Tag" der hierarchischen Weltordnung, der hierarchischen Weltgemeinschaft ist, wie das vierte Wunder die Wiederherstellung der hierarchischen Gemeinschaft in der Menschheit, so ist der Dritte Schöpfungstag der „Tag" der Urständigkeit, des Geheimnisses von Samen und Wachstum, während das fünfte Wunder des Johannesevangeliums das „Zeichen" der Wiederherstellung dieser urständigen Eigenkraft ist, wie sie am Dritten Schöpfungstage ward.

Der mosaische Bericht über den Dritten Schöpfungstag gipfelt nämlich in den Sätzen: „Und Gott sprach: ‚Es lasse grünen die Erde Grünes, Kraut, das Samen bringt und Fruchtbäume, die Früchte auf Erden tragen, in denen ihr Same ist.' Und es geschah.

Die Erde brachte Grünes hervor, Kraut, das Samen bringt nach seiner Art, und Bäume, die Früchte trugen nach ihrer Art, in denen ihr Same ist" (Gen 1, 11 f.). Der Dritte Schöpfungstag ist das Werden des Samenprinzips, des Prinzips der latenten gestaltenden Kraft, die, wenn sie aktualisiert wird, die ihr *innewohnende unsichtbare* Gestalt sichtbar verwirklicht.

Der Dritte Schöpfungstag bedeutet also das Werden der Samenhaftigkeit in der Welt. Das betrifft nicht nur die uns bekannte Pflanzenwelt der Kräuter und Bäume, sondern auch solche „Bäume", die im Paradies als „Baum der Erkenntnis von Gut und Böse" und als „Baum des Lebens" stehen; es betrifft auch alles, was aus dem „Samen Abrahams" erwachsen ist, bis hin zum Reiche Gottes des Neuen Testaments, das als „Same" gesät wurde und zu einem gewaltigen Baum einst wachsen soll. Auch die Worte Jesu, die auf harten Boden oder auf guten Boden fallen und entsprechend wenig oder viele Frucht bringen, gehören zum Bereich dieser am Dritten Schöpfungstage gewordenen Samenhaftigkeit. Ja sogar sich selbst hat Jesus Christus einen „Samen" genannt, der sterben soll, um viel Frucht zu tragen – was das Wesen des Christentums und seiner Geschichte dem Samen und seiner Entwicklung, seinem Keimen, Sprossen und Wachsen gleichsetzt. Denn es handelt sich jedesmal um die Kraft einer Innerlichkeit, die sich in äußerer Erscheinung später offenbart.

Die Sprache der Bibel ist weder bloß realistisch noch bloß symbolisch. Sie ist real-symbolisch, d. h., sie bedient sich statt abstrakter Begriffe realer Tatsachen, die einem Prinzip, einer grundsätzlichen und wesenhaften Wahrheit, entsprechen. Darum sind die „Bäume, deren jeder seinen eigenen Samen in sich selbst hat" nicht nur Eschen und Eichen, sondern auch der „Baum der Erkenntnis" und der „Baum des Lebens". Und die Frucht des Baumes der Erkenntnis trägt den Samen des Todes, der Baum des Lebens dagegen den Samen der ununterbrochenen Metamorphose des Wachstums.

So wäre es z.B. im Sinne der Bibel und der biblischen Sprache vollkommen berechtigt, den oben angeführten Satz der Tabula Smaragdina: „Wie oben, so auch unten, und wie unten, so oben", als Samen zu bezeichnen, aus dem ein vielverzweigter Baum des Geisteslebens erwachsen ist – der den Pythagoräismus und die Kabbala, den Platonismus, den Neuplatonismus, die alexandrinische Theologie, die Theologie des Dionysius Areopagita, die hermetische Philosophie der Alchimie, das Rosenkreuzertum (und vieles andere noch!) umfaßt. Da offenbart sich die Wachstumskraft und die Fruchtbarkeit eines Gedankensamens mit größter Deutlichkeit. Ist die Bezeichnung „Gedankensame" bloß ein Vergleich? Nein, sie ist das Ergebnis der Einsicht in die fundamentale Wirklichkeit ein und desselben Samenprinzips, das sich sowohl im Werden einer Eiche aus einer Eichel als auch im Werden des verzweigten Gedankenbaumes der Metaphysik aus dem Grundsatz der Analogie offenbart.

Und wie „Samen", „Bäume" bedeuten in der Bibel auch „Meer", „das Trockene", „Himmel" und „Erde" viel *mehr* als die konkreten Dinge, die diese Wörter bezeichnen. Das „Meer", das zu Beginn des Dritten Schöpfungstages als „Sammlung der Wasser unter dem Himmel an einem Ort" erscheint, ist der Zustand der Konzentration („Sammlung") des Kraft-Stoffes, wobei dieser seine Beweglichkeit – sein Bewegtwerdenkönnen – behält, während das „Trockene" jenen Zustand weitergehender Konzentration bedeutet, bei dem der Kraft-Stoff sich so verdichtet, zusammenzieht, daß eine Erstarrung bis zur Festigkeit erreicht wird – gleichsam nach Art eines Kristallisationsvorganges.

„Und Gott sprach: Es sammle sich das Wasser (‚die Wasser', Plural im hebräischen Urtext), das unter dem Himmel ist, an einen Ort und es erscheine das Trockene" (Gen 1, 9). Der schöpferische Impuls, der hier angedeutet wird, ist der zur Konzentration, die sich in zwei Stufen abspielt – in der Stufe des „Meeres" und in der Stufe des „Trocknen" oder, wenn wir bei dem Vergleich mit einem Kristallisationsvorgang bleiben, in der Stufe der Lösung und in der Stufe der Verdichtung, der Kristallbildung. Das Feste ist das verdichtete Flüssige.

Nun ist dieser Konzentrationsvorgang nicht bloß quantitative Kristallisation und Verdichtung, sondern auch qualitative Konzentration – gleichsam Extraktbildung. „Und Gott sprach: Es lasse grünen die Erde Grünes und Kraut, das Samen bringt...", wie der Text in der Genesis weitergeht.

Der Bericht über den Dritten Schöpfungstag besteht aus zwei Teilen, die beide mit den Worten „Und Gott sprach" beginnen. Gott sprach also am Dritten Schöpfungstag zweimal. Der erste Teil gilt dem Vorgang der Konzentration, dem Werden des „Trockenen" aus dem „Meer", der zweite Teil gilt dem Werden der Samen (jeder Same) „nach seiner Art". Der Same ist die qualitative Konzentration der gesamten Art, so wie das „Trockene" die quantitative Konzentration des „Meeres" ist. Der zweite Teil des Berichtes über den Dritten Schöpfungstag ist also die verinnerlichte Wiederholung des ersten Teiles. Da wird das Werden der „Erde" aus dem „Meer" als Werden des „Samens" aus der „Erde" wiederholt. Es wird in verinnerlichter Art wiederholt, denn der „Same" ist nicht bloß eine quantitative Verdichtung des Kraft-Stoffes, sondern auch eine qualitative Auslese („nach seiner Art") der Kräfte und der Stoffe zu einem Kraft-Stoff-Extrakt, der ein inneres „Meer" von latenter Beweglichkeit und eine innere „Erde" der Substantialität in sich birgt. Das Wunder des Dritten Schöpfungstages – und die mosaische Schöpfungsgeschichte ist die Beschreibung des siebenstufigen Schöpfungswunders – besteht nicht darin, daß vorliegende Stoffe und vorliegende Kräfte so kombiniert wurden, daß aus ihnen „Samen" entstanden, sondern darin, daß durch die Kraft des Wortes („Und Gott sprach") aktive Zentren sich bildeten, die die qualitative Auslese der Stoffe und der Kräfte, mit denen sie sich umhüllen, bewirken. Das Wunder des Dritten Schöpfungstages ist das Werden der Monaden (im Sinne der Leibnizschen Monadenlehre), die sowohl der Welt der Energie (dem „Meer") gegenüber als auch dem verdichteten Stoff (der „Erde") gegenüber souveräne Einheiten sind, da sie ihre eigene Festigkeit in sich tragen und sich selbst verdichten, so wie sie eine eigene Beweglichkeit in sich tragen, eine eigene Energie, ein eigenes „Meer". Sie sind eigenständig dem „Meer" und der „Erde" gegenüber, da sie selber das „Meer"-Prinzip und das „Erde"-Prinzip in sich haben. Sie sind „in dieser Welt" – der Welt des „Meeres" und der „Erde" –, aber nicht „von dieser Welt".

Damit befinden wir uns schon gedanklich inmitten des fünften Wunders des Johannesevangeliums: das Wandeln auf dem Meer. Denn dieses Wunder – als „Ereignis" und als „Zeichen" – ist die Offenbarung der Eigenständigkeit des Menschensohnes dem Meer und der Erde gegenüber. Der auf den Wassern wandelnde Jesus Christus braucht keine Stütze, denn er stützt sich auf sich selbst, und er steigt nicht in das Boot der Jünger, um vom Boote getragen zu werden, sondern er ist es, der das Boot zum anderen Ufer bringt: er ist nicht der Getragene, sondern der Tragende, nicht der Bewegte, sondern der Bewegende. Das wird nicht nur im „Zeichen" gezeigt, sondern auch durch das Samen-Kraft-Wort Jesu beim Vollbringen des Wunders – „Fürchtet euch nicht – Ich bin" – ausdrücklich gesprochen.

Dieses Wort, das im Lichte des Dritten Schöpfungstages als „Ich bin der Same des Himmelreichs" gedeutet werden darf, gehört ebenso zum fünften Wunder des Johannesevangeliums, wie das Wort „Ich bin das Brot" zum vierten Wunder, das Wort „Ich bin die Tür" zum dritten Wunder, das Wort „Ich bin der Weg, die Wahrheit und das Leben" zum zweiten Wunder und das Wort „Ich bin der Weinstock" zum ersten Wunder des Johannesevangeliums gehört. So wie weiterhin das Wort „Ich bin das Licht der Welt" zum sechsten und das Wort „Ich bin die Auferstehung und das Leben" zum siebenten Wunder (zum Lazaruswunder) des Johannesevangeliums gehört. Denn wie „alles geschaffen worden ist durch das Wort, und ohne dasselbe ist nichts geschaffen, was geschaffen ist", wie die sieben Tage der Schöpfung also das Werk des Wortes sind, „das bei Gott war", so sind die sieben Wunder des Johannesevangeliums das Werk des fleischgewordenen Wortes – wobei jedes der sieben Ich-bin-Worte einer der Aspekte des göttlichen Wortes ist, des

Logos, und zugleich eine der Stufen seines Werkes (der Schöpfung wie des Heils). Damit ist aber auch gesagt, daß das Wort, das sich im fünften Wunder des Johannesevangeliums – im Wandeln auf dem Meer – offenbart, das schöpferische Wort des Dritten Schöpfungstages ist. Es ist das Wort, das dem Samen-Prinzip zugrunde liegt.

Das Wort „Fürchtet euch nicht, Ich bin", bei diesem Wunder des Wandelns auf dem Meer ausgesprochen und darum hier als „Ich bin der Same" aufgefaßt, finden wir im Johannesevangelium auch in der Form: „Ich bin der gute Hirte." Dieses Wort sagt mit größerer Deutlichkeit die Tatsache aus, daß Jesus Christus nicht der Getragene ist, sondern der Tragende, nicht der Geführte, sondern der Führende, nicht der sich Stützende, sondern selbst die Stütze ist, wie es das Wunder des Wandelns auf dem Meer offenbart. So wie der Same die zukünftigen Stufen des Wachstums bestimmt, so bestimmt der gute Hirte die Wege der Entfaltung des wahren Wesens der Menschheit und führt sie auf diesen Wegen.

Der Dritte Schöpfungstag, der „Tag" des Samens und seiner Eigenständigkeit, ist der göttlich-kosmische Hintergrund des Sakramentes der Firmung (der Konfirmation), das zu diesem fünften Wunder des Johannesevangeliums in Beziehung steht. Dieses Sakrament hat das geistige Geschehen des Wandelns auf dem Meer zum Urbild und zur Quelle. Bei der Firmung wiederholt sich gewissermaßen das Wunder des Wandelns auf dem Meer – das Wunder des stützenlosen Glaubens in seiner inneren Sicherheit, der über dem verschlingenden Meer der Relativität und des Zweifels steht und seinen eigenen Weg geht.

*

Der zweite Schöpfungstag des mosaischen Berichtes ist das Werden der „Feste", des „Firmaments", die die Wasser unter dem Firmament von den Wassern über dem Firmament scheidet. „Und Gott nannte die Feste ‚Himmel'." Es ist der „Tag" des Werdens der Erkenntnis, der wahren Gnosis – der Tag, da das „Sehen" wird. Der „Himmel", der die oberen Wasser von den unteren scheidet, ist ja das „Licht" des Ersten Schöpfungstages, das nun die oberen Wasser von den unteren scheidet, aber auch das Bindeglied zwischen ihnen ist. Der „Himmel" („Feste", „Firmament") des Zweiten Schöpfungstages ist die kristallinische Klarheit, die die oberen und unteren Wasser scheidet und verbindet. Die unteren Wasser spiegeln den „Himmel", und die oberen Wasser spiegeln ihn ebenfalls. Diese doppelte Spiegelung ist das Prinzip des „Sehens", der Erkenntnis schlechthin. Denn Erkenntnis ist die Verwandlung des „Gesehenen" ins „Eingesehene", des Wahrgenommenen in Wahrheit. Sie ist das Zustandekommen der Verbindung zwischen Tatsachen und Ideen, zwischen dem Realen und dem Idealen.

Nun ist die Spiegelung des „Himmels" in den unteren Wassern der Bereich der Tatsachen, des Realen, während die Spiegelung des „Himmels" in den oberen Wassern den Bereich der Ideen, das Ideale, darstellt. Und Erkenntnis (oder Verständnis) geschieht durch Verbindung des Realen mit dem ihm entsprechenden Idealen. Begreifen heißt: eine Bewegung ausführen, die das oben Gespiegelte, das Ideale, mit dem unten Gespiegelten, dem Realen, in Verbindung bringt. Darum proklamiert die bereits zitierte „Tabula Smaragdina" des Hermes Trismegistos den Satz: „Wie unten so auch oben, und wie oben so auch unten", als Voraussetzung der Erkenntnis. Das Prinzip der Analogie ist auf der Einsicht begründet, daß das aktive, schöpferisch-tätige Licht (der „Himmel") sowohl oben als „Ideen" als auch unten als „Tatsachen" gespiegelt wird.

Und wessen ist das Licht, das die „Feste" des Himmels bildet, die sowohl in überhimmlischen Wassern als auch in den unterhimmlischen Wassern gespiegelt wird? Es ist das Licht des Logos, des Wortes, durch das alles geworden ist und das über sich selbst beim sechsten Wunder des Johannesevangeliums – der Heilung des Blindgeborenen – bezeugt: „Solange ich in der Welt bin, bin ich das Licht der Welt" (Joh 9, 5). Der Logos ist aber nicht nur die Vernunft der Welt, d. h. die Verbindung des Idealen mit dem Realen; er wirkt auch das Wahrnehmen des Idealen und des Realen. Denn er ist es, der sich spiegelt in Form der Ideen und in Form der Tatsachen. Alles Sehen, Hören, Ertasten usw. setzt ein vermittelndes Bindeglied, ein Organ, zwischen dem Wahrgenommenen und dem Wahrnehmenden, zwischen dem Objekt und dem Subjekt des Wahrnehmens voraus. Bei jeder Wahrnehmung geschieht gleichzeitig ein Hereinragen des Objektiven in das Subjektive und ein Hinausragen des Subjektiven in das Objektive. Das Auge ist nicht bloß Empfänger des Lichtes, sondern es strahlt auch Licht aus. Der Blick des Auges kann selbst leuchtend und wirksam sein. Der Blick spricht, ebenso wie er gleichzeitig wahrnimmt. Die Augen – und die Sinne überhaupt – stellen die konkrete Spiegelung des kosmischen Prinzips der Erkenntnis, d. h. des Zweiten Schöpfungstages, dar. Es ist der Logos, der das Sehen, d. h. die Verbindung des Gesehenen mit dem Sehenden, ermöglicht – analog dem „Himmel" des Zweiten Schöpfungstages, der die Spiegelung in den überhimmlischen Wassern mit der Spiegelung in den unterhimmlischen Wassern verbindet. Sehen ist Spiegelung, analog der Erkenntnis.

Und so ist denn auch das sechste Wunder des Johannesevangeliums – die Heilung des Blindgeborenen – die heilende Wirkung der schöpferischen Kraft des Wortes, die am Zweiten Schöpfungstag tätig war. Die Heilung des Blindgeborenen geschah in der folgenden Reihenfolge: Nachdem Jesus das Wort: „Solange ich in der Welt bin, bin ich das Licht der Welt", gesprochen hatte, strich er auf die Augen des Blinden einen Teig, den Jesus aus seinem Speichel und aus Erde gemacht hatte; darauf sagte er dem Blinden: „Geh, wasche dich in dem Teich Siloach (das heißt übersetzt: Gesandter). Dieser ging hin, wusch sich und kam sehend zurück" (Joh 9, 5 ff.). Die Heilung geschah also, nachdem das Wort ausgesprochen worden war, mit Hilfe von zwei „Wassern" – dem Speichel, der dem Wort am nächsten steht, es begleitet und „spiegelt" und der mit Erde vermischt wurde – und dem Wasser der Quelle Siloach, die aus der Erde quillt. Das Wunder der Heilung endete aber noch nicht mit dem Sehendwerden des Blindgeborenen, sondern jener erkennt den fleischgewordenen Sohn Gottes und glaubt an ihn. Dieses Wunder gipfelt also im sehenden Glauben. Das Evangelium sagt es ausdrücklich: „Als Jesus den Geheilten traf, der aus der Synagoge ausgestoßen worden war, sprach er zu ihm: ‚Glaubst du an den Sohn Gottes?' Jener antwortete und sprach: ‚Und wer ist es, Herr, damit ich an ihn glaube?' Jesus sprach zu ihm: ‚Du hast ihn gesehen, und der mit dir redet, der ist es.' Da sprach er: ‚Ich glaube, Herr!' Und er fiel vor ihm nieder" (...) (Joh 9, 35–38).

Das Wunder der Heilung des Blindgeborenen ist reines Gotteswerk. Es setzt keine Bußbereitschaft, keinen Glaubensakt von seiten des Blindgeborenen voraus; denn weder der Blindgeborene hat gesündigt in einem vorgeburtlichen Dasein in der geistigen Welt oder in einem früheren Erdenleben, noch hat seiner Eltern Sünde die Blindheit verursacht; die Ursache lag in der Zukunft (causa finalis) – er war blindgeboren, „damit die Werke Gottes offenbar würden an ihm" (Joh 9, 3). Mit anderen Worten: Über dem Schicksal des Blindgeborenen lag die Bestimmung, daß er – unfähig zu jenem Sehen, das der Offenbarung des Göttlichen gegenüber blind ist – auf das Wunder des wahren, ursprünglichen Sehens warten sollte, dem sich das Sichtbare als „Werke Gottes" offenbart. Darum faßt Jesus im Bericht des Johannesevangeliums alles Geschehen mit den Worten zusammen: „Zum Gericht bin ich in diese Welt gekommen, daß die Nichtsehenden sehen und die Sehenden blind werden" (Joh 9, 39). Denn das „wahre und ursprüngliche" Sehen, das dem „Sündenfall", da „ihre Augen aufgetan wurden", voranging, war ein vertikales Sehen: ein Sehen zugleich mit dem „oberen Auge" der Spiegelung des Logos in den überhimmlischen Wassern und mit dem „unteren Auge" der Spiegelung des Logos in den unterhimmlischen Wassern. Als aber das Sehen durch den Sündenfall horizontal wurde, als das „untere Auge" zum alleinigen Organ des Sehens wurde, da „sahen Adam und Eva, daß sie nackt waren". „Sehen" wurde zum ideenlosen Wahrnehmen der „nackten Tatsachen", der Tatsachen allein, ohne die ihnen entsprechenden Ideen in den überhimmlischen Wassern. Es wurde grundsätzlich zynisch. Und es war dieses auf nackte Tatsachen beschränkte Sehen, das dem Blindgeborenen versagt war, damit das wahre und ursprüngliche Sehen, das Zusammensehen des Realen und des Idealen, wie es durch den Zweiten Schöpfungstag ermöglicht wurde, in ihm wiederhergestellt würde. Der Blindgeborene war eine Seele, die entweder wahrlich sehen oder gar nichts sehen sollte. Und das Wunder geschah. Jesus sprach das Wort, gab dem „oberen Wasser" die Richtung zur Erde hin (mischte den Speichel mit Erde), salbte dem Blinden die Augen mit diesem Teig und ließ ihn sich waschen in den „unteren Wassern" (des aus der Erde quellenden Siloach, der ebenfalls das Wort spiegelt und darum „der Gesandte" heißt). Und er wurde sehend. Er sah das fleischgewordene Wort und betete es als Sohn Gottes an.

Das sechste Wunder des Johannesevangeliums ist das Urbild des Sakramentes der Priesterweihe, des Sakramentes der Wiederherstellung des ursprünglichen und wahren Sehens, durch welches das „obere Auge" für die Spiegelung des Wortes in den überhimmlischen Wassern geöffnet wird, so daß das „untere Auge" die Tatsachen der Außenwelt im Lichte des „oberen Auges" sieht. Der Priester ist gleichsam zweimal getauft: in den „oberen Wassern und den unteren Wassern" des Zweiten Schöpfungstages. Er verbindet Oben und Unten im „Zusammensehen" des Idealen und des Realen.

*

Der Erste Schöpfungstag der Genesis ist das Werden der Welt gleichsam im Keimzustand, d. h. mit allen ihren potentiellen Möglichkeiten. In diesem Sinne sind die darauffolgenden „Schöpfungstage" die ins einzelne gehende Verwirklichung und Entfaltung dessen, was am Ersten Schöpfungstage grundlegend geschaffen war. In ordine cognoscendi gesprochen, kann man sagen, daß die auf den Ersten Schöpfungstag folgende Schöpfungsgeschichte eine Art erläuternden Kommentar zum Ersten Schöpfungstag darstellt. Das Wunder des Ersten Schöpfungstages umfaßt und enthält in sich wesentlich das gesamte Wunder der Schöpfung, das gesamte Sechstagewerk der Genesis.

Denn es handelt sich im Bericht über den Ersten Schöpfungstag um den Anfang (hebräisch „reschit", griechisch „arche", lateinisch „principium") und die Anfänge, d. h. um Leitmotiv, Grundsatz, „Prinzip", der Schöpfung. Nicht um das nur zeitlich Erste handelt es sich, sondern um die tiefsten und höchsten Grundlagen des Daseins – um das „Erste", im Sinne der Urbildlichkeit, die der Welt zugrunde liegt. Wie könnte man es sonst verstehen, wenn da steht: „Im Anfang schuf Gott Himmel und Erde", da doch der „Himmel" erst am Zweiten Schöpfungstage geschaffen wurde (und Gott nannte die „Feste" zwischen den Wassern „Himmel") und die Erde erst am Dritten Schöpfungstage aus dem Meer als „Trockenes" in Erscheinung trat („und Gott nannte das Trockene Erde...")? Der „Himmel" und die „Erde" des Ersten Schöpfungstages sind nicht der Himmel und die Erde der folgenden Schöpfungstage, sondern deren wesenhafte Urbilder oder geistige Ansätze. Der Text der Genesis über den Ersten Schöpfungstag soll in der wesentlichen Sprache des Geistig-Moralischen gelesen werden. Nicht als Allegorie, sondern als *konkretes* geistig-moralisches Geschehen ist das Werk des Ersten Tages zu verstehen.

Denn man kann mit dem ersten Satz der Genesis nichts anfangen – er verkündigt nichts, er offenbart nichts außer der dürftigen Vorstellung, daß Gott am Anfang ein Oben und ein Unten schuf –, wenn man nicht meditativ liest, d. h. sich bemüht, die Worte des Satzes bis zur konkreten Geistigkeit zu vertiefen. „Im Anfang" (bereschit – en arche – in principio), d. h. als Urgrund des Weltvorganges, ließ die Gottheit (elohim – Mehrzahl als Einheit) zwei Tendenzen, zwei Impulse in entgegengesetzten Richtungen entstehen – in der Richtung nach „oben" und in der Richtung nach „unten". Am Anfang war die Vertikale, die aus dem Erhaben und dem Demütigen gebildet wurde, aus dem Streben nämlich zum aktiven Mitwirken mit Gott, dem Streben, Gottes „Gleichnis" (dimut) zu sein, und aus dem Streben, sich Gott hinzugeben, dem Streben, ihn zu spiegeln, Gottes „Ebenbild" (tsalam) zu sein. Das Streben oder die Sehnsucht nach dem Erhabenen, nach dem Mitwirken mit dem Göttlichen wird in dem Bericht über den Ersten Schöpfungstag als „Himmel" gekennzeichnet, während das Streben oder die Sehnsucht nach der demütigen Hingabe, nach reiner Spiegelung des Göttlichen als „Erde" gekennzeichnet wird. Beide Strebensrichtungen sind unbegrenzt; darum spricht die Genesis – pluralisch – von „Himmeln" einerseits und von den „Wassern" und deren „Abgrund" andererseits. Wo im ersten Satz „Erde" steht, erscheinen im zweiten Satz die „Wasser" und der „Abgrund" (bodenlose Tiefe). Die Höhe (Himmel) und die Tiefe (Erde), als seelisch-geistige Richtung, stellen die erste Polarität dar – sie ist das „Urphänomen" der Welt. Es ist diese Polarität, die den Uratem (ruach elohim) der Welt charakterisiert: „Und der Atem (Geist) Gottes (ruach elohim) bewegte sich auf und ab („schwebte") über den Wassern."

Im Anfang war der Atem – der auf- und absteigende Hauch des Erhabenen und des Demütigen, des Strebens *mit* Gott aktiv zu sein, und des Strebens, ihn zu spiegeln.

Aber die spiegelnde Wesenhaftigkeit, das „Wasser" der „Erde", wurde „im Anfang" wohl bewegt im Atem, aber sie spiegelte nicht. „Und die Erde war formlos und leer (tohu wa-bohu), und Finsternis war über der Oberfläche („dem Antlitz" – al-pene) der Tiefe (tehom)." Die „Erde" war formlos und leer (gestaltlos und inhaltlos), d. h., sie spiegelte nicht. Finsternis umhüllte sie.

„Finsternis" bedeutet Abwesenheit der Spiegelung. Und Spiegelung bedeutet Bewußtsein. Denn Bewußtsein ist Spiegelungsfähigkeit. Einer Tatsache sich bewußt werden heißt, sie innerlich als Spiegelung vor sich zu haben. Bewußtsein ist Licht, d. h. die im spiegelnden Medium („Wasser") sich spiegelnde Tätigkeit („Himmel"). Bewußtsein setzt zwei Prinzipien voraus: ein aktives, das gespiegelt wird, und ein passives, das spiegelt. So ist das Gehirn – und der Körper schlechthin – das spiegelnde Prinzip im Menschen, und sein „Innenleben" ist die Spiegelung sowohl der Außenwelt als auch der seelischen Innenwelt.

Die Welt war in Schlaf versunken: sie atmete, aber sie war bewußtlos. Die Finsternis über dem Abgrund ist Abwesenheit der Spiegelung, d. h. Bewußtlosigkeit. Das schöpferische Urwort: „Es werde Licht" ist das weckende Wort der schlafenden Welt gegenüber. Es ist gleichbedeutend mit „Erwache!", d. h. mit der Tat des Erweckens oder Auferweckens des Bewußtseins. Die in Finsternis gehüllte schlafende Welt wurde durch das Wort: „Es werde Licht" zum Bewußtsein erweckt: die „Wasser" begannen zu spiegeln, und die „Erde" war nicht mehr gestaltlos und inhaltlos (tohu wa-bohu). Die Geister der Hierarchien wurden aus ihrem „Schlaf" des Ruhens in Gott erweckt – so ward das Licht, das Bewußtsein der Welt.

Die „Finsternis" aber, die dem Licht voranging und von der der zweite Satz der Genesis spricht, ist nicht Abwesenheit des Lichtes, sondern unspiegelbares Licht: das absolute Licht der Gottheit. Eine Ahnung von dem Wesen dieser „Finsternis" des Ersten Schöpfungstages, die dem spiegelbaren Licht voranging, kann man aus den Schriften des hl. Johannes vom Kreuz erhalten, wo er von der „Nacht des Geistes" als dem blendenden absoluten Licht der Gottheit spricht. Dasselbe gilt auch für die „negative Theologie" des Dionysius Areopagita, nach der über Gott nur ausgesagt (d. h. ins Bewußtseinslicht gerückt) werden kann, was er nicht ist. Auch in dem sogenannten „Corpus Hermeticum", der Sammlung der Schriften und Fragmente, die Hermes Trismegistos zugeschrieben werden, findet man die Lehre von der „vollkommenen Schwärze" als der Gabe, die der höchsten Gnosis vorangeht. Die Kabbala übermittelt ebenfalls eine Lehre von der lichtlosen höchsten geistigen Erfahrung, die sie „Bürde" nennt, die „Bürde des Schweigens" (dumah), welche die höchste der sechs Stufen der prophetischen Offenbarung (nach den Stufen der „Erscheinung", „Vision", der „Offenbarung", des „Anblicks" und des „Wortes") ist[6]. Diese „Bürde", die lichtlos, wortlos und bewegungslos ist, entspricht vollkommen der „geistigen Nacht" des hl. Johannes vom Kreuz: sie ist das absolute Licht, das zu groß ist, um gespiegelt zu werden, d. h. jene „Finsternis", in die am Anfang die Welt des Ersten Schöpfungstages gehüllt war. Diese Finsternis war das absolute Licht der Gottheit, die gegenwärtig war („über den Wassern schwebend"). Dann ertönte das göttliche Wort: „Es werde Licht." Und das absolute Licht wurde durch das relative Licht der aus der Finsternis des Ruhens in Gott erweckten und erscheinenden geistigen Hierarchien – der Seraphim, Cherubim, Throne, Herrschaften, Mächte, Gewalten, Fürstentümer, Erzengel und Engel – ergänzt. Bewußtsein, d. h. spiegelbares Licht, erschien oder trat hervor aus der Finsternis des absoluten göttlichen Lichts. Die Welt wurde zum Bewußtseinsschauplatz: Schauplatz der Offenbarung des „gemäßigten" göttlichen Lichtes, das die geistigen Hierarchien umfaßt, die durch das Wort, den Logos, aus dem Ruhen im Absoluten hervorgerufen wurden ins Relative.

Und dieser Ruf des göttlichen Wortes, des Logos, der die Hierarchien am Ersten Tag der Schöpfung auferweckte, er ertönt wirksam von neuem in dem Ruf des fleischgewordenen Wortes: „Lazarus, komm heraus!" Das siebente Wunder des Johannesevangeliums ist das Wunder der Hervorrufung des Lichtes aus der Finsternis: Auferwecken des Bewußtseins für das Relative in einer Seele, die in die Ruhe im Absoluten – im Todesschlaf – eingetaucht war. Dieses Wunder umfaßt gleichzeitig die sechs ihm vorangehenden Wunder, denn Lazarus war nicht nur eine „Seele" – „Geist", der zurückgerufen wurde –, sondern er war auch „Leichnam", blind, taub und bewegungslos. Es wiederholte sich folglich an ihm das sechste Wunder der Heilung des Blindgeborenen; das fünfte

---

[6] Sohar II, 130 b; Müller, E. (Hrsg.), Der Sohar, Wien 1932, S. 77.

Wunder der Wiederherstellung der Eigenständigkeit – das Wunder des Wandelns auf dem Meer; das vierte Wunder der „Sättigung", d. h. der Wiederherstellung der verbrauchten und zerstörten organischen Substanzen im Körper – das Wunder der Speisung der Fünftausend; das dritte Wunder der Wiederherstellung der Eigenbeweglichkeit – das Wunder der Heilung des Gelähmten; das zweite Wunder der Heilung von tödlicher Krankheit durch die Wiederherstellung der vertikalen – vom neuen Adam ausgehenden – „Vererbung" – das Wunder der Heilung des Sohnes des königlichen Beamten und, endlich, das erste Wunder der Verwandlung von Wasser in Wein, während bei Lazarus das zersetzte Blut des Leichnams wieder in zirkulierendes warmes Blut verwandelt wurde.

Wie der Erste Schöpfungstag der Genesis die gesamte Schöpfungsgeschichte wesentlich enthält und umfaßt, so enthält und umfaßt das siebente Wunder des Johannesevangeliums die anderen sechs Wunder. So ist die Auferweckung des Lazarus ein Urbild des Sakramentes der Letzten Ölung, des Sakramentes der Sterbenden, das ja auf die zukünftige Auferstehung gerichtet ist und somit die anderen sechs Sakramente wesentlich enthält und umfaßt.

Da das folgende Kapitel ausschließlich dem Lazaruswunder gewidmet ist, schließen wir hiermit die kurze Betrachtung über den Zusammenhang zwischen den Wundern des Johannesevangeliums und den Schöpfungstagen der Genesis: sie hatte die Aufgabe, einen biblisch-kosmischen Hintergrund für die weiteren Betrachtungen bzw. deren Grundlage zu skizzieren. Denn bis jetzt ging es eigentlich um eine Vorübung für die Mühsal geistiger Vertiefung, die in den folgenden Betrachtungen dem ernsten Leser zugemutet wird.

III

DAS WUNDER DER AUFERWECKUNG DES LAZARUS

1. *Vergessen, Schlaf und Tod*

Man pflegt zu sagen, daß der Schlaf der jüngere Bruder des Todes sei. Mit demselben Recht kann gesagt werden, daß das Vergessen der jüngere Bruder des Schlafes sei. Denn der Tod eines Menschen bedeutet nach der Erfahrung seiner Mitmenschen, daß der Verstorbene aus dem Bereich der Sinneswahrnehmung verschwunden und ins Dunkle des Unwahrnehmbaren untergetaucht ist; beim Schlaf verschwindet allein das Bewußtsein aus dem Bereich der Wahrnehmung und der Taten, während der bewußt-lose Leib mit seinem Eigenleben im Bereich der Sinneswahrnehmung erhalten bleibt; – Vergessen dagegen ist das subjektive Erleben, daß gewisse Inhalte des Bewußtseins aus dem Bewußtseinsbereich verschwinden und in das Dunkel des Unbewußten eintauchen läßt, während die Kontinuität der „Bewußtseinsgestalt" als Ganzes erhalten bleibt. Vergessen ist also Teilschlaf des Bewußtseins, während Schlaf vollständiges Vergessen des Bewußtseins ist; und Sicherinnern ist Teilerwachen im Bewußtsein, während das Erwachen aus dem Schlaf das Sicherinnern des Bewußtseins an sich selbst als Ganzes ist. Sterben ist Vergessen oder Schlaf, der den gesamten empirischen Menschen, die Lebensfunktionen und die Gestalt des Leibes einbegriffen, umfaßt. Tod ist der Vorgang des „Vergessens", der sich bis auf die Leiblichkeit erstreckt. Er ist die dritte Stufe des Vergessens. Vergessen, Schlaf und Tod gehören zur selben Familie; sie sind Brüder, d.h. Stufen grundsätzlich ein und desselben Vorganges. Der Schlaf ist in diesem Sinne der jüngere Bruder des Todes und das Vergessen ist in demselben Sinne der jüngere Bruder des Schlafes.

Nun ist aber Vergessen kein endgültiges und unwiderrufliches Ereignis, denn Dinge, die in Vergessenheit geraten sind, können wieder in Erinnerung zurückgerufen werden. Ja, es geschieht im Innenleben des Menschen ein beständiges Hin und Her von Vergessen und Sicherinnern. Eigentlich tauchen alle Bewußtseinsinhalte – alle Vorstellungen, Gedanken, Affekte, die das Bewußtsein ausfüllen – einmal oder mehrmals in das Dunkel des Unbewußten unter, um bei Gelegenheit wieder im Bewußtsein aufzutauchen, d.h. wieder erinnert zu werden. Ja, das Vergessen ist Voraussetzung für jede Konzentration der Aufmerksamkeit auf einen bestimmten Gegenstand. Wenn ich z. B. eine einfache Rechenaufgabe zu machen habe, muß ich alles aus meinem Bewußtsein ausschalten, d. h. vergessen, was ich von Theologie, Philosophie, Psychologie, Geschichte und Kunst weiß. Alles dieses und viele andere Dinge meiner persönlichen Lebenserfahrung tauchen dann ins Dunkel des Nichtbewußten ein – für die Zeit, welche ich meiner Rechenaufgabe widme. Dann werden sie meinem Bewußtsein alle wieder zur Verfügung stehen. Nicht, daß ich sie alle gleichzeitig im Bewußtsein gegenwärtig hätte – sie bleiben in dem finstern Bereich des Unbewußten, verweilen aber gleichsam in „Armesreichweite". Ich weiß, daß ich sie aus der Finsternis des Unbewußten jederzeit ins Bewußtsein zurückrufen kann.

Wenn aber das Hin und Her von Vergessen und Erinnern gestört ist, d.h., wenn man etwas nicht vergessen kann oder etwas nicht in die Erinnerung zurückrufen kann, dann handelt es sich um den anomalen Zustand, daß entweder eine Vorstellung zur Zwangsvorstellung geworden ist – also gleichsam wie Ahasverus, der ewige Jude, nicht sterben kann – oder aber daß eine Vorstellung aus dem Unterbewußtsein ins Bewußtsein nicht zurückgebracht werden kann – also eine teilweise Amnesie vorliegt und man diese Vorstellung gleichsam wie Orpheus die Eurydike aus dem Hades nicht heraufbringen kann. Diese zwei Zustände – Zwangsvorstellung und teilweise Amnesie – sind analog der Schlaflosigkeit und der Schlafkrankheit. Denn Nichtschlafenkönnen ist analog dem Nichtvergessenkönnen, und das Nichterwachenkönnen ist dem Sichnichterinnernkönnen analog.

Was auch die Ursache und die Art der Störungen im Hin und Her über jene Grenze, die das Bewußtsein vom Unbewußten trennt, sein mag – die tiefenpsychologische Forschung hat einwandfrei feststellen können, daß es in Wirklichkeit kein Vergessen im Sinne des Absterbens von Bewußtseinsinhalten gibt und daß die aus dem Bereich des Tagesbewußtseins entschwundenen – „vergessenen" – Vorstellungen zwar in den Bereich, der dem Tagesbewußtsein als „unbewußt" erscheint, übergehen, daß sie dort aber weiterleben. So kann selbst scheinbar total und für immer Vergessenes – etwa im hypnotischen Schlaf – plötzlich wieder erinnert werden. Ähnlich steht es mit dem scheinbaren Erlöschen des Bewußtseins im Schlaf. Wer hat noch nicht die Erfahrung gemacht, die im Sprichwort „Morgenstund' hat Gold im Mund'" zum Ausdruck gebracht wird?, d. h. die Erfahrung eines bestimmten Zustandes des Bewußtseins beim Einschlafen und eines völlig anderen, veränderten Zustandes des Bewußtseins beim Erwachen? Wo man nicht anders kann, als festzustellen, daß während der Zeit des Schlafens ein Bewußtseinsvorgang stattgefunden haben muß, dessen Ergebnisse und Früchte man beim Erwachen in sich vorfindet. Nicht, daß man sich erinnern könnte an diesen Bewußtseinsvorgang oder an eine solche Bewußtseinsarbeit, die im Tiefschlaf geleistet wurde (denn sie wurde ja nicht gespiegelt, da das Gehirn, als Spiegelapparat, ausgeschaltet war), aber man steht vor der Tatsache des veränderten Zustandes des eigenen Bewußtseins als Ergebnis und Frucht des in Finsternis gehüllten Bewußtseinsvorganges während des Schlafens. Wenn ein Mensch, vom Zweifel gequält und von Unentschlossenheit deprimiert, einschläft und dann mit klarer Einsicht und festem Entschluß erwacht – wie kann dann dieser Mensch daran zweifeln, daß mit seinem Bewußtsein und in seinem Bewußtsein, das während des Schlafes scheinbar „ausgelöscht" war, etwas Wesentliches geschah?

Nicht nur Okkultisten aller Schattierungen, östliche und westliche, Theosophen und Anthroposophen behaupten die Kontinuität des Bewußtseins im Tiefschlaf, sondern auch die allgemeine menschliche Erfahrung – wenn man sie nur beachtet – lehrt, daß das Bewußtsein während des Schlafzustandes wohl aufhört, vom Gehirn gespiegelt zu werden, daß es aber während dieser Zeit als solches weiterlebt und sich sogar als „lernfähig" erweist. Es ist Tatsache, daß es weder ein „Vergessen" im Sinne des vollständigen Verschwindens der Gedächtnisinhalte noch einen „Schlaf" im Sinne eines zeitweiligen völligen Erlöschens des Bewußtseins als Ganzes gibt.

Nun wenden wir uns dem „älteren Bruder" des Schlafes und des Vergessens zu – dem Tod. Sollte es im Falle des Todes grundsätzlich anders sein als im Falle des Schlafes und des Vergessens? Die Religion (nicht nur die christliche, auch Judaismus, Islam, Hinduismus, Buddhismus, das alte „Heidentum" und die Religion der „Primitiven") lehrt und lehrte zu allen Zeiten und überall, daß die Auflösung des physisch-leiblichen Spiegelapparates nicht das Verschwinden oder Erlöschen des Bewußtseins an sich mit sich bringt. Was die Denker anbelangt, so waren die größten von ihnen stets derselben Überzeugung – mit Ausnahme derer, die die sinnlich-empirische Methode der Wissenschaft zur Weltanschauung („Materialismus" genannt) erhoben und damit auf das Nachdenken über die wesentlichen Fragen des Seins verzichtet haben. Was am Anfang methodologischer Verzicht war, wurde später zum „Dogma". Der selbstgewählte Empirismus als einzige Methode der Forschung führte zum Verzicht auf metaphysisches Forschen, d. h. zum Agnostizismus, und der Agnostizismus verwandelte sich mit der Zeit ins Leugnen der metaphysischen Wirklichkeit überhaupt, d. h. in den „Materialismus" als Glaubensbekenntnis.

Indessen haben alle Vertreter des Geisteslebens der Menschheit, die das Problem des Todes ernst genommen haben und die selber ernst zu nehmen sind, ein Fortbestehen des Bewußtseins nach dem Tode anerkannt, so wie sein Fortbestehen im Schlafzustand und wie das Fortbestehen der vergessenen Erinnerungen ja auch anerkannt wird. Denn Vergessen, Schlaf und Tod sind abgestufte Erscheinungen ein und desselben Vorganges.

Diese Tatsache wird auch im Bericht des Johannesevangeliums über das Wunder der Auferweckung des Lazarus hervorgehoben. Nachdem die Schwestern Martha und Maria Jesus Botschaft über die Krankheit ihres Bruders Lazarus gesandt hatten, geschah etwas Merkwürdiges: „Als er (Jesus) nun hörte, daß er (Lazarus) krank sei, blieb er noch zwei Tage an dem Ort, wo er war" (Joh 11, 6). Erst nach Verlauf der zwei Tage teilt Jesus seinen Jüngern mit: „Unser Freund Lazarus schläft. Aber ich gehe hin, ihn aufzuwecken." Die Jünger meinen, Jesus rede von einem normalen Schlaf und sagen zu Jesus: „Herr, wenn er schläft, wird er gesund werden." Jesus hatte aber von seinem Tode gesprochen. Jene aber meinten, er rede von der Ruhe des Schlafes. Da sprach nun Jesus offen zu ihnen: „Lazarus ist gestorben" (Joh 11, 11–14).

Das „Bleiben an dem Ort, wo er war" als Reaktion auf die Nachricht über die Krankheit des Lazarus, den er lieb hatte, war eine Tat bewußten Vergessens des Kranken und seiner Krankheit: zwei Tage säumte Jesus, nach Betanien zu gehen. Dann erst teilte er den Jüngern mit, daß Lazarus „schlafe", und zum Schluß – unmißverständlich –, daß Lazarus gestorben sei.

Die Erzählung über das Lazaruswunder macht den Eindruck, als ob das Tor des Vergessens geöffnet worden sei, damit Lazarus einschlafe und sein Schlaf in den Tod übergehe. Dieser Eindruck wird bekräftigt und wird zur sicheren Einsicht, wenn man bedenkt, was in diesem Zusammenhang die Worte Jesu bedeuten: „Diese Krankheit ist nicht zum Tode, sondern um der Herrlichkeit Gottes willen, damit der Sohn Gottes durch sie verherrlicht werde" (Joh 11, 4) – Worte, die er am Anfang, gleich bei der Nachricht über die Erkrankung des Lazarus gesagt hatte; und ähnlich die Worte, nachdem er den Jüngern gesagt hatte, daß Lazarus gestorben sei: „Und ich freue mich um euretwillen, daß ich nicht dagewesen bin, damit ihr glaubt; aber lasset uns zu ihm gehen." Das erste Wort (die Krankheit ist nicht zum Tode) offenbart eine göttliche Fügung, die über Vergessen, Schlaf und Tod steht und die sich ihrer als Werkzeuge für ein größeres Geschehen, als die bloße Heilung der Krankheit es wäre, bedient. Das zweite Wort (ich freue mich, daß ich nicht dagewesen bin) bezieht sich auf mehr als ein äußeres physisches Dagewesensein, als äußere leibliche Gegenwart: gemeint ist eine „Abwesenheit" im vollen und wirklichen Sinne, so wie das spätere „Hingehen" im vollen und wirklichen Sinne zu verstehen ist. Jesus „ging" nicht hin zum Sohne des königlichen Beamten, um ihn zu heilen, aber er ist dennoch „dagewesen", indem er ihn heilte – auf Entfernung, gleichsam durch die Vermittlung des Glaubens des Vaters: im Falle dieses Wunders war es also nicht die räumliche Gegenwart, nicht die räumliche Nähe, sondern die geistige Gegenwart, die geistige Nähe, die den Sohn des königlichen Beamten heilte. Warum kam es im Falle des Lazarus zu einem „Vergessen", diesem Tor zum Schlafe, und zum Tode? Weil es um ein Werk von höchster Bedeutung ging, das, sich steigernd durch die Stufen des Vergessens, des Schlafes und des Todes, zu verwirklichen war, und weil es darum der Wille des Meisters war, daß es mit Lazarus so geschehe!

2. Erinnerung, Erwachen, Auferstehung

Das Vergessen, der Schlaf und der Tod sind Stufen grundsätzlich desselben Vorganges. Ihnen stehen gegenüber die Erinnerung, das Erwachen und die Auferstehung. Denn wenn Vergessen, Schlaf und Tod Stufen sind des Verschwindens im dunklen Bereich des dem menschlichen Tagesbewußtsein Un-Bewußten – also ein Hingehen in das „Jenseits" der Erfahrungen des Tagesbewußtseins –, so bedeuten auch Erinnerung, Erwachen und Auferstehung grundsätzlich Stufen ein und desselben Vorgangs des Wiedererscheinens, des Zurückkommens aus der Finsternis des Unbewußten. Betrachten wir nun näher zunächst den Vorgang der Erinnerung.

Sich erinnern heißt, eine Vorstellung, die vorher ins Dunkel des Vergessens getaucht war, in den inneren Blickkreis des Tagesbewußtseins wieder zurückzuführen, d. h. sie aus dem finsteren Bereich des Unbewußten ins Bewußtsein holen – über die Grenze, die das Bewußtsein vom Unbewußten trennt. Es handelt sich eigentlich bei jedem Erinnerungsvorgang um eine Art von Auferweckung, um ein Heraufbeschwören eines „Entschlafenen" oder „Verstorbenen". Es ist ein Akt, der im kleinen wiederholt, was im großen geschieht, wenn „Finsternis über dem Antlitz der Wasser herrscht" und das erste schöpferische Wort: „Es werde Licht" am Ersten Schöpfungstage ertönt – der im kleinen wiederholt, was im großen geschieht, wenn aus der finsteren Grabesgrotte der verstorbene Lazarus durch den Ruf Jesu: „Lazarus, komm heraus!" in das Tageslicht des menschlichen Lebens hervorgerufen wird.

Die Analogie wird besonders einleuchtend, wenn der Erinnungsvorgang des Gedächtnisses zur vollen Offenbarung seines Wesens gelangt. Denn das Gedächtnis – gleich dem Denken – offenbart sich zunächst noch unvollkommen am Anfang des Lebensweges, in der Kindheit, und erreicht erst im fortgeschrittenen Alter seine Reife, d. h. die Stufe der Offenbarung seines wahren Wesens. Wie wir das Wesen des Denkens etwa bei Kant aus seinen denkerischen Leistungen im reifen und vorgerückten Alter erkennen – und nicht aus der Zeit seiner Kindheit und frühen Jugend –, so ist auch das Erinnerungsleben des Alters und nicht der Jugend maßgebend für das Erkennen des Wesens des Gedächtnisses. Das Wie des Vorganges beim Sicherinnern offenbart sich seinem wahren Wesen gemäß erst im fortgeschrittenen Alter, noch nicht in der Jugend, so wie auch das Wesen des Denkens in seiner Tiefe und Gediegenheit sich mehr im Alter als in der Jugend offenbart. Denn sowohl das Denken als auch das Erinnerungsleben sind zunächst sprunghaft im frühen Lebensalter. Die Gedanken und die Erinnerungen tauchen automatisch im Bewußtsein auf. Es geschieht bei beiden wie von selbst, ohne Leitung und Leistung des bewußten Willens. Die Gedanken und die Erinnerungen „spuken" gewissermaßen im Bewußtsein des jungen Menschen. Sie tauchen auf – überwiegend aufgrund der Gesetze der Assoziation, d. h. nach den mehr mechanisch als bewußt wirkenden Anziehungs- und Abstoßungslinien der Verwandtschaft oder Fremdheit der Vorstellungen und Gedanken untereinander. Das assoziative Vorstellungsleben ist ein Irrlichtern, das wohl symptomatisch von Bedeutung sein kann – namentlich für den Tiefenpsychologen –, da es die unterbewußten Anlagen und Neigungen des Menschen verrät, aber es ist, solange es nicht beherrscht und geleitet wird, kein Weg, der zu irgend etwas führt. Es hat auch keinerlei Allgemeingültigkeit; es ist und bleibt vollständig subjektiv. So mag z. B. in einem Menschen, der Milch sieht, das Bild einer Katze, die Milch aus einer Untertasse schleckt, erstehen, während ein anderer statt dessen das Bild eines Säuglings mit einem Lutscher vor sich haben wird und ein dritter etwa das Bild des Melkens einer Kuh vor Augen haben kann. Dieses Mosaik von Bildern und Vorstellungen, die von selbst auftauchen und sich aneinanderreihen, leistet gute Dienste in der äußeren Lebenspraxis. Sie stellen dem Bewußtsein jeden Augenblick eine Fülle von Material zur Verfügung, zur Auswahl dessen, was es gerade braucht. Ist es nicht bequem, so innerlich bedient zu werden, daß, wenn man sich einen Menschen vorstellt, auch sofort sein Name, seine Adresse und seine Fernsprechnummer von selbst auftauchen?

Dieses menchanische Gedächtnis ist besonders aktiv im frühen Lebensalter. Ja, was man landläufig ein „gutes Gedächtnis" nennt, ist das reibungslose Funktionieren dieser mechanischen Form des Gedächtnisses.

Nun tritt aber diese Art des Gedächtnisses mit fortschreitendem Alter nach und nach zurück und wird in steigendem Maße von einer anderen Art des Gedächtnisses ersetzt. Man erinnert sich dann mehr aufgrund sinnvoller gedanklicher Verknüpfungen der Dinge als aufgrund der automatisch funktionierenden assoziativen Verknüpfungen. Was man verstanden und in ein System rings um einen Begriff eingegliedert hat, das vergißt man kaum. Und hat man dabei etwas vergessen, so läßt es sich leicht wieder auf dem Wege der gedanklichen Überlegung ins Gedächtnis zurückrufen. Da wird der Erinnerungsvorgang vom Denken aus geregelt, geleitet und beherrscht. Es ist die sinnvolle Bedeutung der Rolle, die eine Tatsache im Organismus des eigenen Gedankenlebens spielt, die ihre Unvergeßlichkeit bzw. ihre Erinnerbarkeit ausmacht. Das „logische Gedächtnis" ist aber im Vergleich mit der Fülle des „mechanischen Gedächtnisses" ärmer, besonders bei Menschen, die kein intensives Gedankenleben entwickelt haben, und das ist bei einer Mehrzahl von Menschen der Fall. Denn wenn man sich vornehmlich an Dinge erinnert, die man durchdacht hat, die sich im Durchdenken als bedeutungsvoll erwiesen haben, so entschwinden dem Gedächtnis unzählige andere Dinge, die man nicht durchdacht hat, die für das eigene Denken keine problemweckende oder symptomatische Bedeutung gehabt haben. So wird das Erinnerungsleben zwar tiefer, ist aber beschränkter beim „logischen Gedächtnis" als beim oberflächlicheren „mechanischen Gedächtnis". Darum spricht man öfters – mit einem Seufzer – vom „Nachlassen des Gedächtnisses" im reiferen Alter – im Vergleich zur „Gedächtnisstärke" der frühen Jugend. Aber man vergißt dabei die Tatsache, daß die „Gedächtnisstärke" der frühen Jugend namentlich Empfänglichkeit bedeutet, daß die Sache der Jugend schnelles Behalten, aber durchaus nicht langes Behalten ist. So hat der Verfasser im Alter von sieben Jahren in einem fremden Land die Sommerferien von etwa zwei Monaten verbracht und hat dabei die Sprache dieses Landes fließend sprechen gelernt. Als er jedoch nach zehn Jahren in dasselbe Land zurückkehrte, verstand er kein Wort von dieser Sprache. Man lernt leicht in der Jugend, aber man vergißt ebenso leicht. Denn die Ebben und Fluten des automatisch funktionierenden Gedächtnisses kommen und gehen von selbst, und setzen wenig gedankliche und moralische Leistung seitens des menschlichen Ich voraus.

Im Alter vollzieht sich eine weitere Verinnerlichung des Erinnerungslebens. Das überwiegend „logische Gedächtnis" des mittleren Alters wird nach und nach durch das „moralische Gedächtnis" ersetzt. Die Kraft, welche das in die Finsternis des Vergessens Getauchte ins Licht des Bewußtseins zurückruft, ist dann weder das automatische „Spuken" des freien Assoziationsspiels noch die logische Folgerung des Denkens, sondern die moralische Liebesfähigkeit. Dabei verengt sich der quantitative Umfang des Erinnerungslebens weiter, besonders bei Menschen, die kein intensives moralisches Leben entwickelt haben. Denn wie die Stufe des vorherrschend „logischen Gedächtnisses" als Minderung der Erinnungsfähigkeit von solchen Menschen erlebt wird, die kein intensives Gedankenleben bis zum mittleren Alter entwickelt haben, so wird auch die Stufe des vorherrschend moralischen Gedächtnisses im späten

Alter als Minderung, als ein Schrumpfen der Erinnerungsfähigkeit von denen empfunden, die kein intensives moralisches Leben, keine intensive Herzlichkeit bis zum späteren Alter entwickelt haben. Dann spricht man von „Altersgedächtnisschwäche". In Wirklichkeit handelt es sich darum, daß solche Menschen es versäumt haben, in ihrer Entwicklung mit der fortschreitenden Verinnerlichung, welche die aufeinanderfolgenden Altersstufen fordern, Schritt zu halten. Denn die biologisch fundierte Energie, die im automatischen Gedächtnis der frühen Jugend wirksam ist, büßt an Intensität im mittleren Alter ein, und die dadurch entstandene Lücke soll durch denkerische Energie ersetzt werden. Mit weiter fortschreitendem Alter geschieht es dann, daß das Gedankenleben der Menschen, wenn es intensiv war, sich gewissermaßen auf das Wesentlichere – und zuletzt das Wesentlichste – konzentriert und das Interesse für die „tausend" Probleme zweiten und dritten Ranges sich nach und nach verliert. Zwar wird dadurch das Gedankenleben tiefer und intensiver, aber nicht in der Dimension der Weite, sondern in der der Tiefe und der Höhe. Es entsteht aber dadurch für die Gedächtnistätigkeit in der Dimension der Weite – also für den Umfang dieser Tätigkeit – eine Lücke, die nunmehr durch eine menschlichere, d. h. mehr verinnerlichte, Energie auszufüllen ist, ähnlich wie das Zurücktreten der biologisch-automatischen Energie des „mechanischen Gedächtnisses" eine Zunahme der mehr innerlichen Energie des Denkens fordert.

Die Intellektualität als die treibende Kraft auf der mittleren Stufe der Verinnerlichung des Erinnerungslebens wird auf der dritten Stufe dieser Verinnerlichung durch das Herz ersetzt. Das ist das moralische Gedächtnis des Alters, bei dem der Erinnerungsvorgang, d. h. das Heraufbeschwören von Erinnerungen aus der Finsternis des Unbewußten in das Licht des Bewußtseins, nicht mehr durch assoziative Verknüpfungen oder durch logische Verknüpfungen, sondern namentlich durch moralische Verknüpfungen geschieht. Da ist die Stimme, die die Erinnerungen aus der Finsternis hervorruft, die Stimme des Herzens. Da wird nichts von dem vergessen, was man liebt. Es ist die Liebesgedächtnisstufe. Und je mehr Fäden der Herzlichkeit nach allen Richtungen des Daseins zu den Wesen und Dingen der Welt ziehen, desto umfangreicher, deutlicher und tiefer ist das moralische Gedächtnis.

Nun ist es um diese drei Stufen des Gedächtnisses in der Wirklichkeit der Erfahrung so bestellt, daß sie nacheinander in den drei aufeinanderfolgenden Altersstufen zwar vorherrschend sind, aber dennoch gleichzeitig auch während des ganzen Lebens – gleichsam als drei Schichten – gegenwärtig sind. Auch ein sehr junger Mensch hat das moralische Gedächtnis des späten Alters wie auch das logische Gedächtnis des mittleren Alters. Andererseits besitzt auch ein Greis bis zu einem bestimmten Grade das assoziative automatische Gedächtnis und erst recht natürlich das logische Gedächtnis. Die drei hier charakterisierten Formen des Gedächtnisses sind eben Schichten des Erinnerungslebens, von denen die oberflächlichste Schicht das sogenannte „mechanische Gedächtnis", die tiefere Schicht das „logische Gedächtnis" ist. Und es ist die tiefste Schicht (das eigentliche Wesen des Gedächtnisses), die im Alter die vorherrschende Rolle spielt, während die mittlere Schicht (das „logische Gedächtnis") im mittleren Alter vorherrscht und die erste und oberflächlichste Schicht (das „mechanische Gedächtnis") in der Jugend.

Das eigentliche Wesen des Gedächtnisses offenbart sich am vollständigsten in dem „moralischen Gedächtnis", weil dieses eben das am meisten verinnerlichte, das tiefste und am wenigsten oberflächliche ist. Da offenbaren sich die inneren „Wirkungskräfte und Samen" des Gedächtnisses unverhüllt. Da ist nichts Mechanisches, d. h. kein dem Bewußtsein undurchsichtiges Geschehen, und da ist nichts Schematisches, d. h. kein abstrakt-schattenhafter Symbolismus, der um eine ganze Dimension verkürzt ist, sondern die innere moralische Magie des Zurückrufens aus der Finsternis des Vergessens, zurück ins Leben im Licht des Bewußtseins – im Sinne des Rufes: „Lazarus, komm heraus!" Es ist die Magie der Liebe, die sich da offenbart.

Wenn nun der Schlaf der „ältere Bruder" des Vergessens ist, so ist das Erwachen der „ältere Bruder" des Sicherinnerns. Wer schläft, hat sich selbst, sein gesamtes Wesen und Bewußtsein gleichsam „mit Haut und Haaren" vergessen. Und sein Erwachen aus dem Schlaf ist dem Vorgang des Wiedererinnerns seiner selbst gleich. Da taucht das gesamte Bewußtsein des Menschen ebenso aus den Tiefen des Schlafdunkels auf, wie eine Vorstellung im Augenblick des Erinnerns aus dem Dunkel der Vergessenheit ins Licht des Bewußtseins auftaucht.

Die Analogie zwischen Sicherinnern und Erwachen beschränkt sich nicht auf die bloße Tatsache des Auftauchens aus der Finsternis der Vergessenheit und des Schlafes; sie geht weiter und tiefer. Denn wie im Erinnerungsvorgang Schichten des Automatischen, des Logischen und des Moralischen zu unterscheiden sind, so gibt es auch Schichten im Vorgang des Erwachens. Man kann nämlich tiefer und vollständiger erwachen, als es der Fall ist bei dem gleichsam automatisch geschehenden Erwachen, wenn man sich „ausgeschlafen" hat. Bei dem von selbst geschehenden Erwachen – weil man sich ausgeschlafen hat oder weil man durch eine Einwirkung der Außenwelt auf die Sinne geweckt wird – erwacht man nämlich nur bis zu einem gewissen Grade. Es ist eigentlich ein ziemlich oberflächliches Erwachen, das dann stattfindet. Tiefere Schichten des menschlichen Wesens, seines Bewußtseins, schlafen weiter. Ja es ist eine unleugbare Tatsache der Erfahrung, daß es bei vielen – bei den meisten – Menschen nie zu einem vollen Erwachen kommt. Bestimmte tiefere Bewußtseinsschichten schlafen bei ihnen ständig. So ist es z. B. Tatsache, daß die meisten Menschen während des größten Teiles ihres Lebens so leben, als ob sie nie sterben würden. Sie sind wohl für die Wirklichkeit der äußeren Sinneswelt mit ihren Ansprüchen, Aufgaben, Freuden, Leiden, Sorgen und Verlockungen wach, aber sie schlafen für die Wirklichkeit des Todes. Sie „wissen" allerdings alle, daß sie sterblich sind, aber dieses „Wissen" fristet ein traumhaft-schattenhaftes

Dasein. Es ist ein unwirksames, aufgeschobenes und verdrängtes Wissen, das sich etwa von dem Wissen, daß ich morgen in das neue Haus, das ich mir gekauft habe, einziehen soll, ungeheuer unterscheidet. Denn für dieses letztere Wissen bin ich wach, während ich für das erstere schlafe oder schlummere. Und doch ist der Tod die einzige absolut sichere Tatsache im Schicksal jedes Menschen – was jeder Mensch „weiß" und doch nicht weiß, weil er Gewicht und Bedeutung dieser Tatsache nicht zur Intensität des vollen Wachbewußtseins bringt.

Was für das Beispiel der Wirklichkeit des Todes gilt, gilt auch für viele andere Dinge, die von äußerlich wachen Menschen „verschlafen" werden. Denn das äußerliche, von selbst geschehende Erwachen aus dem Schlaf ist kein volles Erwachen: bestimmte Partien des menschlichen Bewußtseins schlafen weiter. Es muß zu dem automatisch geschehenden Erwachen etwas hinzukommen, damit das Erwachen voller werde. Dieses Etwas ist zunächst die Kraft und die Wirkung des Bedenkens, welches wir Meditation nennen wollen.

Der Mensch kann tatsächlich durch konzentriertes Bedenken, durch Meditation, mehr und voller erwachen, als es bei dem sogenannten „natürlichen" oder automatischen Erwachen aus dem Schlaf jeden Morgen geschieht. Die Meditation ist ein Mittel, die schlafenden tieferen Schichten des Bewußtseins zu wecken, die sonst – auch nach dem äußeren „natürlichen" Erwachen – in Schlaf versunken bleiben. Durch Meditation erwacht man erst richtig für die Tragweite und Bedeutung der Dinge der äußeren und inneren Erfahrung. Meditation ist die übende Anwendung, d. h. das bewußte Aufsichwirkenlassen der Macht der Wahrheit.

Es ist die Wirkung der Macht der Wahrheit, die ein weitergehendes Erwachen des Bewußtseins bewirkt – verglichen mit jenem Erwachen, das automatisch jeden Morgen geschieht. Sie ist es, die die zweite Stufe des Erwachens zu erreichen ermöglicht. Es ist die Stufe des Erwachens für die Wahrheit der Erfahrung.

Eine weitere Stufe des Erwachens kann dadurch erreicht werden, daß die zunächst auf Erkenntnis gerichtete gedankliche Meditation sich dadurch vertieft und verinnerlicht, daß sie sich nach und nach aus einem Erkenntnisvorgang zu einem Gewissensvorgang wandelt. Sie wird immer mehr moralisch, d. h., die Meditation wird aus einer Kopfangelegenheit zu einer Herzensangelegenheit. Sie verinnerlicht und vertieft sich; und so wird aus dem verdichteten hellen Gedankenlicht immer mehr ein helles und warmes Gewissenslicht: es verwandelt sich das tiefe und klare meditative Denken in ein exercitium spirituale, eine geistliche Übung, die mit der Zeit den gesamten Menschen zum Erwachen bringen kann: den denkenden, fühlenden und den wollenden Menschen. Das Erwecken des gesamten Menschen – bis in die tiefen Schichten seines Wollens – ist gerade das, was die „Exercitia spiritualia" des hl. Ignatius von Loyola beabsichtigen und bewirken. Wer sie durchgemacht hat, kann es sich hinfort leisten, ohne jegliche Scheuklappen jeglicher Erfahrung gegenüber offen zu sein und sich auf jeden Weg der Forschung und des Studiums ohne Furcht und Gefahr für seine geistig-moralischen Überzeugungen einzulassen. Alle Erfahrung und alle echte Forschung können einen solchen Menschen nur bereichern und vertiefen – nie werden sie seinen religiösen Überzeugungen und Idealen schaden können. Er ist offen für alles, aber unverführbar – man kann ihm nichts suggerieren und ihn nicht bestechen – durch nichts und für nichts. Denn er ist erwacht und ist sich der Bedeutung und der Tragweite der Heilswirklichkeit voll bewußt. Es handelt sich da um etwas, das nur mit der Veränderung, die mit den Aposteln nach dem Pfingstereignis geschah, verglichen werden kann. Denn auch das Pfingstereignis brachte ein Erwachen mit sich, das die Jünger erst eigentlich zu Aposteln machte – unerschütterlich sicher und für jede Mühe und für jedes Opfer bereit.

„Erwachen" ist somit ein großer Vorgang, der wohl das automatische Erwachen aus dem nächtlichen Schlaf umfaßt, aber doch weit darüber hinaus reicht. Sein Wesen offenbart sich am vollsten in der weckenden Stimme des Gewissens, deren Magie die in der Finsternis des Schlafes versunkenen tiefsten Schichten des Menschenwesens – seinen eigentlichen Kern – für den Bereich der tätigen Gegenwart erweckt, d. h. sie aus der Finsternis des Unbewußten in das Licht des Bewußtseins hervorruft. Und die Kraft, die solches bewirkt, wurzelt wiederum letzten Endes in dem göttlichen Urwort: „Es werde Licht" – und folglich auch in dem gottmenschlichen Heilswort: „Lazarus, komm heraus!"

Wenn es nun Tatsache ist, daß das Vergessene wieder erinnert werden kann und daß das Schlafende geweckt werden kann – wie steht es dann mit dem Gestorbenen? Wenn es ein Zurück aus dem Reich der Vergessenheit und aus dem Reich des Schlafes gibt – sollte es dann nicht auch ein Zurück aus dem Reich des Todes geben? Gibt es nicht auch die Möglichkeit des Wiedererscheinens der Verstorbenen – analog dem Erinnern und dem Erwachen?

Der Glaube an die allgemeine Auferstehung der Toten ist die bejahende Antwort auf diese Frage. So wie Jesus Christus, als Erstling der Auferstehung, auferstanden ist, so werden alle Verstorbenen einmal auferstehen. Es steht allen Verstorbenen bevor, aus dem Reich des Vergessens, des Schlafes und des Todes wieder aufzutauchen, d. h. „erinnert", „erwacht" und neubelebt wieder zu „erscheinen", begabt mit Gestalt, Antlitz, Blick, Stimme, Wort und Tatkraft – so wie es der auferstandene Jesus Christus war. Begriff, Idee und Ideal der Auferstehung unterscheiden sich vom Begriff, der Idee und dem Ideal des ewigen Lebens als „Ruhen in Gott", wo die Seele „ins Vaterhaus" zurückkehrt und dort für alle Ewigkeit verbleibt. Auferstehung bedeutet nicht bloß das Ende des alten, sondern namentlich den Anfang eines neuen Weltgeschehens mit einer „neuen Erde und einem neuen Himmel"; sie ist nicht Ruhen der Seele in der Ewigkeit, nicht ewige Ruhe des Nirwana, sondern das tätige Mitwirken mit Gott an einer erneuerten, von den Folgen des Sündenfalls geheilten Welt. Das „neue Jerusalem" ist eine neue Weltordnung, die sich zur alten Weltordnung so verhält wie der auferstandene Mensch zum sterblichen Menschen. „Auferstehung", als Begriff, ist das Wiedererscheinen und tätige Sichwiederbeteiligen des vollen Menschen, als Geist, Seele und Leib, im Bereich einer im Fortschritt begriffenen erneuerten Welt. „Auferstehung", als Idee, ist die Auffassung, daß Gott göttlich großzügig ist und daß er das einst Gegebene und Geschenkte nicht wieder wegnimmt, sondern daß seine Geschenke – das Sein, das Bewußtsein, die Freiheit und die schöpferische Tätigkeit – für alle Ewigkeit gelten. Darum wird das Sein nie jemandem genommen werden – alle sind unsterblich; das Bewußtsein wird nie aufhören – die Kontinuität des Bewußtseins ist ewig; die Freiheit bleibt für alle Ewigkeit erhalten; immer wird es, in alle Ewigkeit, ein schöpferisches Werk und ein Feld für das schöpferische Werk geben – für alle und für jedes Wesen.

Die Auferstehung, als Ideal, ist das „alchimistische" Ideal des Großen Werkes, des Werkes der Verwandlung alles Unedlen in das Edelste – der Verwandlung des Bösen in das Gute, des Unfreien in Freies, des Trägen ins Tätige, des Schlafenden ins Wache, des Todes in Leben. Es ist nicht das bloße Ideal der Befreiung der Einzelseele von der Welt der Beschränktheit, der Krankheit und des Todes, sondern das Ideal der Befreiung der Welt von der Beschränktheit, von der Krankheit und vom Tode.

Ein utopisches Ideal? Es mag vielen so scheinen, aber wenn es überhaupt darum geht, ein Ideal zu haben, dann ist es das einzige, das zu haben sich lohnt. Denn es ist göttlich erhaben, und es lebt im Bewußtsein der Menschheit nichts Edleres, nichts für alles Gute, Schöne und Wahre mehr Begeisterndes als dieses Ideal. Es ist das Herz des Christentums und ist doch auch das Licht, die Wärme, das Leben in der Wurzel aller anderen Religionen.

So der Begriff, die Idee und das Ideal der Auferstehung! Gesehen im Lichte dieses Begriffes, dieser Idee und dieses Ideals, ist die Auferwekkung des Lazarus nicht „Auferstehung" des Lazarus. Denn nicht Lazarus ist der Erstling der Auferstehung, sondern Jesus Christus. Was mit Lazarus geschah, war eben seine „Auferweckung" aus dem Tode, d. h. das Wunder des Zurückrufens seines geistig-seelischen Wesens in den geheilten Leib: es war das höchste Wunder der Heilung des Geistes, der Seele und des Leibes, das an Lazarus vollbracht wurde – der Heilung, aber nicht der Auferstehung. Lazarus starb später zu seiner Zeit ein zweites Mal. Beim ersten Mal wurde er geheilt und wiedererweckt, aber er blieb sterblich, wie alle Menschen.

Außer Lazarus wurden auch andere Tote (z. B. die Tochter des Jairus und der Jüngling von Naim) durch Christus auferweckt. Auch die Apostel erweckten Tote nach dem Pfingstereignis. In allen diesen Fällen handelte es sich nicht um Auferstehung, sondern eben um Auferweckung.

Wenn Menschen, die durch die Pforte des Todes gegangen sind, im irdischen Geschehen wiedererscheinen, sprechen die Evangelien von „erstehen", "erscheinen", "auferweckt werden" und "auferstehen". So wurde dem Herodes über Jesus von einigen gesagt, daß er der von den Toten "erstandene" Johannes sei, von anderen, daß Elias in ihm "erschienen" sei, von anderen wieder, daß einer der alten Propheten auferstanden sei (Lk 9,8).

Und daß eine solche Auffassung keineswegs grundsätzlich bloße Illusion ist, bezeugte Jesus Christus selbst; er sagte über Johannes den Täufer: "Und wenn ihr es annehmen wollt: er ist Elias, der kommen soll" (Mt 11, 14).

"Auferweckt" ist ein Mensch, der, nachdem er gestorben ist, in seinen bisherigen – nun geheilten – Leib zurückgerufen wird, so daß er sein durch den Tod unterbrochenes Leben in den bisherigen Schicksalsverhältnissen wieder aufnimmt und fortsetzt – bis zur Stunde des ihm wahrlich beschiedenen Todes. Dieses war der Fall des Lazarus.

"Erscheinen" bedeutet immer eine wahrnehmbare Manifestation aus dem Übersinnlichen heraus. Das kann auch in der Weise geschehen, daß ein geistiges Wesen, das selbst nicht verkörpert ist, durch einen irdischen Menschen wirkt, mit dem es in tiefster innerer Verbindung steht und den es inspiriert und erleuchtet.

"Auferstehen" endlich bedeutet das Wiedererscheinen in einem Zustand, wo Geist, Seele und Leib gleich todlos sind, d. h., wo der Leib so durchgeistigt und durchseelt ist, daß er nicht mehr an der Sterblichkeit der Natur, sondern an der Unsterblichkeit des Geistes und der Seele teilnimmt. Der Erstling der Auferstehung, der auferstandene Christus, war einerseits von den Beschränkungen des Irdischen ebenso frei wie ein Verstorbener; er war aber andererseits ebenso fähig, im Irdischen zu handeln und zu wirken wie ein verkörperter Mensch. So konnte er im Hause, dessen Türen verschlossen waren, erscheinen und, nachdem er so erschienen war, sich nicht nur sehen, hören und berühren lassen, sondern auch an der Mahlzeit der dort versammelten Menschen teilnehmen. Der Leib des Auferstandenen "besteht" nicht aus Stoff; er ist vielmehr die Fähigkeit der Seele und des Geistes, sich zu konkretisieren und sich der Materie gestaltend und wirkend zu bedienen. Dieser Leib ist nicht das Ergebnis einer Komposition von Stoffen, sondern die Kraft, die die Stoffe sammelt, gestaltet und bewegt: er ist Herr über den Stoff.

Man kann – wenn auch nur ahnungsweise – einen Begriff vom Wesen des Auferstehungsleibes erhalten, wenn man bedenkt, daß "Stoff" nichts anderes ist als gebundene "Energie"; geht man von da aus weiter, gelangt man zur Einsicht, daß "Energie" ebenso konkretisiertes "Bewußtsein", also Wille ist, wie der Stoff konkretisierte, gebundene Energie ist. So kann man folgern, daß allem Stofflichen Wille zugrunde liegt, wie allem Wollen Gefühl und Gedanke zugrunde liegen, und daß, wie Energie in Stoff und Stoff in Energie verwandelt werden können, so auch Wille in Energie und Stoff – und daß umgekehrt Stoff und Energie in Willen verwandelbar sind. Stellt man sich nun vor, daß ein Leib ("und sein Grab war leer") gänzlich in Willen verwandelt wurde, so kann man ahnen, was einerseits mit dem Leichnam Jesu geschehen ist, andererseits aber auch, wie man sich den Leib des Auferstandenen vorstellen kann. In ihm ist der Stoff erlöst, d. h., der im Stoff des Leibes gebundene Wille wurde frei. Und dieser frei gewordene Wille war fähig, jederzeit den Weg zur Stoffverdichtung und zur Stoffverflüchtigung oder Auflösung hin- und zurückzugehen. So erscheint und verschwindet der Auferstandene, wie er will. Er beherrscht die Vorgänge der Gestaltung und der Auflösung; er ist Herr über Leben und Tod. Denn jedesmal, wenn er sich leiblich verdichtet und sinnlich wahrnehmbare Gestalt annimmt, wiederholt er in „einem Augenblick" den gesamten Inkarnationsvorgang, und jedesmal, wenn er die geschaffene Gestalt wieder auflöst, wiederholt er wiederum in einem Augenblick den gesamten Vorgang der Auflösung, der mit und nach dem Tode geschieht, natürlich nur, insofern „Tod" das Verschwinden vom irdischen Plan des Wahrnehmbaren bedeutet. Er ist somit der Herr über Verkörperung und Entkörperung – über Werden und Entwerden, über Leben und Tod.

Daß es tatsächlich so ist, ist auch aus der Tatsache zu ersehen, daß der Auferstandene nicht in seiner bisherigen Gestalt, wie ihn seine Nächsten noch unmittelbar vor der Kreuzigung oder früher gesehen hatten, erschien, nicht also – neubelebt – in derselben Gestalt, in der Jesus gekreuzigt oder im Jordan getauft worden war, sondern in einer neuen Gestalt. Deswegen erkannten ihn die Menschen, die ihn früher gekannt hatten, erst an irgendeinem intimen Zeichen: so erkannte ihn Maria Magdalena, die ihn zuerst für den Gärtner hielt, erst an der Art, wie er ihren Namen aussprach – „Maria"; Thomas erkannte ihn in dem Augenblick, als der Auferstandene ihm seine Wundmale zeigte; die zwei Jünger von Emmaus erkannten ihn am Brechen des Brotes. Es war immer ein Zeichen, durch das der Auferstandene sich erkennen ließ. Denn die Gestalt, das Aussehen des Auferstandenen, unterschied sich vom leiblichen Aussehen des Jesus von Nazaret dadurch, daß sie zeitlos und ohne Alter war: sie war nur Ausdruck seines Wesens – seines Geistes und seiner Seele – und konnte nur von denen erkannt werden, die durch die Hülle seines leiblichen Wesens hindurch etwas von seinem wahren Wesen – seiner Seele und seinem Geist – erkannt hatten. Und die Zeichen, mit deren Hilfe der Auferstandene sich erkennen ließ, waren solche, die dem Menschen, der ihn wiedererkennen sollte, einen Hinweis geben konnten, eine Erinnerung an seine frühere persönliche Erfahrung und Erkenntnis des seelisch-geistigen Wesens Jesu.

Dieser Zustand des auferstandenen Jesus Christus ist das Ziel und die Hoffnung des Schicksalsweges der Menschheit. Es ist das vollkommenste Ideal, das nicht nur denkbar, sondern auch träumbar ist, denn es verbindet in sich die kühnsten Hoffnungen edelster Diesseitigkeit mit höchster und tiefster Jenseitigkeit. Im Ziel der Auferstehung vermählen sich Leben und Tod, Diesseitigkeit und Jenseitigkeit zu dem, was die „Herrlichkeit" (gloria, doxa) des atmenden ewigen Seins ist, wo Verkörperung und Entkörperung Ein- und Ausatmen sind.

Aber wie eine Blume zwar auf einmal aufblüht, die Blüte aber dennoch eine lange Zeit im gesamten Organismus der Pflanze vorbereitet wurde und das Ergebnis eines langen, stufenweisen Vorbereitungsvorganges ist – so auch die Auferstehung! Sie geschieht zwar auf einmal („im Schall der Posaune"), ist aber dennoch das Ergebnis eines langen stufenweisen Vorbereitungsvorganges: es reift die Auferstehung in den Tiefen des menschlichen geistig-seelisch-leiblichen Wesens durch die Jahrtausende des Lebens der Menschheit. Ihrer vollen Offenbarung gehen Stufen voran, die auf sie orientiert, auf sie bezogen sind.

So behalten zum Beispiel einige verstorbene Menschen die Fähigkeit und die Möglichkeit, am irdischen Geschehen sich aktiv zu beteiligen. Sie „verschwinden" nicht gänzlich im Jenseits wie sonst die verstorbenen Menschen, sondern behalten gewissermaßen das „irdische Bürgerrecht" der wirksamen Beteiligung am irdischen Geschehen. Gemeint sind die kanonisierten und nichtkanonisierten Heiligen (die kanonisierten Heiligen, d. h. die Heiligen, die von der Kirche offiziell als heilig erklärt werden, sind ja nur die Vertreter oder Typen von Gruppen von Heiligen, die den kanonisierten Heiligen entsprechen, aber selbst nicht kanonisiert sind: es gibt mehr Heilige als die offiziell als „Heilige" anerkannten Heiligen). Es handelt sich hier nicht darum, theologische Erwägungen über das Wesen und die Bedeutung der Heiligen anzustellen, über den Sinn ihres Kultus und ihrer Rolle im Heilswerk; hier geht es lediglich um bestimmte Tatsachen der Erfahrung jener Menschen, die Umgang mit den Heiligen pflegen. Das Eigentlichste an diesem lebendigem Umgang ist die Tatsache, daß es keinem Menschen, der einen Heiligen um Hilfe bittet, einfällt, sich diesen Heiligen als „in die Seligkeit des Ruhens in Gott" versunken vorzustellen. Nein, man wendet sich an einen Heiligen aufgrund der selbstverständlichen Voraussetzung, daß er für das irdische Geschehen nicht blind und taub ist, daß ihm das irdische Geschehen am Herzen liegt und daß er bereit, willig und fähig ist, in das irdische Geschehen wirksam und helfend einzugreifen, wenn er darum gebeten wird. Die dem Verkehr mit den Heiligen – oder dem „Heiligenkult", wenn man will – zugrunde liegende Voraussetzung und Überzeugung ist, daß diese Heiligen immer noch „leben" – anders als die übrigen Hingeschiedenen, daß sie darum im Irdischen vieles bewirken (also tun) können, was andere Hingeschiedene nicht können. Ja, daß sie sogar mehr „können" als die verkörperten irdischen Menschen mitsamt ihrer Medizin, ihrer Psychotherapie, ihren Einrichtungen der sozialen Fürsorge und ihrem Gelde. Unzählbar sind die Menschen, die z. B. dem hl. Nikolaus von Bari wunderbare Hilfeleistungen verdanken. Dasselbe gilt für die zwei anderen großen Wundertäter – den hl. Patrick und den hl. Gregorius den Thaumaturgen –, um nur einige höchst wirksame und als als solche weit und breit anerkannte Heilige zu erwähnen. Es läßt sich aber nicht feststellen, wie groß die Schar solcher Heiligen in Wirklichkeit ist, denn nicht nur kommen immer wieder neue hinzu, sondern es werden auch alte Heilige wieder entdeckt.

Allen Heiligen aber ist gemeinsam, daß sie durch die Jahrtausende den Glauben lebendig erhalten, daß sie – als tätige Wesenheiten – nicht ganz „weg" sind, daß sie nicht so gestorben, nicht so „tot" sind wie die gewöhnlichen Verstorbenen, sondern daß sie – trotz des Todes und sogar dank dem Tode – im irdischen Geschehen sich tätig beteiligen können. Der theologische Einwand, daß es nur ihre Fürbitte vor Gott sei, die sich als wirksam erweist, nicht aber ihr persönliches Eingreifen in die irdischen Angelegenheiten, trifft die Sache nicht, insofern es hier um die Erfahrung von zwei Jahrtausenden geht – Erfahrungen mit den Heiligen, Erfahrungen ihres Erscheinens im Traum und im Wachzustande, Erfahrungen der durch sie bewirkten Heilungen (in denen sogar gewisse individuelle Heilige sich sozusagen „spezialisiert" haben – wie etwa der hl. Blasius für Hals- und Schleimhauterkrankungen), Erfahrungen von Ratschlägen und Tröstungen in höchst individueller Form. Selbstverständlich kommt alles Gute letzten Endes von Gott; auch ein gewöhnlicher Arzt und ein Seelsorger können nichts Gutes ausrichten, es sei denn, daß eine Kraft göttlichen Ursprungs ihnen beisteht. Aber die Bedeutung der Heiligen auf ihre Fürsprache allein zu beschränken, entspräche nicht der Erfahrung der Generationen, die in lebendigem Umgang mit den Heiligen – in der Heiligenverehrung – gelebt haben und noch leben. Die Erfahrung bezeugt, daß die Heiligen Taten vollbringen, daß sie nicht nur fürbittfähig, sondern auch handlungsfähig sind. Sie wirken eben als lebendige Menschen, trotz der Tatsache, daß sie gestorben sind.

Von wissenschaftlicher Seite mögen noch so viele Einwände kommen, mit einem ganzen Schwall leerer Wort- und Gedankenhülsen – Hinweise etwa auf die „Psychologie des Primitiven", der noch dem Geisterglauben anhängt und der seine eigenen psychischen Tendenzen nach außen projiziert und so Halluzinationen und Wahnvorstellungen haben kann – und daß die psychische Einstellung des Primitiven, als Schicht, auch im zivilisierten Menschen weiterlebt usw. Nun, dies alles ist ja bekannt, allzu bekannt. Demgegenüber steht das Phänomen der Heiligenverehrung, die seit zweitausend Jahren lebt und die sich durch solch wissenschaftlich sich gebendes Gerede nicht beirren läßt. Ein Dorfpriester (und ich erzähle eine Tatsache), der zu einem Sterbenden in später Stunde auf dem Weg ist, um ihm die „Wegzehrung" zu bringen, und der sich verirrt hat, bittet in Verzweiflung um Hilfe, damit er nicht zu spät komme. Da erscheint ihm der hl. Nikolaus und führt ihn zu dem richtigen Ort – und zwar noch rechtzeitig – und verschwindet. Wie soll dieser Priester die „wissenschaftliche Erklärung" der „psychischen Projektion" halluzinatorischer Art gelten lassen, da es ja nicht auf eine Vision ankam, sondern auf sein rechtzeitiges Eintreffen beim Sterbenden? Und er gelangte dort hin zur rechten Zeit.

Was die Einwände von christlich-protestantischer Seite gegen die Verehrung der Heiligen und den Verkehr mit ihnen anbelangt, so ist da zunächst zu sagen, daß die chirurgische Amputierung eines so wesentlichen Teiles am Organismus des geistigen Lebens der christlichen Menschheit eine durchaus bedauernswerte Verstümmelung und Verkrüppelung dieses Organismus bedeutet. Es ist aber auch das reinste Mißverständnis, „Heiligenverehrung" als eine Art Ablenkung vom unmittelbaren Verhältnis zu Gott aufzufassen. Denn ebenso wie Nächstenliebe keine Ablenkung von der Gottesliebe ist, so ist auch die Liebe zu den Heiligen – die doch unsere Nächsten sind – keine Ablenkung von ihr. Genausowenig, wie die Heiligen durch ihre Liebe zu uns von der Liebe zu Gott abgelenkt werden! Die Verehrung der Heiligen und der Verkehr mit ihnen fußt doch letztlich auf nichts anderem als auf dem Glauben, daß „Liebe" stärker ist als der Tod und daß folglich auch die Nächstenliebe der Heiligen stärker als der Tod ist. Das ist es, woran man glaubt, wenn man an die Nächstenliebe eines verstorbenen Menschen appelliert, von dessen Nächsten- und Gottesliebe man weiß, daß sie groß ist. Denn die Heiligen sind keine Götter, sondern Menschen einer großen Liebe, die stärker als der Tod ist und die darum auch von „dort" aus „hier" noch wirken kann. Wenn man aber glaubt, daß die Nächstenliebe zur Gottesliebe im Konkurrenzverhältnis steht, so sollte man nicht nur auf Heiligenverehrung verzichten, sondern auch – beispielsweise – die Inanspruchnahme ärztlicher Hilfe als Ablenkung vom unmittelbaren Verhältnis zu Gott auffassen und darum ablehnen. Denn der Arzt steht ja dann auch zwischen dem hilfebedürftigen Kranken und der heilenden Gottesliebe. Wenn man aber die Berechtigung der helfenden Nächstenliebe seitens verkörperter Mitmenschen – wie etwa der Ärzte – anerkennt, so soll man auch die helfende Nächstenliebe der entkörperten Mitmenschen, der Heiligen, als berechtigt gelten lassen.

Doch handelt es sich hier nicht darum, alle Einwände und Bedenken gegen die Heiligenverehrung aus dem Weg zu räumen – auch nicht darum, jemanden zur Heiligenverehrung zu bekehren. Es geht hier um das Phänomen der Heiligenverehrung, des Umgangs mit ihnen als solches: um das Licht, das uns daran aufgeht. Mit anderen Worten: Hier geht es nur um die Sonderstellung der Heiligen im Vergleich mit anderen hingeschiedenen Menschen! Diese Sonderstellung besteht namentlich darin, daß die Heiligen Eigenschaften und Wirkungsmöglichkeiten besitzen, die sie teilweise mit dem auferstandenen Jesus Christus gemein haben. Ihre Wirkmöglichkeit im Bereich des irdischen Geschehens zeugt davon, daß sie dem Zustand des Auferstandenen näherstehen als die übrigen Verstorbenen. Sie sind auf einer höheren Stufe der reifenden und in Vorbereitung begriffenen Auferstehung. Die Heiligen können nicht nur „dort", sondern auch „hier" wirksam sein. Das bedeutet aber, daß sie nicht nur als Geist und Seele, sondern auch – in gewissem Sinn – als „Leib" nach ihrem Tode weiterleben. Zwar hat ihr „Auferstehungsleib" nicht die vollständige Reife des Auferstehungsleibes Jesu Christi erreicht – im Sinne der vollständigen Konkretisierung: sie können wohl im Irdischen wirken, aber sie wirken doch noch mehr als „Geister" denn als leibliche Wesen. Dennoch repräsentieren sie schon eine höhere Stufe auf dem Wege zur Auferstehung. Sie können „erscheinen" in dem Sinne, wie in Lk 9, 8 vom möglichen Erscheinen des Elias die Rede ist. Wenn nun die Heiligen insofern eine Stufe auf dem Wege zur Auferstehung darstellen, als sie einen vergeistigten und durchseelten Leib haben, der ihnen die Möglichkeit gibt, sich kundzutun, könnte dann nicht eine andere, niedere Stufe die Wiederkehr des Bewußtseins sein? Eine Art von Wiederkehr freilich, bei der das geistig-seelische Wesen des Verstorbenen sich nicht – wie beim Heiligen – seines eigenen vergeistigten und durchseelten Leibes bedienen kann, bei der es vielmehr wieder in den Strom der Vererbung untertaucht, d. h. sich wieder verkörpert, indem es einen durch diesen Strom weithin bestimmten und geprägten neuen Leib annimmt. Nicht unwesentlich freilich schafft das geistig-seelische Wesen sich den neuen Leib auch selbst, indem es sich an dessen Aufbau durch die Vererbungskräfte entsprechend seiner Reife und Stärke beteiligt. Völlig „neu" ist somit dieser dem Vererbungsstrom entliehene Leib auch wieder nicht. Er ist nur in dem Maße „neu", als er „Familienleib", „Volksleib" oder „Rassenleib" ist; soweit er individuell ist, ist er durchaus auch der eigene Leib des geistig-seelischen Wesens, das sich in ihm inkarniert hat. Individualisierte Leiblichkeit ist somit eine anfängliche Stufe auf dem Wege zur Auferstehung. Je ausgeprägter eine Individualität in ihrer Leibhaftigkeit ist, desto weiter ist sie vorgeschritten auf dem Wege zur Auferstehung. Und je mehr ihre Leiblichkeit bloß Ausdruck des Familien-, Volks- und Rassentyps ist, desto weiter ist sie noch vom Auferstehungsideal entfernt.

Entscheidend jedoch für die Individualisierung des Leibes ist die strukturelle und funktionelle Individualisierung jener Seite des Leibes, die primär dem Geist und der Seele zugeordnet ist – Gehirn und Nervensystem (deren sich ja die Seele und der Geist am unmittelbarsten bedienen), während die Individualisierung des Leibes in seiner der Außenwelt zugekehrten Seite (Gestalt, Gliedmaßen und Sinne) zunächst nicht maßgebend ist. Es kann somit vorkommen, daß eines Menschen Äußeres als genaue Kopie des Familien-, Volks- und Rassentyps erscheint, während die innere Konfiguration von Gehirn und Nervensystem durch und durch individuell ist. Wenn z. B. Goethe sagte: „Vom Vater hab' ich die Statur, des Lebens ernstes Führen – vom Mütterchen die Frohnatur, die Lust zu Fabulieren", so war die innerliche Konfiguration von Gehirn und Nervensystem bei ihm dennoch so beschaffen, daß er die von der Mutter ererbte „Lust zum Fabulieren" bis zur großen Schöpfung der Fausttragödie zu erheben vermochte und des Vaters äußere und innere „Statur" bis zur „olympisch-klassischen" Höhe der Synthese von Kunst, Wissenschaft und Religion. In dieser Leistung äußerte sich Goethes Individualität, sie war nicht das Ergebnis der Vererbung. Auch war nicht die Ebene der Vererbung gemeint, wenn Goethe sagte: „Ich trage Krankheitsstoffe in mir seit dreitausend Jahren", oder wenn er in seinem Frau von Stein gewidmeten Gedicht schrieb: „Einmal warst du meine

Schwester oder meine Frau." Worauf hier angespielt wird, ist die Schicksalserfahrung in wiederholten Erdenleben.

Wie verhält sich aber die uralte, auch weit über die Grenzen des Buddhismus und des Hinduismus hinaus verbreitete Überzeugung, daß es wiederholte Erdenleben gibt, zu dem Ideal der Auferstehung? Steht sie in einem unvereinbaren Gegensatz zum Auferstehungsideal und zum Weg, der zur Auferstehung führt, oder könnte sie auch Teil dieses Ideals und eine Stufe auf dem Weg zu seiner Verwirklichung sein? Ist sie ein Fremdkörper innerhalb des Organismus des Heilswerkes der Auferstehung oder möglicher Bestandteil?

Zunächst muß mit allem Nachdruck darauf hingewiesen werden, daß die Reinkarnation, die Wiederholbarkeit der Erdenleben, nicht ein Ideal ist und an sich auch nicht als ein Weg zum Heil gilt. Sie gilt bloß als Tatsache, die von einigen als bedauerlich betrachtet, von anderen dagegen als notwendig eingeschätzt wird. Man kann daher wohl das Ideal der Auferstehung dem Ideal des Nirwana (als Befreiung von dem „Rad der Wiedergeburten") gegenüberstellen, nicht aber den Glauben an die Reinkarnation dem Ideal der Auferstehung. Genausowenig wie man etwa die Tatsache von wiederholtem Einschlafen und Wiedererwachen dem Ideal eines gerechten und weisen Lebens gegenüberstellen würde! Denn wenn auch Gerechtigkeit und Weisheit das Ergebnis eines Lebens sein können, so sind sie doch weder die Frucht eines schlaflosen Lebens oder lebenslangen Schlafes noch Frucht der Abwechslung von Schlaf- und Wachzuständen; sie sind Frucht des Gebrauches, den einer von den im Leben gebotenen Gelegenheiten, Gerechtigkeit und Weisheit zu üben, gemacht hat. Weder Tage noch Nächte an sich sind ein Weg zum Ideal, geschweige denn selbst das Ideal, sondern es ist einzig und allein der Gebrauch, der von ihnen gemacht wird. Dementsprechend ist auch ein Leben von etwa siebzig Jahren nicht an sich ein Weg zum Ideal – und erst recht kein Ideal an sich –, wie auch zehn Erdenleben, zehnmal siebzig Jahre, als solche noch kein Weg zum Ideal sind, geschweige denn das Ideal selbst.

Es ist nur der Umfang der Gelegenheit, der den Unterschied ausmacht. Denn wie ein achtzigjähriger Mensch mehr Gelegenheit gehabt hat, Erfahrung zu sammeln und an sich zu arbeiten, als ein zwanzigjähriger, so hat auch ein Mensch, der zehnmal auf Erden gelebt hat, entsprechend mehr Gelegenheiten gehabt als einer, dem nur ein einziges kurzes Erdenleben beschieden war. Aber der Weg selbst, d. h. der Gebrauch, den einer von seiner Erfahrung macht, ist etwas anderes als die dargebotene Gelegenheit. Er ist derselbe sowohl für ein einziges Erdenleben als auch für ein mehrfach wiederholtes. Ob dieser Weg in einem Erdenleben oder in mehreren durchschritten wird – es ist ein und derselbe Weg, der durch die Stufen der Fußwaschung, der Geißelung, der Dornenkrönung, der Kreuztragung und der Grablegung zur Auferstehung führt. Ob die Läuterung, die Erleuchtung und das Einswerden mit Gott, die auf diesem Wege verwirklicht werden, in einem oder mehreren Leben geschehen, ändert nichts an dem Wege, noch ändert es etwas am Ziel und Ideal dieses Weges.

Weder die Anschauung, daß es für den Menschen nur ein einziges Leben auf Erden gibt, noch die Anschauung, daß der Mensch wiederholt auf Erden leben kann, können folglich zu den Heilswahrheiten gehören, zur unverrückbaren Wahrheit „de fide"; denn keine der beiden Anschauungen hat bestimmenden Einfluß auf die Heilswahrheit der Auferstehung oder auf den Weg, der zur Auferstehung führt. Beide Anschauungen gehören nicht zum Organismus der wesentlichen Heilswahrheiten, sondern zum Bereich der sekundären Erkenntnis- und Erfahrungswahrheiten, zu denen auch die Ergebnisse der naturwissenschaftlichen, geschichtlichen, psychologischen und philologischen Forschung gehören. Da die ptolemäische Auffassung des Sonnensystems keine Heilswahrheit ist, steht es heute jedem frei, es ptolemäisch oder kopernikanisch aufzufassen, obgleich die ptolemäische Auffassung während anderthalb Jahrtausenden die herrschende theologisch-philosophische Meinung war. Auch steht es frei, die Schöpfungsgeschichte der Genesis sowohl als „Sechstagewerk" als auch als einen durch Jahrmillionen dauernden Evolutionsvorgang aufzufassen – wobei auch noch weitere Auffassungsmöglichkeiten offenstehen.

So gehört auch die Anschauung, daß es wiederholte Erdenleben geben kann oder gibt, in den Bereich dessen, was der einzelne Gläubige frei annehmen oder ablehnen kann, zumal Jesus Christus selbst sie grundsätzlich als solche hingestellt hat, als er zu seinen Jüngern über Johannes sagte: „Wenn ihr es annehmen wollt, ist er (Johannes) Elias, der kommen soll" (Mt 11, 13). „Wenn ihr es annehmen wollt" – kann man klarer die Tatsache zum Ausdruck bringen, daß man an eine Wiederkunft des Elias in Johannes glauben darf – daß sie nicht notwendig im Widerspruch zu den Heilswahrheiten stehen würde, sondern zum Bereich der frei annehmbaren oder ablehnbaren Anschauungen gehört? Dementsprechend gehörte auch die Antithese zur Wiederverkörperungslehre – daß es nur ein einziges Leben auf Erden für den Menschen gibt – zum Bereich der für Annahme und Ablehnung freistehenden Anschauungen.

Zwar ist ohne Zögern zuzugeben, daß weder die Heilige Schrift noch die Apostel, noch die Kirchenväter, noch die maßgebenden Kirchenlehrer die Reinkarnation gelehrt haben und daß sie folglich nicht zum Corpus der überlieferten Lehren der Kirche gehört (zumal das Heilige Officium in einer Entscheidung vor rund fünfzig Jahren sie sogar ausdrücklich verworfen hat). Aber muß man daraus zwingend schließen, daß die Wiederverkörperungslehre mit der kirchlichen Lehre ebenso unvereinbar sei, wie das lange – aber heute nicht mehr – von der modernen Evolutionslehre behauptet wurde?

Nun: Wenn hier das Thema der Wiederverkörperung zur Sprache gebracht wird, so geschieht es nicht, um jemanden von ihrer Wahrheit zu überzeugen, sondern lediglich, um sie im Zusammenhang mit dem Auferstehungsideal zu betrachten. Es liegt dem Verfasser nur daran, daß jene Menschen, die nicht anders können, als die Wiederholbarkeit der Erdenleben für wahr zu halten (weil die moralischen und logischen Gründe dafür sie überzeugt haben oder konkrete Erinnerungen an ein früheres Erdenleben in ihnen aufgetaucht sind), darin nicht einen Gegensatz zur Heilswahrheit der Auferstehung erblicken, sondern einsehen, daß ihre Überzeugung erst im Ideal der Auferstehung Sinn und Vollendung erhält. Denn Wiederverkörperung bedeutet nicht nur wiederholte Gelegenheit, Erfahrungen zu sammeln und Prüfungen zu bestehen; sie bedeutet zugleich eine Wiederholung der irdischen Beschränkungen des Leidens, der Krankheit und des Todes. Sie ist somit nicht nur verlängerte Gnadenfrist, sondern auch verlängertes Kreuztragen. Auferstehung dagegen ist zwar ebenfalls ein Wiedererscheinen im Leibe, aber ohne die irdischen Beschränkungen, ohne Leiden, Krankheit und Tod, d. h. ohne jene irdischen Schicksalsnöte, gegen die der Mensch in jeder seiner Verkörperungen kämpft. Die Auferstehung erscheint somit als die Krone und die siegreiche Vollendung jenes Kampfes gegen Beschränkung, Leiden und Tod, den die Menschheit in der Folge der Generationen wie der einzelne in der Folge wiederholter Erdenleben unablässig führt. Auferstehung ist die große Hoffnung des endgültigen Sieges über Beschränkung, Krankheit und Tod, d. h. sie ist der Sinn und das Ziel der wiederholten Erdenleben. Es ist die Hoffnung auf die Auferstehung allein, um derentwillen es sich lohnt, mehreremal auf Erden zu leben.

Das Verhältnis der Auferstehung zur Wiederverkörperung – zur Wiederverkörperung als solcher und im individuellen Fall – wird besonders deutlich, wenn man das Wunder der Auferweckung des Lazarus von diesem Gesichtspunkt aus näher betrachtet.

Lazarus war gestorben und bestattet. Da geschah es, daß der menschgewordene Sohn Gottes kam und ihn ins Erdenleben zurückrief mit den Worten: „Lazarus, komm heraus!" Dieser Ruf, der den vereinten Willen des Sohnes und des Vaters zum Ausdruck bringt, bedeutet die göttliche Bitte, Mahnung wie Befehl, ins Erdenleben zurückzukehren, um die Erdenerfahrung und die Erdenaufgabe wiederaufzunehmen und fortzusetzen. Dieser ewige Wille Gottes war es, der das Wunder der Auferweckung des Lazarus vollbrachte, denn dieses Wunder ist nicht bloß ein einmaliges Ereignis, sondern auch eine Offenbarung des göttlichen Willens. Es offenbart nämlich, daß Gott will, daß der Mensch seine Erdenerfahrung und seine Erdenaufgabe vollende, selbst wenn sie durch den Tod unterbrochen wurden. Nun ist aber die Erdenaufgabe des Menschen (und der Menschheit) erst dann vollendet, wenn er (und wenn sie als ganze) den Weg Christi („Ich bin der Weg") bis zur Auferstehung gegangen ist. Die Auferweckung des Lazarus, des Jünglings von Naim und der Tochter des Jairus offenbaren den Willen Gottes, daß der Mensch und die Menschheit Gelegenheit haben sollen, den ganzen Weg der Erdenerfahrung und der Erdenaufgabe zu gehen. Die Wiederverkörperung, im Licht dieses göttlichen Willens betrachtet, entspricht dem Ideal der Auferstehung als der Vollendung des Weges der Erdenmenschheit.

Für einen Christen, der ganz auf das Auferstehungsideal orientiert und gleichzeitig von der Wiederholbarkeit des Erdenlebens überzeugt ist, bedeutet somit Wiederverkörperung die durch die göttliche Güte und Barmherzigkeit gewährte Möglichkeit für den Menschen, den ganzen Weg der Erdenerfahrung und der Erdenaufgabe bis zur Vollendung, d. h. bis zur Auferstehung also, zu gehen. Ihm bedeutet die Wiederverkörperung eine stufenweise Vorbereitung zur Auferstehung als Überwindung des Todes – wie das wiederholte Erwachen eine stufenweise Vorbereitung ist zur Überwindung des Schlafes als des „jüngeren Bruders" des Todes und wie die wiederholte Erinnerung eine stufenweise Vorbereitung ist zur Überwindung des Vergessens als des „jüngeren Bruders" des Schlafes. Denn wie dem Idealzustand der ewigen Erinnerung, der Unvergeßlichkeit, die rhythmische Abwechslung von Vergessen und Erinnern vorangeht und wie dem Idealzustand des Vollerwachtseins, des vollkommenen Bewußtseins, die rhythmische Abwechslung von Einschlafen und Erwachen vorangeht, so geht für den von der Wiederverkörperung überzeugten Christen dem Idealzustand der Todlosigkeit, der Auferstehung, die rhythmische Abwechslung von Tod und Geburt voran.

Diese drei Rhythmen sind schon im Atem Gottes (ruach elohim) des Ersten Schöpfungstages wesentlich enthalten. Es atmet in der Welt der Geist in Vergessen und Erinnern, Schlaf und Wachen, Geburt und Tod – und es reift und erblüht in der Welt die ewige Erinnerung, das ewige Wachsein und das ewige Leben, d. h. der Weltensabbat des Siebenten Schöpfungstages.

Wenn wir nun unsere Betrachtung über Erinnerung, Erwachen und Auferstehung zusammenfassen wollen, so wäre es am besten, es nicht in der Form von mehr oder weniger abstrakten Sätzen zu tun, sondern durch konkrete geistige Gestalten, die das tiefste Wesen dieser drei Zustände repräsentieren.

Plato lehrt, daß das Wesen der Erkenntnis „wiedererkennen" ist – ein Wiedererkennen dessen, was einst und oben erfahren und erkannt worden war, im Jetzt und im Hier. Denn nach Plato ist die Seele präexistent. Körpert die Seele sich ein, so steigt sie aus einem Dasein in der geistigen Welt in das irdische Dasein herunter. Die Kirchenväter, denen die platonische Denkart eigentümlich war – namentlich Klemens von Alexandrien und Origenes –, vertraten den Präexistentialismus, die Anschauung also, daß die Seele vom Himmel auf die Erde kommt und von hier in den Himmel zurückgelangt. Diese Anschauung war ihnen gemeinsam wie mit Plato so auch mit Empedokles, Pythagoras und Hermes Trismegistos. Für sie alle ist Erkenntnis wesentlich Erinnerung. Die Überzeugungskraft und innere Gewißheit der metaphysischen Erkenntnis liegt in der Tatsache, daß ein schon Gewußtes, aber in Vergessenheit Geratenes wiedererinnert wird. Und alles Argumentieren, Vergleicheziehen, logische Schlußfolgern wie auch alle anderen Erkenntnismittel, von denen hier und jetzt Gebrauch gemacht wird, sind nur Mittel und Wege, die Erinnerung aus den Tiefen des eigenen seelisch-geistigen Wesens ins irdische Tagesbewußtsein zurückzurufen. Sie alle bilden insgesamt gleichsam das „Hebammenwerk" bei der Geburt der Erinnerung. Die Erkenntnis wird nicht gemacht, sondern sie wird geboren. Und der Mensch, der sich nicht nur an die Erfahrungen seines irdischen Daseins erinnert, sondern an solche, die ihnen vorangingen, ist weise. Denn Weisheit ist das Erinnerungsvermögen an das vorirdische Dasein.

So wurden die Weisen seit jeher in der Menschheit verehrt als Menschen der großen Erinnerung. Die Rishis in Altindien, deren Erinnerung bis in den Urbeginn des Weltenwerdens zurückreichte, legten die Grundlage aller irdischen Weisheit für Jahrtausende. So verkündete einer von ihnen im zehnten Buch des Rig-Veda:

„Nicht Sein war damals noch Nicht-Sein:
Die Luft war nicht, kein Himmel über ihr.
Was hüllt es ein, und wo? Was schirmte es?
War Wasser da, des Wassers bodenlose Tiefe?
Es gab den Tod nicht damals, noch Unsterblichkeit:
Kein Zeichen gab es da, um Tag und Nacht zu scheiden.
Es hauchte windlos durch sich selbst.
Das Eine, außer dem kein Anderes war."

Über denselben Urbeginn lesen wir in der Genesis: „Und die Welt (Erde) war gestaltlos und leer, und es war Finsternis über der Tiefe; und der Atem Gottes wehte über den Wassern" (Gen 1,1). Für einen Inder ist auch Moses ein Rishi – ein Geist, in dem kosmische Erinnerungen auferstanden sind.

Was ist die Genesis? Sicher ist, daß die Schöpfungsgeschichte, die Geschichte des Sündenfalles, die Geschichte von Kain und Abel, die Geschichte der Sintflut usw. nicht philosophische Spekulationen sind. Die Genesis ist kein Lehrgebäude, sondern ein Bericht von dem, was „war". Und dieser Bericht kann nur wahr sein, wenn er Erinnerung bietet. Der theologische Einwand, daß die biblische Urgeschichte eine vom Heiligen Geist inspirierte Offenbarung sei, entkräftet keinesfalls die Anschauung, daß die Genesis „Erinnerung" an die Urzeit überliefert. Denn warum sollte es nicht der Heilige Geist sein, der im Menschengeiste die Erinnerung an die kosmische Vergangenheit wachruft? Zumal es auch im Neuen Testament der Tröster, der Geist der Wahrheit ist, der „euch alles lehren und euch an alles erinnern wird, was ich euch gesagt habe" (Joh 14, 26).

Auch Hermes Trismegistos, Pythagoras und Plato wurden als Weise, d. h. als Geister der großen Erinnerung, verehrt.

Neben der Idealgestalt des Weisen steht die Idealgestalt des Vollerwachten – des Buddha –, zu der ein großer Teil der Menschheit mit Verehrung aufschaut. Die Buddhas (es gibt ihrer mehrere) unterscheiden sich von den Weisen, wie Erwachen sich vom Erinnern unterscheidet. Ein Buddha ist mehr als ein Sicherinnernder: er ist der Vollerwachte. Er ist vollständig wach für die Wirklichkeit des Schicksals der Menschheit und der Welt, d. h. für die Tatsache des Sündenfalles und seiner Folgen. Während alle Menschen von den Tatsachen der Geburt, der Krankheit, des Alterns und des Todes wissen – und doch mehr oder weniger so leben, als ob sie von ihnen nicht wüßten –, wurde Gautama Buddha sich dieser Tatsachen, ihrer Tragweite und Bedeutung bis zu ihren letzten Konsequenzen voll bewußt und lehrte, damit auch andere ihrer bewußt würden, den achtgliederigen Pfad der Meditation und der ihr entsprechenden und sie fördernden Lebensführung. Und wie die Buddhas der Vergangenheit voll erwacht waren für die Wirklichkeit des Sündenfalls, des Unglücks der Menschheit und der Welt, die in Irrtum, Leiden und Tod versunken sind, so erwartet der buddhistische Teil der Menschheit von der Zukunft einen neuen Buddha – den Maitreya-Buddha – der für das Gute, das Heilbringende und das Heilende in der Menschheit und in der Welt vollerwacht sein wird.

Werden somit die Weisen als Überwinder des Vergessens hoch geschätzt und geehrt, und werden die Vollerwachten, die Buddhas, als Überwinder des Schlafes verehrt, so schaut die christliche Menschheit zu Jesus Christus mit Glauben, Hoffnung und Liebe als Überwinder des Todes auf. Der Weise, der Vollerwachte und der Auferstandene sind die wegweisenden Sterne auf dem Weg der Menschheit, die nach der Überwindung des Vergessens, des Schlafes und des Todes strebt.

3. Wie es geschah

„Nun war einer krank, Lazarus von Betanien, aus dem Dorfe Marias und ihrer Schwester Martha", so beginnt das Johannesevangelium den Bericht über das Wunder der Auferweckung des Lazarus (Joh 11, 1).

Der Name Lazarus ist die hellenisierte Form des hebräischen Namens Eleazar, „Gott hat geholfen". Der Name Lazarus kommt im Neuen Testament nur zweimal vor: einmal in Lk 16, 19–31, also im Gleichnis vom reichen Prasser und armen Lazarus, in dem das Schicksal nach dem Tod thematisch ist (es ist das einzige Mal, daß in einem Gleichnis Jesu jemand einen Eigennamen trägt), und dann im Johannesevangelium, im Bericht über die Auferweckung des Lazarus. Nach seiner Auferweckung wird Lazarus noch erwähnt als Teilnehmer am Festmahl im Haus Simons des Aussätzigen, das in Betanien für Jesus bereitet wurde (Joh 12, 1 f.; über das Gastmahl auch Mt 26, 6) und wohin viele kamen, nicht nur um Jesu willen, sondern auch um Lazarus, den vom Tode Auferweckten, zu sehen (Joh 12, 9). Ferner wird im Johannesevangelium berichtet, daß die Hohenpriester wegen des aufsehenerregenden Zeichens der Auferweckung des Lazarus den Tod Jesu beschlossen hätten (Joh 11, 46–53) und auch den Tod des Lazarus (Joh 12, 10). Über das weitere Schicksal des Lazarus schweigt das Evangelium, während er nach einer alten Überlieferung (mit der sich zum Teil die Visionen der Anna-Katharina Emmerich decken) zusammen mit seinen Schwestern Martha und Maria und mit Joseph von Arimathia bei der ersten Verfolgung der Christen in Palästina nach Gallien (Marseille) geflüchtet sein soll. St. Epiphanius sagt, daß nach der Überlieferung Lazarus dreißig Jahre alt gewesen sei, als er auferweckt wurde, und daß er danach noch dreißig Jahre gelebt habe. Was seinen Tod anbelangt, so gibt es zwei einander widersprechende Überlieferungen: die griechische Überlieferung, nach der er auf Cypern gestorben ist, und eine allgemeine Volksüberlieferung in der Provence, wonach Lazarus, nachdem er mit seinen Schwestern, mit Joseph von Arimathia und noch einigen Jüngern Christi in jenem Lande das Evangelium verkündet habe, im vorgerückten Alter den Märtyrertod in Marseille gestorben sei. Hinzuzufügen wäre noch, daß Anna-Katharina Emmerich, deren Visionen einen sehr eingehenden Bericht über Leben und Wirken des Lazarus sowohl vor als auch nach seiner Auferweckung geben, ihn wohl als „ersten Bischof von Marseille" erwähnt, aber über seinen Tod nichts berichtet.

Lazarus, den auch die schlicht erzählende Anna-Katharina Emmerich als „sehr geheimnisvolle Persönlichkeit" bezeichnet, gehörte weder zum Kreis der zwölf Jünger Jesu, die ihn begleiteten, noch zu dem weiteren Jüngerkreis der Siebzig. Er nahm in bezug auf den Meister und seine Apostel eine Sonderstellung ein – eine Sonderstellung, die der des Nikodemus, des Joseph von Arimathia und des Nathanael insofern ähnlich war, als auch sie, obwohl geistig intim mit dem Meister verbunden, außerhalb des eigentlichen Jüngerkreises standen. Aber sie standen abseits nicht als Beobachter, sondern als *Freunde*. Darum sagte Jesus seinen Jüngern: „Unser Freund Lazarus schläft" (Joh 11, 11).

Die Botschaft, welche die Schwestern Martha und Maria über Lazarus' Erkrankung dem Meister sandten, lautete: „Herr, siehe, der, den du liebhast, ist krank." Das griechische Verbum, das denselben Stamm hat wie das Wort philos, Freund, hat die Bedeutung „gern haben", „Liebe haben" oder „Liebe erweisen", „Wohlgefallen haben" oder „Wohlgefallen erweisen", auch „wohlgesinnt sein", während der Evangelist über das Verhältnis Jesu zu Lazarus und zu seinen Schwestern sagt: „Jesus aber liebte (egapa) Martha und ihre Schwester und den Lazarus" (Joh 11, 5). Das Wort agapao hat die Bedeutung „lieben", „verehren", „achten" und auch „jemanden jemandem vorziehen". Agapao bedeutet ein tieferes und höheres Gefühl als das durch phileo angedeutete.

Die drei Geschwister in Betanien waren also Menschen, mit denen Jesus besonders befreundet war. Sie gehörten zu einem Kreis von „Freunden" oder „Helfern", unabhängig vom Kreis der Apostel und Jünger, die mit Jesus durchs Land zogen. Zu ihrem Kreis gehörten Männer und Frauen, die an dem Werke Jesu Christi (als Lehrer, Heilender und Heiland) auf irgendeine Art helfend und fördernd beteiligt waren – sei es als Vorbereiter und Wegbereiter (wie z. B. Johannes der Täufer) oder als Pflegender (wie z. B. Joseph, der Pflegevater) oder auch als „Brücken", als Bindeglieder zu den verschiedenen Geistesströmungen und traditionellen Schulen, die es im damaligen Palästina gab (wie z. B. Nathanael, Nikodemus und Joseph von Arimathia). Es ist für sie alle charakteristisch, daß sie gewissermaßen „Mitwisser" waren, d. h. nicht nur bewußt den Kommenden erwartet, sondern auch bewußt den Gekommenen erkannt hatten. Bei Johannes dem Täufer liegt das auf der Hand. Aber auch das Gespräch zwischen Jesus und Martha, nahe bei Betanien (Joh 11, 21 bis 27) zeigt, daß Martha den „Gekommenen" erkannt hat. Denn sie sagte: „Ja, Herr, ich habe geglaubt, daß du Christus bist, der Sohn Gottes, der in diese Welt kommt." Martha sagt nämlich nicht, daß sie nun erkennt und glaubt, daß Jesus der Christus ist, sondern daß sie *geglaubt hat*, daß er Gottes Sohn ist. Das Bekenntnis des Petrus, das wie eine blitzartige Offenbarung aus ihm hervorbrach – es war bei Martha seit längerer Zeit innere Überzeugung: „Ich *habe* geglaubt", sagte sie.

Auch ihre Schwester Maria, „die den Herrn gesalbt hat mit Salbe und seine Füße getrocknet mit ihrem Haar", empfing ihn in Betanien mit den Worten: „Herr, wärst du hier gewesen, mein Bruder wäre nicht gestorben." In diesen Worten äußert sich die Gewißheit und Sicherheit einer Einsicht, die über bloßes „Fürwahrhalten" weit hinausgeht.

Die zwei Schwestern gehörten zum Kreis der „Freunde" oder „Helfer", nicht nur weil sie „verstanden", sondern auch weil sie dem Herrn ganz zu Diensten waren. Martha (ihr Name bedeutet „Herrin" im Sinne der Gastgeberin, der Hausfrau) nahm die Aufgabe auf sich, Gastfreundschaft – im Namen der Erdenmenschheit – dem vom Himmel Gekommenen zu erweisen, jene Gastfreundschaft, die ihm in Bethlehem bei seiner Geburt verweigert worden war. Sie sorgte für die Aufnahme und Unterkunft des Herrn und seiner oft zahlreichen Jüngerschar – nicht nur in ihrem Hause in Betanien, sondern offenbar auch anderswo (Joh 12, 2). Sie organisierte im voraus die Reisen des Meisters und seiner Gefolgschaft, indem Gasthäuser und Herbergen von ihr bereitgestellt und die Kosten ihrer Unterkunft bestritten wurden. So machte sie es Jesus möglich, das Land lehrend und heilend zu durchziehen, ohne jemandem zur Last zu fallen und ohne von Gunst oder Mißgunst der Leute am jeweiligen Ort abhängig zu sein. Dank der fürsorgenden Hilfe Marthas konnte er sich ganz seinem Werke widmen, frei von den Sorgen des Alltags.

Der Dienst, den Maria Jesus leistete, war anderer Art und auf einer anderen Ebene. Wenn Martha für das Nötige im äußeren Sinne sorgte, so war es Maria, die das „Unnötige" im äußeren Sinne, aber das unschätzbar Wertvolle im inneren Sinne tat. Sie umgab Jesus seelisch mit Wärme. Daß sie mit kostbarer aromatischer Salbe seine Füße salbte und dann auch noch mit ihrem Haar trocknete, war natürlich vollkommen unnötig – was auch Judas hervorhob –, aber es umgab den vor dem Kreuzestod Stehenden menschlich mit Wärme – einer Wärme, die ihm das ihm Aufgegebene, den Kreuzestod, menschlich erleichterte und ihn dafür stärkte. Darum antwortete Jesus auf den Einwand unnützer Verschwendung dem Judas: „Laß sie in Frieden; dieses hat sie bewahrt zum Tage meines Begräbnisses" (Joh 12, 7).

Wenn nun Martha Freund und Helferin Jesu war im Bereich seiner äußeren Tätigkeit und Maria ihn seelisch mit Wärme umgab, ehe die kalte Zeit seiner Passion begann, worin bestand dann der Dienst des Lazarus? Worin erwies sich Lazarus als Freund und Helfer? Lazarus war der geistige Freund Jesu, so wie Maria es im Seelischen war und Martha auf dem Gebiet der äußeren Tätigkeit und des täglichen Lebens. Der Dienst, den er Jesus leistete, war namentlich geistiger Art. Was sagen will, daß er am Allerwesentlichsten des Werkes Christi – dem Tod und der Auferstehung – teilnahm. Die Teilnahme des Lazarus an dem Werk und dem Weg Jesu Christi ging über das gläubige Hinnehmen und Verstehen hinaus: Lazarus ging durch die Erfahrung selbst hindurch, die zwar nicht identisch, aber doch analog der Erfahrung des Todes, der Grablegung und der Auferstehung Jesu Christi war. Denn während die zukünftigen Apostel ratlos dastanden vor der Rätselhaftigkeit des Wortes Jesu Christi: „Eine kleine Weile, und ihr seht mich nicht mehr. Und wieder eine kleine Weile, und ihr werdet mich sehen" (Joh 16, 16), gab es einen, der das Hingehen und das Wiederkommen aus Erfahrung kannte und der darum das Geheimnis des Weges, der Wahrheit und des Lebens, das sich durch Jesus Christus offenbart, erkennen konnte. In Lazarus hat die Erdenmenschheit gewissermaßen ein Organ erhalten für das Mysterium des Christentums, auf daß es erkannt werde – und nicht für immer ein unerkanntes und unerkennbares Wunder bleibe. „Das Licht scheint in der Finsternis" – auch in der Finsternis der Geheimnisse des Glaubens. Nicht durch Rationalisierung, im Plausibelmachen der Glaubensgeheimnisse für die Vernunft, offenbart sich dieses Licht, sondern in der immer tieferen Einsicht in das moralische Gewebe des Weltgeschehens, in das Walten des Weltenwortes, von dem das Johannesevangelium im Prolog spricht.

Die Logik des Logos in der menschlichen Vernunft walten zu lassen war z. B. das Anliegen Hegels. Jedoch strebte Hegel ausschließlich nach der Wahrheit, diesem einen Aspekt der unzertrennbaren Dreiheit von Weg, Wahrheit und Leben. Da er um das Denken allein, d. h. um den Wahrheitsaspekt allein, bemüht war und ihn aus der Dreieinheit von Weg, Wahrheit und Leben herauslöste, gelang es ihm nicht, die wahre Logik des Logos, die Denken, Herz und Willen umfaßt, im menschlichen Bewußtsein unverkürzt zu spiegeln: was er herausfand, war bloß Stückwerk, war bloß ein Torso der Logik des Logos.

Einen weiteren und bedeutend erfolgreicheren Versuch, die Logik des Logos im menschlichen Bewußtsein zu spiegeln, bedeutet das geistige Lebenswerk Rudolf Steiners, des Begründers der Anthroposophie. Ihm ging es nicht bloß – wie Hegel – darum, ein allumfassendes, gleichsam absolutes *Gedankensystem* zu schaffen, sondern namentlich um den *Weg* der geistigen und seelischen Entwicklung des gesamten Menschen, damit er fähig werde, die Logik des Logos in seinem Bewußtsein rein und vollständig zu spiegeln. Also nicht die Wahrheit allein, sondern „*Weg und Wahrheit*" war das Anliegen Rudolf Steiners.

Es geschah aber leider (aus Gründen, auf die wir hier nicht einzugehen brauchen), daß Rudolf Steiner seinem Werk die Form einer Wissenschaft, der sogenannten „Geisteswissenschaft" geben wollte oder mußte. Dadurch mußte der dritte Aspekt der unzertrennbaren Dreiheit von Weg, Wahrheit und Leben – nämlich das Leben – zu kurz kommen. Denn die Form der „Wissenschaftlichkeit", in welche die Logik des Logos hineingezwungen werden sollte und durch welche sie beschränkt wurde, ließ keinen Raum für reine Mystik und geistige Magie, d. h. für das „Leben", übrig. So liegt in der Anthroposophie zwar eine großartige Leistung des Gedankens und des Willens vor, die aber unmystisch und unmagisch ist und der insofern das „Leben" fehlt. Dieses wesentlichen Mangels war sich Rudolf Steiner selbst bewußt. Darum wies er hoffnungsvoll auf das Erscheinen eines Nachfolgers (des „Bodhisattwa") hin, der diesem Mangel abhelfen und die Dreieinheit von Weg, Wahrheit *und* Leben voll zur Geltung bringen würde.

Wie dem auch sei, es ist eine Tatsache der Geistesgeschichte der Menschheit (und zwar nicht nur im neunzehnten und zwanzigsten Jahrhundert), daß es stets dieses Streben gab und gibt, den „Weg", die „Wahrheit" und das „Leben" zu finden – im Sinn der Aufforderung des Meisters aller Meister: „Suchet, so werdet ihr finden; bittet, so wird euch gegeben; klopfet an, so wird euch aufgetan." Welche Aufforderung auch für die Glaubensgeheimnisse gilt. Auch diese warten auf Suchende, auf Bittende und auf Anklopfende, um gefunden, geschenkt und für die Erkenntnis aufgetan zu werden.

Die Suche nach dem Heiligen Gral, für uns Heutige zur Legende geworden, wie auch das von einem Wald von Symbolen umgebene Rosenkreuzertum bezeugen, daß es ein solches Streben nach bewußter Teilnahme an der Logik des Logos, nach einer christlichen Initiation immer gegeben hat. Und es war Lazarus, der besondere Freund Jesu Christi, der berufen war, der erste christliche Initiierte zu werden und damit die gesamte Geschichte der christlichen Initiation zu begründen.

Darum war die Krankheit des Lazarus, von der die Schwestern dem Meister Nachricht gaben, keine gewöhnliche, „die zum Tode führt", sondern eine solche, „die zur Ehre Gottes" ist. Mit anderen Worten: die Krankheit des Lazarus sollte nicht die Vergänglichkeit der Natur enthüllen, wie jede natürliche Krankheit es tut, sondern die Wirklichkeit des göttlichen Wortes offenbaren, das Fleisch geworden und das Herr über Leben *und* Tod und somit „die Auferstehung" ist. Denn diese Krankheit sollte nicht zu einem Tod führen, der bloßes Weggehen ist, sondern ein Weggehen, um wiederzukommen, ein Sterben, um wiedergeboren zu werden. Nun bedeutet aber „Absterben *für* diese Welt", um fortan „*in* der Welt" aus Kräften und Beweggründen, die „nicht von dieser Welt" sind, zu leben und zu wirken, genau das, was seit jeher als das Wesen der Initiation gilt. Ein Initiierter galt stets als „zweimal Geborener". Nur daß, was als innerer Bewußtseinsvorgang kultisch in den vorchristlichen Mysterien erfahren wurde, in Krankheit, Tod und Auferweckung des Lazarus ein wirkliches und vollständiges *Ereignis* war, das Geist, Seele und Leib umfaßte – ein Ereignis, das gleichzeitig menschliches Schicksal und göttliche Gnade war. Es war menschliches Schicksal, insofern es den Sieg des Todes über das Leben bedeutet, und es war göttliche Gnade, insofern es der *Anfang* eines neuen Lebens war, das stärker ist als der Tod. Nun ist „Anfang" (lateinisch „initium") der Anfang sowohl der Welt am Ersten Schöpfungstage wie auch der Wiederanfang des Lebens für den – verstorbenen – Lazarus, die „Erfahrung des Anfangs", die „Initiation". Es war das Ereignis von Tod und Wiederauferweckung des Lazarus eine Initiation, die durch Jesus Christus selbst als Initiator vollzogen wurde. Sie bestand aus drei Teilen: der Krankheit des Lazarus, „die nicht zum Tode, sondern zur Ehre Gottes" war; dem Tode des Lazarus und seinem viertägigen Verweilen jenseits der Schwelle des Todes; und seiner Rückkehr zum Erdenleben, seiner Auferweckung.

Es kommt zunächst darauf an, das Wesen der Krankheit des Lazarus tiefer zu verstehen.

Das von Isaak Newton physikalisch formulierte Gesetz der Gravitation hat sein seelisch-geistiges Duplikat. Auch das innere Leben des Menschen hängt ab von einem Gleichgewichtsverhältnis, und zwar zwischen dem himmlischen und dem irdischen Gravitationsfeld. Beide Anziehungskräfte ragen in das Innenleben des Menschen hinein, wo sie als Triebe, Strebungen oder Sehnsüchte wirksam sind. Goethe weist auf diese Tatsache hin, indem er Faust zu Wagner sagen läßt:

„Du bist dir nur des einen Triebs bewußt,
O lerne nie den anderen kennen!
Zwei Seelen wohnen, ach! in meiner Brust,
Die eine will sich von der anderen trennen;
Die eine hält, in derber Liebeslust,
Sich an die Welt mit klammernden Organen;
Die andere hebt gewaltsam sich vom Dust
Zu den Gefilden hoher Ahnen."[7]

Die tiefenpsychologische Analyse von Sigmund Freud vertiefte die Kenntnis des ersten Triebs, der, „in derber Liebeslust", „sich an die Welt mit klammernden Organen" hält, und die tiefenpsychologische Analyse und Erfahrung von Carl-Gustav Jung vertieften ergänzend die Kenntnis des zweiten Triebs, der „sich gewaltsam hebt vom Dust zu den Gefilden hoher Ahnen". Freud nannte den von ihm erforschten Grundtrieb „Libido", während Jung die Anziehungskraft der „hohen Ahnen" als Wirkkraft der „Archetypen" beschrieb.

Gautama Buddha, der historische Begründer des Buddhismus, bezeichnete in seiner Tiefenanalyse der menschlichen Existenz den an die Erscheinungswelt bindenden – den Menschen also am Leben erhaltenden – Grundtrieb als „Drang zum Leben" oder „Tanha", dem er den

---

[7] Goethe, Faust I, Goethes sämtliche Werke, 7. Bd., Leipzig, S. 28.

Drang zur Befreiung entgegensetzte. Wenn der Drang zur Befreiung durch Meditation, Selbstdisziplin und Entsagung einmal zur Herrschaft gelangt ist, wird er zum Strom, der gleichsam von selbst weiter strömt und den Menschen zur Befreiung, zum Nirwana-Zustand hinüberträgt. Der Mensch, in dem dieser Drang zur Herrschaft gelangt ist, wird darum „strotapatti", „der in den Strom Eingetretene", genannt. Für ihn gibt es kein Zurück: der Strom trägt ihn unaufhaltsam in seiner Richtung weiter. Denn ein solcher Mensch ist in den Bereich des Übergewichts der Anziehungskraft des Himmels geraten, und die irdische Anziehungskraft wirkt immer schwächer in ihm.

Die Wirklichkeit der Existenz einer solchen „himmlischen Anziehungskraft" offenbart sich nicht nur im Buddhismus und im Brahmanismus, sondern auch im Christentum. Die Anachoreten der thebanischen Wüste etwa, Einsiedler also wie der hl. Antonius oder der hl. Paulus, waren Menschen, die völlig für das Himmlische lebten. Sie waren nicht so sehr gegen die Welt, als restlos für den Himmel; darum suchten sie nach einer Lebensweise – und fanden sie auch –, die ihrer Überwältigung durch die Gravitationskraft des Himmels entsprach. So stehen wir vor der merkwürdigen Erscheinung, daß, während die einen Menschen Städte gründen und bauen, andere Menschen dagegen diese Städte verlassen und sich in die Einsamkeit der Wüste zurückziehen. Weder diese noch jene handeln nach einem ausgedachten Programm; ihr gegensätzliches Handeln entspricht den entgegengesetzten „Gravitationsfeldern", in deren Bann sie stehen.

Was nun mit Lazarus geschah, war wie eine radikale Umstellung von dem irdischen auf das himmlische „Gravitationsfeld". Seine Krankheit bestand darin, daß der lange, Jahrzehnte währende Weg der Umstellung, wie ihn etwa die Wüstenväter gingen, bei Lazarus sich zu Wochen und Tagen verkürzte. Um so intensiver verlief der Vorgang der Umstellung. Die Intensität war so groß, daß der Leib nicht Schritt halten konnte: er war überfordert durch das Übermaß von Geistigkeit, auf das er sich plötzlich umzustellen hatte. Der Leib versagte. So geschah es, daß Lazarus starb.

Die Richtung des Stromes, der durch die „himmlische Anziehungskraft" bewirkt wird, ist der des Stromes der „irdischen Gravitation" in der Zeit entgegengesetzt. Denn während der Strom, der sich im Menschen als Trieb äußert, „in derber Liebeslust sich an die Welt mit klammernden Organen" zu halten, auf die Zukunft gerichtet ist (nach „vorn" – in der Richtung der Kinder und Kindeskinder), ist der Strom, der im Menschen als Trieb wirksam ist, „sich gewaltsam vom Dust zu den Gefilden hoher Ahnen" zu heben, auf die Herkunft gerichtet (nach „oben" – in der Richtung der „Ahnen").

Das zeigt sich schon in jenem allmählichen Sichumstellen, das mit vorrückendem Alter gleichsam von selbst geschieht: die Orientierung auf die Zukunft wandelt sich zu einer Orientierung auf die Herkunft. Alte Leute betrachten und schätzen nach und nach immer mehr die Ver-

79

gangenheit, während die Gegenwart und die Zukunft für sie allmählich an Bedeutung und Farbe verlieren, gleichsam immer mehr abstrakt werden. Dabei geschieht auch eine gewisse Verwandlung der Vergangenheit, die nicht bloß faktisch als Erinnerung hochtaucht, sondern in verwandelter Gestalt, gewissermaßen idealisiert; sie erscheint verklärt; das Zufällige, Oberflächliche und Bedeutungslose des Alltäglichen und des Menschlichen-Allzumenschlichen wird von dem Wesentlichen, Tieferen und Bedeutungsvollen des Schicksalsgewebes und der menschlichen Güte und Weisheit bei weitem überstrahlt. Mit anderen Worten: Die Vergangenheit wird mehr im himmlischen Lichte als im Lichte der irdischen Tatsächlichkeit gesehen. Und wehe dem, der einen alten Menschen, der ganz dieser Umwertung hingegeben ist, dieser Neueinschätzung der Vergangenheit im himmlischen Licht, dadurch stört, daß er ihn für die „Wirklichkeit" der „nackten Tatsachen" zu „wecken" versucht! Denn wie einer, der ein Kind um seine Lichtwelt bringt, es verdient, daß ihm ein Mühlstein an den Hals gebunden und er in den tiefen Wassergrund geworfen würde, so verdient dasselbe jeder, der sich anmaßt, einen alten Menschen über die „Nichtigkeit" seiner Lichtwelt „aufzuklären". In beiden Fällen handelt es sich um dasselbe Licht, das anerkannt und behütet werden will: das Kind hat noch die Augen voll vom himmlischen Licht, während der Alte sie schon wieder voll hat vom selben Licht. Selbstverständlich sind hier ebensowenig bloße Erscheinungen der Alterssklerose gemeint, wie lediglich gewisse Erscheinungen einer gehemmten Entwicklung bei Kindern (wie die des Mongolismus etwa). Denn sowohl Alterssklerose als auch die gehemmte Entwicklung eines Kindes sind gleich anomale Krankheitserscheinungen, die darum gleich wenig als „natürliche" Erscheinungen des frühen oder späten Lebensalters gelten dürfen.

Der dem zukunftsgerichteten Lebensstrom entgegengesetzte „Todesstrom" beginnt sich langsam bemerkbar zu machen schon vom Beginn der zweiten Lebenshälfte an. Sein Einsetzen äußert sich allerdings zuerst auf eine zarte und intime Weise, aber seine Intensität nimmt mit der Zeit stets zu. Es ist deshalb nicht schwer einzusehen, daß die Richtung, die im Alter bereits eingeschlagen wurde und die immer entschiedener und bestimmter wird, je mehr der Lebenslauf sich dem Punkt des Todes nähert – daß dieselbe Richtung auch nach dem Todesereignis unverändert bleibt. Die leibfrei gewordene Menschenseele, in der geistigen Welt erscheinend, ist ganz vom dynamischen Impuls zur Urvergangenheit durchdrungen, ähnlich wie die Seele eines neugeborenen Kindes, auf Erden erscheinend, ganz von einem zukunftsgerichteten Impuls durchdrungen ist. Wie das Kind voll von Erwartung nach dem Geburtsereignis in den zukunftsgerichteten Lebensstrom des irdischen Lebens eintaucht, so taucht nach dem Todesereignis das seelisch-geistige Wesen des Menschen voll Sehnsucht nach dem Ursprung, nach der Urquelle, in den ursprungsgerichteten Strom des Lebens nach dem Tode. Es wird vom „Anfang" ebenso angezogen, wie der irdische Mensch vom „Ziel" angezogen wird. Das Wissen darüber findet sich in der Bibel; ausdrücklich heißt es im Alten Testament, daß die Verstorbenen sich zu den „Vätern versammeln", und im Gleichnis vom „armen Lazarus" erzählt Jesus Christus selbst, daß der verstorbene „arme Lazarus" an einen Ort oder in einen Zustand gelangt, der als „der Schoß Abrahams" bezeichnet wird (Lk 16, 19–31). „Liegen im Schoße Abrahams" erscheint also auch im Evangelium als die selige Erfüllung der tiefsten Sehnsucht der Seele (des „Triebes", sich zu „den Gefilden hoher Ahnen" zu erheben, wie Goethe dieses Verlangen kennzeichnet).

„Der Schoß Abrahams" – das war für den Juden der „Anfang", das „Gefilde der Ahnen". „Ruhen in Abrahams Schoß" – das bedeutete für ihn, daß die Seele mit und durch Abraham in dasselbe Verhältnis zu Gott gelangt ist, in dem Abraham zu Gott steht. Durch den „Vater Abraham" gelangt sie zu der Erfahrung des Vaters aller Wesen und aller Welten. Abraham ist gleichsam wie ein Mond, der das Licht der göttlichen Vaterschaft reflektiert. Und das Leben in diesem reflektierten Licht ist das Wesen der Seligkeit des Verweilens im „Schoße Abrahams". Der „Schoß Abrahams" ist für die Seele der „Ort der Erquickung, des Lichtes und des Friedens" (locus refrigerii, lucis et pacis).

Es war somit nicht Adam und sein paradiesischer Zustand, zu dem sich die Seele zurücksehnte – denn Adam bedeutet zugleich „Anfang" der Geschichte der Abkehr von Gott, der Geschichte der sündengefallenen Menschheit; sondern Abraham, der Gehorsame, ist der „Anfang" – und damit der wahre Ahne – der Geschichte des Heilswerkes, das mit dem Kommen des Messias im Volke Israel seine Vollendung erreichen sollte. Für die israelitische Seele war nicht Adam, der Ungehorsame, sondern Abraham, der Gehorsame, der wahre Anfang des wahren Lebens, das nicht in der Welt, sondern in der Mission Israels – und in ihr allein – sich offenbart. Nicht Erde, Wasser, Luft und Feuer, nicht Sonne, Mond und Sterne lehren sie und offenbaren ihr das wahre Leben, sondern Moses und die Propheten, die alle auf Abraham zurückgehen. Er war der erste, der eigentliche Vertreter der wahren Schöpfung, wie sie vor dem Sündenfall war. Darum galt alle Sehnsucht der israelitischen Seele Abraham und darum führte auch der Weg, den sie nach dem Tode einschlug, zu Abraham, in „Abrahams Schoß".

Diese fundamentale Beziehung zu Abraham erklärt auch die Entrüstung der jüdischen Zuhörerschaft, so daß sie Jesus steinigen wollte, als er jenes Wort aussprach, das den Wendepunkt im Lebens- und Todesschicksal der Menschheit anzeigte: „Ehe Abraham ward, bin ich" (Joh 8, 58).

Dieses Wort deutet insofern den Wendepunkt an im Schicksalswege der Menschheit – und zwar sowohl auf Erden als auch nach dem Tode –, als hier nicht mehr Abraham, sondern der „neue Adam", der „Ich bin", als der Anfang und das Ende, als „Alpha und Omega" (oder Aleph und Taw), erscheint. Somit ist nicht mehr Abraham das Ideal für den verkörperten Menschen, sondern der „Menschensohn"; und nicht mehr Abra-

81

ham ist es, in dessen „Schoß" die entkörperten Menschen zurückkehren, sondern der „Ich bin, ehe denn Abraham ward". Der Weg der verstorbenen Menschen führt seit der Menschwerdung Christi weiter zurück in die Vergangenheit als bis zu Abraham – er führt zu dem anfanglosen Anfang in der Ewigkeit im Schoße des himmlischen Vaters, mit dem der Sohn eins ist. Das Schicksal nach dem Tode erfuhr folglich seit der Menschwerdung Christi eine tiefgreifende Veränderung: die Sehnsucht der christlichen Seele – ihr Weg nach den „Gefilden hoher Ahnen" – gilt nicht mehr Abraham (oder einem entsprechenden „Ahnen" der Urzeit bei nichtjüdischen Völkern). Die Rückkehr zum „Anfang", zu jenem Zustand, wo das ursprüngliche Verhältnis zu Gott dem Vater wiedergefunden und wiederhergestellt wird, endet nicht bei Abraham, dem Abglanz der göttlichen Vaterschaft, sondern beim himmlischen Vater selbst – durch den Sohn, der mit dem Vater eins ist. Der Weg des in Christus Verstorbenen führt somit nicht in den „Schoß Abrahams", sondern in den „Schoß des ewigen Vaters", wo der Sohn von Ewigkeit geboren wird.

Und wie die Geschichte vom „armen Lazarus", der von Engeln in den „Schoß Abrahams" getragen wird, für die vorchristliche Menschheit den Kulminationspunkt des Schicksalsweges nach dem Tode andeutet, so bedeutet für die christliche Menschheit der Bericht über das siebente Wunder im Johannesevangelium, über die Krankheit, den Tod und die Auferweckung des anderen Lazarus, des geistigen Freundes Jesu Christi, den neuen Kulminationspunkt des Schicksalsweges nach dem Tode.

Denn der Weg dieses Lazarus nach seinem Hinscheiden war von der Anziehungskraft des Uranfangs bestimmt, von der Sehnsucht nach dem Uranfang, wo das göttliche Wort aus dem Vater in Ewigkeit geboren wird, nach dem Schoß des Vaters.

Der Uranfang in der Ewigkeit ist aber der ewige Erste Schöpfungstag, wo das göttliche Wort von Ewigkeit ertönt, das die Genesis mit „Es werde Licht" wiedergibt. Dahin, zu den Höhen und Tiefen des Ersten Schöpfungstages – zu seiner Urfinsternis und zu dem ewigen Erleuchten seines Urlichtes – führte Lazarus der Weg, den er schon auf Erden, bei seiner „Krankheit", eingeschlagen hatte. In die Finsternis, die vorweltliche Urfinsternis des Ersten Schöpfungstages tauchte er unter – und erlebte die ewige Verwandlung der Finsternis in Licht, das ewige Werden des Bewußtseins als Verinnerlichung der Finsternis zum Licht des Verstehens, der Einsicht, des „Ja-und-Amen-Sagens". Die durch Verinnerlichung geschehene Verwandlung des Urgeheimnisses (denn die Urfinsternis ist ja Urgeheimnis) in die Urerkenntnis (denn das Urlicht ist ja die Ureinsicht in das Urgeheimnis) erfuhr er da. Und diese Erfahrung der Anfänglichkeit in der Ewigkeit des Ersten Schöpfungstages, des ewigen Initium, war die Initiation des Lazarus. Denn Initiation ist die Erfahrung und darum „Erkenntnis aus erster Hand" der Verwandlung der Urfinsternis ins Urlicht. Sie bedeutet „Zeuge sein" beim Werden des Bewußtseins in der Ewigkeit, beim Werden der Welt. Nur stammelnd kann von dem gesprochen werden (und alles, was hier gesagt wurde, ist ja nur Stammeln), was „weiter" geschah. Lazarus erlebte das Wunder der Verwandlung, der „Verinnerlichung" des Urgeheimnisses der Urfinsternis in die Ureinsicht des Urlichts, d. h. das Weltenwort; und als er es erlebte, „da" verdichtete sich das Weltschöpfungswort: „Es werde Licht", zum Wort des Menschensohnes: „Lazarus, komm heraus!" Ein Wort, das mit richtunggebender Urgewalt alle Konsequenzen des im Schoße des Vaters am ewigen Ersten Schöpfungstag also Erlebten und Erkannten in sich trug! So folgte Lazarus diesem Wort und verließ die Ewigkeit des Ersten Schöpfungstages um der irdischen Zeitlichkeit willen, wohin zurückzukehren ihm das nun in eine geliebte menschliche Stimme gekleidete ewige Schöpfungswort Gottes gebot. So geschah es, daß Lazarus zurückkehrte.

Das war es, was oben, jenseits der Schwelle des Todes geschah. Was geschah aber hier unten, diesseits der Schwelle des Todes?

Um es ganz kurz zu sagen: Es fand das Vorspiel der Auferstehung statt – ein teilweiser, weil noch innerhalb des irdischen Leibes geschehender, und verborgener – Auferstehungsvorgang. Denn die Seele des Lazarus kehrte nicht einfach in den alten Leib zurück, der inzwischen zum Leichnam geworden war mit einem nicht mehr brauchbaren Nervensystem, sondern sie kam in einen erneuerten Leib, dessen innere Organisation, die das seelische und das geistige Leben spiegelt, neu geschaffen wurde. Das durch den Tod Zerstörte wurde neu geschaffen – oder von neuem durch Verdichtung des Willens aus organischen Stoffen gebildet. Ein Vorspiel der Auferstehung also insofern, als da teilweise grundsätzlich dasselbe geschah wie bei den „Verdichtungen" des Auferstandenen, da er erschien, sprach, berührte und berührt wurde und aß! Nur war bei dem Auferstandenen der gesamte Leib in Willen und Leben verwandelt, während bei Lazarus diese Verwandlung sich auf die dem Geist und der Seele zugewandte innere Organisation des Leibes beschränkte. Der neue, erneuerte, Leib des Lazarus war somit eine Verbindung des alten, ererbten Leibes mit dem in ihm wirkenden neuen Auferstehungsleib. Diese Verbindung, die sich namentlich in der Erneuerung von Nervensystem und Blut auswirkte, bedeutete gleichzeitig die Heilung der Krankheit des Lazarus (entstanden aus der Überforderung des Leibes durch die Intensität seiner Geistigkeit); denn nun war die innere Organisation des erneuerten Leibes der voll spiegelungsfähige Spiegel dieser Geistigkeit geworden. Der Zwiespalt zwischen „Geistigkeit" und „leiblicher Spiegelung" war somit behoben. Lazarus war nicht nur auferweckt, sondern auch geheilt.

Das Evangelium gibt eine klare Andeutung, daß sowohl Neubelebung als Auferstehung bei der Auferweckung des Lazarus stattfanden. Diese Andeutung fällt im Gespräch zwischen Jesus Christus und Martha, bevor Jesus zum Grab des Lazarus geht. „Martha sagte: ,Herr, wärest du hier gewesen, mein Bruder wäre nicht gestorben; aber ich weiß auch jetzt, daß Gott dir alles geben wird, um was du ihn bittest.' Jesus sprach zu ihr: ‚Dein Bruder wird auferstehen.' Da sagte Martha: ‚Ich weiß, daß er auferstehen wird bei der Auferstehung am jüngsten Tage.' Da sagte ihr Jesus: ‚Ich bin die Auferstehung und das Leben; wer an mich glaubt, wird leben, auch wenn er stirbt; und jeder, der lebt und glaubt an mich, wird in Ewigkeit nicht sterben. Glaubst du das?" (Joh 11, 21–26). Die Auferstehung und das Leben: Jesus Christus ist Herr über beides. Was in der Auferweckung geschehen sollte, war nicht allein Auferstehung, wie sie am jüngsten Tag geschehen soll, sondern auch Rückkehr des Verstorbenen zum Leben im selben Leibe.

Dann wurde das Wunder vollbracht, das die Spiegelung des ewigen Ersten Schöpfungstages in der Zeitlichkeit war: Offenbarung des Mysteriums der Liebe als Hauch, Träne und Wort. Wiederum kann darüber nur stammelnd gesprochen werden, denn was da geschah, es ist zu groß, als daß man es auf eine fließende und glatte Weise darstellen könnte: für solche Dinge fehlt noch die ihnen entsprechende Sprache.

Wie dem auch sei, es gilt nun, das Wunder selbst auf einem Niveau zu betrachten, das seiner würdig ist.

Die Auferweckung des Lazarus war das Ergebnis des Zusammenwirkens von reinster und tiefster Menschlichkeit mit allumfassendster und höchster Göttlichkeit. Sie spielte sich ab zwischen dem Ewigkeitshauch des Ersten Schöpfungstages, wo der göttliche Atem (ruach elohim) über den Wassern weht, und dem Hauch der demütig trauernden – der weinenden – Menschlichkeit. „Als Jesus Maria weinen sah, und die Juden, die mit ihr kamen, auch weinten, wurde er im Geiste bewegt und betrübte sich, und sagte: ‚Wo habt ihr ihn hingelegt? Sie sprachen zu ihm: ‚Herr, komm und sieh.' Und Jesus weinte. Da sagten die Juden: ‚Seht, wie lieb er ihn gehabt hat!' . . . Da wurde Jesus abermals innerlich bewegt und kam zum Grabe. Es war aber eine Höhle, und ein Stein war darauf gelegt" (Joh 11, 33–38).

Die Träne hat eine geistig-magische Kraft und Bedeutung. Goethe deutet sie an, wenn er Faust sagen läßt: „Die Träne quillt, die Erde hat mich wieder!" Es gibt zwar einen ganzen Regenbogen der Träne – die Träne der Dankbarkeit, der Bewunderung, der Rührung, des Leides, der Freude, der Trauer . . ., aber stets ist es ihr eigentümlich – ob sie nun einem Übermaß des Entbehrten oder einem Übermaß des Gewährten gilt –, daß sie Ausdruck jener Demut ist, die das Licht zu spiegeln vermag. Das Auge des Stolzen ist stets trocken. Wer weint, der kniet. Und wer kniet, der weint innerlich. Und Knien bedeutet innerliche Annäherung an die Erde, ein Teilnehmen an der Demut der Erde in der Gegenwart der Erhabenheit des Himmels. „Die Träne quillt, die Erde hat mich wieder."

Daß die Träne eine läuternde, verjüngende und lichttragende Kraft hat, wußten die alten Meister des geistigen Lebens, die Einsiedler, die Mönche. Hoch wurde von ihnen geschätzt die „Gabe der Tränen" und viel wurde von ihnen um diese Gabe gebetet. Denn sie bedeutete ihnen den Hauch des bewegenden Geistes und das Bewegtwerden der Seele:

Abbild oder Abglanz des Ersten Tages der Schöpfung, da das Licht in der Finsternis der bewegten Wasser und des bewegenden göttlichen Hauches geboren wird. Und wie nach den bewegten Wassern der Regenbogen des Urlichts erscheint, so folgt dem Weinen der Regenbogen des erleuchtenden Lichts in der Seele.

„Jesus weinte." Da ging der Regenbogen des Heiligen Geistes über der Schar der Weinenden auf. „Und es sagten einige von ihnen: ‚Konnte nicht er, der dem Blinden die Augen aufgetan hat, bewirken, daß dieser nicht starb?' Andere wiederum sagten: ‚Seht, wie lieb er ihn hatte!'" Da wurde Jesus wiederum innerlich bewegt. Er kam zum Grabe. Da stand der Regenbogen des Heiligen Geistes über der dunklen Höhle des Grabes, auf die ein Stein gelegt war. Auf Jesu Geheiß wurde der Stein hochgehoben.

Der menschgewordene Sohn aber hob die Augen zum himmlischen Vater und dankte ihm, daß er ihn erhört habe. Dann rief er mit lauter Stimme, welche den Regenbogen des Geistes zum Blitz verdichtet und die Gewalt des Donners hatte:

„Lazarus, komm heraus!"

„Und der Verstorbene kam heraus, gebunden mit Grabtüchern an Füßen und Händen, und sein Gesicht mit einem Schweißtuch verhüllt. Und Jesus sprach zu ihnen: ‚Löset ihn von den Binden und lasset ihn gehen'" (Joh 11, 35–44).

So geschah es, daß die Seele des Lazarus aus dem Schoße des Vaters, durch das Wort des Sohnes gerufen, unter dem Regenbogen des Heiligen Geistes in den Bereich des irdischen Lebens zurückkehrte. In Christus war er gestorben, aus dem Vater wurde er geboren, und durch den Heiligen Geist wurde er neu belebt. Der dreistufige rosenkreuzerische Spruch – Ex Deo nascimur, In Jesu morimur, Per Spiritum Sanctum reviviscimus – leitet seine Kraft und seinen Inhalt von diesem Mysterium der Auferweckung des Lazarus her.

4. Was geschieht

Wie die Schöpfungstage nicht längst abgelaufene „Tage" sind, sondern zeitloses (bzw. „überzeitliches") Geschehen im Hintergrund der Welt der Erscheinungen, so sind auch die sieben „typischen" Wunder des Johannesevangeliums in dem Sinne zeitlos (oder „überzeitlich"), daß sie in der Geistgeschichte der Menschheit stets wirksam sind – im Hintergrund ihrer Geschehnisse. Sie sind nicht lediglich der Vergangenheit angehörende, einmal geschehene Ereignisse. Diese „Wunder" geschehen immer wieder neu – und das gehört wesentlich zur Struktur der Geistgeschichte der Menschheit. Sie sind also Teil der Struktur dieser Geistgeschichte – und gleichsam wie ihr Atem oder Herzschlag wirksam. Denn auch für sie gilt das Wort Jesu: „Himmel und Erde werden vergehen, meine Worte aber werden nicht vergehen." Sind doch Jesu Worte Taten – und seine Taten Worte, so daß wir also auch lesen dürfen: „Himmel und Erde werden vergehen, meine Taten aber werden nicht vergehen." Wobei dann „nicht vergehen" die Bedeutung hat, daß Jesu Taten niemals bloß zur Vergangenheit gehören, „vergangen sein" werden, sondern ewig gegenwärtig und wirksam sind.

Darauf beruhen grundsätzlich die Sakramente. Das Sakrament der Eucharistie z. B. beruht darauf, daß die bei der Wandlung ausgesprochenen Worte: „Dies ist mein Leib" – „Dies ist mein Blut", zeitlose Bedeutung und Wirkung haben. Sie sind nicht „vergangen" in dem Sinne, daß sie zur Vergangenheit gehören, sondern sind heute und in aller Zukunft ebenso wirksam, wie sie es waren, als sie von ihm selbst ausgesprochen wurden.

Die Sakramente beruhen auf der Zeitlosigkeit der Worte und Taten des menschgewordenen Sohnes. Die selbe Zeitlosigkeit gilt auch für die Wunder, die er vollbracht hat und folglich immer vollbringt. Sie sind ebenso zeitlos, wie die Sakramente es sind und wie die Schöpfungstage es sind. Der Ruf: „Lazarus, komm heraus!" ertönt unaufhörlich in der Welt des Vergessens, des Schlafes und des Todes. Und es kommen heraus aus der finsteren Gruft des Vergessenen neubelebte Erinnerungen an verschollene Weisheit, an Dinge großer Liebe und großer Wahrheit, die in Vergessenheit geraten waren. „Renaissancen" aller Art geschehen in der Geistgeschichte der Menschheit, bewirkt durch den Ruf: „Lazarus, komm heraus!" Es „erwachen" auch immer wieder von neuem Menschen für die ganze Tragweite der Wahrheit – als Folge desselben Rufes. Und es werden immer wieder durch diesen Ruf Tote auferweckt – sei es durch neue Geburt, sei es, daß sie in und durch andere lebende Menschen auf Erden tätig und wirksam werden. Ist nicht jede Wahl eines neuen Papstes eigentlich ein Ausdruck der Überzeugung, daß der zeitlose Ruf: „Petrus, komm heraus!" nicht ausbleiben wird und nicht ausbleiben kann. Denn der Stuhl Petri, die päpstliche Würde und Verantwortlichkeit, beruht doch nicht darauf, daß jeder einzelne Papst sich bloß bemühen soll, „ein zweiter Petrus" zu werden, sondern darauf, daß er das wirklich ist, daß also der hl. Petrus in jedem Papst wirklich gegenwärtig ist und bei jeder Wahl eines neuen Papstes wieder dem Rufe: „Petrus, komm heraus!" Folge leistet.

Es wirkt das Wunder der Auferweckung des Lazarus zeitlos und überall da, wo Vergessenes erinnert, Eingeschlafenes erweckt und Gestorbenes belebt wird. Die folgenden Betrachtungen sind ein Versuch, diese Einsicht zu vertiefen und an konkreten Beispielen zu verdeutlichen.

IV
DAS LAZARUSWUNDER IN DER GEISTGESCHICHTE DER MENSCHHEIT

1. Was ist Geistgeschichte?

Über fünfzehn Jahrhunderte sind seit dem Erscheinen des großen Werkes des hl. Augustinus „Über den Gottesstaat" (De Civitate Dei) verflossen. Dieses Werk stellte die erste Gesamtschau der Weltgeschichte dar (soweit man sie damals überblicken konnte), die über das Politische, Soziale und Wirtschaftliche hinausreichte und die, über die weltgeschichtlichen Auseinandersetzungen menschlicher Interessen hinaus, auch das sie überragende Walten der Vorsehung in der Weltgeschichte in die Betrachtung mit einbezog. Für den hl. Augustinus war die Weltgeschichte nicht bloß die Geschichte der Auseinandersetzung der Menschheit mit der Natur, auch nicht bloß die Auseinandersetzung menschlicher Gruppen untereinander, sondern vor allem die Geschichte des Verhältnisses der Menschheit zum Übermenschlichen, zu Gott. Mit anderen Worten: „Der Gottesstaat" war das erste geschichtsphilosophische Werk des Abendlandes, das aber gleichzeitig eine Fortsetzung der biblischen Betrachtungsweise sein sollte. Augustinus lernte von der Bibel, das Wesentliche vom Unwesentlichen zu unterscheiden und die wesentlichen Zusammenhänge in den Schicksalsereignissen der Menschheit zu erkennen – und wandte die an der Bibel gelernte Methode auch auf die Betrachtung der nachbiblischen Zeit an. So entstand im Abendland das erste Werk, das etwas über den Sinn der Weltgeschichte zu sagen hatte.

Die augustinisch-biblische Art der Geschichtsbetrachtung ist eine Zusammenschau: ihr „Objekt" ist das Zusammenwirken von Natur, Mensch und Gott in der Weltgeschichte, so daß nicht nur die Handlungen und Entscheidungen des Menschen, sondern auch das Wirken der Natur einerseits, das Walten der göttlichen Vorsehung andererseits Thema dieser umfassenden Geschichtsschau sind. Obgleich diese augustinisch-biblische Methode der Zusammenschau ungeheure Möglichkeiten der Weiterentwicklung im Sinne einer Vertiefung und Erweiterung in sich trägt, machte man seit der „Aufklärung" (seit der Morgenröte unseres wissenschaftlichen Zeitalters) so wenig Gebrauch von ihr, daß man sich ihrer bei der Betrachtung der Geschichte vollständig entwöhnte und sie in Vergessenheit geriet. Die Zusammenschau von Gott, Mensch und Natur wurde ebenso in verschiedene Fachzweige auseinandergezogen, wie die Ganzheitsschau des Menschen als Leib, Seele und Geist durch die fachdifferenzierte Betrachtung der Physiologie, Psychologie, Logik, Ethik und Ästhetik ersetzt wurde. Es entstand eine politische Geschichte, eine soziale Geschichte, eine Kulturgeschichte, und es ist nun auch eine psychologische Geschichte im Entstehen. Leidet man heute z.B. an Schwindelzuständen, so muß man den Diätisten für die Ernährung konsultieren, den Internisten für den Blutdruck, den Augenarzt für die Augen, den Zahnarzt für den Zustand der Zähne (die Infektionen im gesamten Organismus hervorrufen können), den Nervenarzt für mögliche Störungen im Nervensystem, und endlich sogar den Psychiater, da auch psychiatrische Ursachen der Schwindelzustände möglich sind. Ähnlich muß man, wenn man sich z.B. für die Zeit Karls des Großen interessiert, den Kulturhistoriker fragen, was die „karolingische Renaissance" war, den politischen Historiker, welche politische Bedeutung die Gründung des Heiligen römischen Reiches deutscher Nation hatte, den sozial-wirtschaftlichen Historiker, was der Feudalismus sozial-wirtschaftlich bedeutete, den Kirchenhistoriker, was jene Zeit für das Papsttum und die katholische Kirche bedeutet hat, den psychologisierenden Geschichtsforscher endlich nach der Rolle der zwei „Vatergestalten", des Kaisers und des Papstes (zu denen aufzuschauen damals alle Welt das Bedürfnis hatte), und nach der psychologischen Bedeutung des Phänomens der Kindestreue zwei „Vätern", zwei autoritären väterlichen Gestalten, gegenüber. Es liegt auf der Hand, daß weder die verschiedenen Antworten der einzelnen Fachleute noch die Summe aller ihrer Antworten die Frage beantwortet: Was war es, was im Schicksal der Menschheit zur Zeit Karls des Großen geschah? Denn wer für dieses „Was" und nicht allein für das „Wie" des Geschehens überhaupt ein Organ hat, wird nicht nur nach Fortschritt in Wirtschaft, Politik und Kultur oder nach psychologischen Zusammenhängen ausschauen, sondern nach dem Ziel der Menschheit fragen und nach dem Weg, der zu ihm führt.

Es gibt allerdings Denker und Seher, die die Weltgeschichte so betrachtet haben. Umstritten wie sie sein mögen, kann man dennoch von ihnen vieles lernen. Zu solchen Denkern und Sehern gehört Fabre d'Olivet, der Verfasser des Werkes „L'histoire philosophique du genre humain"[8] vom Anfang des vorigen Jahrhunderts. Fabre d'Olivet betrachtete die Geschichte der Menschheit als eine Bewegung, die sich aus dem Zusammenwirken von drei bestimmenden Faktoren ergibt: „Fatalität", „Freiheit" und „Vorsehung".

Unser Jahrhundert hat uns drei Denker und Seher geschenkt, die die Weltgeschichte als Weg zum Ziel sehen und darstellen konnten: Rudolf Steiner, Pierre Teilhard de Chardin und Arnold Toynbee. Das Bild der Weltgeschichte, das uns Rudolf Steiner gibt, ist namentlich das von der Vorsehung geleitete Walten der geistigen Hierarchien, die die Menschheit von Bewußtseinsstufe zu Bewußtseinsstufe erziehend führen: Zuerst bereiten sie die Menschheit für die Aufnahme des Christus-Impulses vor, danach behüten sie das Wachstum und Reifen und fördern den Endsieg des Christus-Impulses in der Menschheit, bis diese den Zustand erreicht haben wird, den der Apostel Paulus mit den Worten: „Nicht ich, sondern Christus in mir", kennzeichnet.

---

[8] 2 Bde., Neudr. Lausanne o.J. (1974).

Pierre Teilhard de Chardin geht dagegen nicht von transzendent-spiritualistischen Voraussetzungen aus wie Rudolf Steiner, sondern von der Betrachtung der Phänomene des Stoffes, der Bewegung, der Kraft, der Formbildung, des Wachstums, der Bewußtseinsentstehung und der Bewußtseinsentwicklung in der biologischen Evolution und in der Weltgeschichte als Fortsetzung der Evolution. Er sieht in allen diesen Phänomenen eine Linie (einen „Weg" also) der fortschreitenden Verinnerlichung von der Latenz des bloßen Daseins zur Bewegung, von der äußeren zur inneren Bewegung im Atom, im Molekül, im Organismus, von der inneren Bewegung zu deren Verinnerlichung in der Reflexion, zum Bewußtwerden ihrer selbst, vom Bewußtwerden zum bewußten Mitwirken mit der verinnerlichenden Evolution, die zuletzt zum Höchst- und Endpunkt der Verinnerlichung, dem Omega-Punkt oder Gott, gelangt.

Arnold Toynbee geht weder von transzendent-spiritualistischen noch von immanent-biologischen Voraussetzungen aus, sondern von der Wesensbeschaffenheit der menschlichen Seele – also von der immanenten psychologischen Gesetzmäßigkeit, die sich aber im Verlauf der Weltgeschichte über sich selbst erhebt und zu einer metaphysischen, d.h. göttlich-geistigen Wirksamkeit in der Weltgeschichte wird.

Wenn hier von der Geistgeschichte der Menschheit die Rede ist, so ist dabei die biblische Betrachtungsweise vorausgesetzt, und zwar so, wie sie heutzutage praktiziert werden kann – nach den Erkenntnissen Steiners, Teilhards de Chardin, Toynbees. Es steht heute eine Welt neuer Begriffe zur Verfügung für eine solche Geistgeschichte, die zur Zeit des hl. Augustinus noch fehlten. Es fehlte z.B. zur Zeit Augustins der ganze Vorstellungs- und Begriffskomplex, der zur Zentralidee der Evolution gehört; es fehlten zu seiner Zeit auch die Vorstellungen, Ideen und Begriffe, die wir der Kenntnis der orientalischen Weisheitslehren und der Auseinandersetzung mit ihnen verdanken. Dies alles und noch vieles andere steht heute als „Wissen" der augustinisch-biblischen Betrachtungsweise zur Verfügung. Somit können wir die „Geistgeschichte" der Menschheit, wie sie sich unter biblisch-augustinischer Sicht darbietet, mit Hilfe der Begriffs- und Vorstellungswelt des zwanzigsten Jahrhunderts fortsetzen und weiterführen.

2. Die Tages- und Nachtseite der Geschichte

„Biblische Betrachtung der Geschichte" bedeutet nicht nur, daß man im Lichte des Heilswerks den kristallisierten Bodensatz des geschichtlichen Geschehens betrachtet, d.h. die gewordenen Tatsachen, so wie sie im Bereich des Tagesbewußtseins als Fakten erscheinen. Unter die „biblische Betrachtung" der Geschichte fällt auch das – der Kristallisation zur Tat-Sache vorangehende – Geschehen: die Tätigkeit oder Wirksamkeit, bevor sie zur „Sache" wurde, jene Tätigkeit oder Wirksamkeit also, welche für das gegenständliche Tagesbewußtsein (das nur für gewordene Tatsachen, nicht aber für ihr Werden wach ist) in Dunkel gehüllt ist. Die Geschichte des Gewordenen verhält sich zur Geschichte des Werdens wie der Tag zur Nacht. So wie die volle Wirklichkeit des Menschenlebens aus Tagen und Nächten, aus dem hellen Tagesbewußtsein und dem dunklen Walten des Unbewußten (dem „Unterbewußtsein" und „Überbewußtsein") besteht, so besteht auch die volle Wirklichkeit der Biographie der Menschheit, der Geschichte der Menschheit, aus einer Tagesseite und einer Nachtseite, wobei die Tagesseite der Geschichte die Tatsächlichkeit des Gewordenen und ihre Nachtseite die Tätigkeit des Werdens umfaßt. Daß die biblische Betrachtung der Geschichte sowohl die Tagesseite der Geschichte als auch ihre Nachtseite zum Gegenstand hat – daß sie sowohl dem Gewordenen als auch dem Werden gilt –, wird sofort deutlich, sobald man die Bibel selbst unter diesem Gesichtspunkt betrachtet.

So ist z.B. die gesamte Geschichte Abrahams (Gen 11–25) die Schilderung von Ereignissen und Taten, die nicht Folgen von Ursachen im Bereich des „Tagesbewußtseins" sind, sondern von Ursachen, die zum Bereich des „Nachtbewußtseins", also des Übersinnlichen, gehören. Ein auf die Zukunft gerichtetes Überbewußtes leitet die Taten und Ereignisse im Leben Abrahams, das gänzlich auf diese Zukunft gerichtet ist. Wenn man von Kausalität sprechen will, so handelt es sich in der Schilderung von Abrahams (typischem) Lebenslauf nicht um Verursachung aus der Vergangenheit, nicht um Ursachen aus dem Bereich des Gewordenen, sondern die Ursächlichkeit von Zielen, d.h. um solche Ursachen der Geschehnisse, die in der Zukunft liegen, die in den Bereich des Werdens gehören. Es handelt sich um „finale" Kausalität, wobei die bewegenden und bestimmenden „causae finales" oder Ziele nicht aus dem Tagesbewußtsein Abrahams entstehen, sondern aus der Offenbarung des Überbewußten sein Tagesbewußtsein bestimmend beeinflussen. Nicht selbstgewählte Ziele waren es, die Abraham veranlaßt haben, in die Ferne zu ziehen, sondern die ihm aus der Nacht des Überbewußten auferlegte Aufgabe. „Und der HERR sprach zu Abram: ‚Ziehe fort aus deinem Land, aus deiner Verwandtschaft und aus deinem Vaterhaus in das Land, das ich dir zeigen werde'" (Gen 12, 1). Es ist da nicht die Rede von etwaigen Feinden im Lande Abrahams oder von Not und Obdachlosigkeit, die ihn zwangen, zu emigrieren oder gar zu flüchten – im Gegenteil: dort hatte er seine Verwandten, und dort war das Haus seines Vaters, das er, auf Geheiß aus dem Bereich des Überbewußten hin, verlassen soll, um in ein für sein Tagesbewußtsein noch unbekanntes Land zu ziehen. „Da zog Abram fort, wie der HERR befohlen hatte, und mit ihm zog Lot" (Gen 12, 4). Damit ist gesagt, daß Abrahams Tagesbewußtsein Vertrauen und Gehorsam dem Geheiß aus der Nacht des Überbewußten entgegenbrachte und daß er nicht deswegen auswanderte, weil er nach neuen Gefährten oder besseren wirtschaftlichen Verhältnissen auf der Suche war, sondern einzig und allein, weil ihn die Stimme – der er mehr vertraute als sich selbst – so zu handeln hieß. Nach dem biblischen Bericht ist somit Abraham ein Mensch, der mehr von der „Nachtseite" seines Bewußtseins als von dessen „Tagesseite" in seinen Entschlüssen und Handlungen bestimmt wird.

Wollte man dagegen seinen Auszug aus der Heimat, seinen Zug nach Kanaan von der „Tagesseite" seines Bewußtseins her und somit „historisch" erklären, d.h. „rein" geschichtswissenschaftlich, so würde man von einem Scheich sprechen, der mit einigen Hundert Seelen und großen Viehherden aus seiner Heimat auszog und sich westwärts begab auf der Suche nach neuen und freieren Weidegründen. Wobei man es, möglicherweise, für mitbestimmend hält, daß er in der Ausübung seiner persönlichen monotheistischen Religion ungestörter als in seiner Heimat (wo der Polytheismus die offizielle Religion war) sein wollte. Aber das wäre dann auch alles, was als geschichtliche Tatsache gelten dürfte – alles übrige wäre mythologisierende Ausschmückung!

Jedoch gilt diese flache, d.h. auf die Fläche des gewöhnlichen Tagesbewußtseins beschränkte, Betrachtungsweise weder für die Geschichte Abrahams noch für die der anderen Patriarchen. Und ebensowenig für die Geschichte des Moses, der Richter, der Könige und der Propheten! Die Bibel schildert deren Geschichte in zwei Dimensionen: in der Dimension der flachen Tatsächlichkeit (Tagesseite der Wirklichkeit) und in der Dimension der Tiefe (Nachtseite der Wirklichkeit). Der Traum Josephs und der Traum des Pharao in der Deutung Josephs gehören ebenso bestimmend in die Kette der Kausalität, die zum Zuge Jakobs und seiner Söhne nach Ägypten führte, wie die Teuerung in Kanaan und Josephs Verkauf in die Sklaverei durch seine Brüder. Und daß Moses die Offenbarung im brennenden Dornbusch erlebte, war zum mindesten ebenso bestimmend für den späteren Auszug der Israeliten aus Ägypten wie die Tatsache ihrer Unterdrückung und Ausbeutung in jenem Land.

Die Geschichtsbetrachtung, die man anhand der Bibel lernen kann, wo die Tatsachen der Kausalität des Tages erst in ihrer Verbindung mit den eingreifenden Wirkungen der Finalität der Nacht das Kreuz des vollständigen geschichtlichen Geschehens darstellen, entspricht dem Streben, das Paulus im Epheserbrief mit den Worten andeutet: „damit ihr begreifen möget mit allen Heiligen, welches die Breite und Länge und Höhe und Tiefe ist" (Eph 3, 18) – daß also Geschichte nicht als etwas auf *einer Fläche* sich Abspielendes, sondern auch in ihrer Dimension der Höhe und Tiefe zu begreifen ist!

Zwei Einwände könnten dagegen erhoben werden. Der eine von der Seite der Wissenschaft, der andere von der Seite der Religion. Der erste Einwand würde lauten: Es ist unwissenschaftlich, die geschichtlichen Tatsachen mit nicht nachprüfbaren metaphysischen Elementen zu vermischen. Denn jene sind objektiv, diese aber seien subjektiv.

Darauf ist folgendes zu sagen: Selbstverständlich ist die biblische Betrachtung des Zusammenwirkens von „Tag" und „Nacht" im geschichtlichen Geschehen nicht wissenschaftlich, wenn man unter „Wissenschaftlichkeit" Allgemeingültigkeit versteht, d.h. „Nachweisbarkeit und Nachprüfbarkeit für jedermann". Auch ist sie selbstverständlich subjektiv, wenn man unter „subjektiv" eine Einsicht versteht, die der eine hat und der andere nicht hat. Es handelt sich bei der biblischen Betrachtungsweise nicht um Wissenschaftlichkeit, sondern um Wahrheit, d.h. um ein möglichst vollständiges Erfassen des gesamten Geschehens in der Geschichte der Menschheit – sowohl in seiner sinnlichen Tagesseite als auch in seiner übersinnlichen Nachtseite.

Der andere Einwand, der von der Seite der Religion erhoben werden könnte, lautet: Die Bibel ist Offenbarung, sie ist eine göttlich inspirierte Schrift; es steht Menschen nicht zu (es wäre „Anmaßung"), ihr eine allgemeine Methode menschlicher Erkenntnis zu entnehmen; ihre Methode soll ihrem göttlichen Autor vorbehalten bleiben – sie darf nicht vermenschlicht werden. Darauf ist nur zu sagen: Gerade weil die Bibel zweifelsohne göttlich inspiriert ist, soll man von ihr und aus ihr möglichst viel und vollständig lernen. Und zwar nicht nur lernen, was sie sagt, sondern auch, wie und warum sie es sagt. Das heißt: Man soll aus der Bibel auch Struktur und Methode der Wahrheitserkenntnis lernen. Wer wird sich anmaßen, eine Grenze zu ziehen für solches Lernen von der Bibel – und damit mittelbar von ihrem göttlichen Autor selbst? Soll man nicht – wenn man als Mensch denken und erkennen will – an der Bibel denken und erkennen lernen, also vom göttlich inspirierten Denken und Erkennen lernen? Und wenn es „anmaßend" sein sollte, die Bibel als Lehrmeisterin des menschlichen Denkens und des Erkennens zu betrachten, wäre dann etwa das „emanzipierte" menschliche Denken und Erkennen, das sich nach keinem Vorbilde göttlichen Ursprungs richtet und die Bibel einfach ignoriert, „bescheidener"? Kurzum, wenn wir der Bibel die zehn Gebote und die Seligpreisungen der Bergpredigt als Leitsterne unseres Handelns und Trachtens entnehmen, warum sollen wir nicht auch die Art und Weise, wie in der Bibel das geistgeschichtliche Geschehen behandelt wird, ebenfalls zu Leitsternen für unser Denken und Erkennen nehmen?

Soviel über die Einwände gegen eine Anwendung der biblischen Betrachtungsweise geschichtlichen Geschehens – als eines Zusammenwirkens der Tagesseite und der Nachtseite – auf den Bereich der nachbiblischen Geschichte.

Die nachbiblische Geschichte als „Tages- und Nachtgeschichte" ist, von ihrer Tagesseite aus gesehen, die Geschichte der Auseinandersetzung der Menschheit mit den drei Versuchungen in der Wüste: der Versuchung der Macht („alle Königreiche der Welt"), der Versuchung, in das Instinktiv-Unterbewußte unterzutauchen („Sturz von der Zinne des Tempels") und der Versuchung des Materialismus („Steine in Brot zu verwandeln"); von der Nachtseite aus gesehen, ist die nachbiblische Geschichte das Wirken des nächtlichen Regenbogens der sieben Wunder, von denen das Johannesevangelium berichtet.

Nun gilt es, den ersten Teil der obigen Behauptung, daß nämlich das Gesamtbild der nachbiblischen Geschichte (wenn als Fortsetzung der biblischen Geschichte gesehen) in seiner Tagesseite nichts anderes zeige als eine beständige Auseinandersetzung mit den drei Versuchungen in der Wüste (Mt 4, 1–11; Lk 4, 1–13; Mk 1, 12 f.), aus einer bloßen Behauptung in das sinn- und inhaltsvolle Ergebnis geschichtlicher Erfahrungen zu verwandeln. Zu diesem Zwecke muß erst deutlich gemacht werden, was unter „Auseinandersetzung mit der Versuchung" zu verstehen ist.

Die Auseinandersetzung mit einer Versuchung geschieht nicht durch glattes und sofortiges Abweisen der Versuchung – und noch weniger dadurch, daß einer sofort und völlig der Versuchung anheimfällt. „Auseinandersetzung mit der Versuchung" ist ein mehrstufiger Vorgang, der mit der Verdauung vergleichbar ist – ein alchimistischer Prozeß der Scheidung der Elemente des Wertvollen und Wahren von den Elementen des Schädlichen und Unwahren, wobei die ersten assimiliert und die letzten ausgeschieden werden. Es ist der Vorgang der Umwandlung des Ja in ein Nein, d.h. der Läuterung, bei der die wachsende Einsicht und Ernüchterung die verführerische Mischung von Wahr und Unwahr, Wert und Unwert (worin das Wesen der Versuchung besteht und was ihre versucherische Wirkung ausmacht) entmischt, scheidet und zuletzt die beigemischten Elemente der Lüge und des Giftes ausscheidet. Sich mit einer Versuchung auseinandersetzen bedeutet, in einem Zustand des Zwiespalts mit Wachsamkeit leben, und zwar so lange in ihm leben, bis der Zwiespalt überwunden ist. Der Zwiespalt bei dieser Auseinandersetzung mit der Versuchung kann intellektueller Art sein – dann handelt es sich um den Zustand des Zweifels; der Zwiespalt kann seelischer Art sein – dann geht es um Verlockung; er kann aber auch im Bereich des Willens selbst eintreten – dann haben wir es mit Verführung zu tun. Denn was Verführung für den Willen ist, ist Verlockung für das Gefühl und Zweifel für das Denken. „Versuchung" aber als solche, die den gesamten Menschen in seinem Denken, Fühlen und Wollen in Zwiespalt versetzen kann, umfaßt sowohl den Zweifel als auch die Verlockung, als auch die Verführung.

Solcher Art waren auch die drei Versuchungen des Gottmenschen in der Wüste, von denen die Evangelien berichten. Diese drei stellen die Zusammenfassung, ja das Wesen aller Versuchung dar, der die Menschheit in ihrer Geschichte ausgesetzt ist. Denn in der Geschichte der Menschheit handelt es sich stets von neuem – erstens – um die Auseinandersetzung mit der (unter tausendfältiger Gestalt auftretenden) Versuchung, das Qualitative durch das Quantitative und das Lebende durch das Tote und Mechanische zu erklären, Qualitatives und Lebendes aus dem Quantitativen und Mechanischen zu schaffen – mit anderen Worten: „Steine in Brot" zu verwandeln. Zweitens geht es immer wieder um die Versuchung, das Wachstum der Einsicht und das Reifen in der unantastbaren Freiheit des Gewissens und der Vernunft durch Gewalt und Zwang zu ersetzen – um die Versuchung also, durch die Macht der Herrschaft Gewissen und Vernunft der Menschen zum Gehorsam zu zwingen („die Welt und ihre Herrlichkeit in Besitz zu nehmen"). Und drittens geht es stets von neuem um die Versuchung, sich statt von hohen moralischen Idealen von den im Dunkeln des Unterbewußtseins wirkenden Instinkten leiten zu lassen, d.h. um die Versuchung, sich „von der Zinne des Tempels zu stürzen".

Die Versuchung, sich „von der Zinne des Tempels zu stürzen", wird immer dann wirksam, wenn Menschen oder Völker sich – statt dem Bewußtseinslicht – der Leitung durchs Unbewußte und Triebhafte hingeben, d.h. sich in eine der vielen Arten des Rauschzustandes versetzen, aus dem sie die ihr Handeln und Denken bestimmenden Impulse schöpfen. Dieser Rauschzustand kann als „revolutionäre Hingerissenheit der Massen" oder als „religiöser Fanatismus", oder auch einfach als die Wirkung des Wirbeltanzes bei Schamanen und Derwischen auftreten – er ist in jedem Fall ein „Sturz von der Zinne des Tempels", von der Zinne des Bewußtseins und des Gewissens, und gleichzeitig Hingabe an die elektrisierende Leitung durch das Unbewußte und Gewissen-lose. Dieser Rauschzustand äußert sich nicht nur in Lynchgerichten, in Pogromen, in barrikadenfreudigen Straßenkundgebungen des Pöbels und „verpöbelter" Studenten, sondern auch in den friedlicheren Formen des auch heute noch ungeheuer verbreiteten Aberglaubens. Denn das Wesen des Aberglaubens ist Verzicht auf Bewußtseinsklarheit zugunsten der Finsternis des Unbewußten und des Ungewissenhaften, d.h., Aberglaube ist ebenfalls ein Rauschzustand, wo das Bewußtsein „von der Zinne des Tempels" gestürzt ist. Eigentlich liegt Aberglaube überall da vor – ob in der Zauberei oder in der Wissenschaft –, wo auf das „Was" zugunsten des „Wie" verzichtet wird, d.h., wo man Kräfte und Dinge ohne Einsicht in ihr inneres Wesen manipuliert.

Wie die Versuchung, sich „von der Zinne des Tempels zu stürzen", so tritt auch die Versuchung, „Steine in Brot zu verwandeln", in vielerlei Gestalt und auf vielen Ebenen auf. Wenn z.B. Friedrich Engels den Lehrsatz aufstellt, daß Quantität durch Steigerung zur Qualität wird, so bedeutet dieser Lehrsatz nichts anderes als das Bekenntnis zur „Verwandlung von Steinen in Brot". Und wenn Karl Marx das Geistesleben als Funktion oder „Überbau" des Wirtschaftslebens erklärt, so handelt es sich ebenfalls um ein „Ja und Amen"-Sagen zu der Möglichkeit „Steine in Brot zu verwandeln". Ja, der Materialismus in jeder Schattierung und in jeder Form – theoretisch wie praktisch – ist die Versuchung, aus Unbelebtem Lebendes zu gewinnen oder das Lebende durch das Unbelebte zu erklären, aus Nichtbewußtsein das Bewußtsein entstehen zu lassen, die Qualität aus der Quantität hervorgehen zu lassen. Der materialistische Wahn besteht in dem Glaubenssatz, daß das „Wie" das „Was" erzeugt (wie wenn Ölfarben und Pinsel Gemälde und Streich- und Blasinstrumente Musikwerke schaffen könnten), daß die Stoffe des Gehirns Gedanken erzeugen und daß die chemischen Elemente durch ihre Verbindungen die Welt samt ihren Steinen, Pflanzen, Tieren, Menschen entstehen lassen ... Der Materialismus beruht auf der phantastischen

These, daß der anorganische Stoff Leben schafft, daß das Organische Bewußtsein schafft und daß das Bewußtsein bloß ein Zustand des Stoffes ist, in welchem er selbst sich selbst spiegelt – wo also der Stoff zur Selbstbespiegelung gelangt und dadurch das Epiphänomen (die Luftspiegelung) der „Innerlichkeit" erzeugt, die als „Bewußtsein" erlebt wird. Das Unbewußte erzeugt somit das Bewußtsein, das Passive das Aktive, das Finstere das Licht und das Tote das Leben! Die Versuchung „Steine in Brot zu verwandeln" ist offensichtlich am Werke in der materialistischen Gesinnungsart.

Die materialistische – oder materialisierende – Gesinnung verwandelt Wesen in Dinge. Damit werden aber die Wesen gleichzeitig zu besitzbaren Sachen, d.h. zu Dingen, über die man nach Belieben verfügen kann. Besitzen bedeutet, daß man mit dem, was man „besitzt", frei walten und schalten kann, d.h. Macht darüber hat. Und der „Wille zur Macht", in dem Friedrich Nietzsche den Grundtrieb der fortschreitenden Entwicklung sah, ist tatsächlich ebenso allgemein wirksam, wie die Neigung zum Rausch und wie der Hang zum Materialismus. Mit anderen Worten: Die Versuchung, die Wesen der Welt in Besitz zu nehmen, Macht über sie auszuüben, ist ebenso universell im Leben der Menschheit wie die Versuchung, „von der Zinne des Tempels zu stürzen" und „Steine in Brot zu verwandeln". Die drei sind gleichsam die „natürlichen" Gegebenheiten im menschlichen Leben. Und die Auseinandersetzung mit diesen drei „angeborenen Neigungen" (den drei Versuchungen des menschgewordenen Gottessohnes in der Wüste) besteht im wesentlichen darin, daß diesen „natürlichen Gegebenheiten" drei moralisch-geistige, gleichsam übernatürliche Ideale gegenübergestellt werden, nämlich die „drei Gelübde", auf denen alles wahre geistige Leben und jeder geistige Fortschritt beruht – die Gelübde des Gehorsams, der Armut und der Keuschheit. Dem „Willen zur Macht" steht das Gelübde des Gehorsams gegenüber; der Neigung zum Materialismus steht das Gelübde der Armut gegenüber; und dem Hang, rauschhaft ins Unterbewußte unterzutauchen, steht das Gelübde der Keuschheit gegenüber.

Unter den „Gelübden" ist mehr zu verstehen als die traditionellen drei Kloster- oder Ordensgelübde, die letztlich nur konkretisierte Lebens- und Verhaltensweisen (also „Regeln" und die entsprechenden „Gelöbnisse") jener drei Ideale sind, die das gesamte menschliche Leben umfassen und betreffen. Als „Ideale" gelten die „drei Gelübde" nicht nur für Kloster- und Ordensleute allein, sondern für jeden Menschen, der nach Wahrheit strebt, ja für jeden, der überhaupt in verantwortungsvoller Weise seine Lebensaufgaben erfüllen will. Jeder Mensch, dem es um Wahrheit und Güte geht, hat sich eben dadurch – unwiderruflich – verpflichtet, sich um jenen Weg zu bemühen, den das dreifache Ideal des Gehorsams, der Armut und der Keuschheit vorzeichnet. Denn wie kann man nach Erkenntnis der Wahrheit streben, ohne bereit zu sein, sich vor der Wirklichkeit (der äußeren und geistigen „Tatsachen") zu beugen und ihren Geboten – statt den eigenen Wünschen und Neigungen – zu gehorchen? Das Streben nach Wahrheit setzt Verzicht auf Willkür und Gehorsam der Wirklichkeit gegenüber voraus. Ohne Verzicht auf das „vorlaute" eigene Sprechen ist es unmöglich, die Stimme der Wahrheit zu hören. Gehorsam ist der Weg zum Hören der Stimme der Wahrheit. Und das Gehorsamsgelübde der Ordensleute den Oberen gegenüber gilt der Übung, der Einübung dieser Fähigkeit gehorchenden Hörens. Der unbedingte Gehorsam eines indischen Chela (Schülers) seinem Guru (Lehrer) gegenüber bedeutet dieselbe übende Vorbereitung zum reinen Hören. Der Obere oder der Guru mag in gewissen Fällen nicht recht haben; es kommt aber in erster Linie nicht auf das Rechthaben des Oberen oder des Guru an, sondern auf die *Übung* der inneren Haltung des Horchens, Ge-horchens, die der Weg zur Hellhörigkeit für die Wahrheit ist. Es geht um den Weg, auf dem man das Schweigen des eigenen gegenüber einem höherstehenden Anderen *erlernt*.

Die zweite Grundvoraussetzung für das Streben nach Wahrheit ist das Nichtbefriedigtsein, Hunger und Durst nach Wahrheit: die „*Armut*".

Denn wie man in ein Gefäß, das bis zum Rande gefüllt ist, keine Flüssigkeit mehr hineingießen kann, so ist auch ein „geistig Reicher", ein Mensch, der von einem Aspekt der Wahrheit oder einem bestimmten Gedankensystem völlig „ausgefüllt" ist, nicht mehr aufnahmefähig für andere Aspekte der Wahrheit oder für Gedanken und Ideen, die in sein System nicht passen. Der Quellstrom der Wahrheitsoffenbarung setzt Leere voraus. Darum heißt die erste Seligpreisung der Bergpredigt: „Selig sind die Armen im Geiste, denn ihrer ist das Himmelreich" (Mt 5, 3). Aber diese „Armut im Geiste" bedeutet keineswegs Interesselosigkeit oder Dummheit, sondern die aktive Sehnsucht, das Streben nach stets vollkommenerer und tieferer Wahrheit. Es wäre darum sinngemäß, die Worte der Seligpreisung statt durch „Arme im Geiste" durch „Bettler um Geist" zu übersetzen. Denn ein „Bettler" ist nicht nur ein Mensch, der nichts hat, der arm ist, sondern einer, der empfangen möchte, der sich seiner Armut bewußt ist und die Hand ausstreckt, bittend um eine Gabe. Der Sinn der Seligpreisung ist, daß das aktive Bewußtsein der Armut für das Reich der Himmel aufnahmefähig ist. Nur wer sich dessen bewußt ist, daß alle Bildung und alles Wissen „dieser Welt" in Wirklichkeit Armut bedeutet hinsichtlich der Erkenntnis des eigentlichen Wesens, ist „ein Bettler um Geist" im Sinne des Evangeliums. Nur er bringt jene innere Leere der Wesens-Offenbarung entgegen, die die letztere voraussetzt. So ist das „Gelübde der Armut", wie die Ordensleute es ablegen, ein Weg zur Übung des Nichtbesitzens, der Einübung in jenes Betteln um Geist, in jene „geistige Armut", die den Menschen für die Wesensoffenbarung der Wahrheit aufnahmefähig macht.

Desgleichen dient auch das dritte Gelübde der geistlichen Orden, das „Gelübde der Keuschheit", der Einübung einer Fähigkeit und Gesinnung, die für den Wahrheitssucher ebenso unerläßlich ist wie „Gehorsam" und „Armut". Denn das Erleben und Erkennen der Wahrheit setzt eine Art von Nüchternheit, von Besonnenheit voraus, durch die man die Wahrheit vom Rausch der Einflüsterungen (des „Blutes und des Bodens" etwa, des „kollektiven Klassenbewußtseins" oder anderer Quellen des Unterbewußtseins, die das menschheitliche Bewußtsein bestimmen) ebenso sicher unterscheiden kann, wie man Sonnenlicht vom elektrischen Licht unterscheidet. Unkeuschheit ist Berauschtsein in jeder Form, und Keuschheit ist Besonnenheit, d.h. Erkennen und Handeln im Lichte der Sonne der Vernunft und des Gewissens. Die Besonnenheit hat nichts mit Kälte gemeinsam; aber die Wärme der Begeisterung, die die Helligkeit des lichtdurchfluteten Bewußtseins und Gewissens mit sich bringt, ist das Gegenteil der schwülen Hitze und Fieberhaftigkeit der Berauschung. Es gibt nämlich eine helle Wärme der Begeisterung und eine schwüle Hitze, die aus den finsteren Gründen des Unterbewußtseins kommt. Auch die Liebe zwischen Mann und Weib kann groß und hell sein, oder sie kann stark und dunkel sein. Sie kann begeistern oder versklaven. Im ersten Fall ist sie keusch; im zweiten unkeusch. Das „apollinische" Erleuchtungsprinzip steht auf allen Ebenen des menschlichen Daseins dem „dionysischen" Rauschprinzip gegenüber. Die Helligkeit des „Apollinischen" kann sich bis zur Entrückung oder Ekstase steigern; die Berauschung des „Dionysischen" kann bis zur Raserei aufwallen. Maria, Vorbild des keuschen Menschen, ja die leibgewordene Keuschheit selbst, hat das Magnificat, das Hohelied der hellen Begeisterung gesprochen: Wie kann man da noch zweifeln, daß Besonnenheit sonnenhaft ist, Licht, Wärme und Leben bedeutet?, daß es ein Irrtum ist, in dem sogenannten „Dionysischen" die Quelle aller Begeisterung, aller Begeisterungsfähigkeit zu sehen?

Die „Erscheinungen" der Weltgeschichte (ihre „Tagesseite" also) sind ihrem moralisch-geistigen Wesen nach die Auseinandersetzung zwischen den drei „Gelübden" und den drei „Versuchungen in der Wüste". Kriege werden geführt, Länder erobert, Völker wandern, Aufstände und Revolutionen erschüttern die Gesellschaftsordnung, neue technische Erfindungen und wissenschaftliche Entdeckungen bewirken tiefgreifende Veränderungen im Wirtschaftsleben, in der Lebensweise und in der Kriegführung der Völker – aber worauf es in allen diesen Ereignissen (vom Standpunkt einer „biblischen" Betrachtung der Weltgeschichte) eigentlich ankommt, ist die Auseinandersetzung zwischen den drei „Versuchungen" und den drei „Gelübden" im Bewußtsein der Menschen. Da stehen Macht und Zwang dem Dienst und dem freien Gehorsam gegenüber, der ewige babylonische Turmbau mit materiell-technischen Mitteln (Ausdruck gottloser Selbstgenügsamkeit der Menschheit) steht gegenüber dem gottgegebenen Mitwirken am Werden des von oben heruntersteigenden „Reiches der Himmel und seiner Gerechtigkeit", und der Rausch des vulkanisch ausbrechenden Triebhaften steht dem Erstrahlen des bewußten Ich gegenüber. Und diese entgegengesetzt gerichteten Kräfte bewirken die Wirbel, die wir „weltgeschichtliche Ereignisse" nennen, und bestimmen ihre Stärke, ihr Ausmaß und ihre Dauer. Denn wie Wirbel durch die Begegnung zweier entgegengesetzter

Strömungen entstehen, so entstehen weltgeschichtliche Ereignisse durch die Auseinandersetzung der entgegengesetzt gerichteten Strömungen der „Versuchungen in der Wüste" und der „Gelübde".

Das ist das moralisch-geistige Wesen dessen, was auf dem Schauplatz des Tagesbewußtseins, auf der „Tagesseite" der Geschichte, geschieht. Dahinter und darüber liegt das Wirkfeld der „Nachtseite" der Geschichte. Diese ist geräuschlos. Ihre Ereignisse geschehen im Dunkeln und in der Stille: sie kommen und gehen wie ein „Dieb in der Nacht" (wie das menschliche Tagesbewußtsein es empfinden muß). Die Nachtseite verhält sich zur Tagesseite der Geschichte ähnlich wie die Homöopathie zur Allopathie: während im allopathischen Medikament chemische Stoffe gegen die spezifischen Krankheitssymptome wirken, wirken im homöopathischen Medikament chemisch nicht mehr feststellbare, also „unsichtbare" Energien – nicht gegen die spezifischen Krankheitssymptome, sondern für die Stärkung der Selbstheilungskraft des Organismus. In der Nachtgeschichte der Menschheit herrscht nicht der Kampf gegen das Übel, sondern dessen Wendung zum Guten durch unauffällig geschehende Verwandlung. In diesem Sinne kann sie mit Homöopathie verglichen werden. Sie heilt die Menschheit im verborgenen, indem sie sie vor Degeneration bewahrt und unaufhaltsame regenerierende Wirkung auslöst.

Die Schlüsselbegriffe zum Verständnis der Nachtseite der Geschichte sind „Degeneration" und „Regeneration"; mit ihrer Hilfe ist es möglich, die Wirklichkeit der Gesamtgeschichte (das Zusammenwirken von Nachtseite und Tagesseite der Geschichte in ihrer Wechselwirkung) zu verstehen. Die Begriffe Degeneration und Regeneration sind gewissermaßen die beiden gedanklichen „Augen", die das Zusammensehen des offenbaren und des verborgenen Geschehens der Geschichte ermöglichen. Es geht uns deswegen nunmehr um das Durchdenken dieser beiden Begriffe und der Erfahrungswirklichkeiten, die ihnen entsprechen.

Dem Begriff nach ist der Erfahrungsvorgang der Degeneration ein allmähliches und stufenweises Herabsteigen von einem ursprünglich höheren auf ein niedrigeres Niveau, während Regeneration der Wiederaufstieg zu jenem höheren Niveau ist. Degeneration ist eine Wandlung in der Richtung der Verhärtung, des Einbüßens der Elastizität und der Anpassungsfähigkeit; sie ist der Weg vom Geist ins Irdische. Der Weg der Degeneration ist derjenige des allmählichen Versinkens ins Irdische. Es handelt sich da um den Vorgang einer stufenweisen Veräußerlichung. Wenn z.B. das „Erleben des Hauches des Göttlichen" zur Moral wird und die Moral zum Legalismus wird und der Legalismus zu einem System von äußerlichen Gebräuchen und Konventionen wird – dann haben wir den Vorgang der Degeneration unverhüllt vor uns. „Geist und Leben" werden da zum „toten Buchstaben". Das Wie, die Technik, ersetzt in diesem Vorgang der Degeneration immer mehr das Was, das Wesen.

Nun geht jeder lebende Organismus schließlich den Weg der Verwandlung zum Leichnam, d.h. jenen Weg, der mit der völligen Verwandlung des belebten Organismus in ein Stück Außenwelt endet: „Leichnam" ist nichts anderes als das Endergebnis dieses Vorganges der Veräußerlichung des Organismus, der Degeneration also. Somit ist „Degeneration" Ausdruck der allgemein waltenden Kraft der – biologisch verstandenen – Erdenschwere. Dasselbe gilt auch für alle anderen – nicht nur biologischen – Äußerungen des Lebens; es gilt auch für das geistige Leben in jeder Form. Oswald Spenglers geschichtliche Prognose des unvermeidlichen „Untergangs des Abendlandes" im Sumpf des Technizismus und der Technokratie ist nur ein Analogieschluß vom Wege „alles Natürlichen", „vom Wege alles Fleisches" auf das Gebiet der Kultur im allgemeinen. Spengler schließt von dem Biologisch-Natürlichen auf das Kulturell-Geistige. Und weil im Biologisch-Natürlichen die Degeneration überall das letzte Wort hat, schließt Spengler, daß es auch auf dem Gebiet des Kulturell-Geistigen nicht anders sein kann und wird.

Spengler hätte absolut recht und seine Prognose wäre unerschütterlich sicher, wenn die Kraft der „Erdenschwere" (die Kraft der Verwandlung des Belebten und Beseelten in ein Unbelebtes, in einen „Leichnam") allein allwaltend wäre. Aber der natürliche Vorgang der Degeneration ist zwar überall und stets am Werke, aber er ist nicht allein am Werke. Der „natürliche" Ablauf des Degenerationsprozesses wird durch übernatürliche Impulse der Regeneration von Zeit zu Zeit durchkreuzt.

Das Walten der Degeneration, die wir oben auch als „Erdenschwere" bezeichnet haben, kann an folgendem physikalischen Beispiel verdeutlicht werden:

Man stelle sich einen Energieimpuls vor, der eine schwingungsartige Bewegung bewirkt. Diese Schwingung wird notwendigerweise nach und nach immer schwächer werden und würde ganz zum Stillstand gelangen, wenn sie nicht durch einen zweiten Energieimpuls wieder in Schwung gebracht würde. Das System der Verstärker bei Fernsprechleitungen über große Entfernungen dient eben dieser Aufgabe, die abnehmende Stärke der Schwingungen wieder auf das ursprüngliche Niveau zu bringen. Auf diese Weise wird die Hörbarkeit der menschlichen Stimme über Tausende von Kilometern erhalten. Ein ähnliches Gesetz beherrscht jede durch einen Impuls ausgelöste Bewegung – jede Bewegung, die wir „Mode" nennen, jede politische oder auch weltanschauliche Bewegung. Alle nur denkbaren Bewegungen (sozialer, politischer, künstlerischer, intellektueller oder religiöser Art) mögen wohl verschieden lange brauchen, bis sie sich erschöpfen, aber sie haben eines gemeinsam: wenn ihnen kein wiederbelebender „Verstärkerimpuls" nach einer bestimmten Zeit gegeben wird, gelangen sie unvermeidlich zum Stillstand. Das Bewegte und Lebende wird zum „Leichnam", wenn nicht „auferweckende" Impulse eingreifen. Impulse der Regeneration gibt es aber tatsächlich, und zwar aus der hintergründigen Energiezentrale, die im Bereich der „Nachtseite" der Geschichte (der „Nachtseite" auch jeder individuellen Biographie) liegt. So hat beispielsweise Jesu Christi Wort, das seine Jünger vernahmen, so haben seine Wunder, deren Zeugen sie waren, seine Passion und Auferstehung, die sie miterlebt haben, sie wohl zu seinen „Jüngern" gemacht, aber es bedurfte des Pfingstereignisses („der Ausgießung des Heiligen Geistes"), um sie zu „Aposteln" zu machen. Das Pfingstereignis war der erste „Verstärkerimpuls", oder sagen wir lieber der erste „Auferweckungsimpuls", der das Christentum aus einer lokalen Angelegenheit Palästinas zur Menschheitsangelegenheit ersten Ranges machte. Welche wirtschaftlichen, politischen, sozialen, nationalen oder psychologischen Ursachen aus dem Bereich der „Tagesgeschichte" der Menschheit hätten das Pfingstereignis bewirken können, könnten das Pfingstereignis erklären? Aus welcher diesseitigen Quelle strömt eine Kraft, die eine Handvoll Menschen einer jüdischen Sekte in eine geistige Welteroberungsbewegung verwandeln könnte? Woher ihre Sicherheit, ihre Energie, ihr Erfolg? Im Pfingstereignis wurde ein Impuls wirksam, der das Christentum auf das Niveau des ursprünglichen Impulses der Menschwerdung des Sohnes Gottes brachte. Es war der erste Erneuerungsimpuls oder „Auferweckungsimpuls" aus dem Bereich der „Nachtseite" der Geschichte des Christentums und der Menschheit. Das Pfingstereignis war der erste Auferweckungsimpuls einer ganzen Reihe von Impulsen, die das Christentum über neunzehn Jahrhunderte lebendig erhalten haben. Einige Beispiele:

So geschah es z.B. im 4. Jahrhundert, als die Kirche sich dem römischen Imperium verbündete und der Staat seinen Einfluß auf die Kirche geltend machte, so daß eine verfinsternde Wolke den Himmel bedeckte und sogar das Zentrale am Christentum – Christus selbst als fleischgewordener Sohn Gottes – weitgehend verdeckt wurde und der Arianismus eine Zeitlang fast vollständig zur Herrschaft gelangte, daß da ein starker frischer Wind die Wolke auseinandertrieb und die Sonne Christi (als des Sohnes Gottes) am Glaubenshimmel wieder erstrahlte. Nicht nur eine Pleiade von großen Bekennern (mit dem hl. Athanasius an der Spitze), von heiligen Einsiedlern (wie dem hl. Antonius von Theben, dem Freund des hl. Athanasius) und großen Hirten (wie dem hl. Ambrosius und dem hl. Augustinus) waren die Frucht dieses geistigen Hauches, sondern auch und vor allem das Konzil von Nizäa mit seiner wunderbaren Schöpfung, dem nizänischen Glaubensbekenntnis, das bis heute nichts von seiner begeisternden und erleuchtenden Kraft und Wirkung verloren hat. Dieses Glaubensbekenntnis wurde zum Banner, um das sich die Christusgläubigen sammelten (und noch heute sammeln!), während die übrigen „Gottgläubigen", zu denen ja auch die frommen Heiden gehören, sich an andere und unterschiedliche Glaubensbekenntnisse halten mögen. Das nizänische Glaubensbekenntnis, das Credo, ist eine Formel der göttlichen Magie, und wenn man das weiß, ist man versucht zu sagen: Himmel und Erde werden vergehen, aber die Worte des Credo werden nicht vergehen.

Weitere „Einschläge" wiedererweckender Impulse aus dem Bereich der „Nachtseite" brachten geistige Bewegungen hervor, die in der Gründung oder Erneuerung der großen geistlichen Orden kulminierten. Einem solchen „Einschlag" eines neuen Auferweckungsimpulses verdanken wir die große, tausendjährige Mission des Benediktinerordens. Es war das Benediktinertum, das die Brücken schlug von der christlichen Kultur der Antike über die barbarischen Fluten der Völkerwanderung zum Zeitalter der großen Kathedralen und der großen Gedankengebäude der Scholastik. Der Benediktinerorden war die „Arche Noahs", die im Abendland das Christentum und die Kultur der Antike durch die „Sintflut" der Völkerwanderung hinüberrettete. Ein weiterer Auferweckungsimpuls schlug im 13. Jahrhundert ein. Da entstanden die zwei großen Orden der Franziskaner und Dominikaner, denen das christliche Denken und das christliche Gefühlsleben ganz neue, sehr mächtige Impulse verdankt. Ein neuer Frühling des Christentums brach an. Eine ganz neue Begeisterung wurde auf einmal rege und ergriff die edelsten Gemüter der Zeit – Begeisterung, vom hl. Franziskus angeregt, für radikal gelebtes Christentum, aber auch Begeisterung, vom hl. Dominikus angeregt, für ein bis zu letzten Konsequenzen durchdachtes und gedankenhelles Christentum.

Jedoch machte sich auch hier wieder der unerbittliche, lähmende Einfluß des Gesetzes der Schwere geltend, der Degeneration; im Laufe der folgenden Jahrhunderte verebbte nach und nach diese Begeisterung. Da schlug von neuem ein auferweckender Impuls ein, und zwar im 16. Jahrhundert. Er äußerte sich in einer großen Verinnerlichungsbewegung, die von der Gründung des Jesuitenordens durch den hl. Ignatius von Loyola und seine Genossen und von der Reform des Karmeliterordens durch die hl. Teresa von Ávila und den hl. Johannes vom Kreuz ausging.

Es entstand damals eine tiefe Sehnsucht nach Verinnerlichung, nach einem Erleben und Verstehen des Glaubens aus erster Hand. Diese Sehnsucht lag einer sich damals immer mehr ausbreitenden Meditationsbewegung zugrunde. Noch zu Lebzeiten des hl. Ignatius machten Hunderttausende von Menschen seine geistlichen Übungen (exercitia spiritualia) mit. Es ging bei dieser geistigen Schulung um das Erwachen des ganzen Menschen für die Realität christlicher Existenz – um ein Erwachen aufgrund eigener innerer Erfahrung. Durch die meditative Schulung wurden die Menschen nicht nur „fromm" – sie wurden zu Zeugen der christlichen Wahrheit, wie etwa Paulus durch sein Erlebnis auf dem Wege nach Damaskus zum Zeugen des Auferstandenen wurde. Durch die Praxis der geistlichen Übungen wurde die erbauende Wirkung frommer Devotion durch eine innere dramatische Umwandlung des Menschen (Umstülpung des Denkens, des Fühlens und des Willens) zwar nicht ersetzt, aber ergänzt. Aus der Meditationsschule der geistlichen Übungen gingen Menschen hervor, die sich selbst ganz persönlich für die Heilswahrheit des Christentums aus ureigenstem Wissen und Gewissen restlos entschieden hatten. Was gewöhnliche Frömmigkeit gleichsam wie im Halbtraum erlebt, wurde in der Meditationserfahrung zur brennenden Gewissensangelegenheit, zur Aufforderung zur Tat, zum erschütternden Erwachen für die Wirklichkeit des Heiles, des Hei-

101

lands und der Heiligen. Die Strömung meditierenden Übens, die im 16. Jahrhundert kraftvoll emporkam und sich verbreitete, stand im Zeichen des Wortes Jesu: „Seit den Tagen Johannes' des Täufers bis heute leidet das Himmelreich Gewalt, und Gewalttätige reißen es an sich" (Mt 11, 12); doch gleichzeitig stand sie auch im Zeichen der Aufforderung des Evangeliums: „Bittet, und es wird euch gegeben werden; suchet, und ihr werdet finden; klopfet an, so wird euch aufgetan werden" (Lk 11, 9). Denn es handelt sich hier um das Erwachen der inneren Aktivität des Menschen, um seine Arbeit am eigenen Bewußtsein, damit es fähig werde, sich der Wirkung der göttlichen Gnade zu öffnen und mit der Gnade „mitzuwirken". Damit es Mitwirkender der göttlichen Gnade werde, bietet sich das menschliche Bewußtsein der göttlichen Gnade als Verbündeter an. Die Menschen, die von einem solchen auferweckenden Impuls ergriffen waren, strebten danach – im Sinne des Gleichnisses von den anvertrauten Talenten –, daß die ihnen gegebenen, anvertrauten menschlichen Bewußtseinsfähigkeiten (die „Talente" des Gleichnisses) „Zinsen" tragen, daß sie also wachsen und brauchbarer werden für das Werk des Herrn.

Diese Epoche, in der wieder ein neuer auferweckender Impuls waltete, wird gewöhnlich als Epoche der „Gegenreformation" bezeichnet. Eigentlich sollte sie nicht als antireformatorisch aufgefaßt werden, sondern als wahre Reformation. Denn die Bewegung der Verinnerlichung und Vergeistigung, die innerhalb der Kirche damals wirksam wurde, war doch eine Reformation im vollen Sinn des Wortes.

Dieser Impuls zur Verinnerlichung, zu einem durch Meditation wiederauferweckten Christentum war es, der die Kirche über die Stürme der Reformationszeit hinüberrettete, ähnlich wie sie durch den „benediktinischen" Impuls über die Stürme der Völkerwanderung und durch den „nizänischen" Auferweckungsimpuls über die Stürme des Arianismus hinübergerettet wurde.

Während der darauffolgenden Jahrhunderte – bis zur Gegenwart – machte sich wiederum das Gesetz der Erdenschwere, der natürlichen Degeneration geltend. Die Intensität eines meditativen Christentums nahm nach und nach ab, und was ursprünglich eine dramatische Wandlung des gesamten menschlichen Wesens, seines Denkens, Fühlens und Strebens bedeutet hatte, wurde zuletzt zu Wochenendretraiten (für Jugendliche, für Krankenschwestern, für Lehrer, für Eltern, für Ärzte usw.), bei denen Vorträge über moralische und theologische Themen gehalten wurden – was an sich eine gute Sache ist, aber mit der meditativen Schulung eines Ignatius von Loyola oder einer Teresa von Ávila wenig gemeinsam hat.

Die Ebbe ist aber vor der Flut. Es wäre höchst verlockend, die Vorzeichen und besonderen Wesenszüge eines unserer Zeit offenbar bevorstehenden neuen Auferweckungsimpulses zu charakterisieren. Aber es ist wohl ratsam, darauf zu verzichten: allzu viele Menschen haben bestimmte Vorstellungen von dem, was geschehen wird, und es ist nur recht und billig, ihnen diese zu lassen, bis das Ereignis eingetreten sein wird und damit das letzte Wort gesprochen ist. Von daher werden sich die verschiedenen Ansichten von selbst als zutreffend oder falsch erweisen. Auch würde ein solcher Ausblick den Rahmen der Aufgabe überschreiten, die wir uns hier gestellt hatten, nämlich jene Begriffe und Erfahrungsgegebenheiten zu verdeutlichen, die mit den Worten „Degeneration" und „Regeneration" verbunden sind.

Wir sahen: Degeneration ist die Richtung vom Leben zum Tode, vom Belebten zum Leichnam. Degeneration folgt aus dem natürlichen Gesetz der Erdenschwere, das immer und überall gilt, während Regeneration die Wirkung der übernatürlichen, wiederbelebenden und auferweckenden Impulse ist, die der Degeneration entgegenwirken. An den Beispielen aus der Geschichte der Kirche wird uns die Wirklichkeit der Wirkung des Degenerationsgesetzes und die Wirklichkeit der wiederholten „Einschläge" auferweckender Impulse aus dem Bereich der „Nachtseite" der Geschichte anschaulich. Es zeigt sich dabei, daß jeder Impuls, der in den Bereich des irdischen Geschehens (der „Tagesgeschichte" also) aus dem Bereich des Überirdischen (aus dem Bereich der „Nachtgeschichte") einschlägt, notwendigerweise im Verlauf der Zeit abflaut, an Intensität abnimmt, und nur durch neue Auferweckungsimpulse lebendig erhalten bleiben kann. Das gilt sowohl für die Biographie der Menschheit, ihre Geistgeschichte, als auch für die Biographie des einzelnen.

Wenn z. B. Goethe sechzig Jahre für seinen Faust gebraucht hat, so bedeutet das nicht, daß er an diesem Werk tatsächlich sechzig Jahre geschrieben hätte, sondern daß er so lange an ihm gearbeitet hat – wobei Perioden schöpferischer Begeisterung mit Zeiten unfruchtbarer „Dürre" abwechselten. Mit anderen Worten: Dem ursprünglichen jugendlichen Impuls, ein solches Werk zu schaffen, folgte eine Reihe „auferweckender" Impulse, die ihn dazu bewegten, die Arbeit wieder und wieder aufzunehmen, während in den Pausen dazwischen die „Erdenschwere" ihre paralysierende Wirkung ausübte.

Das Walten der Degeneration und der „auferweckenden" Impulse der Regeneration (sowohl in der Biographie der Menschheit als auch in der Biographie des einzelnen) kann durch ein Schema zusammenfassend dargestellt werden:

Man stelle sich einen Impuls vor, der aus den Tiefen der „Nachtseite" der Geschichte und des Lebens eine Bewegung im Bereich der „Tagesseite" der Geschichte und des Lebens hervorruft. Nach einer gewissen Zeit nimmt ihre Intensität unter dem zunehmenden Einfluß der „Erdenschwere" ab. Dann schlägt ein neuer Impuls aus der Nachtseite ein und bringt die sinkende, versinkende Bewegung auf das ursprüngliche Niveau der Intensität wieder hinauf. Dies wiederholt sich mehrere Male. Die Bewegung, die stets dazu neigt, einzuschlafen, wird wiederholt „geweckt" – oder man kann auch sagen: die dem Tode sich zuneigende, absterbende Bewegung wird wiederholt auferweckt.

Dieses Urgesetz – der belebende und wiederbelebende Atem des Geistes – gehört zum uralten Erkenntnisgut der Menschheit. Auch die Genesis beginnt mit der uranfänglichen Wirkung dieses Gesetzes („Gesetz" im Sinne der ewigen Setzung Gottes) und bezeichnet sie als den „Ersten Tag der Schöpfung". Das heißt: Eigentlich sagt die Genesis nicht „der erste Tag", sondern „ein Tag" (jom echad), was auch der hl. Hieronymus textgetreu mit „dies unus" und nicht mit „dies primus" übersetzt hat. Denn dieser Tag ist vorzeitlich; er gehört in den Bereich der Ewigkeit. Die Zeit, das Nacheinander entsteht erst auf seiner Grundlage: aufgrund der zwei uranfänglichen Richtungen der Bewegungen, durch welche die Welt ist – nämlich „oben" und „unten", wofür die Genesis „Himmel" und „Erde" sagt. Darum wird die Bewegungsrichtung nach unten im zweiten Vers als „Abgrund" und „Wasser" bezeichnet, worüber der Atem Gottes (ruach elohim – „Geist" und „Atem" ist im Hebräischen dasselbe, ebenso wie bei „spiritus" im Lateinischen und bei „pneuma" im Griechischen) weht oder „schwebt". Was wir oben als „Erdenschwere" bezeichnet haben, ist im mosaischen Schöpfungsbericht die Bewegungsrichtung nach unten („Erde", „Abgrund" und „Wasser") d. h., „Schwere" ist die Bewegungsrichtung nach der bodenlosen Tiefe (Abgrund) der Passivität (Wasser). Und was wir oben als den bewegenden und belebenden Hauch des Geistes (Atem) bezeichnet haben, ist im mosaischen Bericht der über „den Wassern" wehende (schwebende) „Atem Gottes" (Gen 1, 1). Er ist das Bewegende, während das „Wasser" des Abgrundes das Bewegte ist; was der hl. Thomas von Aquin den „primus motor", den ersten Erreger der Bewegung[9], nennt, ist also der belebende und bewegende Hauch des Atems Gottes (ruach elohim) dieses ersten „Tages" der Schöpfung. Da aber der Erste Schöpfungstag nicht lediglich der erste ist in einer Reihe von zeitlich aufeinanderfolgenden Schöpfungsakten, sondern „der eine Tag" der Schöpfung im Sinne ihrer Begründung – weil er also der grundlegende ist, wird er durch den „Zweiten", „Dritten" usw. Schöpfungstag nicht ersetzt, sondern ist durch sie und in ihnen zeitlos gegenwärtig. Der bewegende und belebende Hauch des Atems Gottes ist also immer wirksam und offenbart sich als das (oben beschriebene) „Gesetz stets neuer Auferweckung", das dem Sog der „Erdenschwere" (d. h. der Verfallenheit des Lebens an die Macht des Vergessens, des Schlafes und des Todes) entgegenwirkt.

Nicht nur die Genesis, sondern auch die indische Bhagavadgita kennt das Gesetz der wiederholten Impulse des göttlichen Hauches: durch sie wird das Niveau der Intensität des ursprünglichen Impulses des Lebens der Welt („dharma" wird dieser Impuls dort genannt) erhalten. Die Bhagavadgita spricht von dem Gesetz der wiederholten Erscheinungen der Avatare. Sie formuliert dieses Gesetz (das die Wirklichkeit des Ersten Schöpfungstages der Genesis ist) wie folgt:

---

[9] Thomas von Aquin, Summe gegen die Heiden, hrsg. von K. Albert v. P. Engelhardt, Bd. 1, Darmstadt 1974, S. 48 (cg I, 13, 256 b 3).

„Jedes Mal, wenn das Dharma am Erlöschen ist und Ungerechtigkeit im Aufstieg ist, dann erscheine Ich durch Geburt. Für die Befreiung des Guten, für die Vernichtung derer, die Übles tun, für die Einsetzung der Gerechtigkeit auf den Thron, erscheine Ich durch Geburt von Zeitalter zu Zeitalter."[10] Die Bhagavadgita lehrt also das Gesetz der Erhaltung des ursprünglichen Grundimpulses durch wiederholte Neubelebung dieses Urimpulses immer dann, wenn der Grundimpuls bedrohlich an Intensität einbüßt und folglich einer Intensivierung bedarf. Zwar sind diese wiederbelebenden oder „auferweckenden" Impulse nach der Lehre der Bhagavadgita jedesmal mit einer bestimmten individuellen menschlichen Gewalt verknüpft, in der der neubelebende Impuls zentriert ist und von der er ausgeht. Aber diese spezifische Auffassung ändert nichts am Wesen dieses allesbeherrschenden Gesetzes stets neuer Wiedererweckung, das die Wirklichkeit des zeitlosen „Ersten Schöpfungstages" ist – die Wirklichkeit des göttlichen Atems (des ruach elohim) in der Geschichte.

Das spirituelle Denken und Fühlen Indiens ist so stark von dem Bewußtsein der Wirklichkeit des zeitlosen „Ersten Schöpfungstages" durchdrungen und beherrscht, daß nicht nur der orthodoxe Hinduismus (den die Bhagavadgita weitgehend vertritt) auf dem Gesetz der immer wieder auferweckenden Impulse basiert, sondern auch der Buddhismus, der gleichsam die bedeutend spätere „reformierte" Form des Hinduismus ist. Nach der buddhistischen Grundanschauung ist der natürliche Lauf der Welt Altern, Krankheit und Tod, Degeneration also. Das ist der natürliche Weg der Welt, der kein wirklicher „Weg" ist, sondern ein unbewußtes Abgleiten des Bewußtseins in den Bereich der Unwissenheit, d. h. des Vergessens, des Schlafes und des Todes. Aber es gibt einen Weg, der diesem „Weg" der Welt entgegengesetzt ist: gleichsam ein Schwimmen gegen den Strom der Welt. Seine Stufen sind Stufen des Erwachens mitten im Gefilde einer in Geistesschlaf versunkenen Welt. Dem einschläfernden Einfluß der Welt steht der Weg des „Erwachens" gegenüber. Weckrufe ergehen daher von Zeitalter zu Zeitalter von wegesmächtigen (tathagatas) Vollerwachten (Buddhas), deren jeder Zeitraum und Ausgangspunkt ist für den seiner Epoche geltenden weckenden Impuls. Jeder Buddha lehrt den für ein bestimmtes Zeitalter geltenden Weg und lebt ihn vor. Die Buddhas repräsentieren also weckende Impulse für bestimmte Zeitalter und lehren die Menschen ihres Zeitalters den Weg, der zum Erwachen führt. Darum erwartet die buddhistische Welt nach dem Abklingen des erweckenden Impulses, den der letzte Buddha, Gautama, repräsentiert hatte, indem er den „edlen achtgliedrigen Weg" lehrte und vorlebte, das Erscheinen eines neuen Buddha, des Maitreya-Buddha, der einen neuen erweckenden Impuls bringen und einen neuen Weg zum Erwachen lehren und vorleben wird.

Das periodische Erscheinen der Avatara (nach der hinduistischen

---
[10] IV, 7, 8.

Lehre) und das periodische Erscheinen der Buddhas (nach der buddhistischen Lehre) stellen somit zweifellos eine spezifische Konkretisierung ein und desselben Urgesetzes dar, das in der Genesis als die Wirklichkeit des Atems Gottes (ruach elohim), als Wirklichkeit des zeitlosen Ersten Schöpfungstages offenbart ist.

Das Bewußtsein dieses Gesetzes lebt nicht nur im Hinduismus und im Buddhismus, sondern auch in der dritten großen außerbiblischen Religion, im Islam, und zwar besonders kraftvoll in dessen geistigerer und mehr verinnerlichter Form, dem schiitischen Islam. Dessen Tiefe und geistigen Reichtum hat erstmalig Henri Corbin[11] dem westlichen Leser in umfassender Weise erschlossen. Corbin behauptet nicht nur, sondern weist nach, daß der östliche Islam, der schiitische, sich zum westlichen Islam, dem sunnitischen, wie die „Seele" zum „Leib" verhält. Denn der Sunnismus ist wesentlich legalistisch, während der Schiismus wesentlich Weg der Verinnerlichung ist. Diese Verinnerlichung äußert sich namentlich in dem Aufstieg vom äußeren Zyklus der Propheten zum inneren Zyklus der Imame. Propheten sind die Verkünder der Shari'at, des Gesetzes der positiven Religion, für ein bestimmtes Zeitalter, während die Imame Initiatoren sind, die in die Haqiqat, in die „Gottesweisheit" (Theosophie), einweihen. Der Prophet (nabi) verkündigt und belehrt, während der Imam erleuchtet und belebt. Die Sphäre der Propheten umschließt die der Imame; sie ist das Äußere (Exoterische) gegenüber dem Inneren (Esoterischen). Dementsprechend lehrte der berühmte iranische Philosoph Nasir-e Khosraw (11. Jahrhundert): „Positive Religion (shari'at) ist die exoterische Seite der Weisheit (haqiqat) und die Weisheit ist die esoterische Seite der positiven Religion. Die positive Religion ist das Symbol (mithal); die Weisheit das Symbolisierte (mamthul). Das Exoterische ist in fortwährender Schwankung entsprechend den Zeitaltern der Welt, während das Esoterische eine göttliche Energie ist, die dem Werden nicht unterworfen ist."[12] Die esoterische Seite der prophetischen Religionen, die Haqiqat, ist also die Sphäre der ewigen Prophetie, von wo aus von Zeitalter zu Zeitalter prophetische Offenbarungen in die Welt der äußeren Geschichte ausgesandt werden. Die Propheten vertreten und übermitteln diese periodischen Ausstrahlungen der Sphäre der ewigen Prophetie, die Imame aber, die auf die Propheten folgen, offenbaren deren inneren (esoterischen) Sinn. Die Propheten verkündigen, und die Imame weihen die Menschen in das innere Geheimnis des Verkündigten ein. Die Propheten bringen die Offenbarung aus der „Sphäre der ewigen Prophetie" zu den Menschen herab; die Imame erheben die Seelen der Menschen zu dem inneren Sinn dieser Offenbarung, den sie in der „Sphäre der ewigen Prophetie" selbst hat. Die Propheten konkretisieren die Offenbarung zum „Gesetz" (shari'at), während die Imame das „Gesetz" bis zu dessen ursprünglichem Wesen verinnerlichen – sie verwandeln „den Buchstaben des Gesetzes" in „Geist

---

[11] Histoire de la philosophie islamique, Paris 1964.   [12] Corbin, S. 17.

und Leben". So sind es die Zwölf Imame, die das Werk der sieben großen Propheten beleben und am Leben erhalten. Ihre Missionen folgen aufeinander. Am Ende unseres Äons wird der Zwölfte Imam voll wirksam sein: das wird die Zeit der Auferstehung sein, wo der innere (esoterische) Sinn aller früheren göttlichen Offenbarungen vollständig aufleuchten wird.

Daraus wird deutlich, daß das Gesetz der zyklisch belebenden, „auferweckenden" Impulse, die in die „Tagesgeschichte" der Menschheit einschlagen, auch im Islam als „Tatsache" durchaus anerkannt wird. Denn auf die Tatsache kommt es hier allein an, nicht aber auf ihre verschiedenen Interpretationen: ob es sechs oder sieben große Propheten gab, ob es zwölf oder mehr Imame sind, wie viele Buddhas und wie viele Avatare es gab usw. Wichtig ist nur die Tatsache, daß das geistige Leben der Menschheit durch den Atem des Geistes, der übermenschlich ist, am Leben erhalten wird und daß die großen Religionen der Menschheit sich dieser Tatsache bewußt sind. Es ist dieselbe Tatsache, die im christlichen Glaubensbekenntnis zusammenfassend ausgedrückt ist:

„Et in Spiritum Sanctum, Dominum et vivificantem qui ex Patre Filioque procedit . . . qui locutus est per Prophetas – Ich glaube an den Heiligen Geist, den Herrn und Lebensspender, der vom Vater und dem Sohne ausgeht . . ., der gesprochen hat durch die Propheten." Im Christentum wird die belebende „auferweckende" Wirksamkeit des Geistes („der Nachtseite" der Geschichte) nicht nur anerkannt: hier wird jener „Geist" als Dritte Person der ewigen Dreieinigkeit erkannt. Das ist die höchste, alles umfassende Einsicht in das Wesen der „Nachtseite" der Geschichte. Das in der Geschichte der Menschheit sich offenbarende „Gesetz der aufeinanderfolgenden auferweckenden Impulse" – es urständet in der ewigen Dreieinigkeit Gottes selbst. Folglich ist es ewig und allgemein. Und ist doch zugleich nicht ein bloßes „Gesetz", etwas den Naturgesetzen Ähnliches, sondern Person – die Person des Heiligen Geistes. Das bedeutet aber, daß die belebenden Auferweckungen aus dem verborgenen Bereich der Nachtgeschichte nicht gleichsam automatisch geschehen, unterschiedslos. Es waltet Unterscheidung in der belebenden, auferweckenden Wirksamkeit des Heiligen Geistes. Eben weil da kein bloßes „Gesetz" wirkt, sondern der Heilige Geist selbst, „der Herr und Lebensspender, der vom Vater und vom Sohne ausgeht, der mit dem Vater und dem Sohne zugleich angebetet und verherrlicht wird"! Es gibt geistige Strömungen, die degenerieren, ohne einen regenerierenden Impuls zu bekommen; andere wieder werden jahrtausendelang durch eine Reihe von immer neuen Impulsen lebendig erhalten. Es gab und gibt tatsächlich „Götterdämmerungen", wobei ganze Lebensanschauungen kraftlos und starr werden, um zuletzt als leblose Hülle aus dem Leben der Menschheit ausgestoßen zu werden. Und es gab und gibt andererseits geistige Bewegungen, die wieder und wieder der Erstarrung und Ermüdung durch belebende, auferweckende Impulse von oben entrissen werden. „Götterdämmerungen" und „Renaissancen" geschehen nebeneinander in der Weltgeschichte. Aber sowohl die „Götterdämmerung" als auch die „Renaissancen" geschehen nicht pauschal. So ist beispielsweise das hellenistische „Heidentum" nicht zusammen mit seinen Göttern als Ganzes untergegangen. Vielmehr wurde zwar seine leblos gewordene Hülle (gleichsam das „Stroh") als solche erkannt und verworfen („verbrannt"), während das „Weizenkorn" – das des Weiterlebens werte – mehrmals zu neuem Leben auferweckt wurde. So ist der Götterwelt der Antike eine wahre „Götterdämmerung" widerfahren, während die Weisheitssamen der Philosophie der Antike auf *anderen* Feldern, auf anderem Boden, immer wieder keimen und wachsen – und ihre „Renaissancen" feiern. Wer kümmert sich heute noch um Zeus oder Jupiter? Plato und Aristoteles dagegen sind intensiv in allem späteren Idealismus und in allem späteren vernunftgemäßen logischen Erkennen gegenwärtig. Alles Denken, das auf das Wahre, Schöne und Gute „an sich" gerichtet ist, kann eine Begegnung mit Plato gar nicht vermeiden. Und alles Denken, das Erfahrung und Vernunft zu verbinden strebt, setzt das Lebensanliegen des Aristoteles fort.

Friedrich Schiller sagte einst: Die Weltgeschichte ist das Weltgericht[13]. Wie wahr das ist, sieht man erst dann wirklich ein, wenn man das Gesetz der auferweckenden Impulse aus dem Bereich der Nachtseite der Geschichte – das Walten des Heiligen Geistes in der Geschichte der Menschheit – betrachtet. In diesem Walten wird weder „das Kind mit dem Bade ausgegossen" noch das Bad des Kindes wegen als unantastbar behandelt. Bei den „Götterdämmerungen" und den „Renaissancen" wird das des Lebens Würdige (und zwar alles des Lebens Würdige und nur das des Lebens Würdige!) durch die auferweckenden Impulse des Geistes am Leben und für das Leben erhalten. Es ist kein bloßer Ehrentitel, wenn das Credo den Heiligen Geist „Dominum et vivificantem" (Herrn und Lebensspender) nennt! Er ist Herr über die Entscheidung, was er beleben will und was er dem Schicksal alles Natürlichen, das mit dem Tode endet, überlassen will. Er ist Herr, der Leben spendet – oder nicht; er ist Lebensspender als Herr, der nicht nur Leben spendet, sondern auch darüber entscheidet, was des Lebens wert ist. Ja, die Weltgeschichte ist das Weltgericht: Walten des lebensspendenden Heiligen Geistes.

Die Geistgeschichte, die nachbiblische Geschichte als Fortsetzung der biblischen Geschichte, ist somit zunächst einmal die Geschichte der menschheitlichen Auseinandersetzungen zwischen den drei „Versuchungen in der Wüste" und den „drei Gelübden". Das ist das Walten der „Tagesseite" der Geistgeschichte. Ihre „Nachtseite" dagegen besteht im Walten des Heiligen Geistes im „Regenbogen" der sieben ewig wirkenden Wunder des Johannesevangeliums, als der zeitlosen Wirklichkeit der Sieben „Schöpfungstage", deren Nachbild die sieben Sakramente sind. Und wie die Sieben „Schöpfungstage" im Ersten „Schöp-

---

[13] „Resignation" (Auch ich war in Arkadien geboren...).

fungstag" alle enthalten sind, so enthält auch das Wunder der Auferweckung des Lazarus die anderen sechs Wunder, von denen das Johannesevangelium berichtet. So ist also das in der Geistgeschichte der Menschheit waltende „Gesetz" der wiederholten „Auferweckung" (das von allen großen Religionen der Menschheit als Tatsache anerkannt wird) die zeitlose Wirklichkeit des Ersten „Schöpfungstages", die sich im Wunder der Auferweckung des Lazarus offenbart. Die regenerierende Kraft, die dem „natürlichen" Vorgang der (mit dem Tod endenden) Degeneration entgegenwirkt, wiederholt immer wieder neu das Wunder der Auferweckung des Lazarus in der Geschichte der Menschheit.

3. Kausalität und Wunder in der Geistgeschichte der Menschheit

Das Ergebnis unserer Betrachtung über das Wesen der Geistgeschichte der Menschheit als Fortsetzung der biblischen Geschichte stellt uns vor die Notwendigkeit, gleichzeitig in zwei Dimensionen zu denken: in der horizontalen Dimension der Verkettung der Ursachen und Wirkungen (also in der Dimension der innerweltlichen Kausalität) und in der vertikalen Dimension der Eingriffe von außerhalb dieser kausalen Verkettung, d. h. in der Dimension des Wunders. Die Geistgeschichte erscheint uns somit als ein Kreuz, das aus innerlicher Kausalität und dem „Wunder" gebildet ist. Mit anderen Worten: Die Geistgeschichte der Menschheit ist das Ergebnis sowohl der Ursachen, die in Raum und Zeit zu finden sind, als auch von Ursachen, die nicht in Raum und Zeit zu finden, sondern von zeitloser und raumloser Art sind. Auch das Wunder ist eine Ursache, die Wirkungen im Bereich der weiteren Kette von Ursachen und Wirkungen zur Folge hat; aber es ist eine Ursache, welche ihrerseits nicht Wirkung einer früheren Ursache innerhalb dieser horizontalen Kette ist. Es ist eine neue Ursache, die in dieser Kette der Kausalität plötzlich von außerhalb in dieser Kette erscheint. Sie schlägt ein – wie ein Blitz von oben – in das kausal bedingte Geschehen. Der Blitz, nachdem er eingeschlagen hat, wird nunmehr seinerseits zu einer Ursache, die ihre weiteren Wirkungen innerhalb des irdischen Geschehens hat, aber er selber ist nicht durch dieses irdische Geschehen verursacht, sondern durch Dinge, die oberhalb des irdischen Geschehens, im Himmel, zu suchen sind. Ein Wunder ist also das Auftreten einer neuen Ursache innerhalb der Kette des natürlichen Ablaufs von Ursachen und Wirkungen. Es verhält sich tatsächlich ähnlich zu dieser Kette wie der Blitz zu den Dingen der Erdoberfläche, in die er einschlägt. Das Wunder ist eine senkrecht entstandene Ursache innerhalb des waagrecht verlaufenden kausalen Geschehens. Das Wunder ist somit seinem Wesen nach nicht bloß ein „Unerklärliches" und „Erstaunliches": es gehört zu einer anderen Dimension der Verursachung. Denn viele Dinge erscheinen uns unerklärlich, unbegreiflich und erstaunlich, ohne daß sie deswegen Wunder sind: sie sind einfach noch nicht in der richtigen Art erforscht worden und könnten bei neuen, heute unbekannten Forschungsmethoden erklärbar werden. Sie sind unerkannt, aber nicht wunderhaft. Das Unerkannte und das Wunder sind grundsätzlich verschiedene Dinge, die nicht verwechselt werden dürfen. Das Unerkannte ist die Lücke: man überblickt die Verkettung von Ursache und Wirkung noch nicht ganz; das Wunder dagegen ist eine im Bereich der natürlichen Kausalität „unverursachte Ursache", die, aus dem Bereich des Überkausalen stammend (aus dem rein Moralischen, d. h. aus dem Bereich der Freiheit), im Bereich des Kausalen erscheint. Wenn also die natürliche Kausalreihe etwa in der Generationsfolge die Reihe Vater-Mutter-Kind ist, wobei der „Vater" der zeugende Faktor ist (causa efficiens), die Mutter die empfangende (causa materialis), während die Geburt des Kindes das Ergebnis von Zeugung und Empfängnis ist, so wäre das Wunder in der Generationsfolge eine „vaterlose", jungfräuliche Empfängnis. Da geschähe die Zeugung als wirkende Ursache aus der Kraft des Moralisch-Geistigen (des Göttlichen), und die Mutter wäre folglich Mutter-Jungfrau. *Jedes Wunder ist – für den Bereich der Kausalität – grundsätzlich eine „jungfräuliche Empfängnis"*, eine Empfängnis, bei der der Vater, der Zeugende, als wirkende Ursache nicht auf „Erden", sondern im „Himmel" ist. Die jungfräuliche Empfängnis und die jungfräuliche Mutterschaft Marias, der „gesegneten unter den Frauen", ist ihrer Wesensstruktur nach gleichsam das „Urphänomen" aller Wunder. Denn es offenbart in der denkbar wesentlichsten und zusammenfassendsten Form das Wesen des Wunders schlechthin als eine vertikale Verursachung im Bereich der horizontal verlaufenden Kette von Ursache und Wirkung.

Wer deswegen das Wunder der vaterlosen Empfängnis und der jungfräulichen Mutterschaft Marias für „unmöglich" hält, der erklärt alle Wunder für unmöglich; und wer das Wunder schlechthin für unmöglich hält, der erklärt das freie Schöpfertum des Geistes für unmöglich, d. h. die Schöpfung der Welt als einen Akt der Verursachung, der seinerseits nicht verursacht ist. Und wer die Erschaffung der Welt in diesem Sinn nicht gelten lassen kann, der erkennt auch Gott als Schöpfer nicht an. Er verneint Gottes Vaterschaft im Hinblick auf die entstehende Welt. Soweit also eine Entmythologisierung der Jungfrauengeburt mit der Unmöglichkeit der Jungfrauengeburt begründet wird, müßte man konsequenterweise auch den ersten Artikel des Credo streichen. Jede Behauptung, daß „Wunder" grundsätzlich unmöglich sind, führt in ihrer Konsequenz zum „dialektischen Materialismus" des Marxismus. „Judas, was du tun willst, das tue bald." Aber wenn du verrätst, dann tue es wenigstens nicht mit einem Kuß . . .

Das Wunder als senkrechte Verursachung innerhalb der waagrecht verlaufenden Kausalität hebt letztere nicht auf; es fügt nur eine „unverursachte" Ursache der Kausalkette hinzu, welch letztere dann ihrer eigenen Gesetzmäßigkeit entsprechend weiterläuft.

Nach der jungfräulichen Empfängnis war Maria schwanger und trug das Kind, bis es reif zur Geburt war.

Wenn Niklaus von Flüe über zwanzig Jahre lang ohne Speise und Trank – nur von der heiligen Kommunion – lebte, so bedeutet das nicht, daß er (in einer für jeden anderen Menschen tödlichen Weise) übermenschlich hungerte, sondern daß die für sein Leben notwendigen Kalorien seinem Organismus auf andere Weise als durch Nahrungszufuhr von außen zugeführt wurden. Der in den täglichen Lebensprozessen verbrauchte Stoff mußte seinem Organismus ebenso ersetzt werden wie in jedem anderen menschlichen Organismus; aber er wurde nicht durch Zufuhr von außen – durch Nahrung – ersetzt, sondern offenbar durch eine stoffschaffende Tätigkeit innerhalb des Organismus selbst. Man weiß ja heute, daß Stoff (Materie) in Energie verwandelt werden kann und daß grundsätzlich auch Energie in Stoff sich wandeln kann. Das Wunder, das an Niklaus von Flüe geschah, wird man so deuten dürfen, daß die „moralische Energie" der Kommunion sich in die für die Erhaltung des Lebens notwendigen Stoffe verdichtete. Man könnte dieses Wunder (das in der Geschichte durchaus nicht einmalig ist), wenn man es mit der jungfräulichen Empfängnis vergleicht, auch als das Wunder der „jungfräulichen Ernährung" bezeichnen. Es bedeutet, vom physiologischen Standpunkt aus gesehen, eine Umstellung des Stoffwechselverbrauchs im Organismus von der von außen entlehnenden Art der Zufuhr der Stoffe auf die von „innen" her bewirkte Wiederherstellung der verbrauchten Stoffe. Wie wenn ein Teich, dessen Wasserhöhe konstant erhalten wurde durch Zufluß von Wasser aus einem Graben, nun dieses Zuflusses nicht mehr bedarf, weil auf dem Grunde des Teiches eine Quelle zum Durchbruch gelangt ist. Die Quelle ersetzt nun den Zustrom des Wassers von außerhalb des Teiches.

Wunder sind Quellen, die innerhalb der als konstant geltenden Welt von Energie und Stoff sich erschließen.

Rätselhafte Erscheinungen dagegen, die wir nicht erklären können, brauchen keine Wunder zu sein; sie können noch unerkannte Dinge sein. Wenn „Unerklärbarkeit" das Wesen des noch Unerkannten ist, so ist das Wesen des Wunders dessen Erklärbarkeit aus dem Bereich des Moralisch-Freien, der zum Bereich des Kausal-Bedingten sich wie die Senkrechte zur Waagrechten verhält. Eine verzeihende oder schenkende Liebestat hat mehr Wunderbares (d. h. vom Wesen des Wunders) als ein Raketenflug zum Mond oder zur Venus. Denn die Liebestat ist eine Offenbarung der Welt des Schöpferischen und Freien, wogegen das „Wunder" der Planetenfahrten nur eine Episode ist und eine Leistung im Kampf ums Dasein, aus dem sie hervorgewachsen ist. Eine Episode und eine Leistung im Zuge des Kampfes ums Dasein, d. h. jener Entwicklung von Macht über die Natur, die etwa mit der Steinaxt begonnen hat und bis zur Mondfahrt weiterging. Die Leistung ist imponierend, aber sie bedeutet in keinerlei Sinn einen Aufstieg des Menschen, eine weitere Stufe im Wachsen des Menschentums in die Höhe, in die Tiefe, in die

Breite; die Leistung hat nichts mit Wesentlicherwerden zu tun. Der Besuch des Mondes durch Menschen bedeutet nichts für die Entwicklung der Menschlichkeit des Menschen, aber er erweitert die Möglichkeiten der Beherrschung der physischen Außenwelt durch den immer noch unveränderten Menschen. Als Folge der gelungenen Mondfahrt wird der Mensch wohl mehr können auf dem Gebiet der Nutzbarmachung der Natur, aber er selbst bleibt so, wie er war.

Anders ist es, wenn es sich nicht um eine Leistung, sondern um ein Wunder handelt. Da geht es um Werden, nicht um Haben und Können. Das Wunder, das Paulus auf dem Wege nach Damaskus erlebte, bestand im wesentlichen nicht darin, daß ihm eine außerordentliche Erfahrung zuteil wurde – nämlich die Begegnung mit dem Auferstandenen –, sondern darin, daß er, der Feind der neuen Geistesströmungen, ihr Apostel wurde. Und das Wesentliche des Pfingstereignisses liegt nicht in dessen Erscheinungen – im Sturmwind, in den Feuerflammen und in der Tatsache, daß ein jeder diese Männer von Galiläa in seiner Muttersprache reden hörte –, sondern darin, daß die Jünger „Apostel" wurden. Es ist kaum notwendig zu erwähnen, daß das „Urphänomen" aller Wunder – die vaterlose Empfängnis und jungfräuliche Geburt – seinen Sinn im Werden des Gottmenschen hat.

Auch das Wunder der Auferweckung des Lazarus ist mehr als die Wiederbelebung eines Leichnams: „Wunder" ist das Werden eines neuen Lazarus, der gleichsam von neuem geboren wird und der so die konkrete Antwort verkörpert auf die im nächtlichen Gespräch mit dem Meister von Nikodemus gestellte Frage. Denn sowohl der neugeborene Lazarus als auch das nächtliche Gespräch Jesu mit Nikodemus gehören beide zur „Nachtseite", d. h. zum verborgenen Wesenskern des Christentums; denn dieser Wesenskern ist das Geheimnis des Werdens, das das Wunder schlechthin ist. Das Wesen des Wunders nämlich ist an sich weder „Macht" noch „Unerklärbarkeit" – weder die Außerordentlichkeit der Kraft noch die Unbegreifbarkeit ihrer Wirkung –, sondern die Wirklichkeit der moralischen Weltordnung, die in der Wirklichkeit der mechanisch-kausalen Weltordnung sich Geltung verschafft. Jedes Wirksamwerden der moralischen Weltordnung im Bereich der mechanisch-kausalen Weltordnung (ob es um das Scherflein der Witwe oder um die Auferweckung eines Toten geht) ist grundsätzlich ein Wunder. Selbstredend unterscheiden sich die Wunder nach Ausmaß und Wirkung, wie etwa ein Blitz, der einschlägt, sich von einem Funken unterscheidet – aber Blitz und Funke sind wesensgleich. Das Urwunder der Schöpfung und der aufleuchtende Funke des Glaubens in einer menschlichen Seele, die ganz im Banne der bloß mechanisch-kausalen Welt gewesen war, unterscheiden sich zwar durch Ausmaß und Tragweite, sind aber grundsätzlich wesensgleich. Denn das „Fiat lux" des Ersten Schöpfungstages und das „Fiat lux" des erwachenden Glaubens in der Seele sind von gleicher Art. Es geht in beiden Fällen um den schöpferischen Akt des „Es werde Licht". Es geschehen beständig viele Wunder intimer und privater Art im Schatten und Halbschatten des Lebens der Menschen und der Menschheit – „große" und „kleine". Man könnte sagen: Das Leben ist durchwoben und durchpulst von Wundern, die nur leider größtenteils überhaupt nicht bemerkt, geschweige denn wirklich erkannt und entsprechend eingeschätzt werden. Der Alltag ist nicht nur „Alltag" mit seinem Tand und seiner Tretmühle, sondern auch Abglanz des Ersten Schöpfungstages, der immerwährend gegenwärtig ist. Die Welt des Wunders schimmert beständig durch die Schattenwelt der menschlich-kausalen Welt des Alltags.

Papst Johannes XXIII. hat dem Unterschied dieser beiden Aspekte der Welt und allen Geschehens einen denkbar deutlichen Ausdruck gegeben, als er beim Empfang einer größeren Gruppe von Wissenschaftlern sagte: „Es ist nicht Unsere Sache, über die Wege und Ergebnisse der wissenschaftlichen Forschung zu urteilen; Unsere Sache sind die Wunder allein." Mit anderen Worten, die Kompetenz und die Aufgabe des Obersten Hirten bezieht sich und beschränkt sich auf die moralische Weltordnung, welche nicht Kompetenz und Aufgabe der Wissenschaft ist. Denn das Credo der Kirche ist das Bekenntnis zum Wunder der Schöpfung, zu Erlösung und Heiligung der Welt; die Sakramente sind Handlungen, die im Wunder wurzeln, auf das Wunder orientiert sind und durch das Wunder wirksam werden. Die Kirche selbst lebt und existiert durch das Wunder ihrer Gründung und das Wunder ihrer wiederholten Neubelebung. Wenn „Entmythologisierung" das Wunder grundsätzlich eliminiert, wenn nur noch gelten soll, was der menschlichen Vernunft und rein moralischer Humanität entspricht, wird die Substanz des Christentums in Frage gestellt. Denn das Christentum selbst ist „Wunder", und wer vom Wunder nichts wissen will, verkennt auch das Christentum. Denn Glaube bedeutet, eine Dimension anerkennen, die der Dimension mechanischer Kausalität gegenüber primär ist. Das schließt ein, daß das Wunder als Manifestation dieser anderen Dimension (der moralischen Weltordnung) dem natürlichen mechanisch-kausalen Ablauf der Dinge gegenüber primär ist. Zwar offenbart sich das „Reich der Himmel" (die moralische Weltordnung) in „dieser Welt" (der mechanisch-kausalen Weltordnung), aber es ist nicht von dieser Welt. Christi Aussage vor Pilatus: Mein Reich ist nicht von dieser Welt – gilt auch für das Christentum und die Kirche überhaupt.

Damit sind einer Anpassung der Kirche an „die Welt von heute" oder an die „gegenwärtige Zeit" strenge Grenzen gezogen. Es kann nicht Aufgabe der Christen sein, die Kirche so umzumodeln, bis sie organisch in die Welt hineinpaßt, als wäre sie ein Teil von ihr. Wohin soll es führen, wenn die Theologen sich mehr an den Humanwissenschaften (Soziologie und Psychologie etwa) orientieren als an ihrer eigenen Wissenschaft, der Theologie nämlich, und lehren, die Engel – einschließlich der Erzengel Michael und Gabriel – seien *keine Wirklichkeit*, sondern bloß Personifikationen der Seelenkräfte des Menschen. So und nur so kam demnach ein sogenannter „Engel" zu der Jungfrau Maria und brachte ihr die

Botschaft? Die Psychologie hätte demnach also Vorrang vor der Heiligen Schrift und der kirchlichen Tradition? Solche und ähnliche Methoden und Lehren in der Theologie sind offenkundig Erscheinungen des Abfalls vom Christentum.

Denn zwar wirkt das Christentum in der Welt, aber es ist nicht von dieser Welt – auch nicht von der Welt der Psychologen und Soziologen. Christentum ist kein ideologischer Überbau über psychologischen, soziologischen und wirtschaftlichen Tatsachen, sondern Offenbarung der Wirklichkeit der moralischen Weltordnung im Bereich der mechanisch-kausalen Weltordnung. Wer das nicht versteht – wie kann er „Theologe" oder „Priester" sein?

Es ist offenbar in der Kirche eine starke Strömung wirksam, die sich ganz auf die Welt mit ihren Ansprüchen und Forderungen einstellen möchte. Diese Strömung wird, wie es scheint, vom Zeitlich-Menschlichen mit unwiderstehlicher Gewalt angezogen. Sie will vor allem human (und humanistisch) und „zeitgemäß" und „fortschrittlich" sein. Damit stellt sie sich unter das Gesetz des Zeitlichen, das der Weg zur unvermeidlichen Degeneration, zur Verflachung und zum Tode ist. Es kommt wenig dabei heraus, wenn man mit Menschen dieser Strömung diskutiert – ebensowenig wie bei dem Versuch, einen verliebten Menschen zur Vernunft zu bringen. Sie sind in die Anthropologie verliebt – und die Theologie hat für sie keinen Reiz mehr.

Es ist die Frage heute, ob die nachkonziliare Kirche sich der Gefahren bewußt wird – und es gilt, jene „Pforte" zu hüten, jenseits deren der „Weg der Welt" beginnt: der Weg, der zur Degeneration, zur Erschöpfung, zum Tode (Hades) führt.

Das sollte Anlaß sein, sich auf die Ursatzung der Kirche zu besinnen – nachzusinnen über die Tragweite der Worte Jesu Christi, die das Evangelium des Matthäus in direkter Rede anführt: „Und ich sage dir: Du bist Petrus, und auf diesen Felsen will ich meine Kirche bauen, und die Pforten der Hölle werden sie nicht überwältigen" (Mt 16, 18).

Was bedeuten die „Pforten der Hölle", welche die auf den Felsen gebaute Kirche „nicht überwältigen werden"? Da eine „Pforte" die Bedeutung des Ein- und Ausganges hat, so ist sie eigentlich der Anfang eines Weges oder der Ausgangspunkt für eine Tendenz in einer bestimmten Richtung. „Die Tendenz in der Richtung der Hölle" wäre somit der unmittelbare Sinn dieser Worte. Was ist nun aber mit „Hölle" (Hades) gemeint, deren Pforten die Kirche auf diesem „Felsen" nicht überwältigen sollen? Hades ist nicht „Hölle" im Sinne von Gehenna, dem endgültigen Strafort, dem „feurigen Pfuhl" der Apokalypse (20, 14 f.), sondern das, was dem alttestamentlichen Begriff Scheol entspricht: Unterwelt, Totenreich. Totenreich, Scheol, Hades sind die einander entsprechenden Begriffe (Jes 38, 18; Hos 13, 14; Offb 1, 18; 6, 8; 20, 13 f.). Im einfachsten und umfassendsten Sinn bedeutet Scheol, Hades also den Tod. Es ist somit klar, daß der Satz „und die Pforten der Hölle werden sie (die auf den Felsen gebaute Kirche) nicht überwältigen" bedeutet, daß die Tendenzen in der Richtung des Todes über sie nicht die Oberhand gewinnen werden.

Nun sind aber die Tendenzen in der Richtung des Todes gleichbedeutend mit der „Welt" schlechthin, d. h. mit dem natürlichen Verlauf der Dinge, entsprechend dem Gesetz der allwaltenden und allgegenwärtigen Kausalität. Diese Tendenzen sind die Zusammenfassung „des breiten Weges", des allgemeinen Weges alles Natürlichen, der im Tode endet. Es ist der Weg des Vergessens, des Schlafes und des Todes – der Erschöpfung, die zum Stillstand führt. Der „Weg der Welt", der „breite Weg", führt aber nur dann durch Erschöpfung, Verflachung und Degeneration zum Tode, wenn das Wunder der Wiederbelebung, das Wunder der Auferweckung des Lazarus im allgemeinen und einzelnen, nicht geschieht.

Was ist nun aber mit „Fels" gemeint? Gehen wir wiederum von einer Vertiefung in den Text des Evangeliums aus. „Fels" (petra, auch petros) bedeutet Festigkeit, Beständigkeit, im Gegensatz zur Unbeständigkeit des Sandes, des Lehms, des weichen Bodens. Mit anderen Worten: „Fels" ist der bildhafte Ausdruck für die Unbeeinflußbarkeit der inneren Sicherheit des Glaubens durch Einflüsse der „Welt" mit ihren Wogen und Winden. Die Stürme, Wogen und Winde der Welt haben keine Macht über ihn: unbeugsam, unzerstörbar und unverrückbar steht er inmitten der Anstürme und Verlockungen der Zeit.

„Wer" aber und „was" ist dieser Petrus, dieser Fels? „Fels" bedeutet erstens eine bestimmte Befähigung; „Fels" weist zweitens auf einen bestimmten Menschen hin; und „Fels" kennzeichnet drittens eine bestimmte Stellung, ein Amt.

Die Befähigung, auf die es hier ankommt, bezieht sich auf die felsenhafte Unerschütterlichkeit in der offenbarten Wahrheit, auf der die Kirche beruht, und für deren Offenbarung „empfänglich" zu sein die petrinische Befähigung schlechthin ist. Diese Empfänglichkeit für die vertikal geschehende Offenbarung der moralischen Weltordnung wird offenkundig in der Antwort des Petrus auf die Frage Jesu Christi: „Was sagt ihr, wer ich bin?" Denn das Bekenntnis des Petrus: „Du bist Christus, der Sohn des lebendigen Gottes", faßte keineswegs nur zusammen, was das Volk über Jesus dachte (er sei Johannes der Täufer, Elias, Jeremias oder einer von den Propheten); sein Bekenntnis war unabhängig von allem, was „man meint und hört", wie auch von den Präzedenzfällen der Vergangenheit („Johannes, Elias, Jeremias oder einer der Propheten"), nach denen man sich jetzt einfach richten könnte. Die Antwort des Simon Petrus entsprang einer blitzartig einschlagenden Einsicht von oben, die sich zu allen gegenwärtigen Meinungen und „Präzedenzfällen" aus der Vergangenheit wie eine Vertikale zur Horizontale verhält. Seine Antwort war also nicht das Ergebnis des aus Raum (aus der Umgebung) und Zeit (aus der Vergangenheit) Übernommenen, Erlernten, Gehörten, war nicht erwachsen aus Zustimmung zur vorherrschenden

Ansicht, zur Meinung der Mehrheit, war auch nicht aus pragmatischen Argumenten gefolgert. Die Antwort des Petrus spiegelt die unmittelbar offenbarte Einsicht in die Realität des lebendigen Gottes, in die Realität des Sohnes Gottes wider. Das Bekenntnis des Simon stammte nicht „aus Fleisch und Blut", nicht aus der Umwelt und nicht aus dem Erbwissen (nicht aus Raum und Zeit). Somit war das Bekenntnis des „Petrus", des „Felsen", Ausdruck einer Empfänglichkeit, die den Einflüssen der Umwelt („Fleisch") und der Zeit („Blut") gegenüber fest wie Fels ist. Und darum Grundlage der Kirche sein wird! Diese petrinische Offenheit für die vertikale Offenbarung der „moralischen Weltordnung" ist also der Fels, auf dem die Kirche erbaut wird.

Und Träger dieser Felshaftigkeit (im Doppelsinn von Empfänglichkeit für das „von oben" – und Unerschütterlichkeit gegenüber dem „von außen") ist ein bestimmter Mensch. Simon bar Jona ist der „Fels", der „Petrus". „Selig bist du, Simon, Sohn des Jonas, denn nicht Fleisch und Blut haben dir das offenbart, sondern mein Vater, der im Himmel ist. Und ich sage dir: du bist der Fels (petros), und auf diesen Felsen werde ich meine Kirche bauen, und die Pforten des Totenreiches werden sie nicht überwältigen" (Mt 16, 17). So lautet das feierliche Urteil, so die Satzung des göttlichen Gründers der Kirche. Und dieser feierliche Ausspruch gilt nicht den Zwölfen, dem Kreis der Apostel, sondern dem Petrus allein. Nicht „selig seid ihr" lautet die Anrede, sondern: „Selig bist du, Simon, Sohn des Jonas." Und schon gar nicht wird hier das „gläubige Volk" angeredet, das in Jesus „Johannes den Täufer, Elias, Jeremias oder einen der Propheten" sehen wollte. Der „Fels", auf den die Kirche gebaut werden soll, ist somit weder das gläubige Volk noch das Kollegium der Apostel, sondern Petrus allein.

Und mit „Petrus" ist auch keineswegs bloß die petrinische Befähigung gemeint (auf der die Kirche erbaut werden soll), und auch keineswegs nur der Primat eines bestimmten Bischofsstuhles, sondern durchaus die Individualität des hl. Petrus selbst. Es handelt sich hier also nicht um eine allegorisch zu deutende Verheißung, wonach unter „Petrus" alle Apostel zu verstehen seien oder sogar jeder gläubige Christ, sofern er wie Petrus den Sohn Gottes anerkennt. Nein, das Wort lautet: „Selig bist *du*, Simon bar Jona." Und nicht: „Selig seid ihr, meine Jünger." Und auch nicht: „Selig sind alle Menschen, die wie Simon bar Jona von felsenhafter Glaubensfestigkeit sind." Petrus ist als menschliche Individualität angesprochen („du, Simon bar Jona"). Das bedeutet, daß der hl. Petrus, wirklich er, zum Fels bestimmt wird – so wie er, nach dem Johannesevangelium, zum Hirten der ganzen Kirche („weide meine Lämmer, weide meine Schafe") berufen wird (Joh 21, 15 ff.). Der hl. Petrus also ist es, der den göttlichen Auftrag erhält, Ober-Hirte der Kirche zu sein. Ist das aber sein göttlicher Auftrag, denn birgt er auch die göttliche Möglichkeit, ihn zu erfüllen: und das bedeutet die ständige Gegenwart Petri durch alle Jahrhunderte der Geschichte der Kirche. „Gegenwart" meint eine solche Art der Anwesenheit, die es dem Petrus ermöglicht, seine Stimme hören zu lassen, Entscheidungen zu treffen (oder wirksam zu beeinflussen) und Taten zu vollbringen. Petrus ist der Fels der Kirche und der Ober-Hirte der Kirche, der in jedem Papst gegenwärtig ist, durch ihn sprechend und entscheidend.

Die dritte Bedeutung von „Fels" – neben der petrinischen Befähigung und der bleibenden Anwesenheit des hl. Petrus – ist die des Amtes oder des „Postens" des Ober-Hirten der Kirche. Es ist hier eine „Position" gemeint: sein Stehen zwischen „Himmel und Erde", d. h. die gleichzeitige Repräsentation der Welt der Vertikalen, der Wunder einerseits, und der Welt der geschichtlichen Entwicklung, der horizontal verlaufenden Kausalität andererseits. Denn der Papst steht zwischen Ewigkeit und Zeit, vertritt die Zeit vor der Ewigkeit und die Ewigkeit vor der Zeit. Er ist Hüter der Schwelle zwischen Ewigkeit und Zeit, zwischen dem Absoluten und dem Relativen, zwischen dem Unveränderlichen und dem veränderlichen Strom des geschichtlichen Fortschrittes. Und es ist seine Aufgabe, diese Gegensätze im Einklang zu erhalten. Er ist gekreuzigt auf dem Kreuz, das vom „Soll" der Ewigkeit und dem „Muß" der Zeit gebildet wird. Seine „Position" ist die einer völligen Unfreiheit, denn er ist gebunden durch die Gebote der zeitlosen Wahrheit und durch die Forderungen der Zeit. Nach der Überlieferung ist Petrus in Rom am Kreuz gestorben, mit dem Kopf nach unten. Dieses Bild gilt für alle Zeit: es bringt das Wesen des Papsttums real zum Ausdruck. Petrus ist der in der Geschichte der Kirche durch die Jahrhunderte hin Gekreuzigte: darin nimmt er am Schicksal seines göttlichen Meisters teil – und folgt ihm nach, den dreifach wiederholten Auftrag des Auferstandenen erfüllend: „Weide meine Schafe" und „Folge mir" (Joh 21, 22).

Und die Vertikale und Horizontale in ihrem Schnittpunkt (das „Kreuz" des hl. Petrus) bilden schließlich auch „die Schlüssel des Reiches der Himmel", die Christus dem Petrus anvertraut hat – jene Gewalt der Schlüssel, die den Einklang zwischen „Himmel" und „Erde" herstellt: „Was du auf Erden binden wirst, wird auch im Himmel gebunden sein, und was du auf Erden lösen wirst, wird auch im Himmel gelöst sein" (Mt 16, 19). Die „Unfehlbarkeit ex cathedra", die das Amt des Ober-Hirten der Kirche mit sich bringt, ergibt sich aus der dreifachen Bedeutung von „Fels", „Petrus": aus der petrinischen „Befähigung", also aus der Offenheit gegenüber der Vertikalen der Offenbarung – aus der aktiven Gegenwart des hl. Petrus im Papst – und aus der petrinischen „Position", „Stellung", der Mittlerstellung zwischen Vertikale und Horizontale, zwischen Ewigkeit und Zeit, aus dem „Kreuz" also des hl. Petrus.

Eine Entscheidung „ex cathedra", vom Papst getroffen und ausgesprochen, ist gleichsam Resultat einer Beratung zwischen dem diesseitig für Weg und Schicksal der Menschheit Verantwortlichen (dem Papst) und dem jenseitig für Weg und Schicksal der Menschheit Verantwortlichen (Christus, und in seinem Auftrag Petrus). Spricht der Papst „ex cathedra", d. h. vom „Stuhl" des hl. Petrus aus, so ist jede Willkür absolut ausgeschlossen – denn dann vertritt der Papst die gesamte Menschheit und bringt ihr Anliegen vor, während Petrus den Willen Christi zur Geltung bringt. Das Ergebnis dieses Ratschlusses ist eine Entscheidung unter dem Anspruch „ex cathedra Petri". Eine solche Entscheidung ist stets und grundsätzlich das „Wort vom Kreuz": ein im Zustand des Gekreuzigtseins und aus dem Zustand des Gekreuzigtseins geborenes Wort. Seine Autorität ist die des Kreuzes.

Da nun in den Jahrhunderten der weltlichen Macht des Papsttums die innere Situation des Gekreuzigtseins und des inneren Zustandes der Ohnmacht, den sie mit sich bringt, menschlich oft eine zu schwere Bürde für die einzelnen Päpste als Menschen war, kam es zu den (in sich unmöglichen) Versuchen, vor dem Kreuz zu fliehen – in die Politik, ins höfische Leben, ins Genießen von Kunst und Bildung, in die Räusche des Geschlechts. So waren einige Päpste menschlich mehr das Kreuz Petri als dessen Mitgekreuzigte. Aber wenn sie „ex cathedra" sprachen, konnten sie nicht anders, als im Geiste Petri sprechen. So ist es geschichtliche Tatsache, daß vom Heiligen Stuhl nie eine Häresie ausgegangen ist. Seit etwa anderthalb Jahrhunderten hat auch die menschliche Seite des Papsttums ihre Schwächen überwunden, und insofern ist die Reinheit und Heiligkeit des Heiligen Stuhles Petri wiederhergestellt worden; das äußert sich auch darin, daß heute die Welt wieder – auch die nichtkatholische und nichtchristliche – den Heiligen Stuhl ernst nimmt und nicht anders als mit Achtung von ihm denkt und über ihn spricht. Man hört wieder hin auf die Stimme, die vom Stuhle Petri her erklingt. Auch fällt es heutzutage niemandem mehr ein, den Papst geheimer politischer Absichten und politischer Schachzüge (geplant unter dem Deckmantel der Religion und Moral) zu verdächtigen. An der Integrität des Papstes zweifelt heutzutage praktisch niemand.

Nicht unbegründet wäre deswegen die Hoffnung, daß der wiederbelebende Impuls, den Papst Johannes XXIII. vom II. Vatikanischen Konzil erwartet hatte, diesmal nicht gleichsam aus der Peripherie der Kirche kommt – wie zur Zeit der arianischen Krise durch Athanasius und die Einsiedler, wie zur Zeit der Krise der Völkerwanderung durch Benedikt und seinen Orden, wie zur Zeit der Reformationskrise durch jene Spiritualität, die in Spanien entbrannte und in der Gesellschaft Jesu kulminierte –, sondern aus dem Zentrum, vom Stuhl des hl. Petrus her. Ich spreche nur von der Hoffnung, erlaube mir aber keine Prognose des Ratschlusses der göttlichen Führung der Kirche. Jedenfalls hat sich nach dem II. Vatikanischen Konzil in der Kirche ein Geist der Nachgiebigkeit und Anpassung gegenüber den Forderungen der Zeit und der Welt ausgebreitet, daß man nicht anders kann, als auf mehr petrinische „Felsenhaftigkeit" zu hoffen, ob sie nun vom Papst selbst ausgehen wird oder von ihm (wie so oft in der Vergangenheit) wenigstens anerkannt, sanktioniert und unterstützt werden mag.

Wie dem auch sei, die Kirche bedarf dringend eines neuen Wiederbelebungsimpulses aus dem Bereich der „Nachtseite" der Geschichte, eine

Auferweckung ihrer Wahrheit und Liebe, durch den von neuem ertönenden Ruf: „Lazarus, komm heraus."

4. Das Christentum als Auferstehungsvorgang in der Geistgeschichte der Menschheit

Das Große Glaubensbekenntnis, das Credo, endet mit den Worten und kulminiert in: „Expecto resurrectionem mortuorum et vitam venturi saeculi – Ich erwarte die Auferstehung der Toten und das Leben der kommenden Welt. Amen." Darin kommt zum Ausdruck, daß das Christentum die Welt, wie sie ist, nicht einfachhin bejaht (denn das wäre Heidentum), aber auch nicht schlechthin verneint (wie das buddhistisch-hinduistische Streben nach Befreiung von der Welt); christlich ist der Glaube an die Verwandlung der Welt. „Neuer Himmel und neue Erde" ist das Ideal, das Ziel, die Aufgabe und die Hoffnung der Christen. Die „vita venturi saeculi" ist das Leben der auferstandenen Welt – durch das Christentum verkündet, vorbereitet, eingeleitet, geglaubt, erhofft und erstrebt. Ja, das Christentum ist bereits in seinen erlesensten Früchten (vor allem in seinen Heiligen) die Vorwegnahme des „Lebens der zukünftigen Welt". Die „zukünftige Welt" ist eine Welt, in der die moralische Weltordnung die mechanisch-physische absorbiert, sie in sich aufgenommen und verwandelt hat. Dies eben geschieht im Leben der Heiligen. Das Leben der Heiligen, d. h. der voll und ganz „christlichen" Menschen, ist ein stetiger Prozeß der Verwandlung der physisch-mechanischen Kausalität in geistig-moralische Ursprünglichkeit, d. h. des bedingten „natürlichen" Menschen in den freien „übernatürlichen" Menschen. Ein Wandlungsvorgang, der keine bloß private menschliche Angelegenheit ist, sondern der Anteil des Menschen am kosmischen Vorgang des Werdens der „zukünftigen Welt", von der das Credo spricht. Mit anderen Worten: Durch das Christentum wird die Auferstehung wirksam in der Geistgeschichte der Menschheit und der Welt. Das bedeutet, daß alle vergessene, alle schlafende Wahrheit und Liebe der Vergangenheit im Christentum erinnert und wieder erweckt wird und daß folglich alle, die Anteil an dieser Wahrheit und an dieser Liebe hatten, die für sie eingetreten sind, sie verkündet und gelebt haben, wieder zu Wort kommen, zur Wirksamkeit, zur Geltung – und mögen sie vor noch so langer Zeit durch die Pforte des Todes gegangen sein. Die Geschichte des Christentums ist die Geschichte der Auferstehung aller Vergangenheit, insofern sie mit Wahrheit und Liebe verbunden ist. Es handelt sich aber um Auferstehung, nicht nur um Wiederholung oder bloße „Wiederkehr"; um verklärte, um „verchristlichte" Wiederkehr geht es, nicht bloß um einen Durchbruch der im Unbewußten schlummernden Reminiszenzen der Vergangenheit ins Bewußtsein.

Nun gibt es allerdings tatsächlich so etwas wie die „ewige Wiederkehr", von der nicht nur Friedrich Nietzsche, sondern auch „Der Prediger Salomo", das Buch Ekklesiastes oder Kohelet, spricht. Denn die salomonische Formel: „Es geschieht nichts Neues unter der Sonne", will besagen, daß alles, was neu zu sein scheint, schon einst gewesen ist und folglich nur als neu erscheint. Im Gegensatz zu Nietzsche bedeutet für „Salomo" die Erkenntnis der „ewigen Wiederholung" als Resultat menschlicher Weisheit eine tief pessimistische Diagnose der Welt, so wie sie nach dem Sündenfall geworden ist; und eben dadurch ist das Buch des Predigers Salomo (mit seiner pessimistischen Bestandsaufnahme) offen für die Erwartung von Erlösung und Heil. Indem „Salomo" die Gefangenschaft des Geistes in dieser Welt beschreibt, wo er im Rade ewiger Wiederholung sich von Eitelkeit zu Eitelkeit geworfen sieht, weist er – indirekt – mit Kraft auf die Notwendigkeit der Erlösung hin. Wie die zutreffende Diagnose, daß eine Krankheit vorliegt, einen Arzt und eine Therapie erfordert, so ruft das Buch des Predigers Salomo – wenn auch unausgesprochen – nach dem Messias und seinem Heil. Das erste Kapitel des Johannesevangeliums ist die Antwort auf „Salomos" brennende Frage, die hinter seinem abgründigen Pessimismus steht. Anders ist es mit Nietzsche. Er bejaht die ewige Wiederkehr. Sie ist ihm nicht Gefängnis, sondern „Ewigkeit", die ihn begeistert:

> „O wie könnte ich ob der Ewigkeit nicht brünstig sein,
> Und dem hochzeitlichen Ring der Ringe – dem Ring der Wiederkehr!
> Niemals fand ich das Weib, von dem ich Kinder möchte,
> Es sei denn dieses Weib die Ewigkeit!
> Denn ich liebe dich, o Ewigkeit."[14]

Statt „Brunst" nach dem „hochzeitlichen Ring der Wiederkehr" herrscht im Prediger „Salomo" unsägliche Trauer ob dieses Ringes. Und für Gautama Buddha ist solche Brunst „Tanha", der „Durst nach Leben", der die Menschen an das „Rad des Daseins" mit dessen ewiger Wiederholung von Geburt, Krankheit, Alter und Tod kettet; darum ist der von Buddha gelehrte achtgliedrige Pfad ein aus Mitleid der Menschheit angebotener Weg der Befreiung aus der Knechtschaft des „Rades" der Wiederkehr, das Nietzsche als „Ring der Ringe" feierte.

Auch Oswald Spengler glaubte, eine „kopernikanische Entdeckung" gemacht zu haben; in seinem Werk „Untergang des Abendlandes" stellte er die These auf und veranschaulichte sie durch zahlreiche Beispiele, daß alle Kulturen dieselben Lebens- oder Altersstufen durchschreiten, um zuletzt unterzugehen. Eine Art ewiger Wiederholung oder „ewiger Wiederkehr" waltet nach Spengler in der Geschichte der Menschheitskulturen. Und seine Botschaft war, daß die abendländische Kultur auf dem Punkt der Entwicklung angelangt sei, daß sie nunmehr die Stufe des Untergangs erreicht habe. Nichts Neues geschieht unter der Sonne!

---

[14] Also sprach Zarathustra, III. Teil.

Inzwischen hat auch die „kolumbianische" Entdeckung einer „Neuen Welt" des Unbewußten hinter der Welt des wachen Tagesbewußtseins – von S. Freud entdeckt und von C. G. Jung tiefer erforscht – neues Licht auf die Erscheinungen der „ewigen Wiederkehr" geworfen. Die Entdeckung besteht darin, daß hinter der Welt des Bewußtseins mit seinem Warum und Wozu sich der Ausblick auf eine Welt eröffnet, die aus dem wolkenlosen unendlichen Himmel des Überwußtseins und dem abgrundtiefen Meer des Unterbewußtseins besteht. Dieses Meer des Unterbewußtseins (dessen Rand- oder Untererscheinungen Freud erforscht hat, um daraufhin das ganze Meer als Reservoir der Energien der Geschlechtlichkeit – der Libido – zu betrachten) kann auch mit einem unterirdischen Meer glühend-flüssiger Lava verglichen werden, dessen „Flut" in vulkanischen Ausbrüchen und dessen „Ebbe" in Erdbeben sich kundtut. Nun: ob man das Meer des kollektiven Unterbewußtseins als eine Art Ozean ansieht mit seinem horizontalen Rhythmus von Ebbe und Flut oder als eine Art Lava-Meer, im Erdinneren eingeschlossen mit seinem vertikalen Rhythmus – in beiden Fällen handelt es sich um das hier maßgebende Bild des Meeres mit seinem Rhythmus von Ebbe und Flut. Denn auch das „Meer" des kollektiven Unterbewußten hat seinen Rhythmus von „Ebbe" und „Flut": eine wechselnde Aufeinanderfolge von vernunftbeherrschtem Tagesbewußtseins und einem von irrationalen Impulsen überfluteten Bewußtsein – Impulsen, die aus dem Bereich des Unterbewußten wirksam werden. So ist beispielsweise der Erste Weltkrieg von 1914–1918 mitsamt den Revolutionen und Bürgerkriegen, die unmittelbar auf ihn folgten, aus den Entscheidungen des rationalen Tagesbewußtseins nicht zu erklären. Der Erste Weltkrieg „brach aus" wie eine Naturkatastrophe – er wurde nicht angefangen aufgrund überlegter Entschlüsse aus dem hellen Tagesbewußtsein. Er war die Folge der Überschwemmung des Bewußtseins durch die Fluten des hochkommenden Unterbewußtseins. Oder mit anderen Worten: Der Erste Weltkrieg war eine kollektive psychopathologische Erscheinung.

Nun sind die Fluten des aufsteigenden Unterbewußtseins, die das Bewußtsein überschwemmen, nichts anderes als die psychische Vergangenheit, die wieder aufsteigt, die „Wiederkehr" der Vergangenheit, so wie sie war, der unverklärten Vergangenheit also, im Gegensatz zur „Auferstehung", die das Wiedererscheinen der verklärten Vergangenheit bedeutet. Der Ausbruch des Ersten Weltkrieges versetzte die westlichen Völker Europas in einen psychischen Zustand, aufgrund dessen sie glaubten, daß sie die zivilisierte Welt von dem Einbruch des Barbarentums verteidigen müßten – genauso wie vor etwa fünfzehn Jahrhunderten ihre Vorfahren die Zivilisation gegen die Einbrüche der Barbaren von jenseits des Rheins zu verteidigen hatten. Die Völker Frankreichs, Belgiens, Italiens und Englands erlebten von neuem das Entsetzen und die Furcht, die ihre Vorfahren in Gallien, Italien und Britannien vor den verheerenden Horden der Goten, der Alemannen, der Vandalen und der

Hunnen empfunden hatten. Die Franzosen und die Belgier kämpften im Ersten Weltkrieg nach ihrer Überzeugung für die „Zivilisation" – ein Wort, das nicht nur in der Presse am häufigsten als Kriegsziel genannt wurde, sondern auch in den Gemütern der Soldaten und des Volkes die größte Rolle spielte. Die Briten ihrerseits empfanden ihre Gegner als „Hunnen" und projizierten auf Kaiser Wilhelm II. das Bild Attilas, des Hunnenführers.

Auch Völker Nord- und Südamerikas hatten teil am Wiederauftauchen solcher Reminiszenzen, haben sie doch weithin mit Westeuropa gemeinsame Vorfahren.

Im damaligen Russischen Reich dagegen war die psychologische Situation seiner Völker höchst unterschiedlich. Im europäischen Teil wurden Polen, Litauer, Weißrussen, Letten, Esten und die russischen Bewohner Westrußlands bis Moskau und Petersburg von einer mit der Gewalt einer Zwangsvorstellung aufsteigenden Reminiszenz ergriffen: da sah man sie wieder, die unheimlichen Fremden (die „Stummen"), die geharnischt und gepanzert vom Westen aus Land nach Land überwältigten, Slawen, Russen, Litauer und die baltischen Völker versklavten, sie von festen Burgen aus in Gehorsam hielten – um überall deren heilige Erde in Besitz zu nehmen und für die eigenen unheiligen Zwecke zu gebrauchen. Kurzum, die Reminiszenz an jenen tausendjährigen „Drang nach Osten" bemächtigte sich der Gemüter und entzündete in ihnen den kriegerischen Geist. Diese Völker im westlichen Teil des Russischen Reiches kämpften nicht für die „Zivilisation", sondern für ihre „Erde", für ihre Eigenständigkeit. Die Völker in den weiter östlich gelegenen Teilen des Russischen Reiches wurden von dieser Reminiszenz nicht mit ergriffen. So kam es nicht zu einem nationalen Krieg, zu einem Volkskrieg in Rußland. Psychologisch blieb er der Krieg des europäischen Ostens gegen die Deutschen. Ein großer Teil Rußlands, sein östlicher, blieb psychologisch unbeteiligt und nahm am Kriege innerlich nur Anteil aus traditioneller Treue zum Zaren – soviel und solange sie galt. Ungleich etwa den Franzosen, bei denen dieser Krieg das Anliegen des ganzen Volkes und jedes einzelnen war, blieb ein großer Teil der Bevölkerung in den vom Kriegsschauplatz abgelegenen Gebieten Rußlands psychologisch unbeteiligt und sah im Krieg bloß eine Angelegenheit der Regierung beziehungsweise des Zaren, nicht aber seine eigene Angelegenheit. Darum vertrat der aus Sibirien stammende Grigoriy Rasputin nicht nur seinen persönlichen Standpunkt, sondern auch den des Volkes, zu dem er gehörte, als er den Krieg verurteilte und auf einen sofortigen Friedensschluß mit Deutschland drängte.

Der psychopathologische Zustand, in den die Deutschen im Ersten Weltkrieg gerieten, war durch eine Aktualisierung latenter Reminiszenzen des alten Germanentums bestimmt. Der Geist der „Hermannsschlacht" gegen die römischen Legionen im Teutoburger Wald wurde wieder lebendig. Es stieg der alte Haß des Germanentums gegen das Romanentum wieder auf und gab den durch Belgien nach Frankreich einbrechenden Heeren eine gewaltige Stoßkraft. Man zog gegen den „Erbfeind" in das Land des „Erbfeindes", und die alte „Erbfeindschaft" wurde wieder aktuell und gegenwärtig. Nicht aus Schulbüchern der Geschichte erstand sie neu, sondern aus den Wogen des Unterbewußtseins, die das Bewußtsein überfluteten, die Vergangenheit heraufbeschworen und die Gegenwart nur mehr im Lichte der Vergangenheit sehen ließen. Kein militärischer Drill kann die psychologische Tatsache erklären, daß z. B. Schuster und Schneider aus Mainz oder Hildesheim, daß Briefträger aus Berlin und Bauern und Pächter aus Ostpreußen plötzlich massenweise zu kriegerischen Helden wurden, die in Sturmangriffen die befestigten Stellungen des Feindes überrannten. Es war das alte Heldentum, das germanische Heldentum, das in ihnen aus dem Unterbewußtsein aufstieg und das Kriegsfreiwillige wie Einberufene zu Helden machte – Männer, die aus den friedlichsten Berufen stammten. Denn es ist Tatsache, daß die deutschen Heere am Anfang des Krieges an allen Fronten – bis der Krieg zum Schützengrabenkrieg wurde – eine fast unwiderstehliche Stoßkraft besaßen.

Das gilt sowohl für die Westfront als auch für die Ostfront. Jedoch waren es andere Reminiszenzen, die aus dem Unterbewußtsein der deutschen Ostkrieger aufstiegen: Reminiszenzen an den Jahrhunderte währenden Pionierzug ostwärts, wo „das deutsche Schwert dem deutschen Pfluge Boden gewann".[15] Da war wieder die alte Verachtung der Slawen (= Sklaven) und die Mißachtung ihrer Rechte auf den von ihren Vorfahren ererbten Besitz – eine Verachtung und Mißachtung, wie sie auch für andere Formen des kolonialistischen Pioniergeistes typisch gewesen sind. Auch in Amerika und Australien beispielsweise hielten die weißen Ansiedler es für selbstverständlich, daß sie alle Rechte auf das Land der Eingeborenen hätten, weil sie von deren Land besseren Gebrauch machen würden, so daß es sie bis zum Ersticken empörte, wenn die Eingeborenen sich unterstanden, ihre „Rechte" auf schlechten oder verschwenderischen Gebrauch ihres Landes mit Waffengewalt zu verteidigen! So empfanden auch die Deutschen ihren Ostkrieg, und die Empörung war um so größer, als die Völker des „Erbkolonialgebietes" (im Gegensatz zu Frankreich als dem Land des „Erbfeindes") nicht nur Widerstand leisteten, sondern auch selbst zum Angriff überzugehen wagten.

Der Zweite Weltkrieg von 1939–1945 war eine Fortsetzung dieses Spiels der Triebkräfte des Ersten Weltkrieges, für welche Hitlers Gestalt zu einem Brennpunkt wurde, zum Punkt höchster Konzentration. Hitler war der Kristallisationspunkt der das Bewußtsein überflutenden Mächte des Unterbewußtseins, worin das Geheimnis seiner Führerrolle lag.

Die Weltkriege sind Beispiele einer für die Völker tragischen „Wiederkehr" der Vergangenheit – ihrer Wiederkehr aus den Tiefen des Meeres

---

[15] So Hitler in „Mein Kampf".

des kollektiven Unterbewußtseins. Nicht minder tragisch kann solche „Wiederkehr" für den einzelnen Menschen sein. An dem Schicksal Friedrich Nietzsches, dieses wunderbar begabten und für alles Edle und Edelste aufgrund seiner Veranlagung offenbar vorbestimmten Menschen, kann man die tragische „Wiederkehr" jenes Triebes sehen, der dem allmenschheitlichen Unterbewußtsein zugrunde liegt – des Triebes nämlich, der als „Evolutionstrieb" bezeichnet werden kann im Sinne der Verheißung der Schlange im Paradies: „Ihr werdet sein wie Götter." Die Tragik bestand darin, daß hier ein Mensch, beseelt von dem Streben, dem Menschendasein auf den Grund zu kommen, bis in die Tiefe des Unterbewußtseins vordrang, bis dorthin, wo der Urwille der Evolution (der ursprüngliche Urtrieb, den die Bibel in die Worte faßt: „Ihr werdet sein wie Götter") waltet, und daß er dann nichts anderes konnte, als diesen Trieb in seinem Bewußtsein walten zu lassen. Er schaute nicht bloß die Tiefe, erkannte sie nicht nur, sondern die Tiefe stieg auf und bemächtigte sich seines Bewußtseins. Sie besetzte es, und so wurde er zum Sprachrohr des Tiefenwillens: „Ihr werdet sein wie Götter." Diese „Wiederkehr" nicht bloß des Anschauens, sondern des Essens vom Baum der Erkenntnis, diese Wiederkehr der Urvergangenheit der Menschheit, des „Sündenfalles", verdrängte das individuelle Bewußtsein Nietzsches und machte ihn besessen. Der Autor des Buches „Jenseits von Gut und Böse" und des Buches vom „Antichrist" war nicht Friedrich Nietzsche mehr. Sein Bewußtsein war längst übermächtigt von Reminiszenzen aus jener Schicht des Unterbewußtseins, in der die „Lehre" der Schlange des Paradieses wirksam ist. Und diese Vergewaltigung seines individuellen Bewußtseins durch das Unterbewußte ging so weit, daß sein Bewußtsein ganz verdrängt wurde und der „Irrsinn" ausbrach. Die Geisteskrankheit, in der das große Abenteuer Nietzsches endete, war nicht „Strafe", weil er seinen persönlichen Gelüsten nach Macht, Geltung und Größe hemmungslos gefrönt hätte; Nietzsche war ein „Opfer", Opfer der übermenschlichen Kräfte des kollektiven allmenschheitlichen Unterbewußtseins, die in ihm gleichsam vulkanisch zum Ausbruch gekommen waren. Und was da ausbrach, war die archaische, ja die archaischste Schicht des Unterbewußtseins der Menschheit: der Evolutionstrieb selbst; es war das Allgemeinste und das Verborgenste, das im Unterbewußtsein der gesamten Menschheit wirksam ist; es war der Antrieb, der sich aus der „Verheißung" der Schlange im Paradies nährt. In diesem Sinn ist Nietzsches tragisches Schicksal von kaum einschätzbarem Wert für die Menschheit – eine Warnung, denn wer Ohren hat zu hören und Augen hat zu sehen, kann an ihm die Wirklichkeit und das Wesen der Urversuchung der Menschheit erkennen. Aus Nietzsches Leben kann man die Einsicht gewinnen, daß die Evolution mit ihrem Kampf ums Dasein und dem Überleben des Stärkeren oder des Tüchtigsten nicht der gottgewollte Weg der Menschheit ist und sein kann. Diese Einsicht ihrerseits ruft unumgänglich die Sehnsucht nach der großen Buße wach, nach einer „Metanoia" der „evolutionierenden" Menschheit, wie sie dem tiefen Sinn des Gleichnisses vom verlorenen Sohn entsprechen würde. Zu einer solchen Buße, einer solchen Umkehr ruft den Menschen Nietzsches Schicksal – und insofern war sein tragisches Leben nicht umsonst. Wer das versteht, kann nicht anders, als voller Dankbarkeit seiner zu gedenken.

Die „Wiederkehr" der Vergangenheit, wie ganze Völker sie in den Weltkriegen erfahren haben, und die „Wiederkehr" der Urvergangenheit im individuellen Schicksal Nietzsches sind keine „Auferstehungen". Denn Auferstehung ist das Wiedererscheinen der verklärten Vergangenheit, d. h. Wiedererscheinen des Vergangenen, sofern und soweit es ewigen Wert hat. Alle Wahrheit und alle Liebe der Vergangenheit haben Ewigkeitswert – und sie sind es, die auferstehungsfähig sind. So war das Christentum in seiner ersten – der apostolischen – Epoche die auferstandene, verklärte Religion Israels. Diese hat in ihrer christlichen Renaissance alles Zeitbedingte und Lokal-Nationale abgestreift; nur was an Israels Religion von universeller (katholischer) Bedeutung und von zeitlosem Wert war, das lebte auf mit neuem Leben und erstrahlte wie die Sonne den Völkern der Menschheit. So ist das erstaunliche Wunder geschehen, daß Moses und die Propheten zu Lehrern der Menschheit wurden, zu einem Kreis von Sternen um die Christus-Sonne herum. Und nachdem der Tempel und die ganze heilige Stadt Jerusalem zu Schutt und Asche geworden waren, gelangte der verklärte Geist Israels zur Herrschaft über die Seelen bei allen Völkern des Römischen Reiches – und darüber hinaus. – Die Stadt Davids und der Tempel wurden vernichtet, aber die Psalmen, die dort entstanden waren, wurden von aller Welt gesungen, gebetet und meditiert. Abraham, Isaak und Jakob wurden in Britannien, in Gallien und in Hellas als heilige Patriarchen verehrt. Und alle Völker stimmten ein in den Hymnus Israels: „Heilig, heilig, heilig ist der Gott Tsebaoth (der Gott der Heerscharen)."

In der zweiten Epoche der Geschichte des Christentums wurde ein starker Impuls wirksam, der der Religion Israels wesensfremd war. Es war die große Sehnsucht und der Durst nach Weltentsagung, nach Einsamkeit mit und für Gott. Das Einsiedlertum, aus dem sich später das Mönchswesen entwickelte, erstand ganz neu in der christlichen Kirche als ein neues Ideal des Weges zur Wahrheit, des Lebens in der Wahrheit. Das „Wüstenchristentum" der Einsiedler unterschied sich vom „Christentum der Gemeinden", d. h. vom normalen, gewohnten Leben der Kirche. Die Wüstenväter waren ganz vom fordernden Geist bestimmter Sätze des Evangeliums beseelt (etwa: „Das Himmelreich leidet Gewalt" oder: „Suchet, so werdet ihr finden, bittet, so wird euch gegeben, klopfet an, so wird euch aufgetan werden"). Was das Evangelium fordert, ergriff sie tiefer als die vertrauensvolle Erwartung der heilwirkenden Gnade aus den Gnadenschätzen der Sakramente, wie sie bei den liturgischen Handlungen der Kirche vollzogen werden. Eremit wurde man aus der unauslöschlichen, den gesamten Menschen ergreifenden und beherrschenden Sehnsucht, durch innere Schulung die Wirklichkeit des Himmelreiches zu erfahren, Zeuge seiner Wirklichkeit zu werden und somit ein Christentum der „Erfahrung aus erster Hand" zu leben. Die Wüstenväter waren durchaus keine Neuerer; sie waren traditionstreu und zweifelten nicht an der Wahrheit der Überlieferung der Kirche und an der heilbringenden Wirkung ihrer Sakramente. Aber was sie glaubten, das wollten sie erfahren und leben in der Einsamkeit der Wüste, denn die bunte „Welt" mit ihrem Gelärme war ihnen ein Hindernis auf dem Wege der Vertiefung, die für solche Wandlung des Glaubens in Erfahrung notwendig ist. Nun ist die Wandlung des Glaubens, der glaubt, was er hört, zu unmittelbarer ureigener Erfahrung, das Wesen und das Herzensanliegen der indisch-tibetanischen Geistigkeit. Sie ist das Anliegen des Yoga, das Ziel des Vedanta und gleicherweise auch das Ziel des buddhistischen Meditationsweges. Da handelt es sich ebenfalls nicht um mangelnden Glauben, um Zweifel an der religiösen Tradition, sondern um das Streben nach Erfahrung dessen, was man glaubt und was die Tradition lehrt: um Zeuge zu werden der Wahrheit der Überlieferung. Innere Erfahrung aber setzt Meditation voraus und gedeiht nur in Stille und Einsamkeit. So entstand neben dem Normalleben der Gläubigen im Hinduismus und Buddhismus eine asketische Strömung von Einsiedlern und Mönchen – dieser einsamen Zeugen des Geistes, die in den Augen des gläubigen Volkes hohes Ansehen genossen. Ja, dieses Ansehen stieg mit der Zeit so hoch, daß die Einsiedeleien der einsamen Weisen zu Wallfahrtsorten wurden, wohin jährlich Tausende von Pilgern zogen; und die Schriften, die von solchen Einsiedlern verfaßt wurden, gehören zu den verbreitetsten und beliebtesten Kommentaren und Ergänzungen zu den Vedas oder zu den überlieferten Reden Buddhas.

Das Wiederaufleben des Einsiedlertums im Christentum (das, wie gesagt, dem Geist der Religion Israels wesensfremd war, denn die war gänzlich auf Familie und Gemeinschaft eingestellt) kann nicht als Folge eines etwaigen „indischen Einflusses" auf das Christentum erklärt werden. Weder der hl. Antonius von Theben noch der hl. Paulus haben das geringste irgendeinem direkten indischen Einfluß zu verdanken. Dasselbe gilt auch vom hl. Hieronymus und anderen Eremiten (auch von den irisch-angelsächsischen Eremiten), von denen geschichtlich Nachweisbares überliefert worden ist. Nein, das christliche Einsiedlertum entstand aus einem tiefen Bedürfnis der Seele heraus, aus dem Bedürfnis nämlich, die Wahrheit der Überlieferung zu erfahren – selbst zu erfahren. Daß dieses Bedürfnis, das der Lebensnerv des indischen und buddhistischen Geisteslebens seit jeher ist, in den Wüstenvätern spontan lebendig wurde, spricht nur dafür, daß der ewigkeitswerte Kern des indisch-buddhistischen Eremitentums im Geistesleben des Christentums – in verklärter Gestalt – wiedererschienen, d. h. auferstanden ist. Die Verklärung besteht darin, daß das Ideal der Selbsterlösung von der Welt zum Ideal der Erlösung der Welt wurde, daß das Streben nach dem Zustand der ewigen Ruhe des Nirwana zum Streben nach der Einheit mit dem lebendigen Gott Abrahams, Isaaks und Jakobs wurde, dem Vater Jesu Christi, daß die Sehnsucht nach jenseitiger Todlosigkeit zur Hoffnung auf die diesseitige Auferstehung wurde.

Das Einsiedlertum als der im Christlichen auferstandene Wesenskern des indisch-buddhistischen Geisteslebens war keine vorübergehende Erscheinung, die auf wenige Jahrhunderte beschränkt gewesen wäre. Es lebt auch heute noch mit aller Intensität seiner jugendlichen Kraft. Selbst wo es heute keine Wüsten und keine dichten Wälder gibt, wohin man sich in die Einsamkeit ungestört zurückziehen könnte, so gibt es dennoch Menschen, die in der Wüste der Großstädte und in dem Dikkicht der Menge Einsamkeit und Stille des Lebens für den Geist gefunden – oder geschaffen – haben. Und wie einstmals, ist es ihr Streben, Zeugen für die Wahrheit des Christentums zu werden. Und gerade der Weg der Vertiefung führt sie nicht zu individualistischen Sonderüberzeugungen, sondern gibt ihnen unwankbare Sicherheit in der Wahrheit der christlichen Offenbarung, wie sie von der Kirche überliefert und gelehrt wird. Mit anderen Worten: Die Einsamen um der Vertiefung willen – gerade sie kommen auf ihrem Wege der geistigen Erfahrung zur unerschütterlichen Einsicht, daß die Dogmen der Kirche absolut wahr sind. Und so kann es geschehen, daß – wie in der Zeit der arianischen Verfinsterung der Christenheit – die „Eremiten" auch heute wieder dem hl. Petrus zu Hilfe kommen, ihre Einsamkeit verlassen, um als Zeugen der Wahrheit aufzutreten. Damals geschah es nämlich, daß der hl. Antonius von Theben die Wüste verließ und nach Alexandrien eilte, um den Bannerträger der Kämpfer für die Göttlichkeit Christi, den hl. Athanasius, durch den ganzen Einsatz seiner moralischen Autorität zu stützen. Die Verfinsterung, die als die „heutige Krise der katholischen Kirche" bezeichnet wird, kann dazu führen, daß die einsamen Söhne der Kirche dem Heiligen Vater, dem Einsamsten aller Einsamen, zu Hilfe eilen werden, um die Kirche vor dem Abgrund, auf den sie sich zubewegt, zu retten.

Nun war die Auferstehung des indisch-buddhistischen Eremitentums innerhalb der christlichen Lebenssphäre – dieser Same der gesamten späteren Klosterbewegung und Ordensbildung – nicht das letzte Ereignis dieser Art in der Geschichte der Kirche. Auch das Edelste und Wertvollste des antiken Heidentums wurde auferweckt – entsprechend dem Gesetz, daß alle Wahrheit und alle Liebe der Vergangenheit (die allein von überzeitlichem Wert sind) aus den Gefilden des Vergessens, des Schlafes und des Todes ins Tageslicht des christlichen Geisteslebens hervorgerufen werden. Hervorgerufen durch das von Zeitalter zu Zeitalter ertönende, erinnernde, weckende und auferweckende Wort dessen, der die Auferstehung und das Leben ist: „Lazarus, komm heraus!" Das platonisch-aristotelische Geisteserbe beispielsweise auferstand strahlend in verklärter Gestalt und begeisterte große Geister der Kirche zur Philosophia perennis, zu jener „nie versiegenden" Philosophie, die die Schale des reinsten menschlichen Denkens empfangend und opfernd der göttlichen Offenbarung entgegenhält. Denn das war das wesentliche Anliegen der Scholastik: die Opferschale des kristallklaren menschlichen Denkens auf den Altar der offenbarenden Gottheit zu erheben.

Der Unterschied zwischen Scholastik und vorchristlicher Philosophie bestand namentlich darin, daß es der Scholastik darum ging, die offenbarte göttliche Wahrheit in Schrift und mündlicher Überlieferung zu erfassen, während die vorchristliche Philosophie sich vor der Aufgabe sah, die Welt (als Schöpfung Gottes) gedanklich zu durchdringen. Da nun sowohl die Welt – die Natur – als auch die Heilige Schrift Offenbarungen desselben Autors sind, ging die Scholastik von der grundlegenden Überzeugung aus, daß das auf die Welt gerichtete Denken und das auf die Offenbarung gerichtete Denken sich nicht widersprechen können. Die Logik, die in der Welt und durch die Welt sich offenbart, kann keine andere sein, als die ,,Logik" des offenbarenden – und fleischgewordenen – Logos, ,,durch den alles geschaffen worden ist". So geschah es, daß das Denken im Christentum zu hohem Ansehen gelangte und eine ungeheure Gedankenarbeit innerhalb des Christentums geleistet wurde – eine Gedankenarbeit, die an Intensität und Ausmaß bei weitem die der Philosophen der vorchristlichen Antike übertraf. Es war die auferstandene – christlich verklärte – Philosophie des Heidentums, die so gewaltig wiederauflebte.

Martin Luther, der sowohl dem scholastischen Gedankenleben als auch dem Weg der inneren Schulung des Mönchtums den Rücken kehrte, hat richtig erkannt, daß diese zwei Wege des geistigen Strebens dem ,,ursprünglichen" Christentum, d. h. dem Christentum der ersten – apostolischen – Epoche, fremd und erst später hinzugekommen sind. In seinem reformatorischen Eifer, das ursprüngliche Christentum von den ,,Zutaten" zu säubern, hat er aber die Tatsache verkannt, daß das katholische Christentum die Auferstehung aller überzeitlichen Werte der Vergangenheit mit sich bringt. Was er als ,,Menschenwerk", als ,,Möncherey" und ,,Gedankenspinnerey" betrachtete und abtat, war in Wirklichkeit nicht minder Gotteswerk als die ursprüngliche Offenbarung: es war das Wunder der Auferstehung aller Wahrheit und aller Liebe der Vergangenheit, erinnert, geweckt und auferweckt durch den Ruf, der in der Geschichte des Christentums ertönt: ,,Lazarus, komm heraus!"

Denn ,,christliche" Geschichte ist nicht Geschichte der Anpassung an den Fortschritt der Welt; sie ist die Geschichte der Rückkehr des verlorenen Sohnes (der die Menschheit ist) in das Vaterhaus. Ihr Weg ist nicht die Gestaltung der ,,Zukunft", sondern die Auferstehung der Vergangenheit. Und zwar nicht als bloße Wiederkehr der Vergangenheit, sondern als Auferweckung ihres ewigen Wahrheitskernes, ihrer Größe und ihres Adels. Wenn der Sündenfall der Menschheit den Abstieg von der Höhe des Bewußtseins der immerwährenden Gegenwart Gottes bedeutet, so führt der Weg des Wiederaufstiegs durch genau dieselben Stufen, durch die der Abstieg geschehen war, und darum über die Stufen der Auferstehung der Vergangenheit. Und die wahre Zukunft der Welt, ihr

Ende, der „Jüngste Tag", besteht nicht im endgültigen Triumph des Fortschrittes der natürlichen Evolution, sondern in der Auferstehung der gesamten Vergangenheit. Der „jüngste Tag" ist kein bestimmter „Tag" im letzten Jahr der Welt, sondern er ist der bereits geschehende Vorgang der Auferstehung, der in der Auferstehung des ewigen „Ersten Schöpfungstages" kulminiert. Es ist das Urschöpfungswort: „Es werde Licht", das das Wesen des Jüngsten Gerichts ausmacht. Ja, die Welt geht unter – und sie aufersteht zu gleicher Zeit. Das ewige Schöpfungswort: „Es werde Licht", ist Alpha und Omega, das Erste und das Letzte und das stets Gegenwärtige (Offb 21, 6).

Das Erste ist also auch das Letzte und der „Erste Schöpfungstag" ist der „Jüngste Tag", der Tag der allgemeinen Auferstehung. Darum ist die Geschichte des Christentums, die sich in Richtung auf die „letzten Dinge", auf die Zukunft also, hinbewegt, gleichzeitig die Geschichte der Auferweckung der Vergangenheit, d. h. der Auferstehung der gesamten Vergangenheit, insofern Wahrheit und Liebe in ihr gelebt haben. So werden nach und nach im Christentum wiederaufleben vergessene, in Tiefschlaf versunkene und untergegangene („gestorbene") Weisheitsschätze und Opfertaten der Vergangenheit – bis hin zur Uroffenbarung, bis hin zum paradiesischen Zustand der Menschheit! So daß alle Wahrheit und alle Liebe aller Zeiten in der Kirche Christi ihre Heimat haben werden, die dann die allumfassende (katholische) Einheit all dessen sein wird, was von überzeitlichem Wert ist, und all derer, die zu überzeitlichen Werten streben – im Sinne der Verwirklichung des Ideals: ein Hirte und eine Herde. Der Satz des Glaubensbekenntnisses: „Credo in unam sanctam, catholicam et apostolicam Ecclesiam", erhält nur dann seine volle Bedeutung, wenn die Kirche nicht nur im Raum universell wird, sondern auch alle Zeiten universell umfaßt und auch darin „katholisch" wird, wenn sie also nicht nur alle Völker der Gegenwart, sondern auch alle Zeiten der Vergangenheit umfaßt. Dies geschieht auch, indem die Vergangenheit im Fortgang der Geschichte des Christentums nach und nach aufersteht. Es ertönt in der Geschichte des Christentums wieder und wieder die auferweckende Stimme dessen, der die Auferstehung und das Leben ist und der uns versprochen hat, bis zum Ende der Welt mit uns zu sein, die Stimme, die da ruft: „Lazarus, komm heraus!"

DIE VERKÜNDUNG AUF DEM SINAI

Der Bund und die Gebote

I

Einleitung: Die Wolke über dem Berge

Im zweiten Buch Moses (Exodus) wird das weltgeschichtliche Ereignis der Offenbarung und Verkündung der zehn Gebote geschildert: Eine dichte Wolke bedeckte den Berg Sinai, und Donner und Blitze begleiteten die Verkündung der zehn Gebote. Das Volk Israel stand in einiger Entfernung, während Moses in das Dunkel eintrat, darin Gott war (Ex 20, 21). Aus dem Dunkel der Wolke, die die Spitze des Berges bedeckte, trat Moses hervor, stieg den Berg hinab und verkündete die göttlichen Gebote dem Volke.

Aus der Wolke, die über dem Berge Sinai lag, holte er die zehn Gebote herab und teilte sie dem Volke in menschlicher Sprache und mit menschlicher Stimme mit. Was als offenbarungsschwangere Wolke über dem Berge lag, das verdichtete Moses gleichsam zu den Sätzen der zehn Gebote. Sie war die menschlich-faßbare und den Menschen zumutbare *Kristallisation* dessen, was im „Dunkel der Wolke, darin Gott war", vorging. In der Schöpfungsgeschichte heißt es: „So wurden Himmel und Erde mit ihrem ganzen Heer vollendet. Gott vollendete am siebten Tag sein Werk, das er gemacht hatte, und ruhte am siebenten Tage von seinem ganzen Werk, das er gemacht hatte. Und Gott segnete den siebten Tag und heiligte ihn" (Gen 2, 1–3). Hier wird also auf die himmlisch-göttliche Entsprechung des Sabbatgebots ausdrücklich hingewiesen. Im irdisch-menschlichen Bereich soll das himmlisch-göttliche Urbild des Siebenten Schöpfungstages *gespiegelt* werden. Damit gibt die Bibel einen Schlüssel, um das Geheimnis der Wolke über dem Berge zu verstehen. Die Wolke enthielt die göttlich-kosmischen Entsprechungen der für den irdisch-menschlichen Bereich bestimmten zehn Gebote. Sie bestand aus den kosmisch-himmlischen Urbildern ihrer irdischen Entsprechungen oder Spiegelungen, die die zehn Gebote sind.

Das dritte der zehn Gebote – das Gebot der Sabbatheiligung – enthält insofern keine Besonderheit:

Die zehn Gebote stellen eine organische Einheit dar, und wie das dritte Gebot eine irdisch-menschliche Entsprechung oder Spiegelung ei-

131

nes kosmisch-göttlichen Urbildes ist, so sind es alle zehn Gebote. Alle zehn sind Verdichtungen des kosmisch-göttlichen Inhalts derselben Wolke über dem Berge. Alle sind sie irdisch-menschliche Entsprechungen oder Spiegelungen von himmlisch-göttlichen Urbildern. Da es sich bei der Verkündung der zehn Gebote nicht um menschliche, sondern um göttliche Gesetzgebung handelt, kann ihre Begründung nicht im irdisch-menschlichen Bereich – auch nicht in der menschlichen Moral und in sozialen Verhältnissen – gesucht werden, sondern im Bereich der kosmisch-göttlichen Weltordnung – „in der Wolke" also, die *über* dem Berge lag. Die zehn Gebote müssen eine irdisch-menschliche Spiegelung der *moralischen Weltordnung* sein. Somit gilt es, um sie zu verstehen und gebührend würdigen zu können, mit Moses geistig auf die Spitze des Berges Sinai zu steigen und dort in die Finsternis der Wolke einzutreten, „darin Gott war".

Es gilt, die Worte der steinernen Tafeln, auf denen die zehn Gebote in Schrift gemeißelt waren, wiederum zu ihrer ursprünglichen Sprache des Donners und des Blitzens in der Wolke über dem Berge zurückzuführen, um einzusehen, daß die zehn Gebote *tatsächlich göttlichen Ursprungs* sind.

II
„Ich bin Jahwe, dein Gott"
Die Einheit in der Zehnheit

Alle zehn Gebote haben das eine Grundgebot zur Voraussetzung: das Gebot, die Offenbarung des Herrn als solche anzuerkennen. Um zu verstehen, daß die zehn Gebote tatsächlich eine Spiegelung der göttlichen Weltordnung sind und ihren Ursprung in dem einen Gott haben, wollen wir zunächst einen Blick in die hebräische esoterische Überlieferung tun.

„Zehn Sephiroth (Zahlqualitäten) ohne etwas, zehn und nicht neun, zehn und nicht elf; verstehe mit Weisheit und erkenne mit Einsicht, prüfe durch sie und erforsche von ihnen, wisse, rechne und zeichne; stelle die Sache in ihre Klarheit und setze den Bildner auf seine Stätte; denn er ist der einzige Schöpfer und Bildner und nicht gibt es einen außer ihm; seine Attribute sind zehn und haben keine Grenze." Und:
„Zehn Sephiroth (Zahlqualitäten) ohne etwas, ihr Aussehen ist wie die Erscheinung des Blitzes, ihr Ziel ist endlos, sein Wort ist in ihnen im Hin- und Herlaufen und auf seinen Befehl eilen sie wie ein Sturmwind; und vor seinem Thron werfen sie sich nieder." So steht es in dem „Sepher Jetzirah", dem Buch der Schöpfung[1].

---

[1] Veröffentlicht im hebräischen Urtext und übersetzt von Lazarus Goldschmidt, Frankfurt a. M. 1894, I §§ IV u. VI, S. 50 f.

Die Schrift „Sepher Jetzirah" ist das älteste Dokument der hebräischen esoterischen Überlieferung (der Kabbala). Obgleich die Ansichten über ihr Alter weit auseinandergehen, so stimmen sie doch darin überein, daß sie älter ist als das Sephira Zohar, das Buch des Leuchtens, das die umfassendste Darstellung der Lehren der Kabbala enthält und dessen Entstehung in das dreizehnte Jahrhundert nach Chr. gesetzt wird. Wie dem auch sei, das Sepher Jetzirah ist zweifellos eine alte und authentische Quelle der esoterischen Überlieferung des Judentums und gibt deren Grundauffassungen getreu wieder. Zu ihren Grundauffassungen gehört in erster Linie die von der *qualitativen Bedeutung der Zahl*.

Entsprechend dieser Auffassung, die auch diejenige der Pythagoräer war, bedeuteten die Zahl und der Vorgang des Zählens nicht die endlos quantitative Vermehrung der Eins, *also nicht ihre Vermehrung*, sondern die Stufenleiter der *Analyse der Einheit*. Die Einheit umfaßt alle Zahlen, und zur Einheit sollen alle Zahlen zurückgeführt werden. So besteht das Zählen aus zwei Vorgängen: der Analyse der Einheit, d.h. dem Zergliedern der Einheit in ihre Elemente; und der Synthese, d.h. dem Zurückführen zur Einheit, indem ihre Bestandteile oder Elemente, nachdem sie analytisch herausgesondert wurden, als Einheit wieder zusammengeschaut werden. Denn Synthese nach vollbrachter Analyse ist das Wesen der gedanklichen Erkenntnis, das Bewußtwerden der Einheit in der Verschiedenheit. So bestand der gesamte Zyklus des Zählens aus zwei Teilen: aus dem Explizieren der in der Einheit implizierten Gliederung, d.h. aus dem Aussondern der Begriffe, Ideen und Ideale, die in der Einheit enthalten sind, und dann aus dem Zurückführen der so gewonnenen qualitativen Zahlen zu ihrer ursprünglichen Einheit durch ihre Zusammenfassung und Zusammenschau.

Dementsprechend ist das erste Gebot „Ich bin dein Gott, der dich aus Ägyptenland, aus dem Hause der Hörigkeit geführt hat. Du sollst keine anderen Götter haben neben mir" – die Eins, die Einheit, die allen zehn Geboten zugrunde liegt. Die Zehn ist die gegliederte Eins und die 613 Vorschriften der Thora stellen eine weitere Stufe der explizierenden Analyse der zehn Gebote dar.

Das Zurückführen zur Zehn oder Einheit wird die „theosophische Addition" genannt. Sie besteht im Bilden der Quersumme. Bei 613 (6+1+3) ist sie *10*. Die Zehn ist zwar eine Stufe der Differenzierung der Einheit, in der aber die Eins nicht über den Einzelheiten aus dem Blick gerät, wo vielmehr die Einheit gegenwärtig ist. Wie das Sepher Jetzirah sagt: „Zehn Sephiroth ohne etwas, ihr Ende ist in ihrem Anfang gesteckt und ebenso ihr Anfang in ihrem Ende, wie die Flamme an die Kohle gebunden ist. Wisse, rechne und zeichne, einzig ist der Herr und einzig ist der Bildner und hat keinen zweiten; vor eins was zählst du?" (VII)[2]

In der Zehnheit ist also die Einheit sichtbar, so wie Flamme an die Kohle gebunden ist. In ihr fällt Anfang und Ende zusammen. Aus diesem

---
[2] Ebd. S. 51.

Grunde galt in der qualitativen Mathematik der Alten zehn als eins, ebenso wie zwanzig als zwei, dreißig als drei usw. Hier hatten die Zahlen die Bedeutung von Begriffen, Ideen und Idealen, nicht aber die der bloßen Anzahl. So bedeutete eins: Einheit und Einzigkeit; zwei: Zweiheit, Polarität, Opposition, Zwietracht; drei: Dreiheit, Friede, Überbrückung des Gegensatzes der Zweiheit; vier: die Vierheit der Kausalität, d.h. der causa efficiens, der causa formalis, der causa materialis und der causa finalis; fünf: Fünfheit, das Prinzip des Gebrauchs der Kausalität, des Schaffens von Ursachen, das Prinzip der *Freiheit*; sechs: Sechsheit, das Prinzip der Wahl zwischen zwei entgegengesetzten Richtungen; die Sieben ist der Wähler selbst, die Individualität; acht: die Achtheit der Gerechtigkeit, d.h. des Zusammenklangs der zwei Vierheiten der oberen und der unteren Kausalität; neun: die Neunheit des dreimaligen Friedens der dreifachen Überwindung der Gegensätze; und Zehn ist die ursprüngliche Einheit in der Zehnheit. In diesem Sinne sind die zehn Gebote gleich zehn Flammenzungen eines und desselben Feuers: des Gebotes der Anerkennung der Offenbarung des Herrn.

III
„Du sollst keine anderen Götter haben als mich"
Das Gebot des Essentialismus

Der Mensch steht vor der Wahl zwischen zwei Grundeinstellungen: der Grundeinstellung auf das Dasein, die empirische Existenz, und derjenigen auf das Sein, die Essenz. Je nach dem, wie die Wahl ausgefallen ist, wird er zum Existentialisten oder zum Essentialisten, d.h. entweder zum Menschen, der in bezug auf seinen Seinsgrund und seine Herkunft aus dem Sein gewissermaßen „verwaist" ist, oder zum Menschen, dessen Sehnen und Trachten seinem Ursprung – dem Sein – gilt. Der letztere ist allein, aber nie einsam, während der „Existentialist" nicht allein ist, da er die Schicksalsnotwendigkeiten des Daseins mit allen Menschen, denen das Dasein als einzige Wirklichkeit gilt, gemeinsam erlebt, aber er ist dabei einsam; er kennt nichts Wirklicheres als sein Ich, das zusammen mit den anderen menschlichen Ichen in das Dasein „geworfen" ist. Auch wenn er sich an einen beliebigen Bund von Ichen anschließt – für politische, soziale oder humanitäre Zwecke –, so bleibt er doch mit seinem Ich, im Grunde genommen, einsam. Denn Einsamkeit ist nicht Abwesenheit von Gesellschaft, sondern der *Zustand*, wo das eigene, das empirische Ich das Höchste und Letzte ist, über dem und hinter dem nichts ist. Der Mensch, dessen Seelenleben im Ich den Mittelpunkt und die Spitze hat, kennt keine transsubjektive, über-ichliche Seinssphäre, aus der sein Ich hervorgegangen und dessen Heimat sie ist. Das empirische Ich ist eine bloße *Vorstellung*, welche auf der Grundlage der Eindrücke und ihrer Erinnerungen von dem eigenen Leibe, dem eigenen Temperament, Charakter, den Neigungen usw. als ihre zusammenfassende *Abstraktion* gebildet wird. Von ihm unterscheidet sich das wirkliche Ich des Menschen, sein *Kernwesen,* d.h. der Erinnerer in der Erinnerung, der Denker im Denken, der Fühler im Fühlen, der Wollende im Wollen. *Dieses* Ich ist keine abstrakte Vorstellung, sondern die konkrete Realität der inneren Identität, die wie ein Faden die Kontinuität aller Lebenserfahrung zur Einheit zusammenfaßt. Das wirkliche Ich des Menschen – nicht die Vorstellung von sich selbst – ist der innere „Herr", der *über* den veränderlichen Zuständen des Seelenlebens, der Stimmungen, der Neigungen, der Wünsche und dem bunten Teppich der Vorstellungen steht und sie (normalerweise) beherrscht. Dieses Ich ist der Mittelpunkt des Seelenlebens und sein beständiger Kern. Es ist ein Stück *Sein* innerhalb der wogenden Veränderlichkeit des Seelenlebens, des Daseins der Seele. Das Ich steht somit an der Schwelle zweier Welten: der Welt des außerichlichen Daseins und der Welt des überichlichen Seins. Der existentielle Mensch erlebt das Ich in seiner Beziehung zur außerichlichen Welt des Daseins; der essentielle Mensch erlebt es in seiner Beziehung zur überichlichen Welt des Seins. Während für den existentiellen Menschen das Ich der erfahrbare Schlußpunkt des Verinnerlichungsvorganges der Welt des Daseins, d.h. das Ergebnis und das Letzte dieses Vorganges, ist, so ist für den essentiellen Menschen das Ich der Anfangspunkt einer Linie, die in den Bereich des Seins führt und den Weg des stets Wesenhafter-Werdens des Menschen darstellt. Diesen Weg meint Angelus Silesius, wenn er sagt: „Mensch, werde wesentlich!" Das Wesentlich-Werden beginnt mit dem Ich und führt durch Stufen wachsender Vertiefung und Verinnerlichung bis zur letzten und ersten Innerlichkeit, der Seinsquelle der Ichheit, zu *Gott.* Denn Gott ist nicht *außerichlich,* sondern wie das Ich der innere „Herr" des Seelenlebens ist, so ist Gott der Herr aller *Iche.* Dieses meinte der hl. Augustinus, als er sagte: „Gott ist mehr ich selbst für mich, als ich selbst für mich bin." Dieser Ausspruch des hl. Augustinus ist die kurzgefaßte, zusammenfassende Charakteristik des Essentialismus als Grundeinstellung des menschlichen Seelenlebens auf die Wirklichkeit des Überichlichen hin. Gott ist da nicht ein Gegenstand, ein Objekt der Erkenntnis oder des Glaubens, der dem Subjekt der Erkenntnis oder des gläubigen Fürwahrhaltens gegenübersteht, sondern er ist jenseits und über der Trennung von Subjekt und Objekt. Er ist trans-subjektiv und trans-objektiv. Die Gewißheit der Wirklichkeit Gottes, die man Glauben nennt, ist nicht auf Empirie und nicht auf Beweise, die der Empirie entstammen, gegründet, sondern sie ist Wirkung der Wirklichkeit des überichlichen Gottes. Denn seine Wirklichkeit tut sich kund durch einen Hauch, der das Ich wie ein Heimatwind durchweht. Er ist keine Erkenntnis, da dabei kein Objekt von dem erkennenden Subjekt erkannt wird, vielmehr wird das Selbst, das Subjekt, von dem höheren Sein *erkannt* und erkennend durchdrungen. Das Selbst, das Ich, wird zum Objekt der durchdringenden Erkenntnis eines Höheren, das überichlich ist. Daß der Mensch, sobald er zum Bewußtsein erwacht, die Gewißheit in sich trägt, von Gott gewußt zu werden, ist auch der Fundamentalsatz der gesamten Erkenntnislehre Franz von Baaders, eines tiefen religiösen Denkers, der als Vertreter der „essentiellen" Geistesströmung gelten darf.

Nun ist der Fundamentalsatz der gesamten essentiellen Geistesströmung: So, wie das Ich der Mittelpunkt und „Herr" (Kyrios) des Seelenlebens des Menschen ist, so ist Gott der Herr (Kyrios) über das Ich und Mittelpunkt aller Iche. Gott als Sonne des ewigen Seins strahlt in das Dasein seine Strahlen des Seins, die Einzel-Iche, Seine Ebenbilder und Gleichnisse.

Wie die Seelenkräfte – das Denken, Fühlen und Wollen – das Ich und seine Offenbarung, das Gewissen, als ihren „Herrn" anerkennen – außer im Falle des Wahnsinns, der moralischen Idiotie oder des Rausches –, so erkennt das Ich als seinen Herrn den überichlichen Gott und dessen Offenbarung an, die *über* dem individuellen Gewissen gleichsam als „Gewissen der Gewissen" steht. Dieses, das individuelle menschliche Ich und sein Gewissen Überragende und als solches Erlebte und Anerkannte, wird vom Ich und den ihm untergeordneten Seelenkräften als *heilig* verehrt. Denn heilig ist dem Ich, was es einerseits nicht als ihm wesensfremd und doch als es überragend, als höherstehend, erlebt.

Das Grundgesetz des Essentialismus ist die Ausrichtung auf das Heilige, d.h. auf Verehrung des überichlichen Gottes, nicht des neben- und außerichlichen, geschweige denn unterichlichen Gottes. Nicht im Bereich des empirischen Daseins, sondern im Bereich desjenigen Seins, das das Sein des Ich überragt, ist das Heilige zu suchen und zu finden. Die Horizontale des empirischen Daseins, alles, was die Raumesweiten und die Zeitenläufe bieten, kann zu Ablenkung und Hindernis auf dem Wege zum überichlichen Gott werden. Der Offenbarung Gottes, des Seienden oder des „Ich bin, der Ich bin", muß vorangehen der Auszug aus dem „Hause der Hörigkeit", aus dem Lande der vielfältigen Verehrung der vielen Götter, die alle Anspruch auf Anbetung durch das menschliche Ich erheben; es muß vorangehen die Wanderung durch die Wüste. So hatten der Offenbarung auf dem Berge Sinai der Auszug aus Ägypten und die Wanderschaft in der Wüste voranzugehen. Denn Ägypten war die Zusammenfassung aller Arten der Verehrung der Elemente des Daseins im Raum (Sonne, Mond und Sterne) und in der Zeit (Fruchtbarkeit, Zeugungskraft, Leben und Tod, natürliche Evolution), d.h. lauter Dinge, die als Naturnotwendigkeiten wirken und das Zwingende des Daseins darstellen ... Ägypten war das „Haus der Hörigkeit" nicht nur wegen des Frondienstes, den die Israeliten zu ertragen hatten, sondern auch namentlich wegen der im Lande herrschenden Anbetung der zwingenden Notwendigkeiten, der „Götter" des Daseins. Der Auszug der Israeliten aus Ägypten war deswegen ein unerhört revolutionäres Ereignis: eine Menge Menschen wollte in die Wüste ziehen, um den Gott, der im empirischen Dasein nicht zu finden ist und dessen Name „der *Seiende*" ist, dort anzubeten und ihm Opfer darzubringen; denn dieses war der dem Pharao mitgeteilte Grund für den Auszug in die Wüste. Der an den Pharao gestellte Antrag war eine ebenso unerhörte Anmaßung, wie wenn z.b. heutzutage einige Hunderttausende Arbeiter in Sowjetrußland an die Regierung den Antrag stellen würden, auswandern zu dürfen, um etwa in der Wüste Gobi sich nicht in die „absolute Wahrheit" des dialektischen Materialismus noch in die Probleme der Steigerung der sozialistischen Produktion, noch in die Aufgabe der Erziehung des neuen, kommunistischen Menschen usw. zu vertiefen, sondern um dort in der Wüste, fern von Kolchosen, Sowchosen und Fabriken, fern sogar von der Kontrolle des alles beherrschenden Parteiapparats, sich der Betrachtung des überichlichen Gottes hinzugeben, der wesentlicher sei als die Probleme von Kommunismus und Kapitalismus, von Produktion und Diktatur des Proletariats. So, wie die Sowjetunion diesen Antrag als Wahnwitz ablehnen würde, so hat auch der Pharao den Antrag der Israeliten als Wahnwitz abgelehnt. Die totalitären Regime vor dreitausend Jahren und heutzutage unterscheiden sich im wesentlichen nicht. Das „Haus der Hörigkeit" vor dreitausend Jahren und das „Haus der Hörigkeit" in unserer Zeit sind im wesentlichen dasselbe.

Aber die Wirklichkeit des „Hauses der Hörigkeit" in der Gegenwart ist viel weiter und umfassender als die sozial-politische Struktur eines Staates. Sie äußert sich in allem Denken, Erkennen und Glauben, das *deterministisch* ist. Man lebt im und gehört zum „Hause der Hörigkeit", wenn man glaubt, daß die Verkettung von Ursachen und Wirkungen, die Kausalität, die Gegenwart absolut bestimmt und daß alle Zukunft nichts anderes sein kann als das Ergebnis vergangener und gegenwärtiger Konstellationen, wenn man glaubt, daß es keine nichtverursachten Ursachen gebe, keine Ursachen aus dem Bereich der moralisch-geistigen Freiheit, die in die Kausalitätskette wie Blitze hereinschlagen, mit anderen Worten, daß es keine Wunder gibt. Wer an Wunder nicht glaubt, d.h. an die Wirklichkeit des Entstehens *neuer* Ursachen aus dem Bereich des Moralisch-Geistigen, der sitzt gefangen im „Hause der Hörigkeit". Die Gefangenen dieses „Hauses" halten z.B. die Vererbung für mächtiger als die geistig-moralische Freiheit des Menschen. Für sie ist die Vererbung ein Gott, vor dem sie sich beugen. Der Mensch ist durch die Vererbung bestimmt; die Vererbung hat ihn geschaffen – so lautet die deterministische These. Andere wiederum sehen in den Sterneneinflüssen, wie sie etwa durch das Geburtshoroskop zu ermitteln sind, die den Menschen und seinen Schicksalslauf bestimmenden Mächte. Die Sterne sind ihre „Götter", vor denen sie sich beugen. Unzählige Menschen beten als ihre „Göttin" die „natürliche Evolution" an, die es mit Hilfe des Kampfes ums Dasein und der sich daraus ergebenden natürlichen Auswahl der Fähigsten so weit gebracht hat, daß das komplizierteste Nervensystem und Gehirn, genannt „Mensch" (Homo sapiens) entstand. Alle diese Menschen beugen sich vor den „Göttern des Daseins".

Sie beten nicht den überichlichen Gott an, sondern die außer- und unterichlichen Kräfte, die „oben im Himmel", die „unten auf der Erde" oder „im Wasser unter der Erde" sind. Sie alle sind in „Ägypten", im „Hause der Hörigkeit", denn sie dienen den „Göttern des Daseins" und erkennen den Seienden, den Gott des Seins, nicht an. Sie sind nicht aus dem „Hause der Hörigkeit" in die Wüste ausgezogen, um dort die Wirklichkeit des überichlichen Gottes, dessen Name der Seiende ist, zu erleben. Denn die Begegnung mit der Wirklichkeit des überichlichen Gottes ist nur in der „Wüste", d.h. außerhalb des Einflußbereichs der anderen „Götter", der Götter des Daseins, möglich.

Daher lautet das Grundgebot des Essentialismus: Die Anerkennung des überichlichen Gottes des Seins schließt aus, daß neben ihm andere Götter (elohim aherim) als Götter anerkannt werden. Als Seiender hat Gott Anspruch auf das Sein im Menschen, auf sein Ich, d.h. auf ungeteilte Hingabe des Mittelpunktes und Kernes des gesamten menschlichen Bewußtseins. Dem ist nicht genügt, wenn der Mensch z.B. dem Walten des Geschlechtstriebes, der „Libido", die herrschende Rolle zuschreibt, so daß er in den Erscheinungen des geistigen Lebens der Kultur nur Formen der Sublimierung der Libido sieht; der so eingestellte Mensch betet nicht den Gott des Seins, sondern eigentlich die alte Göttin Venus, Aphrodite oder Astarte an. Er ist in seinem Denken und Trachten von der Gewalt der Göttin Venus beherrscht; er ist ein „Anbeter" der Göttin Venus und ist ein Venusgläubiger, auch wenn er noch so wissenschaftlich aufgeklärt ist. Ebenso mag ein Mensch wissenschaftlich noch so aufgeklärt sein, so ist er doch im wesentlichen bloß ein *Marsanbeter*, wenn er im Kampf ums Dasein und im daraus folgenden „Klassenkampf" oder „Rassenkampf" die herrschende Macht der Evolution sieht. Die alten Götter treten in der Gegenwart in verkappter Form wieder auf, ja sogar der unmenschliche Moloch ist in der Form des Kollektivismus wieder da. Wie einst fordert er auch heutzutage Menschenopfer. Das Kollektiv – das staatliche, nationale und Klassenkollektiv – fordert immer noch das Opfer der „Erstgeborenen", d.h. der „Erben" und Erbschaftsberechtigten. Das Kollektiv fordert nämlich das Opfer der Individuellen, der Individualitäten. Der alte phönizische Kultus der Kanaaniter und Karthager lebt heute in der Form der „Anbetung" des Staats-, Partei- und Volkskollektivs.

Es kommt nicht darauf an, ob die „anderen Götter" der Wirklichkeit des Daseins entsprechen oder nicht entsprechen, sondern darauf kommt es an, daß sie nicht der überichlichen Sphäre, sondern den unterichlichen und außerichlichen Daseinssphären entstammen. Sie versklaven das Ich und versperren ihm den Weg zur wahren Freiheit – der Freiheit in Gott, der „mehr Ich ist, als das eigene Ich es ist". Sie liegen nicht auf der vertikalen Linie der steigernden Verinnerlichung, auf der Linie des Fortschreitens vom subjektiven Gewissen zum objektiv Guten, vom individuellen Ich zum Urquell, aus dem alle Iche erstrahlen.

Gott ist nicht ein Phänomen, das neben anderen Phänomenen besteht. Er ist der Urquell der Ichlichkeit, intimer und innerlicher als das Intimste und Innerlichste, das wir kennen – als das Ich. Darum sind die gesamte Welt des Phänomenalen, die gesamte Vorstellungswelt der Erscheinungen, die Sprache, die sich auf Dinge bezieht, untauglich für das Erkennen und das Ausdrücken des überichlichen Gottes. Nur in der Sprache des Ich, d.h. in der Sprache des Gewissens, kann über Gott gedacht und gesprochen werden. Nur in dieser Sprache kann das Grundgebot des Essentialismus, wie es durch Moses verkündigt worden ist, gehört, verstanden und anerkannt werden, nämlich das Gebot:

„Ich bin Jahwe (anochi IHWH), dein Gott (elohecha), der ich dich aus dem Ägypterlande, dem Sklavenhaus geführt habe" (Ex 20, 2), oder mit anderen Worten:

Ich bin der Seiende, der über deinem Ich steht, der dich aus der Knechtschaft des Daseins befreit hat. Darum sollst du nicht in die Knechtschaft des Daseins zurückfallen, indem du dein Ich den Kräften des Daseins unterstellst. Oder in der Sprache des Moses: Du sollst keine anderen Götter haben neben mir. Die „anderen Götter" stellen keine Alternative *neben* dem Seienden dar; sie verhalten sich zu dem überichlichen Gott wie die Peripherie zum Zentrum, wie das Relative zum Absoluten, wie Dasein zum Sein. Es handelt sich da ebensowenig um eine Wahl, wie es sich in der allgemeinen Lebenserfahrung um eine Wahl zwischen der Wirklichkeit des Ich und etwa Wind und Regen oder den sonstigen Kräften der Außenwelt handelt. Wind und Regen sind peripher, sind unwesentlich, die Gewissensstimme des Ich ist zentral, ist wesentlich. Wie es sich im Falle der Gegenüberstellung des Zentralen und Peripheren, des Wesentlichen und Unwesentlichen nicht um Wahl, sondern um Unterscheidung handelt, so geht es auch im ersten Gebot nicht um Wahl, sondern um Unterscheidung, und zwar um die Unterscheidung zwischen dem Wesentlichen und Unwesentlichen. Wer sie unterscheidet, der *hat* gewählt. Doch muß diese Unterscheidung mit Kopf *und* Herz geschehen, nicht mit dem Kopf allein. Sonst droht stets die Gefahr des Abfalles von dem überichlichen Gott, der sich dem Gewissen als das Gute offenbart, und die Versuchung, einen unterichlichen und außerichlichen, d.h. *anderen* „Gott" zu verehren.

So geschah es am Ende des vierzigtägigen Verweilens des Moses auf dem Gipfel des Berges Sinai im Zwiegespräch mit der Stimme Gottes. Das Volk am Fuße des Berges folgte dem kollektiven Volkswillen (der „volonté générale" des Jean-Jacques Rousseau, „vox populi, vox dei"), dem auch Aaron nachgab, sammelte Spenden von Goldschmuck und machte daraus das sogenannte „goldene Kalb", das Götzenbild eines Stieres aus Gold. Bei jenem Urphänomen des Abfalls handelte es sich nicht bloß um den Sieg der Neigung, das Sinnfällige und Konkrete dem Übersinnlichen und rein Moralischen vorzuziehen, sondern um etwas Tieferes und Bedeutsameres. Es handelte sich eigentlich um eine Auflehnung des sich selbst behauptenden kollektiven Volkswillens gegen die aristokratisch-hierarchische Ordnung, die Moses vertrat. Moses *ver-*

kündete, was ihm auf der Höhe des Sinai-Berges offenbart wurde; er interpretierte nicht den kollektiven Volkswillen, der am Fuße des Berges im Volke erwachte. Dieses Interpretieren war die Sache Aarons, des späteren Hohenpriesters, der während der vierzigtägigen Abwesenheit des Moses die Verantwortlichkeit des Volksführers auf sich zu nehmen hatte. Während Moses oben, auf dem Berge, dem offenbarenden Gott gegenüberstand, stand Aaron unten, am Fuße des Berges, dem kollektiven Volkswillen gegenüber. Und während Moses die göttliche Offenbarung in die Sprache der menschlichen Begriffe und Vorstellungen übersetzte, übersetzte Aaron den Inhalt des kollektiven Volkswillens in die Sprache der Begriffe und Vorstellungen, die sich auf Anbetung des Göttlichen, auf Kultisches, bezogen. Das Ergebnis waren das „goldene Kalb" und der Reigen des Volkes mit Gesang um das Standbild herum.

Was waren Bedürfnis und Sehnsucht des Volkswillens, die auf diese Art befriedigt wurden? Es war das urdemokratische Streben, ein Höheres anzubeten und ihm zu gehorchen, das man selbst gewollt hat, das aus dem eigenen Willen hinausprojiziert und geschaffen worden ist – das eine Inkarnation des ureignen kollektiven Volkswillens ist, die eben deshalb Autorität hat, *weil* sie Inkarnation des kollektiven Volkswillens ist. Es war die Sehnsucht, nicht in einer verkündeten, „dogmatisch aufgezwungenen", durch Moses empfangenen und weitergegebenen *Offenbarung* die höchste Autorität zu sehen, sondern im kollektiven Volkswillen, der eben dadurch überzeugt, daß er in allen Gliedern des Volkes gegenwärtig ist. Seine Gebote heißen nicht „*Du sollst*", sondern „*Wir wollen*". Der an wenige Auserwählte offenbarte und von ihnen verkündete „Gewissensgott" wurde durch den „Willensgott" ersetzt. Das Gewissen ist ja dem Willen bekanntlich eine Bürde des Zwangs, eine schwer zu tragende Last. Darum der frohlockende Reigentanz des Volkes um das goldene Standbild – Ausdruck der Erleichterung des Volkes über seine „Befreiung". Der kollektive Wille des Volkes hat nicht nur seinen Gott zum Führer gewählt, er hatte ihn sogar selbst *geschaffen*. „Dieses ist der Gott, der uns aus Ägypten geführt hat", bekannte das Volk am Altar des kollektiven Willensgottes. Es ist also der kollektive Volkswille, *unser* Volksgott und Führer, der uns aus Ägypten geführt hat – dies war der Glaube und das Glaubensbekenntnis (Ex 32, 4), die vom Volke spontan aufgenommen wurden. Dieser Glaube und dieses Glaubensbekenntnis waren das Ergebnis des vollkommen demokratischen Verfahrens: der Beschluß der Majorität des Volkes, welche selbst ihren höchsten Autoritätsträger schuf und ihm, nachdem sie ihn geschaffen hatte, Gehorsam gelobte.

Das gesamte Verfahren des Volksentscheids zugunsten des Volkswillensgottes war also ganz im Sinne der demokratischen Freiheit, aber hinter dem Verfahren steckte eine tiefere Absicht und ein tieferer Sinn. Und zwar steckte dahinter ein *magischer* Sinn und eine *magische* Absicht entsprechend dem Gesetze der Technik der Magie. Denn Magie – der Ahne der Naturwissenschaft – hat das gleiche Ziel wie die letztere: die

Herrschaft des Willens über die Natur (auch die menschliche) zu mehren. Sie hat dementsprechend auch ihre Technik und ihre Gesetze. So wie heutzutage eine von Menschen geschaffene Maschine – z.b. der Computer – eine immer führendere Rolle spielt, indem sie Probleme löst und Antwort auf Fragen gibt – gleichsam wie die Orakel der Antike –, also Funktionen der in sie hineingelegten Elemente des menschlichen Willens und der menschlichen Intelligenz, die in sie „hineinprogrammiert" wurden, ausführt, so wurden in der Vergangenheit auch Elemente des Willens und der Intelligenz in sichtbare und unsichtbare Einheiten gleichsam „hineinprogrammiert" und wurden als Führer und Götter verehrt.

Handelte es sich um einen Volksgott, so wurde der kollektive Wille des Volkes in den selbstgeschaffenen „Gott" hineinprojiziert, so daß der letztere gleichsam von ihm beseelt wurde. Und je mehr Willenskraft und Phantasie in ihn „investiert" wurden, desto wirksamer wurde er und desto stärker wurde seine Herrschaft über das Volk, das ihn geschaffen hatte. Das magische Grundgesetz des Schaffens und Beseelens eines Führers, d.h. eines „Gottes" (die französischen Kenner der Magie nennen ihn „Egrégore"), ist das folgende: Es muß zuerst ein kollektives Wollen vorliegen, das durch kollektive intellektuelle Phantasie ein Bild schafft (ein Gedankenbild oder ein äußeres Bildnis, mit Hilfe von kollektiven Spenden, Opfergaben von Wertsachen, Schmuck usw.). Dieses Bild (oder Bildnis) soll das Ergebnis von kollektiven Beiträgen aller Mitglieder der entsprechenden Menschengemeinschaft (Volk, Bruderschaft, Partei usw.) sein – es soll das Ergebnis von freiwilligen Opfergaben *aller* sein. Im Falle eines äußeren Bildnisses, das den kollektiven Willen zusammenfassen und verkörpern soll, muß es aus Spenden aller Beteiligten von Gold, Silber und anderen kostbaren Materialien hergestellt sein, aus Materialien, die das Wertvollste für die Menschen der gegebenen Gemeinschaft darstellen. Je mehr Opfer für das Schaffen des Bildnisses gebracht werden, desto stärker wird seine Wirkung – seine Autorität – sein. Sowohl das Bildnis als auch das Gedankenbild sollen intensiv belebt, beseelt, „magnetisiert" (französisch: „aimanté") werden, damit sie magisch *wirksam* werden. Denn soviel psychische Energie in das Bild oder Bildnis hineingelegt, gleichsam aufgespeichert worden ist, soviel Energie gibt es ab im Sinne der Beeinflussung der Gesinnung des Volkes, ja selbst im Sinne einer Heilung von dessen Krankheiten. Das kollektiv geschaffene Bild oder Bildnis muß, um wirksam erhalten zu werden, regelmäßig – gleich einer elektrischen Batterie – immer wieder „geladen" werden. Diesem Zwecke dient die wiederholte Ausübung des Kultus, der in der Darbringung von Opfern kulminiert, Opfer von Wertgegenständen, Tieropfer und in gewissen Ländern – wie Mexico und Karthago – sogar Menschenopfer.

Das magische Gesetz des Schaffens eines „Gottes" und des Erhaltens seiner Wirkungsfähigkeit wurde von dem Volk Israel am Fuße des Berges Sinai genau eingehalten: Zuerst wurde der kollektive Volkswille bekundet, dem Aaron nachgeben zu müssen glaubte, dann wurde ein sichtbarer Ausdruck des kollektiven Volkswillens geschaffen, der diesen nicht nur versinnbildlichte, sondern auch zusammenfaßte und konzentrierte: alles Volk spendete goldene Schmucksachen, die zusammengeschmolzen wurden und dem geschmolzenen Gold wurde die Gestalt eines Stieres gegeben. Ferner wurde vor der Stiergestalt ein Altar errichtet, auf dem Tieropfer gebracht wurden, während das Volk im Reigentanz sich um das Götzenbild bewegte und ihm Lobgesänge sang, d.h. es weiterhin kollektiv „magnetisierte". Bezeichnenderweise machte Moses, nachdem er vom Berge herabgestiegen war, die steinernen Gesetzestafeln zerbrochen und in einer Strafaktion dreitausend Mann durch die Leviten hatte töten lassen, die magische „Gott" schaffende Operation des kollektiven Volkswillens rückgängig, indem er das „goldene Kalb" zu Pulver zerreiben und das Volk das Pulver in Wasser austrinken ließ. Das bedeutete, daß das, was der kollektive Wille des Volkes aus sich hinausprojiziert hatte, vom Volke wieder aufgenommen wurde.

Der Abfall vom offenbarten und verkündeten Gott zugunsten des selbstgewählten und geschaffenen Gottes ist, so wie er in der Bibel geschildert wird, das Urphänomen aller Stufen und Formen des Abfalls von den Wahrheiten der Offenbarung zugunsten des kollektiven Willens des Volkes, der sich gewöhnlich als Forderung nach Anpassung an den „Zeitgeist" gibt. Jedesmal, wenn diese Forderung aufkommt, findet sich ein Aaron, der ihr nachgibt, und ein Moses, der die steinernen Tafeln des zeitlosen Gesetzes zerschlägt, die dann nach geschehener Ernüchterung des Volkes von neuem von dem offenbarenden Gott geschrieben werden, d.h. ohne ein Jota der zeitlosen Offenbarung zu ändern. Dieses ist im wesentlichen die Geschichte der Abfälle von der überzeitlichen Überlieferung unter dem Druck des kollektiven Willens einzelner Gruppen des Kirchenvolkes, dem entweder ein nachgebender Aaron oder ein die Tafeln zerschlagender Moses gegenübersteht. Denn die Exkommunikation in der Geschichte der Kirche ist im Grunde die Wiederholung des Zerschlagens der steinernen Tafeln des zeitlosen Gesetzes in bezug auf Abgefallene. Diejenigen Reformen in der Geschichte der Kirche, die nicht der Vertiefung des Verständnisses der offenbarten Wahrheiten und der Veredelung der Sitten dienten, sondern bloß aus Nachgiebigkeit gegenüber dem kollektiven Willen des Kirchenvolkes geschahen, sind die Wiederholung der Tat Aarons in den Jahrtausenden. Solche Reformen hingegen, welche eine Vertiefung und Intensivierung des Lebens in der überlieferten Offenbarung bezwecken und bewirken, wiederholen in den Jahrtausenden die Wiederherstellung der zerbrochenen steinernen Tafeln, „von Gott selbst gemacht und die Schrift war Gottes Schrift" (Ex 32, 16; 34, 1); und auch diese neuen Tafeln enthielten „die Worte des Bundes, die zehn Worte" (Ex 34, 28).

In der Sinai-Offenbarung, im Abfall des Volkes Israel und der Erneuerung des Bundes auf die Fürbitte des Moses sowie in der Wiederherstellung der steinernen Gesetzestafeln erblicken wir das Urphänomen des

Dogmas, seines Entstehens und Wesens. Es war ein bedeutsames Ereignis in der Geistesgeschichte der Menschheit, als sich inmitten der Welt des Mythos und der Kulte der mythischen Gestalten gegen Ende des zweiten Jahrtausends vor unserer Zeitrechnung in der Wüste von Sinai der gestaltlose und zeitlose Gott als „der *Seiende*" offenbarte. Die alten Religionen hatten wohl Mythen und mythische Gestalten, aber keine Dogmen, d.h. verpflichtende Glaubenssätze. Die mythischen Überlieferungen konnten – und durften – frei interpretiert werden, denn sie waren kein Selbstzweck; es kam nur darauf an, daß ihre Anregungsfähigkeit und kultische Suggestionswirkung zur Geltung kam. Anders war es mit dem Urdogma, das durch die Sinai-Offenburg verkündet wurde: „Ich bin der Ich bin (JHWH–יהוה), dein Gott, du sollst keine anderen Götter haben neben mir." Dieses wird von den Gläubigen seit dreitausend Jahren täglich in der Formel wiederholt: „Höre, Israel, der Herr (adonai), unser Gott ist einer." Es ist als erster Artikel in das christliche Glaubensbekenntnis aufgenommen worden: „Credo in unum Deum, Patrem omnipotentem, factorem coeli et terrae, visibilium omnium et invisibilium – Ich glaube an den einen Gott, den allmächtigen Vater, Schöpfer des Himmels und der Erde, aller sichtbaren und unsichtbaren Dinge." Nicht darin bestand das Neue am Urdogma des Monotheismus, daß die Vielheit des Daseins aus der Einheit des Seienden entstammt und daß der wahre Gott einer ist, sondern darin, daß dies zum Dogma, zum verpflichtenden Glaubenssatz wurde. Denn der Inhalt war den spirituell fortgeschrittenen Schichten der mythologisierenden Religionen, den „Eingeweihten" des „Heidentums" schon bekannt. Diese waren jedenfalls in der Regel durch die Schleier der Mythologien hindurch zur Einsicht in die Wahrheit des *einen* Gottes gelangt – was jeder Kenner der Schriften und Fragmente, die Hermes Trismegistos zugeschrieben wurden, der pythagoräischen Fragmente, der Schriften Platons und der Stoiker ohne weiteres zugeben wird. Auch die vielen „esoterischen" Schriften, die auf dem Boden der mythologischen Schriften der Veden gewachsen sind, die Upanischaden, haben die Erkenntis des *einen* Gottes der Welt zu ihrem hauptsächlichen Gegenstand. Aber was man in den mythologisierenden Religionen, im sogenannten „Heidentum" erst *am Ende* des stufenweisen Weges, der vom Dasein und dessen Kräften zum Sein und dessen Wesen führt, findet, das wurde bei der sinaitischen Offenbarung dem Hirtenvolke als *Glaubenssatz*, als Dogma, verkündet. Was die Philosophen, die Mysterienschüler und Mystagogen der mythologisierenden Religionen des Heidentums am Ende ihres Weges zu erkennen pflegten, das wurde in der Wüste Sinai durch Moses einem Hirtenvolk ohne vorbereitende Schulung unmittelbar verkündet. Das „Omega" des Weges der erfahrenden Erkenntnis des Mysterienwesens wurde der sinaitischen Offenbarung zum Alpha für die Glaubensgemeinschaft Israels. Das Dogma ist seinem Wesen nach nicht ein Gebot des Stillstandes, des Denkens und der Einsicht, sondern ein Geschenk vom Himmel, das dieses erkennende Bemühen auf die Wahrheit hin *orientiert.* Es ist nicht Verbot des Denkens und Forschens, sondern Gebot und Aufforderung, das Denken und Forschen auf die göttliche Wahrheit hin zu orientieren. Das Dogma ist wie ein Gestirn am Himmel des ewigen Seins, das unversiegbar und unerschöpflich in die Welt des zeitlichen Daseins hineinleuchtet. Es regt an, impulsiert und führt die Menschen zu der Genialität, die ihnen die Einsicht in die Wahrheit der *moralischen Logik* – der Logik der göttlichen Weisheit – ermöglicht. Die moralische Logik, die sich im Menschen aus der Vereinigung, ja Verschmelzung, des Kopf- und Herzdenkens ergibt, ist sehr wohl fähig, die Wahrheit der auf die Offenbarung begründeten Dogmen einzusehen. Dieses geschieht im Zusammenschwingen des Menschen mit dem Logos, „alles ist durch es geworden, und ohne es ist nichts geworden" (Joh 1, 3). Die Logik des Logos leuchtet durch das Dogma hindurch. In ihrem Lichte erstrahlt das Dogma mit Sonnenklarheit.

Das Urdogma, welches bei der Sinai-Offenbarung verkündet wurde, weist alle wesentlichen Voraussetzungen, Bedingungen und Gefahren des Werdens und der Verkündigung eines Dogmas auf. Die Grundvoraussetzung des Dogmas ist Offenbarung, welche sich auch auf verschiedene Weise wiederholen kann. Die Sinai-Offenbarung war darin einmalig, daß sie vor Augen des gesamten Volkes Israel geschah, aber inhaltlich war sie eine Wiederholung der intimen Offenbarung, die den Patriarchen Abraham, Isaak und Jakob gegeben wurde. Auch Moses hat sie auf intime Art (z.B. im brennenden Busch) vorher empfangen. Die Sinai-Offenbarung unterschied sich von den früheren Offenbarungen dadurch, daß sie ein öffentliches Ereignis und an das gesamte Volk Israel gerichtet war: „Nun sagte Jahwe zu Mose: So sprich zu den Israeliten: Ihr selbst habt gesehen, daß ich vom Himmel her *mit euch* redete" (Ex 20, 22). Die ganze neue Glaubensgemeinschaft, die durch die Sinai-Offenbarung begründet wurde, war der Adressat dieser Offenbarung.

So war das Urdogma auf einer nicht privaten, sondern der ganzen Glaubensgemeinschaft geltenden Offenbarung begründet. Hier sehen wir das Wesentliche der Verkündigung „ex cathedra" bereits vorliegen, nämlich Offenbarung, gerichtet an die gesamte Glaubensgemeinschaft. Das Dogma ist vom kollektiven Willen der Glaubensgemeinschaft selbst unabhängig. Es darf nicht vom Consensus populi, nicht durch Majoritätsbeschluß bestimmt oder mitbestimmt und von ihm auch nicht interpretiert oder plausibel gemacht werden. Das aber geschah – und es war eine Warnung für die Jahrtausende der Zukunft –, als Aaron dem kollektiven Willen des Volkes Israel nachgab und das Dogma vom einen Gott des Seins durch das „goldene Kalb" interpretierte. Das „goldene Kalb" sollte die bisherige Offenbarung Gottes nicht an sich bestreiten, sondern plausibel auslegen. Ist nicht die Zeugungskraft diejenige Kraft, die den Familienkreis Jakobs in Ägypten zum Volke vermehrt hat, das zahlreich genug und stark genug wurde, um dem Pharao zum Trotz aus Ägypten auszuziehen? Ist nicht die Gestalt, das Bild des Stieres der Ausdruck der Zeugungskraft par excellence? Und hat nicht der auf Sinai sich offenbarende Gott, derselbe, der sich Abraham offenbart hatte, Abraham versprochen, daß seine Nachkommenschaft so zahlreich wie Sand am Meer sein werde? So wurde der Gott, der zu Moses sprach und dessen Name der *Seiende* ist, in der Auffassung des Volkskollektivs zum Gott des Zeugens, der in der Zeugungskraft sich manifestiert, der überichliche Gott, an den nur in der gedanklichen „Sprache des Ich" oder der moralischen Logik heranzukommen und dessen Name daher unaussprechlich war (bis heute wird der Name Gottes JHWH nicht ausgesprochen, sondern statt dessen „Adonai – Herr" gesagt). Er wurde von dem Volke Israel am Fuße des Berges der Offenbarung als das „goldene Kalb", als die das Ich beherrschende Gewalt der geschlechtlichen Zeugungskraft aufgefaßt.

So bedeutet das Geschehen auf dem Gipfel des Berges Sinai und am Fuße desselben Berges auch eine Warnung für alle Zukunft, nämlich daß die Interpretation des Dogmas, das auf Offenbarung beruht, derselben Autorität vorbehalten sein muß, die das Dogma verkündet. Das Dogma darf nicht der kollektiven Auffassungsfähigkeit und Auslegungsneigung des Volkes, der Glaubensgemeinschaft überlassen werden, auch deren Priesterschaft nicht (Aaron und den Leviten). Es darf nicht auf demokratische Art gedeutet oder umgedeutet werden, sonst wird seine *jenseitige* Wahrheit *verdiesseitigt* werden – und aus dem „Ich bin der Seiende" wird ein „goldenes Kalb" als Sinnbild der Zeugungskraft. Und aus dem Sohn Gottes, dem zeitlosen Worte des Vaters, wird der „schlichte Mann aus Nazareth", der das Vorbild der „Lösung der sozialen Frage" darstellt, usw. Das Dogma muß seinen ursprünglichen Offenbarungscharakter behalten; es enthält eine Aufforderung zum „sursum corda", zum Erheben des Herzens, des Denkens und Trachtens auf *sein* Niveau. Nicht aber darf es dadurch menschlich-plausibel gemacht werden, daß es etwa zu einem menschlich-sozialen Wert umgewertet wird. Das Dogma kommt von oben und ruft nach unten; es darf nie umgekehrt geschehen, daß es bloß den gemeinsamen Nenner der Glaubensmeinungen des Volkes oder der Theologen zum Ausdruck bringt. Das Urdogma der Sinai-Offenbarung wurde dem Volk in derselben Sprache verkündet, in welcher es Moses mitgeteilt worden war: nicht durch Kundgebung in einer Vision oder im Traum, nicht durch „dunkle Worte oder Gleichnisse", nicht in Bildern, die dem Bereich des empirischen Daseins entnommen sind, sondern unmittelbar von „Mund zu Mund" (Num 12, 8), d.h. in direkter Rede von Ich zu Ich, also in der Ichsprache, der Sprache des Seins. Es ist bezeichnend, daß sich ein Jahrtausend später auch die neue Offenbarung der Evangelien der wesentlichen Ichsprache bediente. Auf das „Ich bin der Seiende, dein Gott" der mosaischen Offenbarung, folgte das „Ich bin der Weinstock, ihr seid die Reben", „Ich bin der Weg, die Wahrheit und das Leben", „Ich bin die Tür", „Ich bin das Brot des Lebens", „Ich bin der gute Hirte", „Ich bin das Licht der Welt", „Ich bin die Auferstehung und das Leben", wie auch „Ich und der Vater sind eins".

Das Wort „Ich bin der Seiende" der mosaischen Offenbarung ist wie ein Same oder Keim, welcher „in jener Zeit" zum gegliederten Wachstum, zum Blühen und zur Frucht gereift war. Es war eine feierliche Stunde der Geistgeschichte der Menschheit, als Jesus Christus – nachdem er die Antworten des Volkes schweigend verworfen hatte – dem Jüngerkreis die Frage stellte: „Wer, glaubt ihr, daß Ich bin?" und als Petrus die Antwort gab: „Du bist Christus, der Sohn des lebendigen Gottes". Damals wurde die neue Glaubensgemeinschaft, die christliche Kirche, gegründet. Der Lehrstuhl Petri erhielt für alle Zeiten die Aufgabe und die Mission, Wahrer der Offenbarung zu sein, die „nicht von Fleisch und Blut", sondern „vom Vater im Himmel" stammt. Die Antwort, die Petrus gab, war nicht die Zusammenfassung der auf einen gemeinsamen Nenner zurückgeführten Anschauungen des Volkes, auch nicht das Ergebnis einer Besprechung mit dem Jüngerkreis – denn die letzteren schwiegen –, sondern sie war der Ausdruck einer blitzartigen Einsicht in das Geheimnis des „Ich bin", dessen, der die Frage stellte.

Wie Moses sowohl der Empfänger der Sinai-Offenbarung als auch ihr Verkünder und autoritativer Ausleger war, so wurde Petrus seit dem Ereignis bei Caesarea Philippi Empfänger, Ausleger und Verkünder der Lehre der Kirche. Dies ist der Sinn, die Aufgabe und Berufung des Lehrstuhls Petri, der höchsten Autorität in der Kirche des neuen Bundes.

Die griechisch-katholische Ostkirche, die die Autorität des Stuhles Petri abgelehnt und sich für das ökumenische Konzil als einzige höchste Autorität entschieden hat, sieht sich nur an die Beschlüsse der sieben ersten Konzilien gebunden. Eine weitere Entwicklung ist ihr angesichts der Spaltung der Kirche grundsätzlich unmöglich, da weitere ökumenische Konzilien nach ihrer Auffassung nicht stattfinden können. Damit bleibt sie auf der Stufe der Entwicklung der Lehre und der Praxis stehen, welche von der Kirche im zehnten und elften Jahrhundert erreicht war. So kam es zu einem circulus vitiosus: Nur ein Konzil, das die gesamte ungeteilte Kirche vertritt, würde eine Weiterentwicklung im Sinne der Vertiefung und Klärung der überlieferten Lehre und Praxis ermöglichen. Aber ein solches Konzil würde die Einheit mit der römisch-katholischen Kirche voraussetzen, die aber ihrerseits das konziliare Prinzip ohne päpstlichen Primat nicht anerkennt.

Als Folge dieses Stillstands hat die Ostkirche an der großartigen Entwicklung des theologischen und philosophischen Gedankenlebens der Scholastik nicht teilgenommen, keinen Nutzen haben können von den Früchten der kulturellen und moralischen Entwicklung, welche die geistigen Orden (Benediktiner, Karmeliter, Dominikaner, Franziskaner und Jesuiten – um nur die größten zu nennen) gezeitigt haben und zeitigen, und sie hat die Heiligsprechung den lokalen und nationalen Bräuchen überlassen und damit auf die universelle Geltung von Heiligsprechungen verzichten müssen. Der Preis des Abfalls vom Lehrstuhle Petri zugunsten des konziliaren Prinzips ist der Zerfall in mehrere nationale und regionale unabhängige Kirchen und der Stillstand in der Entwicklung der dogmatischen, moralischen und exegetischen Theologie. Denn

dieses folgt unvermeidlich aus der Umdeutung der Worte Christi: „Du bist Petrus, der Fels, und auf diesen Felsen will ich meine Kirche bauen und die Pforten des Reiches des Todes (Hades) werden sie nicht überwinden" in: „Ihr seid die Felsen, und auf diese Felsen will ich meine Kirche bauen und die Pforten des Todes werden sie nicht überwinden."
Diese für die Kirche lebenswichtigen Fragen entstanden und fanden auch schon ihre Antworten in der Sinai-Offenbarung, dem Urphänomen der Gründung der ersten monotheistischen Glaubensgemeinschaft. Schon damals entstand das Problem der Autorität – ob sie von unten kommt und bloß den Volkswillen repräsentiert oder ob sie an ein von oben verliehenes Amt gebunden ist (wie immer der Träger dieses Amtes bestimmt werden mag) – und wurde zugunsten des Amtes entschieden. Schon damals entstand das Problem, das im Konflikt zwischen dem offenbarten Dogma, dem für alle verbindlichen Glaubenssatz, und der Auffassungsfähigkeit und -geneigtheit des gläubigen Volkes sich kundtat, nämlich das Problem, ob es zulässig ist, die Lehre an die Forderungen der Majorität der Gläubigen anzupassen – und wurde im Sinne der Unveränderlichkeit des Dogmas entschieden. Die Ereignisse am Berg Sinai sind Urbild und Vorbild der hierarchischen Ordnung. Auf dem Gipfel des Berges ertönte die Stimme des seienden Gottes – seinem Auserwählten gegenüber die unfehlbaren Gebote aussprechend –, während an seinem Fuß das Volk das Geschöpf des eigenen Willens als seinen Gott verehrte.

IV
„Du sollst dir kein Bild machen"
Das Gesetz der Unvorstellbarkeit und Unvergleichlichkeit als Grundbedingung für die Wesensoffenbarung und die Wesenserkenntnis

Das Staffelgebet zur Messe des heiligen Papstes Pius V. enthält den folgenden Text aus dem 42. Psalm:
„Emitte lucem tuam et veritatem tuam; ipsa me deduxerunt et adduxerunt in montem sanctum tuum, et in tabernacula tua – Sende dein Licht und deine Wahrheit, welche mich hinausgeführt und auf deinen heiligen Berg geleitet haben und mich geführt haben in deine Zelte."
Dieses Gebet enthält – wie übrigens viele Psalmen – Hinweise auf wesentliche Tatsachen des geistlichen Lebens und der mystischen Erfahrung, nämlich auf die zwei Wege: den Weg des Lichts oder den Tagesweg und den Weg der Dunkelheit oder den Nachtweg. In der Theologie spricht man von der positiven Theologie, z. B. eines Thomas von Aquino, und der negativen Theologie, z. B. eines Dionysius Areopagita (des sogenannten „Pseudo-Dionysius").[3] Die positive Theologie geht

---

[3] Zum Streit um die Person des Dionysius vgl. die Einführung des Erzbischofs von Paris, Darboy, zu den sämtlichen Schriften des Dionysius Areopagita, 1932.

von der Voraussetzung aus, daß die Steigerung und Erhöhung des menschlichen Vorstellungsvermögens auf dem Wege der Analogie zur größtmöglichen Annäherung an das an sich unvorstellbare Wesen Gottes befähigt. Die negative Theologie geht dagegen von der Voraussetzung aus, daß das menschliche Vorstellungsvermögen grundsätzlich unfähig ist, das Wesen Gottes zu fassen, daß jede Vorstellung, so erhaben und vergeistigt sie sein mag, doch ein mentales Bild ist und bleibt, das zwischen dem Vorstellenden und die Wirklichkeit des Wesens Gottes sich einschiebt – somit die Wirklichkeit des Wesens Gottes gleichsam verdeckt. Der Weg der negativen Theologie führt zur Mystik als erlebender Erfahrung der Offenbarung des Wesens Gottes in der menschlichen Seele, während der Weg der positiven Theologie zur „symbolischen" Erkenntnis Gottes, d.h. zum Erfassen seines Wesens gleichsam im Bilde, im Gleichnis durch die Steigerung der Vorstellungen und Begriffe führt: Sie ist der Weg der fortschreitenden *Annäherung* der menschlichen Vernunft und des Vorstellungsvermögens an das Wesen Gottes. Diese beiden Wege beruhen auf einer Verschiedenheit der schicksalsmäßigen seelisch-geistigen Veranlagung der Menschen. Die einen können nicht anders als in der Schöpfung die Offenbarung des Schöpfers, sein Werk zu schauen, das ihn kündet und sein Bild und Gleichnis ist – im Sinne der Worte des Hymnus:

„Pleni sunt coeli et terra gloria tua – Himmel und Erde sind erfüllt von deiner Herrlichkeit",

während die anderen im Dunkeln und im Schweigen die Offenbarung des Wesens Gottes ersehen. Es gibt, mit anderen Worten, *Tagesseelen*, die in der Helligkeit des Lichtes die sichtbaren und unsichtbaren Dinge und das Wesen der Welt als Offenbarungen Gottes erfahren – und es gibt *Nachtseelen*, die in den lichtlosen und lautlosen Tiefen des Seins, wo es kein anderes Licht gibt als das Licht des Gewissens und wo es keine andere Stimme gibt als die des Gewissens, die Wirklichkeit des Wesens Gottes erspüren. Als hervorragende Vertreter dieser zwei Richtungen dürfen der hl. Bonaventura, der Franziskaner, und der hl. Johannes vom Kreuz, der Karmeliter, gelten. Jenem war die Welt der sichtbaren und unsichtbaren Dinge und Wesen „ein Spiegel voll von Lichtern, die die göttliche Weisheit darstellen, und wie Kohle, welche Licht ausstrahlt (si patet quod totus mundus est sicut unum speculum plenum luminibus praesentantibus divinam sapientiam et sicut carbo effundens lucem"[4]. Die Welt war ihm die „andere Heilige Schrift", ihre Wesen und Tatsachen waren ihm Symbole, die Gott ebenso offenbarten wie die Worte der Bibel. Und wie die Heilige Schrift einen wörtlichen Sinn hat, der geschichtlich und tatsächlich ist, so hat auch das „Buch der Schöpfung", die Welt, zunächst einen „wörtlichen Sinn", hinter dem – ebenso wie hinter dem der Heiligen Schrift – ein tieferer, moralischer, theologischer und mystischer Sinn verborgen ist. So, wie das durchdringende Sehen,

---

[4] II Sententiae 9.

die Fähigkeit des *Durchschauens*, ermöglicht, durch den wörtlichen Sinn der Heiligen Schrift zu ihrem moralischen, theologischen und mystischen Sinn vorzudringen, so gibt es auch eine Erfahrung der Welt und des Lebens, ein Durchschauen im Lichte des Logos, „das das Licht der Menschen ist" und die Schöpfung in eine Offenbarung des Schöpfers verwandelt. Es verwandelt den Erfahrenden in einen *Seher*, der nicht nur die Welt der Sinne wahrnimmt, sondern auch die übersinnliche Welt, die Welt der Seelen und der Engelhierarchien, wobei die letztere Welt lichtvoller ist und unmittelbarer von Gott Zeugnis gibt. Denn die Welt der Sinne, die Naturreiche, bezeugen die allwaltende Weisheit Gottes, während die Welt der Engel und der Seelen sie vertritt, indem sie aus ihr und in ihr lebt.

Die Botschaft des hl. Bonaventura war somit, daß die Welt der sichtbaren und unsichtbaren Dinge im und aus dem göttlichen Lichte gesehen werden kann und daß dieses Sehen die Wahrheit der Offenbarung bekräftigt, bestätigt und vertieft. Die Erfahrung der Welt im Lichte der Gnade ist Stütze des Glaubens.

Anders ist der Weg und die Erfahrung des hl. Johannes vom Kreuz, des Autors des Werkes „Die Nacht der Sinne und die Nacht des Geistes". Johannes vom Kreuz verzichtete auf die „Erfahrung im Licht" und strebte nach der Erfahrung der Begegnung mit Gott in der vorstellungslosen und gleichnislosen Dunkelheit der Sinne und des Geistes. Es kam ihm nicht auf die Spiegelung Gottes in der Welt an, nicht auf Gleichnisse und Analogien, welche die Erfahrung als Stütze und Bestätigung des Glaubens gewährt, sondern auf die Begegnung des Wesens der Seele mit dem Wesen Gottes, d.h. mit der Wirklichkeit Gottes selbst, mit der *Wahrheit* Gottes. Dieses ist keinem Schauen, keiner Erkenntnis möglich; es kann nur im gegenseitigen Sichdurchdringen der Liebe Gottes und der Liebe der Seele geschehen – was nur in der Bildlosigkeit und Vorstellungslosigkeit der „Nacht des Geistes" stattfinden kann. Die „Nacht des Geistes", in welcher die denkbar unmittelbarste Erfahrung der liebenden Durchdringung der Seele durch das Wesen Gottes geschehen kann, ist eigentlich nicht Finsternis, sondern das absolute Licht, das wegen seiner Übermäßigkeit blendet und sich deswegen als Finsternis gibt. Sie ist der Strahl der Wirklichkeit, der Wahrheit Gottes, der die Seele des Menschen durchdringt und umhüllt.

Nun wenden wir uns wieder dem 42. Psalm zu: „Emitte lucem tuam et veritatem tuam: ipsa me deduxerunt et adduxerunt in montem sanctum tuum, et in tabernacula tua." Das heißt: Laß mich die Welt und das Leben in deinem Lichte erfahren und umhülle und durchdringe mich mit der Dunkelheit der unmittelbaren Offenbarung deines Wesens, deiner Wirklichkeit, der Wahrheit deines Wesens selbst. Die Erfahrung der Welt und des Lebens in deinem Lichte und die Wahrheit deines Wesens werden mich hinausführen aus der Enge meines Selbstbewußtseins und mir die umfassende Höhenschau der Welt der Erfahrung geben („auf deinen heiligen Berg leiten") und mich in die Zustände des Innewohnens

Gottes und des Zusammenwohnens mit ihm („Deine Zelte – tabernacula tua") versetzen. Der „heilige Berg" und die „Hütten oder Zelte Gottes" bezeichnen die Ziele der zwei Wege – des Weges des Lichtes und des Tages, und des Weges der Dunkelheit und der Nacht, wie sie z.B. vom hl. Bonaventura und dem hl. Johannes vom Kreuz vertreten wurden. Denn das Ziel des ersteren war der Aufstieg, die Erhebung des Geistes zur Schau der Welt in himmlischem Licht, so daß sie als Offenbarung Gottes erscheine, während das Ziel des letzteren der Abstieg in Tiefen des menschlichen Wesens war, wo es dem Wesen Gottes unmittelbar begegnet und wo das Wesen Gottes und das Wesen des Menschen sich gegenseitig durchdringen. Das Schauen der Welt als Offenbarung im Lichte Gottes ist der Zustand der Seele, der als „heiliger Berg" bezeichnet wird, und die intime Innewohnung Gottes in der Seele ist der Zustand, der als „Zelt Gottes" bezeichnet wird. *Licht* und *Wahrheit* Gottes sind diese Zustände, wie sie im 42. Psalm bezeichnet werden. Wir können also den „Nachtweg" auch als den „Weg der Wahrheit" bezeichnen.

Nun legt aber die Sinai-Offenbarung ausdrücklich Nachdruck – sowohl ihrem Geiste als auch ihrem Wortlaute nach – auf die *Wahrheit* Gottes, d. h. auf die bildlose Unvorstellbarkeit Gottes, auf den Weg der „nächtlichen" Erfahrung Gottes in der Finsternis des Geistes. Dieses ist deutlich nicht nur aus dem Wortlaut: „Du sollst dir kein geschnitztes Bild machen, kein Abbild von dem, was im Himmel droben oder unten auf der Erde oder im Wasser unter der Erde ist" (Ex 20, 4), sondern auch aus der Charakterisierung des „Prophetentums" des Moses, wie sie im 12. Kapitel des Buches Numeri gegeben ist. Da lesen wir: „Höret doch meine Worte: Ist sonst ein Prophet unter euch, tu' ich mich ihm durch Gesichte kund, durch Träume red' ich zu ihm. Nicht so (bei) meinem Knechte, dem Mose, der in meinem ganzen Hauswesen sich bewährt! Mit ihm red' ich von Mund zu Mund, offenbar und nicht in Rätseln; ja Jahwes Gestalt darf er schauen" (Num 12, 6–8).

Mit anderen Worten: Der Seiende offenbarte sich Moses *unmittelbar* im hellichten Tagesbewußtsein und ohne symbolische Traumgesichte und Visionen. Er spricht mit Moses *direkt* und offenbart sich ihm so, wie er ist (in „seiner Gestalt", wie Luther übersetzt). Das heißt aber, daß im Sinne der beiden Wege, des Tageswegs und des Nachtwegs, oder des Wegs des Lichtes und des Wegs der Wahrheit, die Offenbarung Gottes dem Moses auf dem „Wege der Wahrheit" zuteil wurde. Dies wird auch im Buche Deuteronomium bestätigt, wo über Moses geschrieben steht: „In Israel aber stand fortan kein Prophet mehr auf wie Mose, mit dem Jahwe von Angesicht zu Angesicht verkehrt hätte" (Dtn 34, 10).

Diese Erkenntnis war also zweiseitig: sie war die unmittelbare Annäherung Gottes zum Menschen und des Menschen zu Gott – ein gegenseitiges Durchdringen. Darum konnten in der Bibel beide Aussagen gemacht werden, nämlich daß Moses, im Unterschied zu anderen Propheten, Gott unmittelbar erkannte (Num 12, 6–8) und daß er von Gott unmittelbar erkannt wurde wie kein anderer Prophet (Dtn 34, 10). Beides war *ein* Vorgang der gegenseitigen Annäherung, die das Schwinden jeglicher Entfernung bedeutete, auch der Entfernung, welche das „Sehen oder Schauen im Lichte" voraussetzt. Es handelte sich im Falle des Moses tatsächlich um die Offenbarung Gottes in „seiner Wahrheit", nicht um die Offenbarung in „seinem Lichte", also um Gottesoffenbarung im Sinne des hl. Johannes vom Kreuz und nicht im Sinne des hl. Bonaventura. Der „Nachtweg" wird auch der des nachtodlichen Lebens sein: „Jetzt ist mein Erkennen Stückwerk, dann aber werde ich ganz erkennen, wie ich auch ganz erkannt worden bin" (1 Kor 13, 12).

Nun spricht alles dafür, daß der Weg der israelitischen Glaubensgemeinschaft grundsätzlich derselbe war, den Moses ging. Denn sowohl der Schicksalsweg des Moses als auch derjenige Israels war durch die Wanderung in der Wüste bestimmt. Es war ein *Wüstenweg*: Wie Moses aus Ägypten in die Wüste flüchten mußte, wo er die erste Offenbarung des „Ich bin der Ich bin", des seienden Gottes erlebte, so mußte die Volksgemeinschaft Israel aus Ägypten in die Wüste flüchten, wo sie die Offenbarung am Sinai-Berge miterleben durfte und zu der Glaubensgemeinschaft Israel wurde. Es war in der Wüste, als Moses die erste Offenbarung Gottes im brennenden Dornbusch erlebte, und es war wiederum in der Wüste, als die Volksgemeinschaft Israel die Offenbarung auf dem Berge Sinai miterlebte. Und erst nach vierzigjähriger Wanderschaft in der Wüste durfte das Volk Israel in das gelobte Land einziehen – während Moses nicht über den Jordan, sondern über die Schwelle des Todes ging. *Sein* „gelobtes Land" lag jenseits der Schwelle des Todes. Das Volk Israel bereitete sich vor auf die zukünftige Begegnung mit dem erwarteten Messias im gelobten Land; Moses war diese Begegnung im entkörperten Zustande vorbehalten: sie geschah in der Verklärungsszene auf dem Berge Tabor in Gesellschaft des Elias. Bei dieser Begegnung waren Petrus, Johannes und Jakobus als Zeugen gegenwärtig und vernahmen die Unterredung, die Christus mit jenem hatte. So sehr wurden die anwesenden drei Jünger von ihnen als Lebenden beeindruckt, daß sie den Vorschlag machten, auf dem Gipfel des Berges Tabor drei Hütten zu bauen: „eine für Jesus, eine für Elias und für Moses eine." Diese erschienen den drei Jüngern also ebenso lebendig wie Jesus.

Die Wüstenwanderung des Volkes Israel unter der Führung des Moses bedeutete mehr als die Wanderzüge eines Hirtenvolkes; sie entsprang der inneren Notwendigkeit des Weges des Absterbens und der Läuterung. Ägypten mit seinen Städten, Bauten, Tempeln und kultischen Handlungen mußte erst einmal vergessen werden. Der Wüstenweg war die Schulung, die innere Vorbereitung auf die Offenbarung, die die Leere des Erinnerungs- und Vorstellungslebens der Seele voraussetzte. So wie nur ein leeres Glas neue Flüssigkeit aufnehmen kann, so kann nur eine leer gewordene Seele eine neue Offenbarung empfangen. Und ein solches Leerwerden als Vorbereitung für das Aufnehmen der neuen Offenbarung war die Wüstenwanderung des Volkes Israel unter der Führung des Moses. Diese Führung hatte nicht das Ziel, das gelobte Land, Kanaan, zu erreichen, denn zwei Wochen hätten genügt, um von der Ostgrenze Ägyptens nach Kanaan zu gelangen. Daß die Wanderung vierzig Jahre dauerte, war nicht durch die Entfernung zum Reiseziel bedingt; vielmehr war die Wüstenwanderung gewissermaßen Selbstzweck. Die Einsamkeit der Wüste sollte die ausschlaggebende und richtunggebende Erfahrung für den gesamten zukünftigen geistigen Weg des „auserwählten Volkes" sein. Denn die zwölf Stämme Israels waren auserwählt, um als Vertreter der Menschheit den Wüstenweg der Erfahrung der reinen Offenbarung Gottes, ohne „Bilder und Gleichnisse", zu gehen und vorzuleben. Sie waren auserwählt, um der Menschheit den Weg der reinen Intuition, der Erkenntnis Gottes mit Ausschluß des Vorstellungsvermögens zu lehren und vorzuleben – den Weg der inneren Sicherheit, die auf *nichts* begründet ist, d.h. den Weg des reinen *Glaubens*, im Sinne der Worte Christi: „Du hast gesehen und glaubst darum, selig ist, wer *nicht gesehen hat* und glaubt." Die Vorbereitung für *diese* Glaubensfähigkeit war der Weg durch die Wüste, den die zwölf Stämme Israels mit Moses gegangen waren. Der Wüstenweg lehrte sie, daß die Unvorstellbarkeit und Unvergleichbarkeit *die* Voraussetzung für die Wesensoffenbarung und Wesenserkenntnis Gottes ist.

Die Menschen, die den „Wüstenweg" oder „Nachtweg" gehen, werden vom hl. Johannes vom Kreuz mit erwachsenen Menschen verglichen, die selbst gehen – und nicht getragen werden. Sie entbehren der vielen „Tröstungen" oder Traumgesichte, Visionen, der geschenkten sonnenhaften Seligkeitsstimmungen und anderer Arten der „Tröstungen", die den Umarmungen und Liebkosungen des Kindesalters entsprechen. Ein Erwachsener erträgt die Eintönigkeit und Widerwärtigkeiten des Lebens aus seiner inneren Stärke heraus, während das Kind unterhalten, getröstet und ermutigt werden muß. In diesem Sinne versteht der hl. Johannes vom Kreuz den Weg der Läuterung durch die innere Wüste als einen Weg für reife Seelen, die stark genug sind, um die Eintönigkeit, Stille und Einsamkeit der „Nacht des Geistes" zu ertragen. Jedoch auch diese Seelen bedürfen der Stärkung, der Erheiterung und Aufmunterung. Es ist eine der Erfahrungen, die jeder Mensch, der den „Wüstenweg" geht, kennt, daß etwas in der Nacht, im Zustande des Schlafes geschieht, was ihm immer wieder neue Kraft zum Durchhalten, zum Nichtverzagen gibt. Die Nacht, die ebenso wüstenhaft, unbewegt und finster zu sein scheint wie die „Nacht des Geistes" am Tage, im Wachbewußtsein, verwandelt sich mit der Zeit in eine Spenderin von Seelenstärke und Geistesmut für den Menschen. Es ist, wie wenn die Nachwirkung der himmlischen Chöre der geistigen Hierarchien in der Seele (und oft auch im Leibe) des erwachten Wüstenwanderers belebend und stärkend wirksam wären. Das Ergebnis ist erneuter Mut zum Leben und zeitweiliges Schwinden der Hoffnungslosigkeit. Und diese Stärkung verdankt der Mensch nicht einem Traume oder irgendeiner Belehrung, die ihm im Traume geschah, sondern einzig und allein dem *Zustand*, der sich als Ergebnis der Nacht einstellt. Das Verzagen oder gar die Verzweiflung sind einfach von selbst geschwunden – und man ist erfrischt und gestärkt, um den Wüstenweg fortzusetzen. Man kommt unwillkürlich dazu, diese Nachwirkung der Nacht mit der wunderbaren Manna-Speisung in der Wüste während der Wüstenwanderschaft des auserwählten Volkes zu vergleichen. Denn die nächtliche Stärkung, die man erlebt, soll jede Nacht erneut erlebt werden: sie kann nicht für die folgenden Tage als Erinnerungsinhalt „aufbewahrt" werden. Im Sonnenlicht des Tagesbewußtseins „schmilzt" sie gleichsam. Sie verliert ihre Kraft. Die Analogie zwischen der Erfahrung der stärkenden Wirkung oder „Speisung" im Schlafe, die der Mensch, der durch die Wüste wandert, haben kann, und der Speisung mit dem himmlischen Manna, von der die Bibel berichtet, geht noch weiter: Sie erstreckt sich auch auf „Geschmack" und „Farbe". In der Bibel wird das Manna als das Himmels- oder Engelsbrot (Ps. 78, 23–25) bezeichnet, das wie Tau oder Reif am Morgen die unmittelbare Umgebung der Lagerstätte der Israeliten bedeckte. Es war weiß und bestand aus Körnern in der Form und Größe von Koreandersamen. Es schmeckte wie Honigkuchen (Ex 16, 31).

Nun wird die stärkende Nachtwirkung, die dem geistigen Wüstenwanderer geschenkt werden kann, zusammenfassend als „weiß" erlebt und als „süß" empfunden, „süß" etwa im ähnlichen Sinne, wie man sagt, daß man „süß" geschlafen hat. „Weiß" und „süß" ist der „zusammenfassende Eindruck", der beim Erwachen empfunden wird, das Ergebnis des Integrierens einer Unzahl von gleichförmigen kleinsten Entitäten, etwa im Sinne der „petites perceptions" des Philosophen (und Mathematikers) Leibniz[5], die in der „Pneumatik" eine ähnliche Rolle spielen, wie die kleinsten Körper (corpuscula) in der Physik, d.h. die unsichtbar wegen ihrer Kleinheit sind und deswegen nicht bemerkt werden, die aber dennoch große Bedeutung und Einfluß haben können. Die Gesamtheit dieser winzigen Wahrnehmungen (petites perceptions) hinterläßt nach dem Erwachen den Gesamteindruck „weiß" und „süß", und ihre Vielheit und Gleichförmigkeit schicken sich gut für den Vergleich mit „Koreandersamen" (Ex 16, 31). Auch ihre *Gesamtwirkung* ist stärkend, d.h. erquickend und sättigend. Dank ihrer ist man stark genug, um die Eintönigkeit und Anregungslosigkeit der Wüstenwanderung „ohne Bilder und Gleichnisse", ohne Träume und Visionen, wieder aufzunehmen und fortzusetzen.

Hier ist die Rede von *Analogie* zwischen der stärkenden Wirkung des Schlafes (wie diese von dem Menschen, der den Wüstenweg geht, erfahren werden kann) und dem Manna des biblischen Berichts. Die biblischen Wunder sind nicht bloß als Bilder für psychologische und spirituelle Erfahrungen aufzufassen. Anderseits ist es abwegig, wenn man z.B. das Manna einfach für den zuckerhaltigen Stoff hält, den Schildläuse, welche auf den Tamarisken der Sinai-Halbinsel leben, in kleinen Körnchen ausscheiden. Die Bibel spricht nicht bloß in Symbolen und

---

[5] Nouveaux Essais sur l'entendement humain, 3. Teil, Kap. 1.

nicht bloß von Tatsachen, sondern von Tatsachen, die gleichzeitig Symbole sind. So ist die vierzigjährige Wüstenwanderung des auserwählten Volkes unter der Führung des Moses zugleich Tatsache und Symbol. Als *Tatsache* war sie ein geschichtliches Ereignis, als *Symbol* ist sie Ausdruck des zeitlosen Gesetzes, wonach die Läuterung das Leerwerden des Bewußtseins als Vorbedingung für die Offenbarung Gottes in seiner Wahrheit voraussetzt. Die Bergpredigt drückt das durch die Seligpreisung aus: „Selig sind die geistig Armen, denn das Himmelreich ist ihrer."

V
„Du sollst den Namen Jahwes, deines Gottes, nicht mißbrauchen"
Der unaussprechliche Name Gottes

In der Tiefensprache der moralischen Logik, d.h. in der Sprache der Bibel des Alten und Neuen Testaments, haben die Worte, Begriffe und Ideen, die mit „Namen", „Namengeben", „nennen" und „heißen" verbunden sind, eine tiefere Bedeutung.

Wenn es z.B. in der Genesis (2, 19) heißt: Gott (Elohim) „bildete noch aus dem Erdboden alle Tiere des Feldes und alle Vögel des Himmels, und er führte sie zum Menschen, um zu sehen, wie er sie benennen würde, so sollte ihr Name sein", so bedeutet dies nicht, daß der Mensch sprachliche Bezeichnungen für die Wesen des Tierreiches erfand, und erst recht nicht, daß er sie nach Gattungen und Arten – etwa im Sinne des Linnéschen Systems – klassifizierte, sondern daß er den göttlichen Auftrag erhielt und erfüllte, den ihm hierarchisch untergeordneten Lebewesen ihre *Berufungen oder Missionen* in Beziehung zum Menschen zu bestimmen. Denn „Name" bedeutet in der biblischen Sprache Mission oder „Wesensfunktion" und „nennen" ist der magische Akt des Bestimmens der Berufung oder Mission eines Wesens. So war der neue Name, der von Gott an Abram („ein erhabener Vater") gegeben wurde, nämlich Abraham („Vater einer Menge"), nur in diesem Sinne zu verstehen. „Darum sollst du nicht mehr Abram heißen, sondern Abraham soll dein Name sein; denn ich habe dich zum Vater vieler Völker gemacht" (Gen 17, 5).

Der Gebrauch und Mißbrauch eines Namens ist eine sehr ernste Angelegenheit, wenn man bedenkt, daß die Tiernamen von dem noch nicht gefallenen Menschen im Auftrag Gottes gegeben wurden. Erst recht gilt dies für Menschennamen, die von Gott gegeben wurden, wie der Name Abraham, der Name Johannes, der dem Vater Johannes' des Täufers, dem Priester Zacharias, im Tempel durch den Erzengel Gabriel verkündet wurde, und der Name Jesus, den derselbe Engel der Jungfrau angab.

Wie steht es aber mit dem *Namen Gottes*, dem Namen, dessen Mißbrauch in den zehn Geboten ausdrücklich verboten wird? „Du sollst den Namen deines Gottes (Elohecha) nicht mißbrauchen, denn JHWH wird den nicht ungestraft lassen, der seinen Namen mißbraucht" (Ex 20, 7).

Wer kann dem höchsten Wesen seinen wirklichen und wirksamen Namen geben? Das kann nur Gott selbst. Die Offenbarung ist die einzig mögliche Quelle des Wissens um den Namen Gottes, d.h., sein Name ist der, den er selbst sich gibt. Es kann kein Mensch, auch der weiseste nicht, Gott (im biblischen Sinne) auf solche Weise nennen, daß der Name nicht bloß Bezeichnung, sondern wirklich und wirksam wäre. Dieses ist schon aus folgenden Gründen unmöglich: Wie es einen Namen, ein Wort und einen Begriff im menschlichen Sprachgebrauch gibt, nämlich das Wort „ich", das nur Sinn hat, wenn er als Name oder Bezeichnung des Sprechers selbst gebraucht wird, und das sinnlos ist, wenn es von jemand anderem als auf „mich" sich beziehend gebraucht wird, so steht es auch um den Namen des überichlichen Gottes. Der *überichliche* Gott ist gleichsam die Sonne, deren einzelne Strahlen die Einzel-Iche sind, und er ist im Sinne des hl. Augustinus „mehr ich selbst, als ich selbst bin". Wenn nun der „Name" „Ich" mißbraucht wird, wenn er nicht vom Sprecher selbst gebraucht wird, so erst recht, wenn der Name des überichlichen Gottes von jemand anderem gebraucht wird als von Gott selbst. Denn Gott ist für den ich-begabten Menschen kein „Er", kein „Du" und kein „Es", also kein dem Ich äußerlich gegenüberstehendes Wesen, er ist auch nicht sein eigenes Ich. Wie ein Strahl des ewigen Seins sich mit dem ewigen Sein nicht identifizieren darf, so darf auch das menschliche Einzel-Ich sich mit dem Urquell seines Seins nicht identifizieren. Und doch darf er in dem Urquell seines Seins nicht etwas Fremdes, etwas außerhalb der Ichheit Stehendes sehen, denn obgleich ein Strahl nicht die Sonne ist, so ist er dennoch durch und durch sonnenhaft und kann und darf sich nicht anders erleben als die Einstrahlung der Sonne des ewigen Seins in den Bereich des zeitlichen Daseins. Um den „Namen" Gottes – im biblischen Sinne, d.h. wirklich und wirksam – aussprechen zu dürfen, ohne ihn dabei zu mißbrauchen, müßte der Mensch in der Lage sein, ihn so auszusprechen, wie er das Wort „Ich" ausspricht, gleichzeitig aber so, daß damit der Urquell und das Urbild aller Ichheit, d.h. der verinnerlichten Teilnahme am Sein, gemeint und angerufen wird. Darum das Verbot im Judentum, den wirklichen und wirksamen Namen Gottes auszusprechen, und darum war es kein Mensch – auch Moses nicht –, der diesen Namen erfunden oder gegeben hätte. Moses wurde er offenbart, und zwar von Gott selbst, wie es deutlich in dem Text der Berufungen des Moses am Berge Horeb (Ex 3, 13–15) gesagt ist. Da steht nämlich: „Moses sprach zu Gott: Siehe, wenn ich zu den Kindern Israels komme und ihnen sage: Der Gott eurer Väter hat mich zu euch gesandt, und sie mir sagen werden: Wie ist sein Name? Was soll ich ihnen sagen? Gott sprach zu Moses: *Ich bin der Ich bin* (EHIYEH ASCHER EHIYEH – אֶהְיֶה אֲשֶׁר אֶהְיֶה). Und sprach weiter: So sollst du den Kindern Israels sagen: Ich bin (EHIYEH – אֶהְיֶה) hat mich zu euch gesandt.

Und Gott (elohim – אֱלֹהִים) sprach weiter zu Moses: Dies sollst du zu den Kindern Israels sagen: JHWH – יהוה, eurer Väter Gott (elohim), der

Gott Abrahams, der Gott Isaaks, der Gott Jakobs hat mich zu euch gesandt. Das ist mein Name ewiglich, dabei soll man meiner gedenken für und für."

Nun entspricht der Name Gottes, der Moses offenbart wurde, dem Wesen des überichlichen Gottes auf vollkommene Weise. Denn der Name „Ich bin der Ich bin" ist nicht der Name, den Moses Gott gab, sondern er wurde von Gott selbst gegeben und offenbart. Dann ist er solcher Art, daß er nicht im Sinne des „Er" oder des „Es" gebraucht werden kann: nur im Sinne *übersubjektiven* Seins; er enthält also keine Analogie, kein Bild oder Gleichnis aus dem Bereich des gesamten Daseins, außer der Analogie mit der „Ich bin"-Erfahrung des Menschen. Die intimste intuitive Erfahrung des Menschen, diejenige des „Ich bin", ist das einzige „Bild und Gleichnis", das er enthält.

Eigentlich wurden Moses zwei Namen Gottes offenbart: ein Name, der gleichsam absolut ist, „Ich bin der Ich bin" oder „Ich bin" und ein zweiter, der Name des Gottes Abrahams, Isaaks und Jakobs, JHWH, der sein Name für alle Zeit sein soll und der für das „Gedenken seiner" für alle Zukunft gelten soll. Somit wurde Moses der zeitlose, absolute und kosmische Name „Ich bin" und ein für die Zeit, d.h. historisch geltender Name des „Gottes der Väter", JAHWE, offenbart.

„Ich bin" ist der Name für den Bereich des ewigen Seins, während der Name Jahwe für den Bereich der Zeitlichkeit der Geschichte, d.h. für den Bereich des *Daseins* bestimmt ist. Damit ist er auch das heilige Banner für die von der Vorsehung beschlossene eugenetische Mission der Nachkommenschaft Abrahams, Isaaks und Jakobs, das Jahwe-Volk zu werden und zu sein, die im Erscheinen des Messias gipfelt.

Jahwe ist der Name für den „oberen" Partner des Bundes Israel–Jahwe. Er trägt in sich und offenbart den Sinn und den Inhalt der göttlich gewollten Mission Israels, des „auserwählten Volkes", das eigentlich das Jahwe-Volk für die Geschichte ist. Der Name aus vier Buchstaben, das Tetragrammaton, enthält das Geheimnis der Vaterschaft, der Mutterschaft, der Kindschaft und des Familienbandes. Die vier Buchstaben (Jod-He-Waw-He) stellen diese Vierheit dar. Jod steht für das Ewig-Männliche, das Ewig-Aktive und Zeugende, das erste He für das Ewig-Weibliche, das Empfangende und Gebärende, Waw für das Ewig-Kindliche, für das Geborene, und das zweite He für das Prinzip und das Urbild der Familiengemeinschaft.

„Somit ist der Name EHIYEH (אֶהְיֶה) der Name, den Gott sich selbst gibt in der ersten Person; er bezieht sich auf den subjektiven Aspekt des göttlichen Wesens; und der Name Jod-He-Waw-He (יהוה), gegeben in der dritten Person, bezieht sich auf dessen objektiven Aspekt, der dem Volke Israel offenbart wurde", sagt über die zwei Namen Francis Warrain, der Autor des Werkes „La Théodicée de la Kabbale", das die umfassendste und tiefste Untersuchung der Lehren der Kabbala über die Namen Gottes und das System der zehn Sephiroth ist.

Nach de Pauly (Übersetzer des Sohar ins Französische und guter Kenner dieser Schrift) bezeichnet der Name EHIYEH Gottes Herrschaft im Himmel und der Name JHWH Gottes Herrschaft auf Erden[6].

Die zwei Gottesnamen „Ich bin" und „Er ist" (EHIYEH und JHWH) sind Formen des Verbums Sein, und zwar des Futurs, das aber im Hebräischen nicht bloß Zukunft bedeutet, sondern auch (und vielmehr) *Dauer, Beständigkeit.* EHIYEH ist die Form des Futurum Durativum in der ersten Person und JHWH „Er ist, er war und er wird sein".

Der Name „Ich bin" (EHIYEH) war unaussprechlich, weil es keinen berechtigten Sprecher für diesen Namen gab. Einmal wurde er ausgesprochen, und über dieses Ereignis berichtet das griechisch geschriebene Johannesevangelium, wo Jesus den Juden auf ihre ironische Frage: „Du bist noch nicht fünfzig Jahre alt und hast Abraham gesehen?" antwortete:

„Ehe Abraham ward, bin ich."

„Die Juden aber griffen nach Steinen, um ihn zu steinigen. Jesus aber verbarg sich und verließ den Tempel."

Was den Namen „Er ist" (Jahwe) anbelangt, so durfte der Hohepriester ihn einmal im Jahre bei einer Feierlichkeit im Tempel, in dem Allerheiligsten, würdig aussprechen. Sonst wurde statt des unaussprechlichen Namens der Deckname „Adonai" (Herr) auch beim Lesen der Heiligen Schrift gebraucht. Nur der Hohepriester im Allerheiligsten des Tempels durfte bei dem feierlichen Gottesdienste den Namen JHWH aussprechen, ohne daß dies ein Mißbrauch des Namens Gottes gewesen wäre. Denn der ausgesprochene Name bedeutete in der Welt des biblischen Bewußtseins die Auslösung der *Rufkraft*, die in ihm liegt, ein magisches Zitieren also. Und darin liegt der mögliche schwere Mißbrauch des heiligen Namens. Aus diesem Grunde versteht Martin Buber die Offenbarung des Jahwe-Namens in Exodus 3 vor allem als Zeugnis dafür, daß der Herr nicht erst herbeigerufen werden muß, sondern mit seiner Macht und Hilfe jederzeit gegenwärtig ist; er übersetzt den Namen deshalb mit „Ich bin da". Der stets Gegenwärtige braucht nicht herbeigerufen zu werden.

„JHWH, der Gott eurer Väter, der Gott Abrahams, der Gott Isaaks, der Gott Jakobs, hat mich zu euch gesandt. Dieses ist mein Name für alle künftige Zeit und dies meine Benennung von Geschlecht zu Geschlecht",

lautet der Auftrag an Moses bezüglich des Namens JHWH. Es wurde also nicht gesagt: Mit diesem Namen sollt ihr mich *anrufen* in aller Zeit, sondern meiner *gedenken* für und für. Es ist der Name Gottes gleichsam für den inneren, den meditativen Gebrauch, nicht für das äußere Aussprechen oder für eine Art von magischem Gebrauch. Aber auch der innere, der meditative Gebrauch des Namens des „Gottes der Väter und der Nachkommen für alle Zeit" kann zum Mißbrauch werden, und zwar

---

[6] Francis Warrain, La Théodicée de la Kabbale, Paris 1949, S. 87.

dann, wenn man das Geheimnis des Namens, d.h. den Sinn der geschichtlichen Mission, die in dem Namen JHWH Ausdruck findet, erkannt hat.

Um zu verstehen, worin dieser Mißbrauch besteht, müssen wir uns also zunächst den Sinn dieser geschichtlichen Mission vergegenwärtigen. Dieser liegt in folgendem:

Der Name JHWH bringt die göttlich gewollte Aufgabe mit sich, durch die Kräfte der Fortpflanzung und der Vererbung ein besonderes Volk zu schaffen und zu erhalten, das sich grundsätzlich in einem gewissen Gegensatz zu allen anderen Völkern befindet. Denn dieses Volk soll Träger einer vererbungsgetragenen Tradition des Bundes mit JHWH und für die Hoffnung sein, daß durch diesen Bund einst für alle Menschen die Erlösung von den Folgen des Sündenfalles geschehen werde. Die Bedeutung der Fortpflanzung und der Vererbung ist aus dem Text der zehn Gebote durch die Sätze über das Wesen der Gerechtigkeit und der Barmherzigkeit Jahwes deutlich einzusehen:

„Denn ich, JHWH, dein Gott, bin ein eifernder Gott, der die Schuld der Väter ahndet an den Kindern, Enkeln und Urenkeln derer, die mich hassen, der aber Huld erweist bis ins tausendste Glied an denen, die mich lieben und meine Gebote halten" (Ex 20, 5 f.).

Es ist da nicht die Rede von Einzelseelen, von Individualitäten: es ist Gerechtigkeit und Barmherzigkeit für die *Generationen* des Vererbungsstromes.

Diese Auffassung der Gerechtigkeit und der Barmherzigkeit steht in krassem Gegensatz zu der Idee der Gerechtigkeit und Barmherzigkeit, wie sie in Indien und Tibet (aber neuerdings immer mehr auch in Europa und Amerika) als Gesetz des *Karma* aufgefaßt wird. Denn das Gesetz des Karma ist auf die Einzelseele, die Individualität, orientiert, nicht auf die Generationen der Nachkommen. Die Idee des Karma ist auf der These begründet: „Was du *säest*, wirst du ernten." Die Folgen dessen, was man selber durch seine Taten verursacht hat, wird man selbst erleben (nicht aber andere Menschen, wie etwa die Nachkommen).

So ist das in zehn Geboten verkündete Gesetz der Strafe für die Sünde und des Lohnes für die Gerechtigkeit ein durch und in der Vererbung und Fortpflanzung wirkendes moralisches Gesetz. Das Blut, das durch die Generationen fließt, ist da der Träger des Fluches der Sünde und des Segens der Gerechtigkeit.

Kurzum, der Name des „Gottes der Väter", bei dem man an den Gott Israels, der das Volk Israel aus Ägypten hinausgeführt hat, gedenken soll für alle Zeit – der Name „Jahwe", er offenbart und enthält das in der Fortpflanzung und in der Vererbung waltende moralische Gesetz der Vergeltung und der Auswahl durch die Generationen hindurch. Dieses Gesetz gilt nur für das auserwählte Volk, weil dieses Volk die Mission hatte, das Erscheinen des allmenschheitlichen Erlösers vorzubereiten. Der allmenschheitliche Erlöser ist die causa finalis der Existenz und des Schicksals des auserwählten Volkes – ja, er ist der Grund für die Auserwählung dieses Volkes selbst. Die Fortpflanzung und die Vererbung werden durch den Namen geheiligt.

Aber die Einsicht in die besondere Beziehung Jahwes zur Fortpflanzung und zur Vererbung selbst kann zum Mißbrauch des heiligen Namen Gottes führen. Denn der Name Gottes kann nicht nur im gleichsam magischen beschwörenden Herbeirufen, sondern auch darin mißbraucht werden, daß in den Kräften der Fortpflanzung, der Zeugung und der Vererbung nicht die Spiegelung dieses Namens (d.h. der Mission und Aufgabe, die göttlich gewollt sind), sondern der Name selbst empfunden, daß also der Gott Israels selbst als eine Spiegelung oder eine Art „religiöser Überbau" dieser Kräfte betrachtet wird. Statt das Göttlich-Urbildliche in den Kräften des Geschlechtslebens zu sehen, kann man das Geschlechtliche auf das Göttliche selbst projizieren. Wenn dies geschieht, so wiederholt sich grundsätzlich dasselbe, was am Fuße des Berges Sinai bei der Anbetung des „goldenen Kalbes" oder des als göttlich aufgefaßten Stieres geschah. Damals wurde ja gerade die Zeugungskraft und die Fortpflanzungskraft zum „Gott, der uns aus Ägypten geführt hat" erhoben. Die Jahwe-Religion und die Jahwe-Sendung wird dann gewissermaßen „freudistisch" aufgefaßt. Dieses ist der andere große Mißbrauch „des Namens deines Gottes, denn Jahwe läßt den nicht unbestraft, der seinen Namen mißbraucht" (Ex 20, 7).

VI
Der Gebrauch des Namens Gottes in der Meditation

Wir haben gesehen, daß Moses zwei Namen am Berge Horeb offenbart wurden: „Ich in" (אֶהְיֶה – EHIYEH) und „Er ist" oder der „Seiende" (יהוה – JHWH), wobei der erste Name sich auf das zeitlose Sein bezieht, der zweite auf das zeitliche Dasein, d.h. auf die geschichtliche Mission des Volkes Israel. Der zweite Name bezeichnete den Gott Abrahams, Isaaks und Jakobs, der erste Name den, der von sich sagt: „Ehe denn Abraham ward, bin ich", wie es im Johannesevangelium steht, d.h. der zeitlos ist und sich nicht auf ein Volk und dessen geschichtliche Mission bezieht. Der Name „Ich bin der Ich bin" ist die Antwort auf die Frage der *Menschheit*, deren Vertreter Moses war, sie war eigentlich die an Moses gerichtete und für ihn gemeinte Antwort; während der Name JHWH die Antwort war, die den Kindern Israels galt. Denn Moses, der mit dem Namen vom „Engel des Herrn" aus dem brennenden Busch gerufen wurde, erhielt die Offenbarung, die darauf folgte, sowohl als Vertreter der Menschheit wie als Mensch, den den Auftrag erhielt, aus den Nachkommen der drei Patriarchen ein neues Volk zu schaffen und es aus Ägypten hinauszuführen.

Der Auszug aus Ägypten war die *Geburt* des Volkes Israel. Dieses bestand aus den Nachkommen der Söhne Jakobs und anderer Staatssklaven Ägyptens, die sich ihnen angeschlossen hatten und mit ihnen zusammen auszogen. Das von Moses in die Wüste hinausgeführte Volk war ein ziemlich buntes Gemisch von verschiedenen Familien- und Stammestraditionen. Außerdem waren die Offenbarungen Gottes, die den Erzvätern zuteil geworden waren, nicht identisch mit der Offenbarung gegenüber Moses am Fuße des Berges Horeb; denn Gott offenbarte sich den Erzvätern nicht als JHWH, geschweige denn als „Ich bin" (EHIYEH), sondern als „Schaddai" (שַׁדַּי), der „Allmächtige". Dieser Name entspricht der Stufe der damaligen Auffassung und Offenbarung Gottes. Er wurde gebraucht, wenn es darauf ankam, den Menschen zu überzeugen, daß für Gott nichts unmöglich ist (Gen 17, 1; 28, 3; 35, 11; 43, 14; 48, 3; 49, 25). Unter diesem Namen offenbarte sich Gott Abraham, Isaak und Jakob. In der Geschichte Jakobs (Gen 31, 13; 33, 20; 35, 1 und 46, 3) wird auch der Name Gottes „El" (אֵל), welcher „der Starke, Erhabene, Überragende" bedeutet, gebraucht.

Die in der Bibel gebrauchten Namen Gottes stellen Stufen der fortschreitenden, dem menschlichen Auffassungsvermögen angepaßten Offenbarung des Wesens Gottes dar. Sie sind gleichzeitig Stufen der wachsenden Verinnerlichung des menschlichen Auffassungsvermögens und der – in Richtung auf Verinnerlichung – fortschreitenden Offenbarung der Aspekte des Wesens Gottes.

So entspricht der Name „Schaddai" (der Allmächtige) der ersten, niedrigsten Stufe des Verständnisses Gottes; er geht nicht weiter als der moralisch gleichgültige Begriff der *Macht*, des „Alles-Könnens". Vergleicht man ihn z.B. mit dem Ausspruch des altrussischen Fürsten Alexander Newsky: „Nicht in der Macht ist Gott, sondern in der Wahrheit und Gerechtigkeit" (Ne w sile Bog a w prawde), so versteht man, welchen Schritt in der Verinnerlichung der Erkenntnis des Wesens Gottes die Auffassung des hl. Alexander Newsky bedeutet. In diesem Zusammenhang muß erwähnt werden, daß sich auch einer der amoralischsten und barbarischsten Menschen unserer Epoche, Adolf Hitler, öfter und ausschließlich auf den „Allmächtigen" berief.

Eine Stufe in der Verinnerlichung der Erkenntnis des Wesens Gottes stellt der Name „El" (der „Starke", der „Erhabene", der „Überragende") dar. Denn hier kommt es nicht auf die bloße Macht bzw. Allmacht, sondern auf die höhere hierarchische *Rangordnung* an, auf die Erhabenheit Gottes im Vergleiche zum Menschlichen. Der Name „El" bildet den Anfangsbestandteil mehrerer anderer Namen, welche die Erhabenheit ausdrücken, wie z.B. „El-Chai", der „Lebendige Gott". Auch bildet er den Endbestandteil von Engelnamen, z.B. Micha*el*, Gabri*el*, Rapha*el*, Uri*el*. „El" drückt hier die Haltung des Hinaufschauens, der Verehrung eines Höheren in der Rangordnung des Seins, ein Empfinden der *Würde* im hierarchischen Sinne aus. Ehrfurcht bedeutet ein innerlicheres Verhältnis zu Gott als bloße Furcht vor der Gewalt des Allmächtigen. Und doch mußte Moses, dem die höchste Stufe der „Namen" Gottes, der Name EHIYEH offenbart war, zunächst den Ägyptern die Offenbarung Gottes, die dem Namen „Schaddai" entspricht, vermitteln – angefangen vom magischen Kampf der in Schlangen verwandelten Stäbe über die zehn Plagen bis zur Vernichtung der ägyptischen Streitmacht im Roten Meer. Alle diese Ereignisse waren die Offenbarung Gottes unter dem Namen „Schaddai" (der Allmächtige). Der Pharao und das ägyptische Volk sollten lernen, was es bedeutet, sich dem Willen des Allmächtigen zu widersetzen. Sie lernten durch Erfahrung, daß die Hebräer den Gott „Schaddai" an ihrer Seite hatten.

Es ist kaum nötig zu sagen, daß Moses selbst eine viel intimere und innerlichere Erkenntnis Gottes besaß als diejenige, die er in Ägypten zu vertreten hatte. Unter welchem Namen hatte sich Gott dem Moses zu erkennen gegeben? War es nicht der höchste Name, der Moses offenbart wurde und dessen Erkenntnis in seiner Seele brannte, der Name, der einmal in der fernen Zukunft rechtmäßig ausgesprochen werden sollte durch den, der sagte: „Ehe denn Abraham ward, bin ich"? Als Gott das Volk Israel wegen seiner Anbetung des goldenen Kalbes vernichten und Moses statt Abraham zum Stammvater eines neuen auserwählten Volkes machen wollte, bat Moses darum, lieber ihn aus dem Buch des Lebens zu streichen und das Volk Israel zu retten. In seiner Opferwilligkeit sprach sich ein tieferes Verständnis des Göttlichen als das der bloßen Allmacht aus. Da Moses seine Bereitschaft erklärt hatte, für das Volk zu sterben, wurde er, zusammen mit Elias, würdig befunden, mit dem verklärten Träger dieses Namens auf dem Berge Tabor am Gespräch über dessen Mission, für die Menschheit zu sterben, teilzunehmen.

Andererseits konnte nur derjenige, der Abraham zum Vater des Volkes, in dem er erscheinen wollte, gewählt hat, Moses den Vorschlag machen, Abraham zu ersetzen und statt seiner der Erzvater eines neuen Volkes zu werden. Und war nicht der „Ich bin, ehe denn Abraham ward" zugleich der Auserwähler und Berufer Abrahams, der aus ihm das Volk erstehen lassen wollte, in dem seine Menschwerdung geschehen sollte?

Der geheimnisvollste Name Gottes, der Name „Ich bin" (EHIYEH), der Moses offenbart wurde, ist in Wahrheit der Name Christi vor seinem Erscheinen als Menschensohn. Im Zwiegespräch des Moses mit Gott, das zur Begnadigung des Volkes Israel führte, richtete sich Moses an Christus, „der am Anfang bei Gott war und der Gott war" (Joh 1).

Es gibt einen Namen Gottes in der Bibel und in der Überlieferung, der Kabbala, der die zwei Namen der höchsten Stufe „Ich bin" (EHIYEH) und „Er ist" (JHWH) vereinigt, indem er Teil von beiden ist – es ist der Name JAH (יָהּ). Der Name JAH wird nicht oft in der Schrift erwähnt: er kommt vor in dem Lied des Moses (Ex 15, 2): „Meine Stärke und mein Lob ist Jah, und er ist mir zum Heil geworden." Der Name „Jah" stellt das erlösende Prinzip für die Zeit von der Zerstörung des Tempels bis zum Kommen des Messias dar.

Der Psalm 102, 19 enthält die Weisung: „Dieses sei niedergeschrieben für ein anderes (zukünftiges) Geschlecht, und das Volk, welches geschaffen sein wird, wird Jah loben – Scribantur haec in generatione altera, et populus, qui creabitur, laudabit Jah."

Und beim Propheten Malachias steht folgende Prophezeiung: „Siehe, ich werde euch Elijah („Mein Gott ist Jah") senden" (den Propheten, dessen Name selbst den Namen Gottes enthält, der in der Zeit der Vorbereitung auf das Kommen des „Gesalbten Gottes", des Messias, angerufen und verehrt werden soll).

Der Name JAH wird allgemein aufgefaßt als die Abkürzugn des Tetragrammaton JHWH. Nun ist aber ein bloßes Abkürzen des unaussprechlichen und heiligen Namens aus Gründen der Erleichterung der Aussprache (zumal es überhaupt nicht ausgesprochen werden durfte!) und des Behaltens (Wer sollte den heiligen Namen Gottes vergessen können und ihn vereinfachen wollen?) nicht denkbar. Eine Verkürzung des Namens Gottes konnte lediglich die Bedeutung haben, das Allerwesentlichste in dem Namen hervorzuheben, um die Meditation darauf zu konzentrieren.

Der Name „Jah" ist laut dem *Sohar* der geheimnisvollste von allen Namen. Er bezeichnet die Quelle des himmlischen Stromes, wo „das Jod sein Licht an das He gibt, welches Nahrung an die untere Welt gewährt". Die Vereinigung des Jod mit dem He ist der Ursprung des himmlischen Segenstromes. Wenn man nun bedenkt, daß das Jod die ursprüngliche schöpferische Einheit und das He das Zeichen für den Lebenshauch bedeutet, so wird man geneigt sein, in der strahlenden Sonne das Bild für den Namen „Jah" zu sehen – der Sonne der Barmherzigkeit, die gleichzeitig für die Gerechten und Ungerechten leuchtet.

Und es war der ewige Aspekt Gottes, der unter dem Namen „Jah" sich offenbart, mit dem Moses die Begnadigung des Volkes Israel erwirkte. Letztlich ist der Name JAH das sakrale Ideogramm und das sakrale Phonogramm der Menschwerdung, die als Absicht und Tendenz in dem Namen JAH enthalten ist. Dieser Name bringt sowohl ideogrammatisch als phonogrammatisch den Erlösungswillen Gottes zum Ausdruck. Und dieser kann wahrlich für die Menschen als das Allerwichtigste gelten. Deshalb die Verkürzung des vollständigen Namens JHWH zu JAH. Und darin liegt ebenfalls der Grund für die überlieferte Anschauung, daß dieser Name namentlich für die Zeit der Vorbereitung für das Kommen des Messias und seines Wegbereiters (Elijah) gilt.

Der Name „Elohim" ist der Name Gottes als Vollbringers des Sechstagewerks der Schöpfung der Welt. Im ersten Kapitel der Genesis kommt er 32mal vor, während der Name „Jahwe Elohim" erst in Gen 2, 4 zum ersten Mal erwähnt wird.

Die Einzahl des Namens אֱלֹהִים (Elohim) ist אֱלוֹהַ (Eloha) und kommt in der Bibel selten vor; man findet ihn im Deuteronomium (32, 15), im Buch Hiob, bei Jesaia und im Buche der Könige. Er besteht aus dem Namen „El" und den letzten Buchstaben des Namens „Jahwe". Der

Name „Eloha" hat die Bedeutung: Meister (im Sinne von Meister des Kunstwerkes, welches die Natur ist), Schöpfer der Natur. In diesem Sinne kann auch das Rätsel der Mehrzahl, die der Name „Elohim" ausdrückt, gelöst werden. Der Name „Elohim" kann als „vielfältige Meisterschaft des Meisters, die sich im Schöpfungswerk der Schöpfung offenbart" aufgefaßt werden. Diese Auffassung des Namens „Elohim" geht über die Erklärung, daß es sich bloß um einen „pluralis majestatis" bei dem Namen „Elohim" handelt, hinaus. Auch wird sie der entschieden monotheistischen Sicht der Bibel gerecht, welcher die wörtliche Übersetzung des Namens „Elohim" als „Götter", die sprachlich zwar richtig wäre, widerspricht. Denn es handelt sich nicht um eine Vielheit der Schöpfer, sondern um eine erstaunliche und unvorstellbare Vielseitigkeit des Schöpfers, die sich in dem Schöpfungswerk der Welt offenbart. Die Kabbala spricht deswegen von 32 Wegen der Weisheit, die in der Tatsache, daß der Name „Elohim" zweiunddreißigmal in der Schöpfungsgeschichte in verschiedenen Zusammenhängen vorkommt, begründet ist.

Nicht um 32 Gottheiten handelt es sich dabei, sondern um so viele Wege der Weisheit, auf denen sich die allumfassende Weisheit des Schöpfers in Schöpfungswerken offenbart. Deshalb ist es berechtigter, in dem Namen „Elohim" nicht eine Vielheit von Urhebern der Schöpfung, sondern die Vielfältigkeit der schöpferischen Weisheit des *einen* Urhebers zu sehen.

Der Name „Elohim" kann wiederum richtig oder mißbräuchlich verwendet werden. Der richtige Gebrauch dieses Namens wäre die Meditation über die Mannigfaltigkeit der Weisheit Gottes, wie sie sich in der Schöpfung offenbart: eine Meditation also etwa über die 32 Wege der Weisheit. Der Mißbrauch dieses Namens dagegen bestände in der analytischen Auseinanderlegung der Gottheit in eine Vielheit von selbständigen Göttern, was bei den heidnischen Völkern die allgemeine Regel war. Denn nicht ohne Grund wurde das Wort Elohim auch auf die Götter der heidnischen Religionen angewandt, ja sogar auf die Menschen, die Mitglieder eines Gerichtshofes waren. Die Bibel berichtet von zahlreichen und wiederholten Fällen des Mißbrauches des Namens Gottes „Elohim" im Sinne der Vielgötterei – in dem Kultus namentlich der Baalim und Astaroth (d.h. des Baals und der Astarte oder der Ischtar der phönizischen Nachbarvölker).

„Elohim" ist wohl die Einheit in der Vielheit der Offenbarungen der Meisterschaft des Meisters in dessen Schöpfung. Wie das Bild der strahlenden Sonne dem Namen Gottes „Jah" entspricht, so entspricht dem Namen „Elohim" das Bild des *Regenbogens*. Die Idee der Einheit in der Vielheit oder der Einigkeit der Vielen unter der Einheit der Führung findet sich besonders deutlich ausgedrückt in den Namen „Elohim Tsebaoth" und „Jahwe Tsebaoth", welche beide als „Herr Gott der Heerscharen" übersetzt werden: Dominus Deus Sabaoth. Dieser Name bezieht sich auf Gott als den Höhepunkt der Pyramide der hierarchischen

Weltordnung – als das Haupt aller Hierarchien – der Engel, Erzengel, Fürstentümer, Mächte, Kräfte, Herrschaften, Throne, Cherubim und Seraphim. Gott als das Höchste oberhalb der Chöre der geistigen Hierarchien gesehen, bedeutet eine Steigerung der Erhabenheit Gottes. Diese ins Kosmische gesteigerte Ehrfurcht erfüllt ja auch die christlichen Kathedralen, wenn die Formel ertönt:

„Sanctus, sanctus, sanctus Dominus Deus Sabaoth. Pleni sunt coeli et terra gloria tua. Hosanna in excelsis – Heilig, heilig, heilig, Herr, Gott der Heerscharen. Himmel und Erde sind erfüllt von deiner Herrlichkeit. Hosanna in der Höhe."

Das Erlebnis des Gottes der Heerscharen, des Gottes, gesehen durch die Chöre der geistigen Hierarchien als deren Oberhaupt, und zwar zum Namen, der statt JHWH ausgesprochen wird – dem Namen *Adonai* – אֲדֹנָי, welcher gewöhnlich als „Herr" (Dominus, Kyrios) übersetzt wird. Der Name „Adonai" wird statt des Namen JHWH ausgesprochen und in der Schrift gelesen. Die Vokalzeichen für Adonai werden deswegen unter den Konsonanten des Namens JHWH gesetzt: So entstand das Wort Jehovah. (Es werden auch manchmal die Vokalzeichen für das Wort Elohim zu dem Namen JHWH gesetzt, was den Namen „Jehowih" ergibt.) In der Regel wird aber der Name Gottes JHWH durch den Namen „Adonai" ersetzt, der Gott gewissermaßen als den Hausherrn des Hauses „Welt" bezeichnet. „Adonai" ist wesentlich und von Rechts wegen der Besitzer und Herrscher der Welt, der „Herr der Welt". Die Welt ist sein, und alle Wesen der Welt sind seine Diener, und zwar nicht, weil seine Allmacht sie dazu zwingt (das würde dem Namen „Schaddai" entsprechen) oder weil er den Wesen der Welt überlegen ist (das würde dem Namen „El" entsprechen), sondern weil er der ewige *Herr ist* und weil seine Herrlichkeit alle Wesen überzeugt, ihm zu Dienst und zu Gehorsam verpflichtet zu sein.

Was „Gott der Heerscharen" in der himmlischen Welt ist, das ist der Herr in der Welt der Natur, der Tatsachen und der Ereignisse.

Das Verstehen der Namen Gottes in ihrem inneren Zusammenhang ist kaum möglich ohne Kenntnis der überlieferten Lehre von den zehn Sephiroth, welche in der Kabbala die Schlüsselstellung einnimmt. Das Wort sephira (Mehrzahl: sephiroth) bedeutet Zahl. Damit ist nicht Anzahl im quantitativen Sinne gemeint, sondern im Sinne des Grundsatzes des Buches Sepher Jetzirah:

„In 32 verborgenen Bahnen der Weisheit zeichnete Jah, Jahwe Zebaoth, der Gott Israels, der lebendige Gott (und König der Welt), der Allmächtige ... er schuf seine Welt durch drei Zählprinzipien: Zahl, Zähler und Gezähltes" (sephar, sopher, saphur)[7].

Somit hat der Begriff Zahl die Bedeutung des modus creationis. Man kann also gleichnisweise sagen, daß, wie es für die *Erkenntnis* Kategorien gibt (Aristoteles hat zehn Kategorien aufgestellt), so stellen die Se-

---

[7] Goldschmidt, a.a.O. S. 49, Nr. I/I (Übersetzung des Autors).

phiroth gewissermaßen die zehn „Kategorien" der Schöpfung dar. Die Sephiroth sind die Übergangsstufen und Bindeglieder zwischen dem Schöpfer und der geschaffenen Welt, zwischen dem Absoluten und der Welt des Relativen. Die Sephiroth stellen in ihrer Gesamtheit die Wege des Überganges dar, auf denen der Urbildliche, das in Gott ist, zum Seelisch-Moralischen, und das Seelisch-Moralische zum Tatsächlich-Realen wird. Darum verteilt sich das System der Sephiroth (der sogenannte „Baum der Sephiroth") auf vier Daseinssphären („Welten" genannt) – die Welt oder Emanation (olam ha aziluth) – die Welt der Schöpfung (olam ha beriah) – die Welt der Gestaltung oder Formation (olam ha jetzirah) und die Welt der Tätigkeit (olam ha asiah).

Diese vier Welten entsprechen den vier Buchstaben des Tetragrammaton (Jod – Welt der Emanation, He – Welt der Schöpfung, Waw – Welt der Gestaltung und das zweite He – Welt der Tätigkeit).

Die zehn Sephiroth, die selbst zu der Welt der Emanation gehören, erstrecken sich in ihrer Bedeutung auf alle vier Welten: drei von ihnen, die drei oberen, nämlich die *Krone* (Kether), *Weisheit* (Chokmah) und *Einsicht* oder Verstand (Binah) gehören ausschließlich zur Welt der Emanation; die nächsten drei, nämlich *Gnade* (Hesed), auch *Größe* (Gedulah) genannt, *Macht* (Geburah), auch *Gericht* (Din) genannt, und *Schönheit* (Tipheret) gehören zu der Welt der Schöpfung; weitere drei, nämlich *Triumph* (Netzach), *Glorie* (Hod) und *Basis* (Jesod) gehören zu der Welt der Gestaltung und die letzte, zehnte Sephiroth, das *Reich* (Malkuth), welche die Realisation der neun oberen in der Welt der Tätigkeit ist, gehört allein zu der Welt der Tätigkeit.

Die zehn Sephiroth werden in der Form eines Baumes gruppiert, der deshalb „Baum der Kabbala" genannt wird:

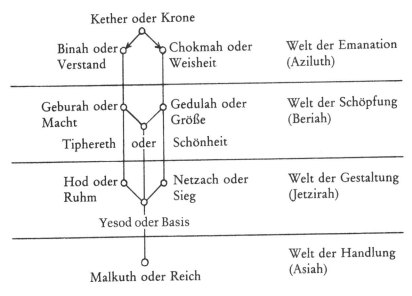

Die vier Sephiroth Kether (Krone), Tiphereth (Schönheit), Jesod (Basis) und Malkuth (Reich) bilden den Stamm des Baumes (welcher auch als „Säule der Mitte" bezeichnet wird); die übrigen sechs Sephiroth zur rechten und zur linken Seite werden „Äste" genannt. Sie stellen, neben der „Säule der Mitte", die „rechte Säule" und die „linke Säule" dar. Die „rechte Säule" ist die Säule der Gnade und Barmherzigkeit, während die „linke Säule" diejenige der (strikten) Gerechtigkeit ist. Die Sephiroth Weisheit, Gnade und Triumph bilden somit die Säule der Gnade und Barmherzigkeit, während die Sephiroth Einsicht (Verstand), Macht oder Gericht und Glorie die Säule der Gerechtigkeit bilden. Die „Säule der Mitte", die die Synthese der Gnade und Gerechtigkeit darstellt, besteht aus den Sephiroth Krone, Schönheit, Basis und Reich.

Der „Baum der Sephiroth" wird auch *Urmensch* (Adam Kadmon) genannt; die drei obersten Sephiroth Krone, Weisheit und Einsicht (Verstand) bilden den Kopf, Gnade und Macht die beiden Arme, Schönheit den Rumpf, Triumph und Glorie die beiden Schenkel, die Basis entspricht dem Geschlechtsorgan, das Reich entspricht den Füßen.

Die erste Sephiroth, die Krone, ist die erste und höchste aller göttlichen Manifestationen. „Sie ist", sagt der Sohar, „das Prinzip aller Prinzipien, die geheime Weisheit, die erhabenste Krone, mit der alle Diademe und alle Kronen geschmückt werden."[8] Der göttliche Name, der ihr entspricht, ist EHIYEH, *Ich bin*, weil sie das Sein ist. Aus diesem Grunde hat man auch die erste Sephirah den „Urpunkt" oder den „Punkt" schlechthin genannt. „Als der Verborgene der Verborgenen sich manifestieren wollte, machte er zuerst einen Punkt.[9] Solange dieser Lichtpunkt aus seinem Schoße nicht hervorgegangen war, war der Unendliche (Ain Soph) noch ganz unbekannt und verbreitete gar kein Licht." Aus dem Schoße dieser Einheit gehen zwei, dem Anscheine nach entgegengesetzte, in Wirklichkeit aber unzertrennliche Prinzipien *gleichlaufend* hervor: ein *männliches* oder aktives, welches die *Weisheit* (Chokmah) heißt, und ein weibliches oder passives, das man gewöhnlich mit *Verstand* oder Einsicht (Binah) übersetzt. Die Weisheit wird auch der „Vater" genannt; denn sie hat, wie man sagt, alle Dinge *erzeugt*. Der Verstand ist die *Mutter*. Wie geschrieben steht: „Den Verstand sollst du Mutter nennen (Sohar, 3. Teil, Bl. 290 a). Aus dieser geheimnisvollen und ewigen Vereinigung geht ein *Sohn* hervor, der, nach dem Ausdruck des Originals, die Züge des Vaters und der Mutter annimmt und so beiden als Zeugnis dient. Dieser Sohn der Weisheit und des Verstandes, der, wegen seines zweifachen Anteils am Erbe, auch Erstgeborener genannt wird, ist die *Erkenntnis* oder das *Wissen* (Daath)."[10]

---

[8] Sohar, a.a.O. 3. Tl., Bl. 288 b, S. 58 f.
[9] Ebd. 1. Tl., Bl. 2 a, S. 56.
[10] Aus: A. Franck, Die Kabbala oder die Religions-Philosophie der Hebräer, aus dem Französischen übersetzt, verbessert und vermehrt von A. Gelinek, Leipzig 1844, S. 137; ebd. S. 140 f.

Nun wollen wir eine sehr bemerkenswerte Stelle aus den Kommentaren (zum Sohar) *Cordueros* hinzufügen:

„Die drei ersten Sephiroth, nämlich die Krone, die Weisheit und der Verstand, müssen als eine und dieselbe Sache betrachtet werden. Die erste stellt die Erkenntnis oder das *Wissen*, die zweite den *Wissenden* und die dritte das *Gewußte* dar. Um diese Identität zu erklären, muß man wissen, daß das Wissen des Schöpfers nicht wie das der Geschöpfe ist; denn bei diesen ist das Wissen vom Subjekte des Wissens unterschieden und bezieht sich auf Objekte, die wieder vom Subjekte sich unterscheiden. Dies bezeichnet man durch die Ausdrücke: Das Denken, der Denkende und das Gedachte. Der Schöpfer hingegen ist zugleich das Wissen, der Wissende und das Gewußte. Seine Art des Wissens besteht in der Tat nicht darin, daß er sein Denken auf Dinge, die außer ihm sind, richtet: indem er sich selbst denkt und weiß, kennt und sieht er alles, was ist. Nichts ist da, das nicht mit ihm Eins wäre und er nicht in seiner eigenen Substanz fände. Er ist der Typus jeglichen Wesens, und alle Wesen sind in ihm in ihrer reinsten und vollkommensten Gestalt, so daß die Vollkommenheit der Geschöpfe eben in dem Sinn jenes Vollkommenen besteht, der sich, während er sie hervorbrachte, mit ihnen vereinigte, und in dem Maße, in dem sie sich von ihm entfernen, sinken sie auch von jenem vollkommenen und erhabenen Zustande herunter. So ist die Form aller Arten des Seins in dieser Welt in den Sephiroth und die der Sephiroth in der Quelle, aus der sie fließen."[11]

Das gesamte System der Sephiroth kann auch als drei Dreiecke, die in der 10. Sephirah, das Reich, als deren Realisation zur Einheit zusammengefaßt werden, dargestellt werden. Das erste (nach oben gerichtete) Dreieck, dessen neutrale (synthetische) Spitze die Krone ist und dessen aktive und passive Polaritäten die Weisheit und der Verstand (Einsicht) sind, gehört zur Welt der Emanation. Das zweite, nach unten gerichtete Dreieck, gebildet durch die Polaritäten Gnade (Barmherzigkeit) und Gericht (Strenge), hat die Schönheit zur Synthese; und das dritte (ebenfalls nach unten gerichtete) Dreieck, das die Sephiroth Triumph (Netzach) und Glorie (Hod) als polare Gegensätze enthält und in der Sephirah Basis (Jesod) ihre Synthese findet, gehört zur Welt der Gestaltung (Jetzirah), wie das zweite Dreieck (Gedulah, Geburah und Thiphereth) zur Welt der Schöpfung gehört.

Die letzte und zehnte Sephirah, das Reich (Malkuth), ist die Verwirklichung des Zusammenklanges der neun oberen Sephiroth in der Welt der Tätigkeit (Asiah).

Die Namen der zehn Sephiroth wurden ins Lateinische von Athanasius Kircher S. J. in seinem Werk „Oedipus Aegyptiacus" wie folgt übersetzt:

---

[11] Pardes Rimonim, Bl. 55 a.

Kether	– Summa Corona
Chokmah	– Summa Sapientia
Binah	– Intelligentia sive Spiritus Sanctus
Hesed (oder Gedulah)	– Misericordia
Pachad (oder Din) Geburah	– Timor
Thiphereth	– Pulchritudo
Netzach	– Victoria
Hod	– Honor seu Gloria
Jesod	– Fundamentum
Malkuth	– Regnum

Die zehn Namen Gottes werden auf folgende Weise den zehn Sephiroth zugeschrieben:

Kether	– EHIYEH (Ich bin)
Chokmah	– JAH (oder JHWH)
Binah	– Elohim oder JHWH-Elohim
Hesed (Gedulah)	– El
Geburah, Pachad, Din	– Elohim Gibor (Der Gewaltige)
Thiphereth	– Eloha oder JHWH
Netzach	– JHWH-Zebaoth
Hod	– Elohim-Zebaoth
Jesod	– Schaddai oder El-Hai
Malkuth	– Adonai

Höchstwahrscheinlich sind dies auch die zehn mystischen Namen Gottes, von denen der hl. Hieronymus in seinem Briefe an Marcella spricht.

VII
„Gedenke des Sabattages, daß du ihn heiligst"
Das Gesetz der Einkehr

Das im vorigen Kapitel behandelte System der Namen Gottes und der Sephiroth kann Anlaß und Anregung für ein meditatives Durchdenken (d. h. ein Durchdenken, in dem Kopf und Herz gleichzeitig mitschwingen) geben. Das System der zehn Namen Gottes und der zehn Sephiroth kann ein Schema, ein Programm für diese Arbeit darstellen, ja die Rolle einer Meditationsschule über das Walten Gottes und die Stufen und Wege seiner Offenbarung in der Bibel und in der Geistgeschichte der Menschheit spielen. Es hat tatsächlich auch als Meditationsschule gedient und war als solche gemeint. Dabei kommt es selbstverständlich nicht darauf an, daß man die Lehren der alttestamentlichen mystischen

Theologie, der Kabbala, annimmt, daß man gewissermaßen „Kabbalagläubig" wird, sondern lediglich darauf, daß man die Ergebnisse der meditativen Vertiefung in das Alte Testament von Generationen von Menschen in den Jahrhunderten ernst genug nimmt, um sie zu durchdenken und sie auf ihre Fruchtbarkeit hin zu prüfen. Da das Alte Testament Teil der Heiligen Schrift, der Bibel, ist, so soll die Kabbala für das Verständnis des Alten Testaments ebenso ernst genommen werden wie die mystische Theologie für das Verständnis des Neuen Testaments. Die Bibel ist ein Ganzes, und ihr Verständnis umfaßt die Ergebnisse der Forschung und der Meditation aller derer, die solche Forschung und Meditation zu ihrem Anliegen gemacht haben: Kirchenlehrer und Theologen, Kabbalisten und Zadiks. Ein Mensch, dem es ernst damit ist, die gesamte Heilige Schrift in ihrer Tiefe und auf einem ihr würdigen Niveau zu verstehen, wird sich kaum erlauben, etwa die Sepher Jetzirah oder den Sohar zu ignorieren, ebensowenig wie etwa die „Teppiche" des Klemens von Alexandrien oder die Homilien und Kommentare zu den Evangelien von Origenes.

Das Wort meditatio, das manchmal auch als gleichbedeutend mit consideratio gebraucht wird (z. B. beim hl. Bernhard von Clairvaux), bezeichnet die gesteigerte Wachsamkeit des Einsichtsvermögens – des Denkens –, des Einfühlungsvermögens – des Fühlens – und des Werteinschätzungsvermögens – des Wollens. Mit anderen Worten: Meditation ist die innere *Einkehr* der Seele, die restlos hingegeben ist an die Suche der Wahrheit. Gleichzeitig ist die Meditation Abkehr von der Außenwelt und der Erinnerung an sie, an ihre Sorgen, Einflüsse und Nachwirkungen.

Ein Meister der Meditation, der Kontemplation und des Gebets, der hl. Bernhard von Clairvaux, sagt:

„Die Meditation (Betrachtung) läutert zunächst ihre eigene Quelle, d. h. die Seele, aus der sie entsteht. Dann regelt sie die Neigungen, leitet die Tätigkeit, mäßigt die Überschwenglichkeit, bildet die Sitten, macht das Leben ehrlich und geregelt und vermittelt die Erkenntnis der göttlichen Dinge wie auch der menschlichen Dinge. Sie ist es, die Verworrenheit durch Ordnung ersetzt, sie setzt Schranken der Neigung, sich ins Unbestimmte zu verlieren, sammelt das Zerstreute, dringt ein in das Verborgene, entdeckt das Wahre und unterscheidet es von dem, das bloß als solches erscheint, bringt Fiktion und Lüge an den Tag.

Die Meditation ist es auch, die im voraus bestimmt, was zu tun ist, die das Getane zum Bewußtsein bringt, so daß in der Seele nichts bleibt, was der Klärung und der Berichtigung bedarf. Sie ist es ebenfalls, die im Glück Mißgeschick voraussieht und im Mißgeschick es ermöglicht, die Haltung des Nichtbedrücktseins zu bewahren. Sie ist die Quelle des Mutes einerseits und der Besonnenheit (prudentia) andererseits."[12]

---

[12] Bernhard von Clairvaux, „De Consideratione", Buch I, Kap. VII. Die Abhandlung hat er zwischen 1149 und 1152 für Papst Eugen III. geschrieben. (Übers. des Autors).

Ferner sagt der hl. Bernhard über den Unterschied zwischen der Meditation (Betrachtung) und Kontemplation (Schauen) folgendes:
„Beachte, was ich unter Meditation (Betrachtung) meine. Man soll nicht die Meditation als in allem gleichbedeutend mit der Kontemplation auffassen. In der Tat, die Kontemplation setzt die Wahrheit, die als sicher anerkannt ist, voraus, während von der Meditation (Betrachtung) namentlich für das Finden dieser Wahrheit Gebrauch gemacht wird. In diesem Sinne verstanden, scheint es mir, daß die Kontemplation als wahre und sichere Intuition des Geistes einer beliebigen Realität definiert werden kann, oder auch als Erfassen des Wahren, das Zweifel ausschließt. Was nun die Meditation anbelangt, so ist sie das intensive Bemühen des Denkens, die Spannung der Seele in der Suche des Wahren. Dennoch ist es üblich, die beiden Bezeichnungen unterschiedslos zu gebrauchen, ob es sich um Meditation oder um Kontemplation handelt."[13]

Der heilige Abt von Clairvaux sieht in den vier Tugenden, die die Grundlage nicht nur für das Leben der Mönche einer kontemplativen Ordensgemeinschaft, sondern für ein menschenwürdiges Leben schlechthin sind, die Früchte der Meditation. Mit anderen Worten: Jeder Mensch, der danach strebt, „zu wissen, was er tut", soll eine bestimmte Zeit der Einkehr für die Betrachtung und Beurteilung seines Lebens und Strebens von einer höheren Warte aus widmen. Um vom Lebensstrom nicht bloß getrieben zu werden, sondern in der Lage zu sein, in ihn gestaltend einzugreifen, muß man aus dem Strom des Alltagslebens emportauchen können.

Wenn man diese Wahrheit in biblischer Sprache ausdrückt, so erhält man den Wortlaut des Gebotes: „Sechs Tage sollst du arbeiten und all dein Werk tun. Der siebte Tag aber ist Sabbat für Jahwe, deinen Gott" (Ex 20, 9 f.).

Während man den größten Teil seiner Zeit der Arbeit, den Pflichten und Sorgen widmet, soll ein Siebentel der Zeit der *Einkehr*, dem Emportauchen aus diesem Strom geweiht sein. Meditation ist die „Heiligung des Sabbats", die Erfüllung des Gebotes der Einkehr. Meditation, Kontemplation und Gebet gehören zur Einkehr oder „Heiligung des Sabbats". Sie sind Stufen der Verinnerlichung des Denkens (Meditation), des Fühlens (Kontemplation) und des Wollens (Gebet). Denn Verinnerlichung ist das Ziel und die Bedeutung der Einkehr – der Heiligung des Sabbats.

Die Genesis weist ausdrücklich darauf hin, daß der Rhythmus: Schaffen–Einkehr die Spiegelung des göttlichen Schöpfungswerkes und Ruhens ist. Die Ruhe, die dem Schöpfungswerke Gottes folgt, ist eine Verinnerlichung des vorangehenden Schöpfungswerkes. So berichtet die Genesis, daß nach dem Vollbringen des Schöpfungswerkes jedes einzelnen der sechs Tage „Gott sah, daß es gut (tow) war"; d.h., der Schöpfer unterbrach nach jedem „Tage" sein Schöpfungswerk durch das göttliche Urbild und Vorbild der *Einkehr*, der Meditation. In der göttlich-morali-

---

[13] Ebd., Buch II, Kap. II.

schen Einschätzung des vollbrachten Schöpfungswerkes, „daß es gut war", lag eine verinnerlichte Wiederholung desselben.
„Und Gott sah alles, was er gemacht hatte, und siehe, es war sehr gut. Es ward Abend, und es ward Morgen: sechster Tag" (Gen 1, 31).
„Gott vollendete am siebten Tag sein Werk, das er gemacht hatte, und ruhte am siebten Tag von seinem ganzen Werk, das er gemacht hatte" (Gen 2, 2 f.). Die große Ruhe des siebenten Tages hatte die verinnerlichte Wiederholung des gesamten Sechstagewerkes in der Form des *Segens* zum Inhalt.

So sehen wir in der Schöpfung, wie sie die Genesis berichtet, einen göttlichen Dreiklang: Gott schafft durch sein Wort; Gott übt Einkehr, in welcher er den Wert des Geschaffenen bestätigt; und Gott segnet das Werk in der verinnerlichenden Einkehr, die auf die schöpferische Tätigkeit folgt. Also: Schöpfer, das schaffende Wort, das den Willen des Schöpfers verwirklicht, und die Einkehr, die das Schöpferwerk des Vaters und des Wortes bestätigt, der Heilige Geist, der Sinn und Wort des Geschaffenen in der göttlichen Einkehr zum Aufleuchten bringt, gehören untrennbar zusammen.

Die Welt wurde aus dem Vater durch den Sohn geschaffen und wurde durch den Heiligen Geist gesegnet. Der Segen nach der Einkehr Gottes gehört ebenso zur Schöpfungsgeschichte der Welt wie die Schöpfung selbst aus dem Willen des Vaters durch das ihn ausführende und verwirklichende Wort. Mit anderen Worten: die *Einkehr* gehört ebenso zur Grundwahrheit und dem göttlichen Gesetz der Welt wie ihr Werden aus dem Schöpferwillen des Vaters durch das schaffende Wort des Sohnes.

Der durch die Gottheit begründete Rhythmus der schaffenden Tätigkeit und der Einkehr liegt nicht nur dem mosaischen Schöpfungsbericht, sondern auch der indischen Weisheit zugrunde. Diese lehrt das universelle kosmische Gesetz der abwechselnden schöpferischen Tätigkeit der Gottheit der Welt und ihrer Einkehr. Es sind die „Tage des Schöpfers (Brahma)" und die „Nächte" des Brahma oder abwechselnde Perioden des schaffenden Ausatmens und des verinnerlichenden Einatmens des Weltenschöpfers, welche Manvantara und Pralaya genannt werden. Und sie faßt diesen göttlich-kosmischen Rhythmus auf als Vorbild, Urbild und Ursache des Atemrhythmus. Das ist der Grund für die Praxis des bewußten Atmens des Yoga. Dieses ist nichts anderes als das bewußte Erleben der abwechselnden Zustände des Nach-außen-Gekehrtseins und des Nach-innen-Gekehrtseins, d.h. der Aktivität und der Einkehr, des Tuns und der Meditation, wobei, in der Sprache der Bibel gesprochen, jenes eine Beteiligung am Schöpfungswerk der Welt ist, während dieses die Teilnahme am Verinnerlichungsgeschehen, am „Feiern des Weltensabbats" ist.

Der hl. Bernhard von Clairvaux hat, aus seiner großen Erfahrung sprechend, die Bedeutung der Einkehr als absolut notwendig für die Verwirklichung und das Erhalten einer wahren menschenwürdigen Lebensweise überzeugend dargestellt; die überlieferte indische Weisheit hat die kosmisch-metaphysische Bedeutung des In-sich-selbst-Zurückziehens, der Einkehr, gelehrt. Der moderne englische Geschichtsforscher und Geschichtsphilosoph Arnold J. Toynbee hat das universell geltende psychologisch-kulturgeschichtliche Gesetz der wiederholten Ein- und Rückkehr im Geistesleben der Menschheit entdeckt und einleuchtend dargestellt.

Toynbee geht von der vergleichenden Betrachtung individueller Biographien von Vertretern der schöpferischen Minorität aus, die richtunggebenden Einfluß auf das Kulturleben der Gesellschaften ausüben, um dann analoge Auswirkungen des Gesetzes der Ein- und Rückkehr in der Entwicklung der menschlichen Gesellschaft selbst zu betrachten:

„Im Hinblick auf die Gesellschaft und das Verhältnis zwischen dem schöpferischen Menschen und ihr, können wir die Handlung und Haltung des schöpferischen Menschen mit den Worten Einkehr und Rückkehr beschreiben. Die Einkehr ermöglicht es der Persönlichkeit, ihre eigenen Kräfte in sich selbst zu ermessen; sie hätten vielleicht weiter geschlummert, wären sie nicht auf einige Zeit durch Spannungen innerhalb der Gesellschaft befreit worden. Eine derartige Einkehr ist manchmal ein freiwilliger Schritt, manchmal aber auch durch Umstände erzwungen, die außerhalb des Einflußvermögens des schöpferischen Menschen liegen. Jedenfalls bedeutet sie eine Gelegenheit, oftmals die notwendige Voraussetzung für die Verwandlung dieses Menschen oder „Anachoreten". Im Griechischen bedeutete dieser Einsiedler nichts anderes als „einen, der abgesondert geht". Aber ein Wandeln in der Einsamkeit kann keinem Zweck dienen, vielleicht gar keinen Sinn haben, wenn es nicht als Vorbereitung auf die Rückkehr der „gewandelten" Persönlichkeit in die Gesellschaft gedacht ist, aus der sie hervorgegangen ist; es handelt sich bei dieser Umwelt eben doch um die heimatlichen Gefilde, vor denen sich das menschliche Gesellschaftstier nicht dauernd fernhalten kann, soll es nicht das Menschentum selbst ableugnen und, in Aristoteles' Worten, entweder zum Tier oder zum Gott werden. Die Rückkehr macht das Wesen der ganzen Handlung aus und gibt ihr einen Sinn."[14]

Toynbee sieht in dem einsamen Aufstieg auf den Berg Sinai durch Moses die sinnvolle Verkettung zwischen Einkehr und Rückkehr:

„Moses besteigt den Berg, um dort mit Jahwe auf Jahwes Befehl in Verbindung zu treten; der Befehl ergeht allein an Moses, während der Rest der Kinder Israels sich in einiger Entfernung halten muß. Aber die Absicht Jahwes war, Moses wieder hinunterzusenden, damit er das neue Gesetz dem Volk mitteile, das nicht selber kommen und die Mitteilung nicht selbst entgegennehmen konnte."[15]

---

[14] A. J. Toynbee, Studie zur Weltgeschichte, Hamburg 1949, S. 229 f.
[15] Ebd. S. 230.

„Gleich starker Nachdruck wird auf die Rückkehr (nach geschehener Einkehr) in dem Bericht über das Prophetenerlebnis und den erteilten Auftrag gelegt, den uns der arabische Denker Ibn Kaldun im vierzehnten Jahrhundert der christlichen Zeitrechnung gegeben hat:
‚Des Menschen Seele neigt dazu, sich ihres menschlichen Wesens zu entkleiden, damit sie sich in das Wesen der Engel versetzen kann für wenigstens einen einzigen Augenblick, der so schnell kommt und vergeht wie das Zucken des Augenlids. Dann kehrt die Seele zu ihrer irdischen Natur zurück, sobald sie in der Welt der Engel eine Botschaft erhalten hat, die sie zu ihrer eigenen Menschenwelt mitnehmen kann.'"[16]

Ferner weist Toynbee auf die sinnvolle Aufeinanderfolge von Ein- und Rückkehr im Leben Jesu hin, die auch in der Erwartung der Wiederkunft des in den Himmel aufgestiegenen Auferstandenen ihren Ausdruck findet. Nach der großen Einkehr der Himmelfahrt soll die Rückkehr, die Wiederkunft, geschehen. Auch weist er hin auf das Leben des Apostels Paulus, der nach seiner plötzlichen Bekehrung auf dem Wege nach Damaskus für drei Jahre in die arabische Wüste ging. Dann erst traf er die Altapostel, um in Gemeinschaft mit ihnen seine Arbeit aufzunehmen. Ähnlich das Leben des hl. Benedikt, der drei Jahre allein lebte, bevor er in die Gesellschaft zurückkehrte und an die Spitze eines Mönchsklosters trat, zunächst im Tal von Subiaco, dann auf dem Berg Cassino. Auch im Leben des hl. Gregor des Großen dauerte die Einkehr drei Jahre; dann begann er, die heidnischen Engländer zu bekehren, wurde nach Rom zurückgerufen, hatte verschiedene Kirchenämter inne und wurde schließlich Papst (590–604).

Siddharta Gautama, der historische Buddha, lebte sieben Jahre in Einkehr, ihre Frucht war die Erleuchtung unter dem Baum Bodhi und der Entschluß, seine Einsicht den Mitmenschen zu vermitteln, was ihn zum Mittelpunkt und Haupt einer Bruderschaft und zum Gründer einer der großen Weltreligionen machte.

Im Leben Mohammeds (570–632) war eine Einkehr und Rückkehr das Vorspiel zu den zwei entscheidenden Wendungen, die sich in seiner Laufbahn feststellen lassen. Die erste Wendung, die zum entscheidenden Monotheismus, geschah nach einer etwa fünfzehn Jahre langen Einkehr, während deren er das Leben eines Karawanenhändlers zwischen den arabischen Oasen führte; die zweite Stufe, die der Verkündung eines allumfassenden religiös-politischen Gesetzes, begann mit seiner Einkehr, der Hegira (Hijrah). Er zog sich von seiner Heimatoase, von Mekka, nach der Oase Yathrib zurück, die seitdem als eigentliches Medina, als Stadt des Propheten gilt. Diese Einkehr wird von Mohammedanern als so entscheidende Wendung empfunden, daß sie von ihr ihre Zeitrechnung ableiten – ihr Jahr 1 beginnt mit der Flucht Mohammeds aus

---
[16] Ebd.

Mekka. Sieben Jahre später kehrt er dorthin zurück, diesmal als Herr und Meister halb Arabiens.

Die wesentliche Lehre aller dieser geschichtlichen Tatsachen besteht darin, daß das schöpferische Leben und die schöpferische Tätigkeit der Menschen auf der Aufeinanderfolge von Einkehr und Rückkehr, von Sabbat und Werktagen, von Meditation und Tätigkeit beruht. Man kann nicht ausatmen, wenn man nicht zuerst eingeatmet hat; man kann nicht schöpferisch tätig sein, wenn man nicht zuerst die dazu notwendige Kraft, Einsicht und Begeisterung in der Einkehr der Meditation, der Kontemplation und des Gebets empfangen oder wachgerufen hat. Das Wesen und das Geheimnis des Schöpfertums ist letzten Endes die Kraft und die Fähigkeit, die man dem Segen des siebenten Tages, des Weltensabbats, verdankt.

VIII
„Ehre deinen Vater und deine Mutter"
Das Gesetz der Kontinuität oder des Lebens der Tradition

1. Der göttliche Grund und das Urbild der Vaterschaft und der Mutterschaft

Die allerkostbarste und allernotwendigste Erfahrung, die der Mensch auf Erden seit dem frühesten Kindesalter macht, ist die der Liebe, und zwar der Elternliebe, ohne welche er überhaupt nicht den Lebenslauf beginnen und am Leben erhalten werden könnte. Denn das neugeborene Menschenkind ist bekanntlich nicht lebensfähig, es sei denn, daß liebende, sorgende und behütende Hände es empfangen und aufnehmen. Nahrung, Wärme und Schutz, die ihm im Mutterleib noch vor der Geburt gegeben wurden, braucht es – auch nach der Geburt – in wechselnden Formen weiter. Aber nicht nur das: es verlangt danach, gehört zu werden und die Stimme anderer Menschenwesen zu vernehmen. Für seine Entwicklung als menschliches Wesen bedarf es der Sprache, des Austausches der Mitteilungen, des Umgangs, des Verstehens und Verstandenwerdens – der grundlegenden Anfänge des Denkens. Im Zuge dieser nachgeburtlich fortgesetzten Sorge für die leibliche und seelische Entfaltung des Kindes zeigt sich nach und nach immer deutlicher der Unterschied der Mutterliebe und der Vaterliebe. Jene tendiert dahin, die Eigenschaft des Umhüllens zu bewahren, so daß sie das Kind bis zur Reife der Mündigkeit gewissermaßen weiter „trägt", während diese das Reifen und Selbständigwerden des Kindes zu beschleunigen und zu fördern strebt. Die Vaterliebe sieht im Kinde namentlich den „Erben", d.h. den zukünftigen Fortsetzer des Lebenswerkes, des Kampfes für dasselbe Ideal, des Weiterarbeitens an derselben Aufgabe, während die Mutterliebe schützende Hülle auch dem erwachsenen Kinde gegenüber sein will. Sie bleibt im Zeichen des Nachklangs des ursprünglichen Verhältnisses zum Kinde: des vorgeburtlichen Tragens, wo sie des Kindes einzige schützende und erhaltende Umhüllung war. So ist die Mutterliebe bestrebt, das Kind vor den rauhen Seiten des Lebens zu schützen; vor jeder Enttäuschung, jedem Kummer zu bewahren, jede Träne abzuwischen und ins Lächeln zu verwandeln. Durch Jahrzehnte hält sie das Kind gewissermaßen umarmt und an ihr Herz gedrückt – vielleicht bis zum Tode und darüber hinaus. Auch der Vaterliebe ist die Umarmung des Kindes nicht fremd, aber sie geschieht verhältnismäßig selten in den feierlichen Augenblicken der inneren Begegnung der Herzen: in der gegenseitigen Anerkennung, in Dankbarkeit oder im Stolz aufeinander.

Die Elternliebe, d.h. Vater- und Mutterliebe, stellt die wertvollste und bedeutsamste Erfahrung des Menschenkindes auf Erden dar. Sie ist die Mitgift für sein Leben, das Kapital an Seelenwärme und -licht, von dem der Mensch lebenslang zehren kann. Ja, sie befähigt den Menschen in natürlicher Weise, die göttliche Liebe auf dem Wege der Analogie zu begreifen oder zu erahnen, und somit die Tiefe und Wahrheit des johanneischen Satzes zu verstehen: Gott ist die Liebe, und wer in der Liebe lebt, lebt in Gott und Gott in ihm.

Denn, da Gott Liebe ist, so ist er der Grund und das Urbild aller Liebe in Gott – auch der Elternliebe.

Wenn alle Vaterschaft ihre Ursache und ihren Grund in Gott hat, wenn also die Vaterliebe der Liebe Gottes des Vaters wesentlich entspricht (wie alle Christen, selbst die, die sich von dem Strom der lebendigen Tradition – der Kirche – getrennt haben, die Protestanten, glauben), so kann man doch die Frage nicht unbeantwortet lassen, ob auch die Mutterschaft und damit auch die Mutterliebe ihren Grund und ihre Ursache in der Gottheit hat. Oder soll man der Mutterliebe ihr göttliches Verwurzeltsein und ihre göttliche Urbildlichkeit absprechen und nur die Vaterliebe allein des göttlichen Urbilds würdig schätzen?

Die katholische und orthodoxe Christenheit hat in ihrem Gebetsleben dem mütterlichen Prinzip immer einen Platz unmittelbar nach dem väterlichen gegeben. In der Gebetsgewohnheit der Katholiken folgt auf das Vaterunser sehr häufig das „Gegrüßet seist du, Maria". In der griechisch-katholischen Ostkirche geht die Verehrung der Mutter Gottes so weit, daß in der Liturgie die Hymne gesungen wird:

„Verehrungswürdiger als die Cherubim,
die unvergleichlich Herrlichere als die Seraphim,
die du unverweslich das Gott-Wort geboren hast,
dich, die wahrhaftige Gottesgebärerin verherrlichen wir."

Das bedeutet, daß die Mutter Gottes über der höchsten Engelhierarchie (den Cherubim und Seraphim) steht, d.h. zum Bereich der überhierarchischen Gottheit selbst gehört; denn über den Hierarchien der Cherubim und Seraphim steht die ewige Dreifaltigkeit Gottes. Jedenfalls ist für die Herzen der Gläubigen und in den Herzen der Gläubigen z.B. in Rußland (in welchem Lande der Verfasser geboren und aufgewachsen ist) Maria die Königin der Herzen, weil sie das Sinnbild und Urbild der mütterlichen Liebe ist. Die Ostkirche nennt sie auch „Königin des Himmels" und „Königin der Engel".

Und die lateinische Liturgie legt ihr – in der Lesung des Festes Mariä Geburt – die Worte der ewigen Weisheit in den Mund:

„Mich hat der Herr erschaffen als Erstling seines Waltens... Ich war dabei, als er den Himmel erstellte, einen Kreis in die Fläche der Urflut zeichnete... Da spielte ich auf dem weiten Rund seiner Erde und hatte mein Ergötzen mit den Menschenkindern."

Die mittelalterlichen Darstellungen lassen Maria neben dem erhöhten Christus Platz nehmen und die Krone empfangen. Die Frömmigkeit des Volkes ordnet der Herz-Jesu-Verehrung die Herz-Mariä-Verehrung bei. Statt daran Anstoß zu nehmen, sollten wir der alten Regel folgen „Lex orandi – lex credendi" und nach der Wahrheit fragen, die darin liegt, das Mütterliche, das uns in Maria anblickt, urbildlich in der Tiefe der Gottheit verwurzelt zu sehen.

Auch die jüdische Überlieferung, die Kabbala, beantwortet die Frage, ob auch die Mutterliebe ihrem Wesen und Urgrund nach göttlich sei, mit einem entschiedenen Ja. Die Kabbala lehrt, entsprechend dem Satz der Genesis, daß Gott den Menschen nach seinem Ebenbild und Gleichnis, d.h. männlich und weiblich, schuf, daß Gott zwei Aspekte hat, den männlichen und den weiblichen Aspekt. Die Kabbala bezeichnet sie als „Gesichter", das „lange Gesicht" und das „kurze Gesicht", wobei das „lange Gesicht" oder der „Alte der Alten" in der Sephirah Kether (der Krone) gegenwärtig ist; es ist die Spiegelung in der Sephirah der androgynen Gottheit, die En-Soph (das Grenzenlose) genannt wird. Von da aus beginnt die Polarisierung im Sinne des männlichen und des weiblichen Prinzips, wobei die rechte Seite die der Polarisierung des männlichen und die linke Seite die der Polarisierung des weiblichen Prinzips ist. So erscheint in der Welt der Emanation (olam ha aziluth), d.h. in der Sephirah Chokmah (Weisheit) und in der Sephirah Binah (Verstand, Intelligenz), En-Soph (das Grenzenlose) als Vater der Schöpfung und als Mutter der Schöpfung. In der Welt der Schöpfung (olam ha beriah), deren Mittelpunkt die Sephirah Thiphereth (Schönheit) darstellt, wird das männliche Prinzip als „König" (melekh) oder „heiliger König" bezeichnet und die Schechinah oder Herrlichkeit, die die göttliche Gegenwart in den Wesen der Schöpfung ist, ist die „Matrona" oder „die Königin".

Wie der König (melekh) mit der Sonne verglichen wird, so wird die Matrona mit dem Monde verglichen, als Widerschein der idealen Schönheit. Die Matrona wird auch „Eva" genannt; denn, sagt der Text, sie ist die Mutter aller Dinge, und alles, was auf Erden existiert, saugt an ihrer Brust und wird durch sie gesegnet[17].

Der „König" und die „Königin", die auch die „zwei Gesichter" ge-

---

[17] Sohar, Idra Suta, ad finem.

nannt werden, bilden zusammen ein Paar, dessen Aufgabe es ist, der Welt immer neue Gnaden zuzuteilen und, durch ihre Verbindung, das Werk der Schöpfung fortzusetzen bzw. immerwährend zu erhalten.

Nach dem Sohar hat die menschliche Seele, in ihrer reinsten Essenz betrachtet, ihre Wurzel im Verstande oder der Intelligenz, in Binah, die die oberste Mutter ist. Wenn sie eine männliche werden soll, so geht sie von da durch das Prinzip der Gnade oder Expansion hindurch; ist sie eine weibliche Seele, so nimmt sie das Prinzip der Gerechtigkeit oder der Konzentration in sich auf; endlich wird sie in die Welt, in der wir leben, durch die Verbindung des Königs und der Königin gesetzt, welche, wie der Text sagt, für die Zeugung der Seele das sind, was der Mann und *die Frau für die Zeugung* des Körpers sind[18].

Man kann nach der überlieferten Lehre der kabbalistischen und chassidischen Schriften die metaphysisch-religiöse Grundlage für das Gebot: „Du sollst deinen Vater und deine Mutter ehren", folgendermaßen zusammenfassen.

Die Schöpfung, d.h. die Welt, hat ihr Dasein der Liebe des ewigen Vaters und der Liebe der ewigen Mutter zu verdanken. Aus deren Einheit geht hervor – „als Licht vom Lichte, Gott von Gott" – der Sohn und die Tochter, die als der „heilige König" und die „Königin" bezeichnet werden und die zusammen das Werk der Schöpfung zu immer weiteren Stufen der Verinnerlichung leiten und lenken. Die Dimension der Verinnerlichung steht aber nicht im Zeichen des Werdens, des Entstehens und des Erhaltens, sondern im Zeichen des *Segens*, der durch den verinnerlichenden (heiligenden) Heiligen Geist, der vom Vater und Sohn hervorgeht, vollbracht wird. Ihm entspricht die immanente Gegenwart des verinnerlichenden Segens, die die „heilige Seele" oder „die Jungfrau Israels" oder die „Seele der Gemeinschaft Israels" genannt wird. Sie ist die erschütternde und rührende Gestalt der weinenden Jungfrau, die das auserwählte Volk im Exil (und zwar nicht im bloß geographischen Sinne) begleitet, von der Martin Buber ein Bild gibt. Sie ist es, die hinter der Klagemauer in Jerusalem, hinter der Klage der Menschen steht. Insofern erweitert die Überlieferung der Kabbala die Lehre von der Heiligen Dreifaltigkeit. Sie erkennt damit der Vaterliebe und der Mutterliebe gleichen göttlichen Ursprung und Wert zu, wie sie das Gebot: „Du sollst deinen Vater und deine Mutter ehren", zur Voraussetzung hat.

Im Sinne dieser Erweiterung wird die Dreieinigkeit, die Trinität, zur Sechseinigkeit oder Sechsfaltigkeit, wobei der monotheistische Grundgedanke ebenso erhalten bleibt wie in der christlichen Lehre von der Dreifaltigkeit.

Dem Dreieck Vater–Sohn und Heiliger Geist wird das zu ihm unzertrennlich gehörende Dreieck: Mutter–Tochter und Heilige Seele hinzugefügt, was zusammen den sechseckigen „Stern Davids" oder (nach kabbalistischer Überlieferung) „das Siegel Salomos" darstellt.

---

[18] Sohar, 3. Teil, Bl. 7.

Wenn die Nationalsozialisten dieses Zeichen gewählt haben, um die Minderwertigkeit der Juden zu brandmarken, so mögen diese Hinweise einen Gedanken- und Einfühlungsweg anregen, auf dem dieses Zeichen in seiner Tiefe und Heiligkeit wieder zu Ehren komme. Denn es ist ein Zeichen der Treue gegenüber dem Gebot: „Du sollst deinen Vater und deine Mutter ehren, wie im Himmel also auch auf Erden."

2. „Auf daß du lange lebest in dem Lande, das dir der Herr, dein Gott, gibt" – Das Gesetz der lebendigen Tradition

Die natürliche menschliche Vernunft hätte mit der Welt, wie sie empirisch vorliegt, nichts anfangen können, wenn sie sie nicht mit Hilfe der drei Grundkategorien bzw. Anschauungsweisen erfassen könnte, die man als „Raum", „Zeit" und „Kausalität" bezeichnet. Die konkreteste und einfachste Beschreibung dieser Kategorien ist das Nebeneinander der Dinge für Raum, das Nacheinander der Dinge für Zeit und das Wegeneinander der Dinge für Kausalität. Ohne diese drei Kategorien wäre die menschliche Vernunft nicht nur ohne Orientierungsvermögen, sondern auch unvermögend, überhaupt Fragen zu stellen. Denn alles Fragen setzt ein Wo, ein Wohin, ein Woher; ein Wann, ein Vorher, ein Nachher; ein Weswegen, ein Wie, ein Wozu voraus, wobei das nicht nur für die empirische äußere Welt, sondern auch für das Gebiet der Metaphysik, der Moral, der Werte und des Glaubens gilt. Dementsprechend war die Frage, die die Jünger an Jesus stellten über den blind geborenen Mann, ob seine Eltern oder er selbst gesündigt hat, daß er das Schicksal des Blindgeborenwerdens verdiene, eine Frage, die das Gesetz der moralischen Kausalität voraussetzte, und zwar in den zwei denkbaren Formen: entweder im Sinn des mosaischen Gebots des „Heimsuchens der Väter Missetat an den Kindern" oder im Sinne der eigenen Schuld des Blindgeborenen. Diese letztere Möglichkeit entspricht der anderen Auffassung der moralischen Verursachung, die bei den Völkern des Ostens allgemein gilt und als „Karma" bezeichnet wird: demzufolge hat der Mensch selbst die Folgen seiner Taten – ob verdienstlichen oder Missetaten – zu tragen und nicht seine Kinder und Kindeskinder. So lautete eigentlich die Frage der Jünger: Ist das Schicksal des Blindgeborenen durch die Schuld seiner Eltern verursacht oder ist es Karma, d.h. seine eigene Schuld aus einem früheren, vorgeburtlichen Dasein? Bemerkenswert ist die Antwort, die sie erhielten: Weder ist das Schicksal des Blindgeborenen das Austragen der Schuld seiner Vorfahren im Sinne der Vergeltung auf dem Wege der Vererbung, noch ist es das Büßen seiner eigenen

Schuld aus der vorgeburtlichen Vergangenheit – nicht die moralische Kausalität, die durch die Generationen wirkt, und nicht das individuelle Karma, sondern „daß die Werke Gottes an ihm offenbar würden". Das heißt, die Ursache liegt überhaupt nicht in der *Vergangenheit*, sondern in der *Zukunft*. Nicht um Vererbung oder Karma handelt es sich beim Blindgeborenen, sondern um Vorsehung.

Aber sowohl die Frage der Jünger als auch die Antwort des Meisters gehören zu dem Bereich der Kategorie der Kausalität. Denn auch die Ratschlüsse der Vorsehung sind Ursachen, die ihre Wirkungen haben: nur daß sie Zukunftsursachen und Zukunftswirkungen sind, nicht Folgen der Vergangenheit. Das Wesentliche der Antwort des Meisters lag darin, daß es sich im Falle des Blindgeborenen nicht um menschliche Subjekte des Verursachens („Schuld" der Eltern oder „Schuld" seiner selbst) handelte, sondern um ein übermenschliches Subjekt, um die Fügung *Gottes*. Aber nicht nur die Kategorie der Kausalität kann im rein-moralischen Sinne aufgefaßt werden: Das gleiche gilt auch für die Kategorien von *Zeit* und *Raum*. Wenn wir z. B. im Gebet den Satz der Anrede aussprechen: „Vater unser, der du bist in den Himmeln", so meinen wir nicht den physisch-äußeren Raum der Planeten und Sterne, sondern den moralischen Raum, in dem Erhabenheit als Höhe und Niederträchtigkeit als Tiefe gilt.

Dementsprechend bedeutet der zweite Teil des Satzes des Gebotes: „Du sollst deinen Vater und deine Mutter ehren, *auf daß du lange lebest in dem Land, das dir der Herr, dein Gott, gibt*", nicht sehr viele Jahre des physischen Lebens an einem bestimmten äußerlichen räumlichen Ort (ein Acker oder ein Weinberg etwa), sondern die Langlebigkeit dessen, was für dich das Wesentlichste im Leben ist – deine Ideen, Ideale und Ziele innerhalb des Wirkungsfeldes, das ihnen von Gott gewährt wurde. Mit anderen Worten: Es handelt sich in dem angeführten Text nicht um das Versprechen der Verlängerung des biologischen Lebens und nicht um das Versprechen, daß diese Verlängerung auf einem bestimmten Territorium gewährt sein wird, sondern um langes Fortbestehen der Wirkung der Dinge, denen das biologische Leben galt, und die dessen Inhalt und Wert bedeuteten, und zwar auf dem Wirkungsfeld, das für sie bestimmt war. Gemeint ist das Gesetz der Langlebigkeit der *Tradition* auf dem jeweils ihr eigenen Gebiet.

Tradition ist der moralische Inhalt der Zeit, wie gerechte Vergeltung der moralische Inhalt der Kausalität ist. Das Nacheinander der Dinge als bloßes Nacheinander, d. h. Zeit, aufgefaßt, ist moralisch inhaltlos und unwesentlich, wenn es nicht durch den Faden der Tradition verbunden wird. Die Tradition ist gleichsam das moralische Rückgrat der Zeit; sie verbindet das Früher und das Später, sei es im Fortschritt oder im Verfall, im Aufstieg oder Niedergang. Kultur und Zivilisation sind nur andere Bezeichnungen für Tradition.

Es gibt aber noch einen Inhalt der Zeit, den die Naturwissenschaft ihr verleiht: Es ist die biologische *Evolution*. Diese beruht auf zwei Faktoren: auf dem erhaltenden Gesetz der Vererbung einerseits und auf dem Auftauchen von sogenannten „Mutationen", d. h. von Zeit zu Zeit in die Vererbungslinie einschlagende neue Tendenzen. Die Lehre von der biologischen Evolution setzt drei Dinge voraus: das Erhaltungsprinzip der Vererbung, ohne das die Existenz der Arten nicht denkbar wäre; das Vorkommen von Mutationen, ohne das es keinen Fortschritt, d. h. eigentlich keine *Evolution* gäbe; und drittens die einzige und allwaltende Lehrmeisterin, die *Zeit*, die durch Erfahrung und Zufall unermeßliche Gelegenheit für Auswahl, Übung und Zucht gewährt. Zeit ist eigentlich Evolution; evolutionsgläubig sein ist eigentlich zeitgläubig sein.

Für den Evolutionsglauben tendiert die Evolution nicht auf die Höherentwicklung der Moralität, sondern auf die Selektion des Zweckmäßigeren. Was die Evolution nach dieser Lehre durch die Schule von Versuch und Irrtum („trial and error") hervorbringt, ist Können im Sinne von Anpassen an oder Beherrschung der Umwelt. Nicht der Heilige oder der Weise ist das Ergebnis der Evolution der Menschheit, sondern der *Techniker*, der Ingenieur – der Mensch, der im Kampf ums Dasein mehr *kann*.

In diesem Sinne ist z. B. die offiziell-staatliche Auffassung des Schriftstellers in der Sowjetunion als „Ingenieur des Seelenlebens" nichts weiter als das Einbeziehen der Funktion des Schriftstellers in das allgemeine Schema der Zweckmäßigkeit: Er hat nicht die Aufgabe, der Wahrheit, dem Guten und Schönen zu dienen, sondern er muß nützlich sein, indem er solche seelischen Kräfte wachruft, die dem Programm der Produktion, dem totalen Einsatz der gesamten Gesellschaft für die Verwirklichung dieses Programms nützlich, ja unentbehrlich sind. Die Kommunisten sind evolutionsgläubig und haben deswegen nichts mit Wahrheit, Güte und Schönheit „an sich" zu schaffen. Wahrheit ist für sie konsequenterweise, was nützlich ist, gut, was zweckmäßig ist, „schön", was die Zweckmäßigkeit als anziehend erscheinen läßt. Wenn also eine neue Eisenbahn in Sibirien erbaut wird, so soll sie nicht nur erbaut, sondern auch als Glaubensartikel bekannt, in der Kunst besungen, gemalt und im Schrifttum ergreifend dargestellt werden als noch ein Juwel in der Krone des kommunistischen Aufbaues.

Die Zeit, als Evolution aufgefaßt, ist amoralisch. Und die Früchte der amoralischen Ideen sind in der Regel unmoralisch.

Einer ganz anderen Welt steht man gegenüber, wenn man die Zeit als Träger der lebendigen Tradition auffaßt. Da verwandelt sich die Zeit, d. h. Vergangenheit, Gegenwart und Zukunft, in ein moralisch verbundenes organisches Ganzes, in welchem das Vergangene (d. h. die „Väter" und „Mütter") als nie versiegende Quellen des lebendigen Wassers der in die Zukunft fließenden Tradition verehrt, gewertet und gepflegt werden. Jede Gegenwart ist Möglichkeit und Gelegenheit zur Besinnung über *die Werte* der Tradition und zu ihrer Vergegenwärtigung, und die Zukunft wird zur hoffenden Erwartung des Reifens ihrer Früchte.

Das Wesentliche der lebendigen Tradition liegt im Widerstand gegenüber den Kräften des Vergessens, des Schlafes und des Todes. Denn Vergessen, Schlaf und Tod sind Stufen des *einen* Prinzips: des Entwerdens innerhalb des Laufes der Zeit. Nun lehrt die allgemeine Lebenserfahrung der Menschheit, daß die Zeit als solche in der Richtung des Vergessens, des Einschläferns und des Todes wirkt und daß jedes Mitgehen mit der Zeit, jedes Sichverlassen auf die Zeit und jeder Kompromißschluß mit der Zeit die Pforte öffnet, von der aus der Weg unausweichlich zum Vergessen, zum Schlaf und zum Tode führt. In der Übersetzung des Textes des Gespräches zu Caesarea Philippi (Mt 16, 13–20) wird die Stelle gewöhnlich übersetzt: „und die Pforten der *Hölle* werden sie nicht überwältigen". Nun bedeutet aber „Hades", das dem hebräischen „scheol" entspricht, nicht den Ort oder Zustand der Verdammten, sondern einfach das Reich der Toten oder auch einfach den Tod. Es handelt sich somit um die Pforten des Todes, d. h. um die Eingänge und Ausgänge zu den Wegen der *Zeit*, die alle zum Tode führt. Die Verheißung, die in den Worten Jesu Christi liegt, „Du bist Petrus und auf diesem Felsen werde ich meine Kirche bauen, und die Pforten des Todes werden sie nicht überwältigen", enthält das Versprechen, den Auftrag und den Segen der Unabhängigkeit von der *Zeitlichkeit*, d. h. die Widerstandsfähigkeit den Tendenzen des Todes gegenüber. Mit anderen Worten: Solange und insofern die Kirche auf das Lehramt gegründet ist, wird sie als lebendige Tradition vor den todbringenden Einflüssen der Zeitlichkeit gefeit bleiben. Diese werden die Kirche nie überwältigen, in ihr nie zur Herrschaft gelangen. Der Lehrstuhl des hl. Petrus erfüllt den Auftrag Christi, die lebendige Tradition, die die Kirche ist, überzeitlich zu erhalten und damit vor dem Vergehen zu bewahren.

Jede lebende Tradition beruht auf dem Zusammenwirken von zwei Kräften: der auf die Vergangenheit gerichteten erhaltenden Kraft der Erinnerung und der zukunftgerichteten Kraft der Hoffnung. Jene erhält die Vergangenheit unvergeßlich, während diese die Zukunft als Weg zur Vollendung gestaltet. Mit anderen Worten: Das mütterliche Prinzip erhält die Tradition, und das väterliche Prinzip leitet sie dem Ziele in der Zukunft entgegen.

Die Länge des Lebens der Tradition – jeglicher Tradition – beruht somit auf dem Grundsatz: „*Du sollst deinen Vater und deine Mutter ehren.*"

Die Erinnerung, auf die es im Leben der Tradition ankommt, ist nicht das Ausüben des bloßen Gedächtnisses als Fähigkeit, Vorstellungen über die Vergangenheit wachzurufen, sondern sie ist die Fähigkeit der Seele, und zwar des gesamten Seelenlebens, das Vergangene in der Gegenwart zu verlebendigen, es zu *vergegenwärtigen*.

So ist z. B. die Andachtsübung der vierzehn Stationen des Kreuzweges Christi, die nach der Überlieferung die heiligste Jungfrau-Mutter selbst eingeführt hat, nicht eine bloße Gedächtnisübung, ein Einprägen ins Gedächtnis dessen, was und in welcher Reihenfolge es geschah, sondern das Streben, das Unvergeßliche des Kreuzesweges in der Gegenwart zu erleben.

Auch die letzten Worte Christi bei der Einführung des Sakramentes des Altars, d. h. bei dem letzten Abendmahl: „Dieses tut zu meinem Gedächtnis" deuten darauf hin, daß auch die Sakramente eine Wiederbelebung des in der Vergangenheit Geschehenen in der Gegenwart sind. In dem Sakrament des Altars wird die Erinnerung zum Akt der göttlichen Magie der Wandlung und der wirklichen (also nicht bloß gedächtnismäßigen) Gegenwart des Leibes und des Blutes des Erlösers. Was einmal geschah, geschieht nun in der Gegenwart. In dem Sakrament wird die Erinnerung nicht zu einer Reise in die Vergangenheit, sondern sie wird zum Gegenwärtigwerden der Vergangenheit, gleichsam zum Heraufbeschwören aus dem Reich des Vergessens, des Schlafes und des Todes; die Erinnerung wird zum Träger der Macht, die in dem Rufe des Meisters ertönte und wirksam war: „Lazarus, komm heraus!" Sie wird zur göttlichen Magie, zum Wunder der großen Liebe und des großen Glaubens.

In diesem Sinne bedeuten die Worte: „Dieses tut zu meinem Gedächtnis", eigentlich: „Dieses tut, daß ich *gegenwärtig* sei." Denn, so dürfte man hinzufügen, der Menschensohn ist Herr auch über die Zeit.

Aber die Tradition wird nicht allein durch die erhaltende und nacherlebende Erinnerung lange lebendig erhalten, sondern auch durch den auf ihre Vollendung gerichteten *Willen*, der zukunftgestaltend ist. Dieser Wille offenbart sich in konkreter Form in solchen Gestalten wie dem hl. Augustinus und dem hl. Ignatius von Loyola, vielleicht auch in allen *Ordensgründern*. Der hl. Augustinus, der sich mit höchster Treue und Ehrerbietung an das Erinnerungsgut der Mutter-Kirche und ihre Autorität als die höchste und entscheidende hielt, stellte gleichzeitig auch das grandiose Zukunftsziel der Kirche und der Geistgeschichte der Menschheit in seinem großen Werk „De Civitate Dei" hin, mit welchem er auch die Geschichtsphilosophie begründete. Und der hl. Ignatius gründete einen Orden und eine Schule, die Menschen zu fähigen Streitern für die Verwirklichung der Civitas Dei des Augustinus heranbildet. Die augustinische Regel wurde bekanntlich als Grundlage für das Leben und die Tätigkeit der „Gesellschaft Jesu" angenommen.

Was bedeutet eigentlich die „Regel", die Regel eines Ordens? Die Regel eines geistlichen Ordens ist der auf ein Ziel, ein Ideal gerichtete Wille seines Gründers, des Vaters des Ordens, dem seine Söhne freiwillig Gehorsam gelobt haben. Indem sie den Willen ihres Vaters erfüllen, d. h. die Regel zum Inhalt ihres eigenen Willens machen, „ehren sie ihren Vater". Und dies ist die andere Seite des Geheimnisses der Langlebigkeit der Tradition, das sich in dem Gebot ausspricht: „Du sollst deinen Vater und deine Mutter ehren, damit du lange lebest in dem Lande, das dir der Herr, dein Gott, gibt."

Es ist Tatsache, daß die geistlichen Orden der katholischen Kirche (die orthodoxe Ostkirche hat keine Orden, nur individuelle Klostergemeinschaften, die mehr oder weniger der Tradition der zenobitischen Gemeinschaften der Wüstenväter fortsetzen) eine erstaunliche Lebensdauer aufweisen, die lediglich von der Lebensdauer der Kirche selbst übertroffen wird. Was ist das Geheimnis der Lebensdauer, des „langen Lebens" der geistlichen Ordensgemeinschaften? Daß sie treu der Kirche als ihrer Mutter sind und daß sie den Willen ihrer Gründer, der Väter, – entsprechend ihrem Gelöbnis – zu erfüllen bestrebt sind. Das Geheimnis ihrer langen Lebensdauer liegt darin, daß sie das Gebot erfüllen: *Du sollst deinen Vater und deine Mutter ehren.*

IX
„Du sollst nicht töten"
Das Verbot der Zerstörung

Töten ist das Zerreißen des Bandes, das die Seele und den Leib zusammenhält. Die Verbote des Stehlens, des Verleumdens und des Gelüstens nach dem, was dem Nächsten gehört, sind eigentlich im Gebot: „Du sollst nicht töten" enthalten. Sie sind spezifische Konkretisierungen des Verbotes des Tötens. Denn der Leib ist das erste und unmittelbare Wirkungsfeld des Bewußtseins. Er ist der ureigenste Besitz der Seele in dieser Welt. Er ist ein Stück Außenwelt, das der Seele mehr gehört als die gesamte übrige Außenwelt. So weit geht diese Zugehörigkeit und so intim ist sie, daß das Bewußtsein der Seele sich sogar mit dem Leibe identifiziert und den Leib öfters als „Ich" bezeichnet und empfindet. Ja diese Identifizierung geht so weit, daß man den Satz prägt: „Der Mensch *hat* eine Seele", wobei man mit „Mensch" den Leib meint, statt zu sagen, was richtiger wäre, die Seele des Menschen hat einen Leib. Denn es ist der Leib, den die Seele *hat*, d. h. der ihr Besitz ist; der Mensch *ist* Seele, und diese *hat* den Leib als ihr Wirkungsfeld. Wenn nun der Leib ein Stück Außenwelt ist, der im besonderen, intimen Besitz der Seele ist, so ist auch der Ausschnitt der Außenwelt, den man als „Besitz" bezeichnet und empfindet, gleichsam ein erweiterter Leib, eine Erweiterung des Wirkungsfeldes der menschlichen Seele. In diesem Sinne ist das Haus, der Hof, der Garten, der Acker meines Nachbarn dessen erweiterte Leiblichkeit. Jeder Mensch besitzt einen Leib, den er von der Erde zum Besitz, d. h. als Entfaltungsfeld für sein Bewußtsein erhalten hat und einen „erweiterten Leib", der ein Ausschnitt der Außenwelt ist und der ihm gehört als sein Eigenes. Wie der Besitz ein „erweiterter Leib" ist, so ist der gute Ruf, die Achtung und das Vertrauen, die der Mensch bei den anderen Menschen genießt, eine „erweiterte Seele"; sie sind das Hineinragen der Seele des Menschen in das Seelenleben anderer Menschen, die Art, wie sie sich in anderen Menschen spiegelt. Und die Verleumdung, das „falsche Zeugnis wider deinen Nächsten", ist Töten dieses erweiterten Seelenlebens in anderen Menschen, indem die Spiegelung der Seele im Seelenleben der anderen Menschen verzerrt und vernichtet wird. Verleumdung ist darum moralischer Mord und Raub. Gott aber ist der Gott des Lebens, d. h. des Zusammenfügens, des Vereinigens und nicht des Todes, d. h. des Trennens von Leib und Seele, von Mann und Frau, von Besitz und Besitzer.

Was ist das geheimnisvolle Band, das die Seele und den Leib aneinander bindet? Was ist die Kraft, die sie zusammenhält? Sie ist mehr als ein bloßer Vertrag; sie ist tiefer als der bloße Nutzen des Aufeinanderangewiesenseins. Seele und Leib sehnen sich nach einander; die Seele sehnt sich nach dem warmen Umhülltsein von der Wärme des Blutes, und der Leib sehnt sich nach den Anregungen, die von der ihn durchdringenden Seele kommen. Es ist die Kraft der gegenseitigen *Liebe*, die Seele und Leib verbindet. Das Leben, das in der Verbindung von Seele und Leib besteht, ist *Ehe* der Seele und des Leibes. Darum folgt auf das Gebot: „Du sollst nicht töten", das Gebot: „*Du sollst nicht ehebrechen*". Denn Ehebruch ist wesentlich eine Form des Tötens, als des Trennens von Seele und Leib, deren Verbindung das Urbild der Ehe ist.

Die Idee der Ehe als Analogon der Verbindung von Seele und Leib zieht sich durch die Bücher des Alten Testaments wie ein roter Faden hindurch. Die jüdische Überlieferung faßt jedenfalls den Bund der Gemeinschaft Israel mit JHWH tiefer denn als einen bloßen Vertrag auf; sie versteht ihn als Ehebund. Dementsprechend wird in der Bibel, namentlich in deren prophetischen Büchern, die Untreue gegenüber dem Gott, der sich auf Sinai offenbart hat, der Abfall von dessen Kultus zugunsten der Kulte der Baalim und Astaroth, als Ehebruch und *Hurerei* bezeichnet. Das Volk Israel wurde unter allen anderen Völkergemeinschaften der Welt als Braut und Gattin des Herrn, seines Gottes, auserwählt, eines eifersüchtigen Gottes, der keine anderen Götter neben sich duldet. Nicht die Gemeinschaft Israel hat JHWH als ihren Herrn und Gott erwählt, sondern sie wurde von ihm auserwählt. So entstand ein ewiger Bund, der ewige Treue voraussetzte: die Treue Israels in Form der Ausschließlichkeit der Verehrung und des Gehorsams ihrem Gemahl gegenüber und die Treue Gottes als ewige leitende Teilnahme am und Gegenwart im Schicksal Israels.

Darum war die Bundeslade und später der Tempel Salomos der Ort, wo die Begegnung mit dem Gegenwärtigen erfahren werden konnte und wo die „Herrlichkeit" (Schechinah) Gottes das Allerheiligste erfüllte. Die „Herrlichkeit" oder die strahlende Gegenwart Gottes war keine Idee, noch weniger eine theologisch-poetische Vorstellung, sondern eine *Realität*, die Leben und Tod bedeuten konnte. Sie war so wirklich, daß das unbefugte Berühren der Bundeslade auf der Stelle den Tod zur Folge hatte.

Wie ernst und wie wirklich der Bund Jahwe–Israel war, kann man z. B. aus dem Buch Hiob ersehen. Die Frau Hiobs, überwältigt durch das Übermaß des Leidens des Geprüften, gab ihm den Ratschlag: „Sage dem Jahwe ab und *stirb*!" Dieser Ratschlag der Verzweifelten zeigt, daß der

Bund der Gemeinschaft Israel mit Jahwe so wirklich und so ernst war wie Leben und Tod. Er war tatsächlich gleich dem Bunde zwischen der Seele und dem Leib, dessen Auflösung Tod bedeutet.

Der Bund zwischen Jahwe-Elohim und der Gemeinschaft Israel ist auch in dem Sinne ein Ehebund, daß alle Väter des Volkes Israel im Namen, aus dem Impuls und für die Zukunftszwecke Jahwes Kinder zeugten und daß alle Mütter des Volkes Israel ihre Kinder als Gabe und Segen des Gottes Israels gebaren. Sie empfingen, trugen und gebaren die Kinder als Teile und Glieder der *einen* Mutter, der Gemeinschaft Israel. Und zum Zeichen, daß der Akt der Zeugung nicht nur menschlich-individuelle Angelegenheit ist, sondern daß die Macht Jahwes daran teilnimmt, wurde die Beschneidung der männlichen Vertreter des Volkes Israel als verpflichtender religiöser Brauch auf das Geheiß Jahwes hin eingeführt. Denn Zeugung und Fortpflanzung waren Jahwe vorbehalten, wie auch die Sorge für die zukünftigen Geschlechter: für die Kinder und Kindeskinder. Jahwe Elohim ist der Herr über das Schicksal der zukünftigen Geschlechter des auserwählten Volkes, *seines* Volkes.

So erhält das Gebot: „Du sollst nicht ehebrechen" eine gewaltige, übermenschliche Begründung: Wie der Heilige Israels dem Bund mit Israel treu ist, so soll auch die Gemeinschaft Israel ihrem Herrn treu sein. Und im Ehebund von Mann und Frau spiegelt sich der Ehebund Jahwes mit dem Volk Israel. Darum galt Ehebruch als eine Entsprechung zum Treuebruch des Volkes Israel gegenüber seinem Gott, „neben dem man keine anderen Götter haben darf".

Das Gebot: „Du sollst nicht töten" drückt die Verpflichtung gegenüber dem Band aus, das die Seele an den Leib bindet, das gewissermaßen ein Eheband zwischen Seele und Leib ist. Das Zerreißen dieses Bandes ist Töten, Ehebruch und Mord gehören zusammen.

Das Verbot des Tötens steht in engem Zusammenhang mit dem Gebot: „Du sollst deinen Vater und deine Mutter ehren", der Grundlage der Langlebigkeit der Tradition. Es impliziert nämlich das Verbot der Zerstörung der Kontinuität des Lebens, und zwar nicht nur des physischen Lebens, das auf Vererbung beruht, sondern auch des Lebens der Tradition als des moralisch-geistigen Inhalts des Zeitenlaufes. Zeit ist an sich Abnutzung, Degeneration, Sklerotisation – mit einem Wort: Sterben. Ihr gegenüber steht die Tradition als lebenserhaltende Kraft, die „den Pforten der Hölle", d. h. des Todes, entgegenwirkt.

Tradition ist *beseelte* Zeit. Leben ist beseelte Leiblichkeit. Töten ist entseelen: die Trennung der Seele vom Leib. „Du sollst nicht töten" verbietet somit nicht nur den Mord, d. h. die gewaltige Trennung der Seele eines anderen Menschen von seinem Leibe, sondern auch das gewaltsame Entseelen der Tradition, deren Lebenslänge auf dem Ehren von Vater und Mutter beruht. Töten im letzteren Sinne geschieht nicht minder oft als das Töten der individuellen Menschen. Wenn z. B. christliche Missionare die sog. Heiden nicht dadurch bekehren, daß sie die einzigartige moralische Schönheit und den geistigen Reichtum des

Christentums auf sie wirken lassen, sondern dadurch, daß sie zuerst die Heiden davon überzeugen, daß ihre Väter und Mütter im Irrtum waren, indem sie etwa die Sonne, den Mond und die Sterne als göttlich verehrten und sie zu verehren lehrten, so töten sie, d. h., sie entseelen eine lebende Tradition und lehren: „Du sollst nicht deinen Vater und deine Mutter ehren." Dies war z. B. das moralische Problem, das den Franz Xaver bewegte und über das er den General des Ordens, den hl. Ignatius, in einem Briefe um Rat fragte. In jenem Briefe berichtete er nämlich von der großartigen Treue der Heiden, mit deren Bekehrung zum Christentum er beschäftigt war, zu dem Gebot: „Du sollst deinen Vater und deine Mutter ehren." Sie erklärten nämlich: Wenn das Los der Ungetauften der Ort der Verdammnis ist und das Los der Getauften die Seligkeit des Himmels ist, so zögen sie es vor, das Los ihrer Väter und Mütter in der Hölle zu teilen, statt die himmlische Seligkeit für sich selbst, ohne ihre Väter und Mütter, zu erlangen. Was ist da zu tun? fragte Franz Xaver.

Andere Missionare, die weniger feinfühlig als er waren, gingen von der Voraussetzung aus, die Religion der Eingeborenen, die sie zu bekehren unternahmen, sei Teufelswerk – und handelten entsprechend. Sie säten Zweifel, Mißtrauen und folglich Mißachtung den „Vätern und Müttern" gegenüber und töteten dadurch eine lebende Tradition, um für eine neue Raum zu schaffen. Ihre Gesinnung läßt sich auf den Grundsatz zurückzuführen: „Töte, um für neues Leben Raum zu schaffen." Dies war aber nicht die Gesinnung des Urmissionars, des Apostels Paulus, der in seiner Missionstätigkeit an das Wertvollste der lebendigen Tradition anknüpfte und zeigte, wie es in der christlichen Botschaft seine Vollendung und Erfüllung findet. In diesem Sinne war er „Jude mit den Juden, Grieche mit den Griechen". Den „dem unbekannten Gotte" errichteten Altar in Athen faßte er nicht als einen dem Teufel geweihten Altar auf, und die messianische Erwartung der Juden behandelte er in dem Sinne, daß sie sich in Jesus Christus erfüllt habe.

Leider wurde die Gesinnung des Apostels Paulus in der Missionstätigkeit der Kirche später aufgegeben; statt ihrer wurde von Vernichtung und Zwang Gebrauch gemacht – besonders in der Zeit, wo das siegreiche Christentum zur Staatsreligion des Römischen Reiches wurde, also etwa von Kaiser Konstantin dem Großen bis zu Kaiser Justinian. Zuerst wurde die öffentliche Ausübung des Kultus der alten Religion verboten, dann wurden Tempel und sonstige Stätten dieses Kultus entweiht und geschlossen, und zuletzt auch die private Ausübung des heidnischen Kultus bei Todesstrafe verboten. Endlich hat Kaiser Justinian dem Lehren der Philosophie ein Ende gemacht, indem er die Akademie in Athen schloß und ihre Lehrer aus dem Reich verbannte.

So wurden die hellenistische Religion, ihr Kultus und ihre Philosophie getötet, um dem Leben der neueren Tradition Raum zu schaffen. Was das herrschende Heidentum als Staatsreligion des Römischen Reiches dem aufkommenden Christentum anzutun versucht hatte, nämlich es als lebendige Tradition zu töten, das hat das herrschende Christentum als Staatsreligion des Römischen Reiches der alten Tradition der Väter und Mütter angetan, d. h., es hat sie getötet.

Nun läßt sich aber das Wesen eines Lebendigen nicht vernichten. Seine Seele bleibt bestehen; indem sie leibfrei wird, zieht sie sich nur zurück in den Bereich des Unbewußten, wo sie wirksam bleibt und von wo aus sie sich früher oder später auch im Bewußtsein offenbart. Sie lebt zunächst als verborgene Neigung und Sehnsucht, um sich eines Tages im klaren Bewußtsein als Gesinnung und Anschauung zu kristallisieren. Dann geschieht die Renaissance einer früher unterdrückten und scheinbar getöteten Geistigkeit. Und die scheinbar verklungene, vergessene, eingeschlafene und überwundene alte Liebe zu den Urvätern und Urmüttern wird wieder lebendig, zusammen mit der Tradition, die sie vertraten und der sie lebten. Das Gebot: „Du sollst nicht töten" gilt auch aus dem Grunde absolut, weil es ein Töten im Bereich des Geistigen eigentlich überhaupt nicht gibt. Was es gibt, ist nur innere Wandlung, ein alchimistischer Vorgang der Verinnerlichung, aber keine Vernichtung. In diesem Sinne kann man sagen, daß alle ernst genommenen Ideale und Ideen der Vergangenheit – auch solche, die wir als irrtümliche betrachten – unsterblich sind. Auch sind alle Häresien unsterblich. Sie tauchen wieder und wieder auf, obgleich sie als längst überwunden gelten. Das gilt auch für das vorchristliche Heidentum, d. h. für den Glauben an den Kosmos, die Weltgläubigkeit. Diese nimmt heute die Form des Glaubens an die allumfassende Evolution an. Die Evolutionsgläubigkeit beherrscht heute das Bildungs- und Kulturleben ebenso wie in vorchristlicher Zeit der heidnische Mythos.

Die Unterdrückung des Christentums in der Zeit der heidnischen Cäsaren, die das Christentum als lebendige Tradition zu töten hofften, hat zur Herrschaft des Christentums im römischen Weltreich geführt. Die Unterdrückung des Heidentums aber in der Zeit der christlichen Cäsaren – die gehofft hatten, das Heidentum durch die Heidenverfolgung zu töten, es mit Stumpf und Stiel auszurotten – hatte zur Folge, daß das Heidentum, in der Form des Evolutionsglaubens, wiederum zur Herrschaft gelangte, und zwar innerhalb des ganzen Weltreiches der sogenannten abendländischen christlichen Zivilisation.

Die Lehre der Weltgeschichte ist unzweideutig. Sie lautet: „Du sollst nicht töten." Denn es gibt keine anderen Wege der Überwindung des Irrtums, als die der alchimistischen Verwandlung durch Verinnerlichung, Veredelung und Vertiefung, d. h. die Wege der Toleranz, der „friedlichen" Koexistenz und der freien Auseinandersetzung zwischen Irrtum und Wahrheit, dem Nützlichen und dem Guten, dem Imposanten und dem Edel-Schönen.

Die freie Auseinandersetzung unter den Bedingungen der Toleranz bedeutet aber nicht das Untertauchen – und zuletzt das Ertrinken – im Relativismus der Pilatus-Frage: „Was ist Wahrheit?", sondern vielmehr die Auseinandersetzung zwischen *absolut* geltenden Wahrheiten und Werten; aber ohne den Willen, zu töten. Und die Toleranz, um die es hier geht, soll eigentlich ein Abglanz der Toleranz Gottes sein im Sinne der folgenden jüdischen Sage:

Als Abraham auf einer seiner Reisen war, wollte er für die Nacht sein Zelt aufschlagen, um zu rasten. Da erschien ihm ein einsamer Wanderer und bat um Gastfreundschaft. Abraham gewährte ihm Gastfreundschaft und teilt mit ihm sein Abendmahl. Nach dem Mahl schlug Abraham dem Fremden vor, gemeinsam zu beten. Da erwies es sich zur Bestürzung und Empörung Abrahams, daß der Fremde ein Heide war, und zwar ein Feueranbeter. Entrüstet wollte Abraham ihn töten. Da erschien der Herr dem Abraham im Gesicht und gebot ihm, dies nicht zu tun. Der Herr sprach: „Abraham! Ich dulde diesen Menschen seit fünfzig Jahren, und du willst ihn nicht einmal eine Nacht dulden?" Und Abraham schämte sich und gewährte dem Fremden das Nachtlager in seinem Zelt.

Abraham hatte nicht das „Relativ-Wahre" der Feueranbetung anerkannt und so seinen Glauben an den alleinigen Gott dadurch ebenfalls relativiert, sondern er hatte gelernt, daß der Mensch im Umgang mit anderen Menschen die Geduld Gottes zum Vorbild nehmen soll. *Toleranz* ist nicht relativistische Lauheit, sondern *Geduld*, die dem anderen Zeit und Gelegenheit gönnt, durch Vertiefung und Verinnerlichung zu besserer Einsicht zu gelangen. Der „Fels", der Stuhl des hl. Petrus, ist in der Auseinandersetzung mit den Zeitströmungen nicht nur ein Fels der Festigkeit des Glaubens, sondern auch ein Fels der Geduld, die die Glaubenssicherheit mit sich bringt.

Die Verbindung der unnachgiebigen, unverrückbaren Glaubensfestigkeit mit einer Geduld, die Jahrhunderte warten kann, macht den „Fels" des Stuhles Petri unbesiegbar in der Auseinandersetzung mit den Strömungen der Zeit, die ja alle bloß zeitweilige Winde und Wellen sind. Denn die „Forderungen und Bedürfnisse" der Zeit sind notwendigerweise zeitweilig. Zeitweilig sind darum die Bestrebungen der „Demokratisierung" der Kirche, der Entdogmatisierung der Lehre der Kirche durch psychologische Interpretationen und ähnliche Bestrebungen, die Kirche, ihre Lehre und Ordnung zu „modernisieren", die gegen das Gebot: „Du sollst deinen Vater und deine Mutter ehren" verstoßen, d. h. die die „Pforten" der Wege, die zum Tode („Hölle") führen, weit aufschließen. Die Wetteiferer der Neuerungen – Theologen und Laien – mögen ihre Verantwortlichkeit einmal im Lichte des Gebotes „Du sollst nicht töten" bedenken.

Das Leben und Sterben einer lebendigen Tradition ist grundsätzlich dem Leben und Sterben des Einzelmenschen ähnlich. Denn das Leben des Einzelmenschen ist beseelter Leib, und das Leben der Tradition ist beseeltes Überlieferungsgut. Die Entseelung, die Trennung der Seele vom Leib ist der individuelle Tod und die Entseelung des Überlieferungsgutes ist das Sterben der Tradition.

X
Wer ist Jahwe-Elohim?

Abschließend wollen wir uns noch der Frage zuwenden: Wer ist Jahwe-Elohim? Wer ist der Offenbarer auf dem Sinai? Wer ist der Partner des Bundes mit Israel? Ist die Gottheit der Welt, der Schöpfer der Welt, der Erlöser der Welt und der Verinnerlicher der Welt, die ewig göttliche Dreifaltigkeit des Vaters, des Sohnes und des Heiligen Geistes identisch mit Jahwe, dem Herrn der Gemeinschaft Israel?

Die Antwort ist „Ja" und „Nein". Dieser Widerspruch kann in einer Synthese aufgehoben werden, wenn man bedenkt, daß die Religion Israels im wesentlichen eine prophetische und auf dem Prophetentum begründete Religion war und ist. Und zwar im doppelten Sinne des Prophetentums, nämlich des verkündenden Prophetentums, wie z.b. das des Jesajas und des Jeremias, und des durch Taten wirkenden Prophetentums, wie z.b. das des Elias und des Elisa.

Die verkündenden Propheten sprachen nicht von sich aus, sondern aus und im Namen des göttlichen Überichs, dem sie sich, dem sie das eigene Ich hingegeben hatten. So wurden die verkündenden Propheten zu Sprachrohren Gottes.

Die wirkenden Propheten wurden in ähnlicher Weise zu Werkzeugen für die Werke der magischen Kraft Gottes, die sie umhüllte und erfüllte, indem sie sich von ihrem persönlichen Willen so leer machten, daß sie Werkzeuge der göttlichen Kraft werden konnten.

Moses war beides, sowohl Verkünder als auch Wirkender, während Elias vor allem Träger der göttlich-magischen Kraft war. Er war Wirkender, nicht Seher.

Nun beschränkt sich die prophetische Mission, wie die Schrift es bezeugt, nicht auf Menschen allein, sondern erstreckt sich auch auf Wesen geistiger Hierarchien, die man kurz als „Engel" bezeichnet.

So geschah die erste Begegnung des Moses mit Gott, der sich ihm offenbarte und ihn am Berge Horeb im Lande Midian durch Vermittlung eines Engels berief: „Da erschien ihm der Engel Jahwes in einer Feuerflamme, mitten aus einem Dornbusch heraus ... Als Jahwe sah, daß er herantrat, um nachzusehen, rief Gott ihm aus dem Dornbusch zu: ‚Moses, Moses!'" (Ex 3, 2–4).

Der „Engel des Herrn" war in dem brennenden Busch, und Gott rief durch ihn aus dem Busch: „Moses, Moses!" Der „Engel des Herrn", der in dem brennenden Busch war, hat gleichsam als hierarchischer Träger und Vertreter des Herrn Moses beim Namen gerufen. Es war derselbe Engel, durch den Gott sich als „der Gott Abrahams, Isaaks und Jakobs" kundtat und den Auftrag an Moses gab, das Volk Israel aus Ägypten hinauszuführen. Der Engel im brennenden Busch sprach und handelte somit in ähnlicher Art wie die menschlichen Propheten, die nicht aus sich selbst, sondern aus dem sie erfüllenden und beherrschenden überichlichen Wesen Gottes handelten und sprachen.

Die Überlieferung – auch die ikonographische – ist mit der Idee der Vertretung des Höchsten durch hierarchische und menschliche Wesen gut vertraut. So gilt z. B. die Rublewsche Ikone, die die drei Engel darstellt, welche Abraham aufnahm und bewirtete, als „Ikone der heiligen Dreifaltigkeit". Sie stellt zwar drei Engelwesen dar, die zu Tisch sitzen, aber es besteht kein Zweifel, daß es sich nicht nur um Engel handelt, sondern um die göttliche Dreieinigkeit, die sich durch die drei Engel offenbart. Die Begegnung Abrahams mit den drei Engeln wird als die Begegnung Abrahams mit der *Dreieinigkeit* aufgefaßt, nicht bloß als die Begegnung mit drei Engeln.

In diesem Sinne wird man im Einklang mit der christlichen Überlieferung die Frage, ob der Gott Abrahams, Isaaks und Jakobs, der sich auch Moses am Berge Horeb offenbarte, der dreieinige Gott des Christentums ist, mit einem „Ja" beantworten müssen. Wenn man andererseits aber die Rolle bedenkt, welche die Schrift der Vertretung Gottes durch Propheten und hierarchische Wesen einräumt, so wird man sagen müssen, daß z. B. „der Engel des Herrn", der aus dem „brennenden Busch" im Namen des Gottes Abrahams, Isaaks und Jakobs sprach, eben ein Engel war, und nicht der „Gott Abrahams, Isaaks und Jakobs" selbst.

Wie der Auftrag an Moses, das Volk Israel aus Ägypten hinauszuführen, im „brennenden Busch" von einem Engelwesen gegeben wurde, so konnte es auch geschehen, daß die zehn Gebote dem Moses aus der dunklen, von Blitzen durchzuckten und von Donner erbebenden Wolke auf dem Berge Sinai durch ein vertretendes hierarchisches Wesen verkündet wurden und daß es dieses hierarchische Wesen war, welches im Namen und Auftrag des Allerhöchsten in das besondere Bundesverhältnis mit der Volksgemeinschaft Israel trat. Jahwe-Elohim weist tatsächlich auch individuelle Züge eines hierarchischen Wesens auf, wie etwa Elias individuelle menschliche Charakterzüge aufweist. Denn sowohl ein wirkender Prophet als auch ein verkündender Prophet, ob Mensch oder hierarchisches Wesen, behält trotz seiner prophetischen Mission seinen individuellen Charakter. So war z. B. das Zerbrechen der steinernen Tafeln mit den zehn Geboten durch Moses nicht die Erfüllung seiner prophetischen Mission der Verkündung der zehn Gebote, sondern Ausdruck seiner persönlichen Entrüstung über den Abfall des Volkes. So weist auch die Art, wie die Bibel das Wirken des Jahwe-Elohim darstellt, z. B. die aus Zorn verhängten und später zurückgenommenen Strafbeschlüsse des „eifernden Gottes" darauf hin, daß Jahwe-Elohim in der Erfüllung des Auftrages der ewigen Dreieinigkeit Gottes auch seine individuelle Wesensart mitwirken ließ.

Ja, diese seine individuelle Wesensart, wie sie in der Bibel dargestellt wird, läßt auch darauf schließen, zu welcher der geistigen Hierarchien er gehört. Die charakteristische Handlungsweise Jahwes besteht in der Demonstration seiner Macht, beginnend mit der Verwandlung des Stabes des Mose in eine Schlange, welche die auf gleiche Weise geschaffenen Schlangen der ägyptischen Priester verschlingt, über die zehn Plagen

Ägyptens bis hin zum Untergang des verfolgenden Heeres des Pharao im Roten Meer. Das Argument, das den Pharao und die Ägypter überzeugen sollte, war, daß die Israeliten einen unsichtbaren Verbündeten auf ihrer Seite hatten, der so viel Macht über die Elemente hatte, daß es sinnlos und hoffnungslos war, seinem Willen Widerstand zu leisten.

Die überlieferte Lehre von den Engelhierarchien, wie sie sich beim hl. Paulus findet, wurde von Dionysius Areopagita in der Schrift: „Über die himmlische Hierarchie" systematisch dargestellt.

Der hl. Thomas hat sie im Traktat über die Engel und in der Summa Theologiae in einer die Vernunft befriedigenden Form behandelt. Vom hl. Bonaventura wurde sie in seiner Schrift „Vom dreifachen Wege"[19] als Mittel und Weg der inneren Erleuchtung verinnerlicht. Nach dieser Lehre ist die himmlische Hierarchie dreistufig, wobei jede von ihren Stufen in drei Ordnungen eingeteilt wird. Die Ordnungen der, von der Menschheit aus gesehen, ersten Hierarchie sind die Engel (Angeloi), Erzengel (Archangeloi) und Fürstentümer (Archai). Die Ordnungen der zweiten Hierarchie sind Mächte (Exusiai), Gewalten (Dynameis) und Herrschaften (Kyriotetes). Die Ordnungen der dritten Hierarchie sind Throne (Thronoi), Cherubine (Cherubim) und Seraphine (Seraphim).

Bonaventura erläutert, welche Rolle die neun Ordnungen der himmlischen Hierarchie im meditativen Erfassen der Wahrheit spielen. Er sagt:

„Beachte, daß in der *ersten* Hierarchie die Wahrheit *herbeizurufen* ist durch Seufzen und Gebet – Werk der *Engel*,
hörend zu vernehmen ist durch Studium und Lektüre – Werk der *Erzengel*,
zu *verkünden* ist durch Beispiel und Predigt – Werk der *Fürstentümer*.
In der *zweiten Hierarchie nähert man sich der Wahrheit* durch Zuflucht bei ihr und Hingabe an sie – Werk der *Mächte*,
sie ist *zu fassen* durch Eifer und Nachfolge – Werk der *Gewalten*,
man *gesellt* sich ihr zu in der Verachtung des eigenen Selbst und in Abtötung – Werk der *Herrschaften*.
In der *dritten Hierarchie* ist die Wahrheit zu *verehren* durch Opfer und Preis – Werk der *Throne*,
sie ist zu *bewundern* durch Entrücktwerden aus sich selbst und Kontemplation – Werk der *Cherubine*,
sie ist zu *umarmen* in Kuß und Liebe – Werk der *Seraphine*."[20]

Bonaventura schließt: „Beachte fleißig das Gesagte, denn darin ist die Quelle des Lebens." Diesem Ratschlag schließe ich mich von ganzem Herzen an, denn das Gesagte enthält tatsächlich eine Quelle des geistigen Lebens.

Die Lehre von den himmlischen Hierarchien lebte im ersten Viertel

---

[19] De triplici via, Kap. III, in: S. Bonaventura, Opera Omnia, Tomus 8, pag. 3 ff.
[20] De triplici via, Kap. III, § 7, Nr. 14, in: Opera Omnia 8, 18 (Übers. des Autors).

unseres Jahrhunderts wieder durch das Lebenswerk des großen österreichischen Sehers und Denkers Rudolf Steiner auf, und zwar so tiefgründig, daß man sich heute nicht mehr ernsthaft mit diesem Thema beschäftigen kann, ohne seine großartige Leistung zu berücksichtigen. Denn seine Leistung auf dem Gebiet der Engellehre ist, was den Reichtum an Anregungen, die Tiefe und Mannigfaltigkeit der Gesichtspunkte, die innere Widerspruchslosigkeit, die Konsequenz und den organischen Zusammenhang anbelangt, mit der Leistung keines gegenwärtigen, mittelalterlichen oder antiken Sehers und Denkers zu vergleichen, sie überragt sie bei weitem. Rudolf Steiner sah in der gesamten Evolution und Weltgeschichte das Walten der geistigen Hierarchien.

In seinen Schriften, z. B. in „Geheimwissenschaft im Umriß", und in seinen Vortragszyklen, z. B. in seinem Helsingforser Zyklus über „Die geistigen Wesenheiten in den Himmelskörpern und Naturreichen" (1912), hat er das Wesen und die Rolle der geistigen Hierarchien in der kosmischen Evolution und in der kosmischen Ordnung umfassend dargestellt. Ja, man kann sagen, daß er während seiner gesamten schriftstellerischen und Vortragstätigkeit beständig auf die himmlischen Hierarchien blickte und stets bemüht war, ihrer Wirklichkeit Rechnung zu tragen, und dies im 20. Jahrhundert, wo diese Wirklichkeit aus dem Bewußtsein der Menschheit nahezu geschwunden war.

Man kann zu den einzelnen Thesen und Gesichtspunkten des Lehrgebäudes Rudolf Steiners über die hierarchische Weltordnung stehen wie man will; sein entscheidendes Verdienst ist und bleibt aber die Tatsache, daß das Wesen und die Rolle der Engel, Erzengel, Archai, Exusiai, Dynameis, Kyriotetes, Throne, Cherubim und Seraphim wieder denkbar und anschaubar und im Bewußtsein der Menschen wiederbelebt wurden. Sie sind aus dem Bereich des Vergessens, des Schlafes und des Todes wieder herausgeholt worden, wieder erinnert, auferweckt und auferstanden im und durch das Lebenswerk Rudolf Steiners. Ehe jemand heute versuchen will, die Realität der geistigen Hierarchien wegzuerklären oder wegzupsychologisieren, wäre er verpflichtet, sich zuerst einmal mit dem Werke Rudolf Steiners auseinanderzusetzen.

Rudolf Steiners Lehre über die Hierarchien ist eine mächtige Bestätigung der Lehre der Kirche von den Engeln, einer Lehre, die für die katholischen und orthodoxen Christen ein unverzichtbarer Bestandteil ihres Glaubens ist. Bei Rudolf Steiner wurde der Glaube zum Schauen, erwies sich als überaus fruchtbar und hat zu einem reichen Gedankenleben geführt. Wollten wir es ihm zum Vorwurf machen, so würden wir Unfruchtbarkeit und Armut im Erkennen und im Gedankenleben als Eigenschaften und Merkmale des Glaubens proklamieren. Das ist zur Zeit der Väter nicht die Lehre der Kirche gewesen und kann es heute nicht sein.

Rudolf Steiner bezeichnet die Ordnungen der zweiten Hierarchie, d. h. die Mächte, die Gewalten und die Herrschaften, auch als Geister der Form, Geister der Bewegung und Geister der Weisheit, während er die Ordnungen der dritten Hierarchie Throne, Cherubim und Seraphim auch als Geister des Willens, Geister der Harmonie und Geister der Liebe bezeichnet. Diese Bezeichnungen sind ebenso sinnvoll wie die überlieferten, auf Dionysius Areopagita zurückzuführenden Bezeichnungen.

Nun kehren wir zu unserer Frage zurück: Wenn Jahwe-Elohim zum besonderen Gott der Volksgemeinschaft Israel wurde und mit ihr gleichsam einen Ehebund schloß als ein bevollmächtigter Vertreter der ewigen Dreifaltigkeit Gottes, als deren kündender und wirkender hierarchischer „Prophet" er handelte, zu welcher der neun Ordnungen der geistigen Hierarchien gehört er?

Wir haben oben schon die Tatsache hervorgehoben, daß die Wirkungsart Jahwes sowohl in Ägypten als auch beim Auszug des Volkes Israel aus Ägypten in der Bibel namentlich durch die Manifestation seiner *Macht* auch über die Naturelemente charakterisiert wird. Die Tatsache, daß seine Macht sich über die Naturelemente erstreckt, weist darauf hin, daß es sich nicht um ein Wesen der (vom Menschen aus gesehen) „ersten" Hierarchie, der Hierarchie der Engel, Erzengel und Archai, handelt, denn diese Hierarchie hat als Wirkungsfeld insbesondere das *Gewissen* des menschlichen Bewußtseins. Keinerlei Wirkung auf das Gewissen des Pharao oder des ägyptischen Volkes wird in dem biblischen Bericht Jahwe zugeschrieben. Nicht Erleuchtung des Gewissens oder Einsicht in das Recht des israelischen Volkes, Ägypten zu verlassen, haben den Auszug der Israeliten aus Ägypten ermöglicht, sondern die zehn Plagen und der Untergang des ägyptischen Heeres im Roten Meer. Mit anderen Worten: Es war einzig und allein die Manifestation der Macht Jahwes, und zwar dessen Macht über die Naturelemente, die den Auszug des Volkes Israel ermöglicht hatte. Nun ist es die Ordnung der Mächte (griechisch: Exusiai), der zweiten Hierarchie, die die Naturelemente beherrscht und die, wenn sie dafür die Vollmacht von oben hat, in die Naturereignisse einzugreifen befähigt ist. Folglich ist der bevollmächtigte hierarchische Vertreter, kündender und wirkender „Prophet" des Allerhöchsten, ein Wesen der *zweiten Hierarchie*, und zwar der Ordnung der Mächte (Exusiai) oder Geister der Form, oder Elohim. Und ein solches Wesen war es, das als Vertreter und Bevollmächtigter Gottes das besondere Bundesverhältnis mit der Gemeinschaft Israel einging und zum besonderen Führer und Gestalter des Schicksalsweges jener Gemeinschaft wurde.

*

Die zehn Gebote sind ein Abglanz der Weltordnung; sie sind Ausdruck der *Wahrheit*, die sich in ihnen gleichsam kristallisiert.

Wie die Vielheit des Vorstellungslebens, des Gefühlslebens und des Willenslebens der menschlichen Seele einen Schwerpunkt, ein Zentrum hat, um welches herum sie sich ordnet und auf das hin sie sich orientiert, so hat auch die Vielheit der Erscheinungen der Welt *ein* Zentrum, das sie ordnet und zusammenhält. Wie das Ich des Menschen der Mittelpunkt der Vielheit der Erscheinungen seines Seelenlebens ist, so ist der überichliche und *eine* Gott der Mittelpunkt der Welt. Der Peripherie der Vielheit der Welterscheinungen steht die Einheit ihres Mittelpunktes, das Ich der Welt gegenüber und hält sie zusammen, sie ordnend, indem es ihr Sinn und Richtung gibt. Die peripherische Vielheit der Erscheinungen der Welt ist unvermögend, eine Vorstellung von dem überichlichen Gott zu geben; sie ist auch unvermögend, seinen Namen zu verkünden. Der unvorstellbare und unnennbare überichliche Gott kann nur in der ureigentlichen Sprache des Ich erkannt und genannt werden. Nun ist aber die ureigentliche Sprache des Ich die Liebe. Das Ich des Menschen spricht nur in der Liebe und durch die Liebe, sonst schweigt es. Sie ist das Lebenselement des Ich, seine Substanz und seine Wachstumsfähigkeit. Sie ist auch die Quelle der Gewißheit über die Gegenwart Gottes in der Welt; ja sie ist das Verwandtschaftsband, das das menschliche Ich mit Gott verbindet. Sie erkennt Gott, so wie das Ich des Menschen von Gott erkannt wird.

„DEIN REICH KOMME"

Die drei Reiche der Natur, des Menschen und Gottes

Meinem Sohn gewidmet

I

DAS REICH DER NATUR

Seit Charles Darwins Lehre über die natürliche Evolution der Arten hat sich das Bewußtsein der gebildeten und halbgebildeten Schichten der zivilisierten Menschheit radikal gewandelt: Die Natur wird nicht mehr bloß als Schauplatz der Entfaltung der menschlichen Tätigkeit und als Gegenstand der Forschung und der Ausbeutung, sondern auch als Lehrerin der Wahrheit, als Quelle der Erkenntnis über Sinn und Ziel des Lebens schlechthin und folglich auch über die Grundlagen der Sittlichkeit aufgefaßt. Was die Heilige Schrift, die Bibel, früher der europäischen Menschheit bedeutet hat, das bedeutet ihr nun immer mehr die *in Evolution begriffene Natur.*

Die in Evolution begriffene Natur in der Vorstellungswelt des zwanzigsten Jahrhunderts ist nicht mehr die Natur, die unsere Vorfahren als das Schöpfungswerk Gottes bewunderten. Denn ihnen war die Natur ein vollendetes Werk, das sich dem staunenden, forschenden und dichterisch bewundernden Blick des Menschen darbot. Heute hingegen erscheint die Natur nicht als ein Werk, sondern als ein *Vorgang.* Sie ist im Werden. Wir erleben die allumfassenden – auch uns Menschen umfassenden – Geburtswehen ihrer unvorstellbaren Zukunft. Ihre Glorie und Vollkommenheit liegen nicht in ihrem Ursprung, in ihrer Vergangenheit, sondern in ihrer *Zukunft.* Evolutionsgläubig sein – und wer ist das heute nicht? – bedeutet zukunftsgläubig sein und jegliche Vergangenheit als minderwertiger als die Zukunft betrachten. Es bedeutet den Glauben an eine armselige, seelen- und geistlose Vergangenheit der blind wirbelnden Urnebelmassen als Ursprung und an eine unvorstellbar vernunftbeherrschte und -gestaltete, leuchtende Zukunft.

Wenn nun die Natur es jetzt schon so weit gebracht hat, daß sie sich aus dem Zustand der wirbelnden Nebelmassen zu Pflanzen, Tieren und Menschen mit ihren Dichtern und Denkern entwickelt hat, sollte man nicht zu ihr – und zu ihr allein – in die Lehre gehen, um den Sinn des Lebens und die richtigen Wege für das Streben, Denken und Handeln zu erlernen? Wo kann man mehr und Wesentlicheres über das Was, das Wozu und das Wie des Lebens erfahren als von der Natur, d. h. vom Leben selbst? Zumal man selber nichts anderes als ein Stück der bewußtgewordenen und über sich selbst reflektierenden Natur ist!

So denken unzählige Menschen heutzutage und sehen ihre wichtigste

Aufgabe darin, die Lehren der Natur zu lernen, um sie als Richtlinien für ihr Trachten und Handeln anzunehmen.

Die Lehre der Natur

Die Naturwissenschaft stellt uns heute ein so umfangreiches Tatsachenmaterial zur Verfügung, daß wir wohl in der Lage sind, aufgrund dessen zu bestimmten allgemeinen Schlußfolgerungen zu gelangen, die als „Lehren der Natur" gelten dürfen. Diese Lehren können dem Tatsachenmaterial ebenso entnommen werden, wie etwa in der Jurisprudenz aus „schlüssigen Handlungen" Aussagewerte ermittelt werden. Denn die Natur macht keine Aussagen, sie „lehrt" nicht, sie handelt nur oder „geschieht". Und diesem „Geschehen" in der Natur kann man den Aussagewert der „schlüssigen Handlungen" oder auch des „schlüssigen Geschehens" nicht versagen. So liegt z. B. in der Tatsache, daß die Riesenreptilien, die einst unseren Planeten ebenso beherrschten, wie ihn heute die Menschheit beherrscht, verschwanden und den Schauplatz den schwächeren, aber anpassungsfähigeren Säugetieren räumten, ein „schlüssiges Geschehen" in der Natur vor. Denn daraus ergibt sich eine „Lehre" der Natur, die darin besteht, daß hochspezialisierte, bestimmter Höchstleistungen fähige Wesen für die Weiterentwicklung unbrauchbar sind, während minderspezialisierte und damit umstellungsfähigere Wesen, die wohl schwächer, aber universeller sind, lebens- und entwicklungsfähiger sind. Die einseitig höchstentwickelten Wesen gerieten gleichsam in eine Sackgasse der Entwicklung, wo es kein Weiter und kein Vorwärts mehr gibt. Sie erreichten die Höchstleistungsfähigkeit, gewissermaßen das „Weltchampionat", in einer bestimmten Funktion, büßten aber eben dadurch die Möglichkeit der Entwicklung in andere Richtungen ein. Und da es dieser anderen Richtungen bedurfte, um in den sich ändernden Verhältnissen leben zu können und mit dem allgemeinen Entwicklungsstrom Schritt zu halten, so gingen sie ein. So bringt das „schlüssige Geschehen" des Aussterbens der Riesenreptilien die „Lehre" der Natur zum Ausdruck: „Spezialisierung ist Sackgasse und Untergang; Umstellungs- und Anpassungsfähigkeit bedeuten Leben und Fortschritt."

Dies ist das Kriterium, das in der Frage des Weiterbestehens oder des Aussterbens der Arten ebenso entscheidend ist wie in der Frage der Erhaltung oder der Vernichtung des einzelnen Individuums innerhalb der Art: „Der Tüchtige ist erhaltenswert, der Schwächliche soll nicht leben." So kämpfen z. B. die Hirsche in der Brunstzeit miteinander, damit es sich erweise, welche Individuen unter ihnen tüchtiger und somit zeugungswürdiger sind und welche nicht. Und so, wie die Individuen innerhalb der Art im Kampf für das Weiterleben ausgewählt bzw. verworfen werden, so kämpfen auch ganze Arten um ihr Dasein im Naturgeschehen.

Ein Wille zur Macht ist im Naturgeschehen wirksam zum Zwecke des Sichbehauptens im Dasein. Es sieht so aus, als ob die Natur von einem jeder Prüfung gewachsenen und in jeglichem Kampfe siegreichen übermächtigen Wesen träumt und ihr Geschehen auf das Entstehen dieses Wesens hinzielt.

Ist es der Mensch? Noch nicht, antwortete Friedrich Nietzsche. Der Mensch ist nur eine Brücke zu ihm; der Mensch muß überwunden werden, damit der Traum der Natur – der Übermensch – Wirklichkeit werde. Denn wenn der Mensch die zum Selbstbewußtsein gelangte Natur ist, so wird der Zukünftige, der Übermensch, nicht nur *selbstbewußte* Natur, sondern auch *selbstwollende* Natur sein.

Der Delphische Spruch: „Erkenne dich selbst!" wird dann durch den Willensspruch ersetzt werden: „Wolle dich selbst!" Denn nicht Selbstbespiegelung, sondern *Selbstverwirklichung* ist es, worauf es bei der Krone der Naturevolution ankommen wird. Der Zukünftige wird nicht die Freiheit erkennen und anerkennen – er wird frei sein. Sein Wille wird ein unversiegbarer Quell der Ursprünglichkeit sein, der durch nichts bedingten Selbstbehauptung der freien Kraft.

„O du mein Wille, du meine Notwendigkeit, mein Gesetz!" rief ahnungsvoll Nietzsche aus[1]. Denn auf dem Wege war er, weit auf dem Wege zum Geheimnis des im Evolutionsgeschehen der Natur wirkenden Willens, der sich durch die wechselnden Formen der Naturreiche zum Bewußtwerden und zur Freiheit hindurchschlängelt und in dessen Tiefen die bewegende und richtunggebende Verheißung brennt: *„Ihr werdet sein wie Götter."*

Die andere Lehre der Natur

Nun ist aber das Geschehen in der Natur nicht nur Kampf ums Dasein, Überleben des Tüchtigsten und natürliche Auswahl. Es besteht in nicht geringerem Maße auch aus Zusammenarbeit, Assoziation und sozialem Kollektivismus.

Der Ameisenhaufen, der Termitenstaat, das Wespennest, der Bienenstock, das Wolfsrudel, die Elefantenherde, ja auch jeder lebendige Organismus, dessen Zellen nicht im Kampf miteinander stehen, sondern zusammenwirken, und zuletzt auch jedes Molekül innerhalb einer Zelle und jedes Atom, dessen Elektronen zusammenwirken, sind Beispiele der Zusammenarbeit, des Zusammenschlusses, des sozialen Kollektivismus in der Natur. Die Elektronen verbinden sich zum Atom, die Atome verbinden sich zum Molekül, die Moleküle verbinden sich zur Zelle, die Zellen verbinden sich zu Organisationen und die letzteren verbinden sich zu „Kolonien", Gemeinschaften, Rudeln, Horden, Stämmen, Völkern, Staaten, Staatenbündnissen . . .

Der verstorbene Ministerpräsident der Südafrikanischen Union, Ge-

---
[1] Also sprach Zarathustra, III. Teil.

neral Smuts, war von dem kollektivierenden Geschehen in der Natur so beeindruckt, daß er nicht nur eine darauf begründete Philosophie des Holismus (vom griechischen „holon", das Ganze) ausarbeitete, sondern sich auch aus „holistischen" Gründen für das Britische Commonwealth einsetzte, so daß Südafrika im ersten und zweiten Weltkriege wie im Frieden treues Glied dieses Gemeinwesens, mit allen damit verbundenen Verpflichtungen, blieb.

General Smuts war es aber nicht allein, der von der Gesamtschau des Integrationsgeschehens in der Natur so tief beeindruckt wurde, daß sich daraus politisch-soziale Lehren und Aktionen ergaben. Über ein halbes Jahrhundert vor ihm waren Karl Marx und Friedrich Engels ergriffen von der Schau des Kampfes ums Dasein und des Sichvereinigens der schwächeren Wesen zu Gemeinschaften und Genossenschaften in der Natur, wodurch sie stark wurden, und ließen den leidenschaftlichen Aufruf in der Welt ertönen: „Proletarier aller Länder, vereinigt euch!"

Sie riefen die in dem – in die menschliche Gesellschaft hineinragenden – Kampf ums Dasein unterlegenen Menschen zur Vereinigung und zu gemeinsamer Aktion gegen die Menschen auf, die ihnen überlegen waren, damit sie ihre Herrschaft abschütteln und eine weltumfassende neue Gesellschaftsordnung der Kooperation anstelle der Konkurrenz und des Wettstreits schaffen. In der kommunistischen Gesellschaftsordnung soll es ebensowenig Ausgebeutete und Ausbeuter geben wie z. B. im Ameisenstaat, wo niemand jemanden ausbeutet und jemandes Sklave ist, sondern wo jedes Glied dem Ganzen dient – ohne Wettstreit und ohne Anspruch auf Vorrechte und besondere Machtstellungen den anderen gegenüber. Was im Ameisenstaat der Instinkt verwirklicht hat, das solle in der menschlichen kommunistischen Gesellschaft die vernünftige Überzeugung verwirklichen. Denn die Vernunft ist nichts anderes als der bewußtgewordene Instinkt, welcher seinerseits nichts anderes ist als der kategoriale Ausdruck der Wesensbeschaffenheit der Materie, die alles in allem ist. Der Materie aber wohnt der Ur-Instinkt inne, der einmal als das große allumfassende Wissen der entwickelten Vernunft aufleuchten wird – der Urinstinkt des Fortschritts, und zwar nicht bloß des Fortschritts einzelner und Auserlesener, sondern aller. Es lodert in den Tiefen des Fortschrittsinstinkts, d. h. der Evolution, das Wort: „Ihr werdet sein wie Götter", nicht aber: „Du oder er wird sein wie Gott." Das „Werden wie Götter" ist das Anliegen der gesamten Menschheit; es ist ihr kollektives Ziel.

Die Klugheit der Schlange

Das Gesamtbild der Evolution, das uns die moderne wissenschaftliche Forschung in großen Zügen darbietet, ist als Ganzes ein „schlüssiges Geschehen". Es zeigt das unermüdliche Streben einer bewegenden Kraft, die in den Untergründen allen Werdens wirksam ist, durch unzählige Gestalten – sie annehmend und dann wieder abschüttelnd – von der Dunkelheit des Instinktes zur Helligkeit der Vernunft zu gelangen. Die Evolution ist Instinkt, der Vernunft werden will.

Dieser Vorgang geschieht aber nicht in gerader Linie, sondern nach dem Grundsatz von „Versuch und Irrtum" (trial and error), gleichsam tastend und experimentierend, d. h. von Zeit zu Zeit in Abwege und Sackgassen geratend, dann Seitenwege suchend, um sie später zu verlassen und wieder zu der Hauptrichtung zurückzukehren. Der Weg, den die Evolution zurücklegt, ist ein krummer. Er weist Windungen und Krümmungen auf, ähnlich der Spur, die eine im Dunkel kriechende Schlange hinterläßt. Aber er weist trotzdem deutlich auf eine allgemeine Richtung hin, in der die Bewegung geschieht, nämlich die Richtung nach vernunftfähigen organischen Gestaltungen.

Es ist merkwürdig, welche Rolle der Schlange von den Primitiven – und nicht nur Primitiven – zugeschrieben wird. Im britischen Fernsehen wurde vor einigen Jahren die erste – und vielleicht einzige – Verfilmung einer kultischen Handlung der australischen Eingeborenen zur Schau gebracht. David Attenborough, der tiefenpsychologisch am Mysterienwesen der sogenannten Naturvölker Interessierte, hat die Aufnahmen gemacht und kommentiert. Diesem freundlichen und verstehenden jungen Mann wurde nämlich von den Eingeborenen ausnahmsweise das hohe – m. E. wohlverdiente – Vertrauen erwiesen, bei der Mysterienhandlung anwesend zu sein. Das ihm erwiesene Vertrauen hat er nicht mißbraucht, denn der von ihm vorgeführte und kommentierte Film gab einen tiefen Einblick in das Wesen der Mysterienhandlung jener kleinen Gruppe unserer Mitmenschen, die nackt und arm, wie sie sind, ihr Wertvollstes ehrfurchtsvoll zur Darstellung brachten. Der Film konnte nichts anderes im Zuschauer wachrufen als Achtung vor ihrem, sei es auch kindlichen, Ernst. Die Mysterienhandlung bestand in der dramatischen Aufführung der zentralen Überlieferung – oder Urerinnerung, die aus ihrem Unterbewußtsein lebt – über das Werden des Bewußtseins. Sie bestand darin, daß ein sich offenbar im Trancezustand befindender Mann, sich mit der Schlange identifizierend, aus einer Spalte eines Felsens hervorkroch und sich, rhythmisch wiegend, langsam zu der vor ihm stehenden Menschengruppe bewegte. Als er sie erreicht hatte, verließ ihn der Trancezustand, er brach zusammen, kam zu sich und richtete sich auf, als Mensch unter Menschen. In der Höhle, aus der er herausgekrochen war, befand sich eine längliche flache Holzplatte, auf der der Weg der Schlange von der dunklen Tiefe des Stoffes zum Menschen in symbolischen Zeichen dargestellt war. Dieses „Buch" wurde den Zuschauern ebenfalls gezeigt.

H. P. Blavatsky hat viele Überlieferungen über die Schlange und „Söhne der Schlange" aus Indien und Tibet gesammelt und in ihrem Hauptwerk „The Secret Doctrine" angeführt[2]. Daraus ergibt sich, daß

---

[2] London 1888; dt.: Die Geheimlehre, Bungay/Suffolk 1975 (gekürzte Fassung).

die Schlange dort als Quelle und Lehrmeisterin der Zivilisation, d. h. der Erfindung und des Gebrauchs der Werkzeuge, der Künste und Wissenschaften gilt. Die „Nagas", die „Söhne der Schlange", waren die ersten Lehrer der Menschheit in der Vergangenheit, berichteten diese Überlieferungen. Die Schlange gilt da als das Prinzip des intellektuellen und materiellen Fortschritts.

Die gnostischen Sekten der Naasener (von Naas oder Nachasch = die Schlange) und der Ophiten (von „Ophis" = Schlange im Griechischen) verehrten die Schlange als das Weltprinzip des Fortschritts. Ihr Symbol war die ihr Schwanzende verschlingende Schlange – das Symbol, das auch die Theosophische Gesellschaft zu ihrem Siegel und Banner gewählt hat.

Die Bibel schreibt jedoch der Schlange nicht die Rolle des Wohltäters der Menschheit, sondern die des Versuchers und Unheilbringers zu. Da bewirkt die Schlange die tiefgreifendste Änderung der Daseinsbedingungen und des Schicksals der Menschheit: den Übergang aus dem Zustand des Seins in der Welt der göttlichen Urbilder (dem „von Gott gepflanzten Garten Eden") in die Welt der Evolution, d. h. in die von der Schlange geführte Welt, die durch Tod, Leid und Mühe dem von der Schlange gesetzten Ziele: „Ihr werdet sein wie Götter" nachstrebt.

Professor F. Weinreb sagt in seinem tiefgründigen Werk „Die Bibel als Schöpfung"[3]: „Die Schlange hatte wohl dem Menschen etwas zu bieten. Die Schlange ist der leibliche Messias, könnte man sagen. Sie bietet das Reich dieser Welt, das Reich der unendlichen Entwicklung", d. h. das Reich der Evolution, zum vollkommen autonomen, also gottlosen, Bewußtsein – einem Bewußtsein, das „wie Gott ist" und das folglich Gottes nicht bedarf.

„Man weist darauf hin, daß das Wort für Schlange im Hebräischen nachasch, geschrieben nun = 50, cheth = 8 und shin = 300, also 50-8-300, den Totalwert von 358 hat. Dieselbe Zahl ist auch die Summe der Komponenten des Wortes Messias, im Hebräischen maschiach, geschrieben 40-300-10-8 (mem, shin, jod, cheth) ... Die Schlange ist der Erlöser von der anderen Seite und stellt die Erlösung vor, indem sie vorschlägt, selbst ans Werk zu gehen, selbst die Entwicklung in die Hand zu nehmen ... Dies ist die List der Schlange, daß sie als Erlöser auftritt ..."[4]

Es ist das unschätzbare Verdienst der Bibel und des an sie glaubenden Volkes Israel in der Geistgeschichte der Menschheit, daß durch sie die Evolution als Werk der Schlange und die Schlange als Lehrmeisterin des Weges der ins Unendliche gehenden Entfernung von Gott und von der wahren Heimat des Menschen entlarvt wurde. Während alle Welt, ausgesprochen oder unausgesprochen, die Schlange verehrt, d. h. die Evolu-

---

[3] F. Weinreb, De Bijbel als schepping, Den Haag 1963; Übersetzung des Autors; dt.: Der göttliche Bauplan der Welt, Zürich 1966.
[4] Ebd. S. 99.

tion als führende Macht der Welt anerkennt und mit ihr mitmacht, so stand die Bibel in der Welt allein als Warnung vor dem Wege der Schlange und als Erinnerung an die über-evolutionshafte Heimat und Bestimmung des Menschen. Die Evangelien, als Fortsetzung des Alten Testaments, sprechen von den „Söhnen dieser Welt" und von den „Söhnen des Lichts". Die ersteren sind die „Völker" (gentes, was man als „die Heiden" zu übersetzen pflegt) und die letzteren sind diejenigen, die nicht dem „Herrn dieser Welt, der die Schlange oder das Wesen der Evolution ist, sondern Gott dienen wollen. Für sie ist die Evolution, der Weg der Schlange, der Weg des Verlorengehens.

„Das Wort verlieren oder verlorengehen ist im Hebräischen abad, geschrieben 1-2-4 (aleph, beth, daleth). Es weist folglich in seiner Struktur auf die Entwicklung von der ‚Eins' zur ‚Zwei', dann aber nicht zurück zur ‚Eins', sondern auf die weitere Entwicklung von der ‚Zwei' nach ihrer höchsten Vollkommenheit, nach der ‚Vier' also. Und diese Entwicklung ist nun identisch mit ‚verlorengehen'."[5]

Wenn nun im Evangelium zu lesen ist, daß „die Söhne dieser Welt" in ihrer Art klüger sind als die „Söhne des Lichts", so wird damit die Weisheit des göttlichen Lichtes mit der Klugheit der Schlange verglichen. Denn die Klugheit der Schlange, als Summe aller Erfahrung der Evolution und als vollkommener irdischer Realismus ist einmal da und gilt für die Welt der Evolution. Darum wird sie im Evangelium nicht einfach verneint, sondern als für ihren eigenen Bereich geltend anerkannt.

„Seid klug wie die Schlangen und ohne Falsch wie die Tauben", lautet der Rat des Meisters an seine Jünger im Evangelium.

Entsprechend dem über die Schlange verhängten göttlichen Schicksalsspruch: „Auf deinem Bauche sollst du kriechen und Staub fressen dein Leben lang" ist die Klugheit der Schlange der irdische Realismus, der sich horizontal in der Zeit, von irdischer Erfahrung zu irdischer Erfahrung, bewegt, ohne Erhebung, gleichsam „auf dem Bauche kriechend", und der sich von der Analyse, d. h. von der immer weitergehenden Trennung und Zerspaltung der Ganzheit der Erscheinungen in immer kleinere Bestandteile, Partikel, Atome, Elektronen usw., d. h. von „Staub", nährt. Denn Erkennen bedeutet für den erdgebundenen, realistischen Verstand, den Gegenstand der Erkenntnis in die kleinsten Teile zu zerlegen und zu verstehen, wie sie sich zum Ganzen fügen. Es ist tatsächlich nichts anderes als „Staub fressen". Das Wesen der „Klugheit der Schlange" offenbart sich somit am deutlichsten und am vollständigsten in der empirischen, materialistischen Wissenschaft. Sie ist die zu einer Art Blüte gelangte Klugheit der Schlange.

Und der die Früchte der empirischen materialistischen Wissenschaft sich zunutze machende Kollektivismus, der nichts anderes als gleichsam „Fleisch gewordene Wissenschaft" sein will, ist die Entfaltung der

---
[5] Ebd. S. 108.

Moral der Schlange, die in der Verheißung: „Ihr werdet sein wie Götter", wurzelt, d. h. die nach einem unbegrenzten kollektiven Fortschritt in der Eroberung, Nutzbarmachung und Beherrschung der Welt durch die kollektiv organisierte Vernunft strebt. Der kollektive Wille zur Macht ist das Wesen der Moral der Schlange, der Moral der Evolution, als unmittelbare Fortsetzung der natürlichen Evolution in der Menschheit.

Das andere Wesen der Natur

Die in der Evolution begriffene Natur, die von der Wissenschaft entdeckt wurde und erforscht ist, ist jedoch in Wirklichkeit nicht die ganze Natur. Sie ist zwar ein großer, aber doch nur ein Ausschnitt aus der Gesamtheit der Natur.

Es gibt einen Teil der Natur, der nicht in Evolution begriffen ist und den man gewöhnlich übersieht, da er in das Evolutionsbild nicht paßt und folglich uninteressant ist. Schon die einfache Frage: Wenn sich das mineralische Reich zum Organischen des Pflanzenreichs entwickelt hat, das Pflanzenreich zum Tierreich aufgestiegen ist, das Tierreich aber zum Menschen – warum bleibt dennoch ein mineralisches Reich neben dem Pflanzenreich, ein Pflanzenreich neben dem Tierreich und ein Tierreich neben dem Menschenreich bestehen? macht deutlich, daß die uns bekannte Evolution nicht die gesamte Natur umfaßt. Wie kommt es, daß ein Teil – und der bei weitem größere – in denselben Erdenverhältnissen nicht fortschreiten konnte?

Wenn wir die Analogie des menschlichen Organismus zu Hilfe nehmen, so liegt da nicht zuerst ein mineralartiges Knochenwesen vor, das sich dann nach und nach durch die Stufen der Sehnen, Muskeln, Venen, Arterien usw. bis zur Nerven- und Gehirnsubstanz als Träger des Seelischen entwickelt, wie es dem Evolutionsschema eigentlich entspräche, sondern das Gegenteil geschieht da: nämlich aus der einen einzigen Keimzelle entstehen durch Teilung sowohl die Nerven- und Gehirnzellen als auch die Sehnen-, Muskel-, Venen-, Arterien- und Knochenzellen. Es geschieht eine Differenzierung der Nachkommenschaft der einen Keimzelle gleichsam in verschiedene „Reiche" innerhalb des Organismus, die vielmehr dem biblischen Grundsatz „ein jegliches nach seiner Art" entspricht als dem Prinzip der aufsteigenden Evolution, d. h. der Entwicklung des Mineralischen zum Organischen und des Organischen zum Nervensystem als Träger des Seelischen. Wenn es stimmt, daß die Ontogenese eine beschleunigte Wiederholung der Phylogenese ist, dann sollte man schließen, daß die große Welt analog der kleinen Welt des menschlichen Organismus nicht nur das Ergebnis eines Evolutionsvorganges, sondern auch – und namentlich – eines Differenzierungsvorganges ist – eines Differenzierungsvorganges, wo aus einer und derselben Substanz – ob in der Gestalt des Urnebels oder nicht, ist nicht von Belang – sowohl das Mineralische als auch das Organische und das Tierische „gleichzeitig" in Erscheinung trat.

Die Natur ist ein Zweifaches: Sie ist einerseits das Feld, auf dem Urbilder oder Archetypen von Wesensarten in Erscheinung treten, nach dem biblischen und platonischen Grundsatz „ein jegliches nach seiner Art", und andererseits ist sie das Feld der Evolution mit ihrem Kampf ums Dasein, Überleben des Tüchtigsten und der natürlichen Auswahl.

Die „erste Natur", d. h. die Natur als Spiegelung oder Verwirklichung von Urbildern, ist primär, während die andere Natur, die Natur der Evolution, sekundär ist. So ist weder das Sonnensystem – die Sonne und die um sie kreisenden Planeten – noch das Atom mit seinem Kern und den um ihn kreisenden Elektronen, noch die lebende Zelle mit dem Zellkern und den sich um ihn herumbewegenden Molekülen des Plasma ein Schauplatz des Kampfes ums Dasein und überhaupt der Evolution, so wie diese für einen Teil der Natur auf der Erdoberfläche gilt, sondern alle drei – Sonnensystem, Atom und Zelle – stellen strukturell Gebilde dar, die der äußere Ausdruck eines Urbildes oder Urphänomens sind.

Wenn nun das umfassendste Gebilde – das Sonnensystem – und die winzigsten Gebilde – das Atom und die Zelle – Erscheinungsformen eines und desselben strukturellen Urbildes oder Urphänomens sind, warum sollten auch innerhalb des von diesen zwei Grenzerscheinungen begrenzten Rahmens nicht noch andere strukturelle Urbilder in Erscheinung treten? War Goethe im Unrecht, als er vom „Urphänomen" oder dem strukturellen Urbild der Pflanze sprach? Von dem jeder Pflanzenart zugrunde liegenden allgemeinen strukturellen Urbild, das das Thema all der Variationen ist, die wir Pflanzenarten nennen?

Das allgemeine Bild der Welt zeigt uns, daß sich innerhalb des ganzen Gebäudes der Urbilder, die gleichsam als Säulen stehen, die Evolution wie eine Schlange hindurchschlängelt. Sie gestaltet und gestaltet um, sie variiert die vorliegenden Urbilder gleichsam in vielerlei Art, entsprechend dem Ziele, das – nicht die Welt, sondern sie im Auge hat.

Diese Evolution schlägt in das Weltganze später ein, nachdem sich dieses durch Differenzierung so gestaltet hat, daß es zu einem kosmischen Organismus geworden ist und daß es einen Schauplatz für die sogenannte „natürliche" Evolution darbieten konnte. Die Evolution ist somit nicht das Ursprüngliche und Primäre in der Welt, sondern das Hinzugekommene, das Sekundäre. Sie setzt in der *organischen* Welt ein – erst in beschränktem Umfang im Pflanzenreich, um später in einem immer sich steigernden Maße die Schicksale der Tierwelt und der Menschheit zu bestimmen. Mit anderen Worten: In einer biblischen und platonischen Welt der Schöpfung entstand der Vorgang der Evolution, welcher Vorgang gleichsam das Werden einer „Welt" innerhalb der Welt bedeutet, einer Welt für sich, die wie ein Parasit innerhalb des Weltorganismus entstand und sich ausbreitete.

Es gibt somit eine „jungfräuliche" Natur und eine „gefallene" Natur. Die erste ist diejenige der göttlichen Urbilder, d. h. die das Paradiesische behaltende Natur, während die zweite die in den Evolutionsvorgang geratene oder in ihn „gefallene" Natur ist, die diese Urbilder auf ihre Art variieren und umgestalten läßt.

Daß die Natur erst urbildlich-paradiesisch war und später in die Sphäre der von der Schlange geleiteten Evolution geriet, ist auch aus der Tatsache ersichtlich, daß bei vielen Tieren ihre Raubtiereigenart erst nach einer gleichsam „paradiesischen" Kindheit sich einstellt oder zum Durchbruch kommt. Die Ontogenese wiederholt hier gleichsam die Phylogenese. So sind die jungen Löwen zunächst heitere und freundliche Wesen, die nicht minder zahm und vertrauensvoll ihre Lebensbahn beginnen, als die Lämmer es tun. Dann ändert sich ziemlich schroff ihre Wesensart, und sie werden zu dem, was der Löwe als Raubtier ist. Dasselbe gilt von mehreren anderen Raubtierarten, es gilt aber nicht für Reptilien. Junge Schlangen und Krokodile sind von Anfang an so, als sie erwachsen wären. Man kann sich des Eindrucks nicht erwehren, daß sie diesseits der Schwelle der Evolution entstanden sind, d. h., die Geschichte ihrer Art kennt keine zwei Perioden – die vorevolutionistische und die evolutionistische. Sie sind gleichsam reine Geschöpfe der Evolution. Die „Schlange" ist ihr Schöpfer. Das gilt auch für mehrere Insektenarten.

Wie steht es aber mit dem Menschen?

II
DAS REICH DES MENSCHEN

Vom Gesichtspunkt der Evolution gesehen, ist der Mensch ihr einstweiliger Höhepunkt. Denn wenn es in der Evolution darauf ankommt, daß der dem Evolutionsgeschehen zugrunde liegende Instinkt – der die Klugheit der Schlange ist – seiner selbst bewußt, d. h. zur Intelligenz wird, so ist der Mensch zweifelsohne das Wesen, in dem dieses geschieht. Der Mensch ist tatsächlich das am mindesten instinktive und das am meisten intelligente Wesen, das auf dem Schauplatz der Evolution einstweilen in Erscheinung getreten ist. Und es ist der Mensch, der dank seiner Intelligenz und dem Gebrauch der Werkzeuge in der Herrschaft über die Erde die Riesenreptilien der Vergangenheit ersetzt hat. Der Wille zur Macht, der im Evolutionsgeschehen als bewegende Kraft wirksam ist, ist somit im Menschen zum einstweiligen Höchstgrad der Verwirklichung gelangt. Die Herrschaft des Menschen ist nun unumstritten. Der Mensch hat keinen Rivalen mehr. Im Gebrauch der Werkzeuge ist er von der Steinaxt zur interplanetären Rakete, vom Wurfspieß zur Wasserstoffbombe fortgeschritten. Aber die Steinaxt und die interplanetäre Rakete, der Wurfspieß und die Wasserstoffbombe sind grundsätzlich nichts anderes als Stufen des Gebrauches von Werkzeugen des auf die Eroberung und Beherrschung der Natur gerichteten, sich der

Sinne bedienenden Verstandes. Alle diese Stufen des Fortschritts sind ihrem Wesen nach dasselbe: Leistungen der auf Macht gerichteten Intelligenz in der Vervollkommnung der Werkzeuge und ihres Gebrauchs. Diese Leistungen liegen sämtlich auf einer und derselben Fläche, nämlich auf derjenigen des Kampfes ums Dasein und des Willens zur Macht. Sie sind bloß die intelligente Fortsetzung des instinktiven Handelns und Trachtens der Tierwelt. Es gibt grundsätzlich keinen moralisch-geistigen Unterschied zwischen der Handlung eines Affen, der eine Kokosnuß von oben aus der Kokospalme jemandem auf den Kopf wirft, und der Handlung des Fliegers, der die Atombombe auf Hiroshima fallen ließ. Der Unterschied ist bloß rein technisch. Die gesamte technische Entwicklung – mit all den mathematischen, chemischen und physikalischen Erkenntnisleistungen, die sie voraussetzt – ist nichts anderes als die durch die Menschheit fortgesetzte „natürliche Evolution", die lediglich ihr Geleitetwerden durch den Instinkt für das Geleitetwerden durch den Verstand eingetauscht hat. Die Ziele und die Ideale bleiben aber dieselben, d. h. die moralisch-geistige Fläche bleibt unverändert. Der empirisch-materialistische Realismus, der unausgesprochen in der Natur waltet, wurde in der Menschheit zur ausgesprochenen Methode und Gesinnung.

Wenn nun der Mensch nichts anderes wäre als das Produkt der natürlichen Evolution, bliebe es dabei, daß er ausschließlich und lediglich auf der Fläche des Strebens zur Macht und der vollständigen Hingabe an dieses Ziel aller seiner Fähigkeiten bleiben würde. Er wäre in den horizontalen Fortschritt der Evolution der Schlange vollständig untergetaucht und hätte sich mit ihm – für alle Ewigkeit – völlig identifiziert.

Nun geschah aber in der Geschichte der Menschheit ein Wunder: Der mit dem Strom des Fortschritts mitschwimmende Mensch – der von dem empirisch-materialistischen Realismus in Anspruch genommene Mensch – richtete sich auf und erhob sich über die Fläche der natürlichen Evolution, über die Fläche des empirisch-materialistischen Realismus. Ein nichtempirischer Idealismus leuchtete in ihm auf.

Dieses geschah früher, als der Platonismus, die Stoa, die Vedanta und der Buddhismus in die Geistgeschichte der Menschheit eintraten: es geschah im wesentlichen schon damals, als in urferner Vergangenheit ein Mensch aus einigen unbehauenen Steinen einen Altar errichtete. Alles weitere – die großen Religionen und sämtliche idealistische Philosophien in der Geschichte der Menschheit – folgte auf diesen Akt von ungeheurer weltgeschichtlicher Tragweite, den Akt des Errichtens des ersten Altars. Es war eine Handlung im Evolutionsgeschehen, die zu diesem Geschehen senkrecht stand, d. h. die nicht auf der Fläche und in der Linie des empirisch-materialistischen Realismus lag.

Was bedeutet, was bezeugt das Wunder des Idealismus, das wie ein Komet in der Welt der natürlichen Evolution erschien?

Es bedeutet und es bezeugt zunächst und vor allem den Adel des menschlichen Wesens. Es legt das Zeugnis ab, daß der Mensch, seinem tiefen Wesen nach, nicht einfach nur ein Produkt der natürlichen Evolution ist. Es ist des Menschen Bekenntnis zu seinem wahren Wesen und zu seiner wahren Heimat.

Der erste aus Steinen aufgerichtete Altar, der kein Werkzeug im Kampf ums Dasein und auch keine Zufluchtsstätte vor Unwetter oder Feinden war, war die nicht zu mißverstehende „schlüssige Handlung" des Menschen, durch die er sich zu einer anderen Weltordnung bekannte als zu der der natürlichen Evolution. Kants zwei Ehrfurchten – die vor dem gestirnten Himmel und vor dem moralischen Gesetz in seinem eigenen Wesen – bringen zum bewußten Ausdruck, was der erste Altarbauer unausgesprochen durch die schlüssige Handlung des Aufrichtens eines Altars angedeutet hat. Denn der gestirnte Himmel ist das Bild der göttlich-urbildlichen Natur, die nicht in der natürlichen Evolution begriffen ist. Und das moralische Gesetz im Inneren der Menschenseele – der kategorische Imperativ Kants – bezeugt die wirkliche Anwesenheit dessen, was die Bibel „Ebenbild und Gleichnis Gottes" nennt, d. h. das Urbild des Menschen.

Was am Wunder des Sicherhebens des Menschen gegen und über die „natürliche Evolution", am Wunder des Idealismus besonders wunderbar ist, ist die Tatsache, daß der Mensch nicht bloß eine andere Weltordnung und eine andere Sittlichkeit postuliert als die der Evolution der Schlange, sondern daß er auch von den Fähigkeiten, die er der Schlangen-Evolution verdankt – von dem Verstand und von den mit ihm verbundenen Sinnen –, einen Gebrauch macht, der nicht im Sinne der von der Evolution angestrebten Ziele und Zwecke liegt. Der für den Gebrauch der Werkzeuge, für den Zweck der Machtausübung über die Natur bestimmte Verstand, mit seiner Berechnungsfähigkeit, seiner Fähigkeit, die Folgen von Ursachen vorauszusehen und den maximalen Erfolg mit dem Mindestmaß von Mühe zu erreichen, dieser Verstand wird vom Menschen kontemplationsfähig gemacht.

Des Menschen wahres Wesen hat ihn der natürlichen Evolution abgerungen, ihn gleichsam erbeutet, indem es ihn auf die reine Kontemplation zu richten imstande war. Die Kontemplation, d. h. der Zustand, in dem der Verstand nicht auf Nutzen und Vorteile im Bereich des materialistischen Realismus, sondern auf transzendente Begriffe, Ideen und Ideale sich konzentriert und sich darin in Einklang mit dem göttlich-urbildlichen Wesen des Menschen versetzt, die Kontemplation wird zur schöpferischen Quelle für Dinge, die für die natürliche Evolution unnötig, nutzlos oder gar störend sind. Es ist der Kontemplation zu verdanken, daß solche Philosophien wie der Samkhya, die Vedanta, der Buddhismus, der Pythagoreismus, der Platonismus, die Stoa und der Kantianismus entstanden sind. Alle diese idealistischen Philosophien sind „weltfremd", wenn man unter „Welt" die Welt der natürlichen Evolution versteht. Die Menschheit verdankt ihnen kein einziges neues Werkzeug, keine einzige neue Erfindung – höchstens ein paar Musikinstrumente, aber Musik dient ja nicht der Naturbeherrschung.

Idealistische Philosophien – nicht Religionen – wurden hier deshalb erwähnt, weil sie rein menschlich sind und den von der natürlichen Evolution herrührenden Verstand der *Kontemplation* zugewandt haben. Die Religionen können dagegen nicht als Ausdruck und Schöpfung des rein Menschlichen gelten: sie entstammen Quellen, die über das rein Menschliche hinausgehen – den Offenbarungsquellen des Göttlich-Übermenschlichen. Es ist daher der Idealismus, der nicht göttliche Offenbarung ist, in dem sich das rein Menschliche offenbart, wo der Mensch selbst sein innerstes Wesen zum Ausdruck bringt. Denn der Idealismus ist die „Stimme des Menschen in der Wüste", die zwischen dem Reich der natürlichen Evolution und dem Reich der göttlichen Offenbarung liegt. In ihr ertönt die Stimme des Menschen, und zwar des Menschen allein und an sich – nicht des von der natürlichen Evolution beherrschten und geschobenen Menschen als „Kind dieser Welt" und auch nicht des göttlich erleuchteten und inspirierten Propheten und Sehers, sondern des Menschen in der Einsamkeit seines eigenen wahren Wesens. Denn das wahre Wesen des Menschen offenbart sich nicht im technischen Fortschritt, der nur die Fortsetzung der natürlichen Evolution ist, sondern im Idealismus als praktisch zweckloser Kontemplationsfähigkeit.

Der Mensch, im wahren Sinne, beginnt mit dem Idealismus; alles, was vor-idealistisch in ihm ist, ist vor-menschlich und gehört zum Bereich der natürlichen Evolution, zum Bereich der Schlange. Die Moral des zu ihm gehörenden Menschen, des empirisch-materialistischen Realisten, wurzelt im Grundsatz der Zweckmäßigkeit und Nützlichkeit, sei es persönlicher oder kollektiver Art. Die Moral des kontemplationsfähigen Menschen, des Idealisten, wurzelt dagegen nicht in der Klugheit, sondern im Bewußtsein des Adels des wahren menschlichen Wesens. Ihr Grundgesetz ist Selbstbeherrschung, d. h. die Herrschaft des wahren Menschen über den natürlichen Menschen, in dem er wohnt. Da handelt es sich darum, daß die *kontemplative Vernunft Herr sei über die Impulsivität* und das Triebhafte im Menschen.

Darum erachtet Platon die vernünftige Einsicht, die er Weisheit nennt, als die Quelle und Wurzel der Tugend. Die anderen Tugenden, nämlich Mut, Besonnenheit und Gerechtigkeit folgen aus dem Durchdringen des gesamten Menschen mit dem immer kraftvoller werdenden Licht der Weisheit. Die Gerechtigkeit faßt er als Endergebnis und Frucht des Durchdringens des Menschen mit Weisheitslicht, d. h. der Selbstbeherrschung, auf. Die Gerechtigkeit ist somit die Krone der moralischen Entwicklung des Menschen: sie ist gleichsam die „fleischgewordene Weisheit".

Der indische Weise Sankaracharya spricht ebenfalls von vier Grundtugenden, auf die es auf dem Pfade der Vervollkommnung des Menschen ankommt. Die erste – und die Wurzel der übrigen – ist das Unterscheidungsvermögen (viveka) des Wesentlichen vom Unwesentlichen. Aus ihr folgt der Gleichmut (vairagya). Der Gleichmut macht es möglich, die sogenannten „sechs Edelsteine" zu entwickeln, d. h. solche moralischen Gewohnheiten, die zusammen das besonnene Verhalten in jeglicher Situation gewährleisten und möglich machen. Die vierte – und letzte – Tugend oder Eigenschaft ist das Streben nach Befreiung von den Banden der in der natürlichen Evolution begriffenen Natur.

Bei Sankaracharya handelt es sich, wie bei Platon, um die Herrschaft der kontemplativen Vernunft über das gesamte übrige Wesen des Menschen. So, wie Platon in der „Weisheit" die Grundlage des moralischen Wachstums sah, sieht Sankaracharya in dem Unterscheidungsvermögen des Wesentlichen vom Unwesentlichen, das der Weisheit Platons sehr ähnlich ist, dessen Grundlage. Der Gleichmut Sankaracharyas entspricht dem Mut Platons. Die „sechs Edelsteine" sind aber nichts anderes als die Besonnenheit Platons. Ein Unterschied besteht nur in der letzten, das Ganze krönenden und zusammenfassenden Tugend, die für Platon die Gerechtigkeit ist, während Sankaracharya sie in dem Streben nach Freiheit oder Befreiung sieht.

Die Moral des Buddhismus, wie sie im „edlen achtgliedrigen Pfad" vorliegt und die auf das „rechte Sichversenken", d. h. auf Kontemplation hin orientiert ist, ist ihrem Wesen nach ebenfalls nichts anderes als das Zur-vollständigen-Herrschaft-Bringen der kontemplativen Vernunft. Die Moral der Stoa ist ebenfalls diejenige der Herrschaft der kontemplativen Vernunft, die Moral der Selbstbeherrschung des Menschen durch die Vernunft.

Dies ist das Reich des Menschen, das zwischen dem Reich der Natur und dem Reich des Göttlichen liegt. Die Herrschaft der kontemplativen Vernunft und die moralische Haltung, die sie mit sich bringt, ist der reine Humanismus, der zwischen Natur und Gott steht.

III
DAS REICH GOTTES
– DIE SELIGPREISUNGEN –

Das Heilswerk in der Geschichte der Menschheit

Wenn man die Geschichte der Menschheit als Teil der Evolution der Welt betrachtet, so erweitert sich das Geschehen in der Welt für unseren Blick vom Bereich der *natürlichen* Evolution, die technische Entwicklung der Menschheit inbegriffen, und von dem Geschehen innerhalb der göttlich-urbildlichen oder jungfräulichen Natur – den Idealismus oder reinen Humanismus inbegriffen – auf noch einen dritten Bereich: den Bereich der Einschläge des Übernatürlichen und des Übermenschlichen in das Geschehen innerhalb des Reiches der Natur und des Reiches des Menschen. Diese übernatürlichen und überhumanistischen Einschläge, welche Eingriffe aus dem Reich des Göttlichen in den Evolutionsstrom und die Geschichte der Menschheit sind, stellen insgesamt die Geschichte der Offenbarung oder die Geschichte des Heilswerks dar.

Die *Evolution als Ganzes* umfaßt somit die „natürliche Evolution", die rein-menschliche humanistische Kulturgeschichte und die Heilsgeschichte oder die Geschichte der Offenbarung. Die natürliche Evolution mit ihrer Fortsetzung in der technischen Entwicklung, die in der Linie der Losung: „Ihr werdet sein wie Götter" liegt, ist eine endlose Entwicklung, die sich von Gott als Schöpfer der urbildlichen Natur und des urbildlichen Menschen immer mehr entfernt. Sie ist somit, vom Geistig-Moralischen aus gesehen, der „Weg zur ewigen Verdammnis". „Verdammnis" bedeutet das Eingeschlossensein in den geschlossenen Kreis der Schlange, die sich in den Schwanz beißt, das endgültige Gefangensein des Bewußtseins in diesem Kreis, aus dem es keinen Ausweg gibt. Die „Hölle" ist – weltgeschichtlich betrachtet – die Welt der „ewigen Wiederkehr", die Welt ohne „Wunder", die Welt der reinen Kausalität, wo es keine Hoffnung gibt, daß man aus dem Mechanischen der Kausalität jemals herauskommen kann. „Verdammnis" ist das „Wie-Götter-Sein" – ohne Gott.

Das Heilswerk und seine Geschichte stellt dagegen das Geschehen dar, das den Kreis der „Verdammnis" oder der „natürlichen Evolution" offenhält, so daß es ein Hinein in und ein Heraus aus diesem Kreis gibt. Das Heilswerk kommt dem idealistisch gesinnten Menschen zu Hilfe, der sich zwar von der natürlichen Evolution entidentifiziert hat, aber aus eigenen Kräften nicht vermag, sie, d. h. den „Lauf der Welt", zu ändern; auch vermag er sich nicht aus eigener Kraft in eine andere Sphäre zu erheben, wie es Baron Münchhausen getan hat, der sich selbst am Zopf aus einem Sumpf herauszog. Der Idealist kann sich wohl in sich selbst zu seinem eigenen wahren Wesen erheben und aus ihm eine andere Weltordnung postulieren, aber es bleibt bei dem Postulieren allein, das ja nur das Bekennen zu seinem eigenen wahren Wesen ist. Nun kommt ihm in der Weltgeschichte das Heilswerk zu Hilfe: die Offenbarung aus der Sphäre, die jenseits der Sphäre der natürlichen Evolution liegt, beginnt einzuströmen in die Sphäre des sich nach der Jenseitigkeit sehnenden Menschen. Die Heilsgeschichte ist somit die Geschichte der Religion als Offenbarung, die eigentlich die von oben gereichte Hand Gottes ist, um dem sich in dem Evolutionsstrom versenkenden Menschen zu helfen, sich über diesen zu erheben und zu der göttlich-urbildlichen Welt zurückzukehren. Sie ist die Antwort auf den Ruf, der im folgenden Psalm Davids den besten Ausdruck findet:

> Rette mich Gott,
> die Wasser reichen mir bis an die Kehle.
> Eingesunken bin ich im tiefem Schlamm,
> es findet mein Fuß keinen Grund.
> Ich kam in die Tiefen der Wasser,
> die Fluten strömen hinweg über mich. (Psalm 69, 2 f.)

Die Antwort auf diesen Hilferuf der Menschheit, in der das Bewußtsein ihres göttlichen Urbildes erwacht war, war die Offenbarung, die in Stufen, gleichsam wie ein in Kaskaden stürzender Wasserfall, zur Menschheit herabkam. Sie geschah durch Seher und Propheten und wurde später in heiligen Schriften aufgezeichnet und erhalten. So liegt den heiligen Schriften Indiens, den Veden, die Offenbarung, die durch die sieben Rischis vermittelt wurde, zugrunde. Die „Zendavesta" der alten Iranier berichtet von den Offenbarungen, die Zarathustra auf Bergeshöhen von dem Lichtgott Ahura Mazda in Begegnungen von Angesicht zu Angesicht empfing. Die Bibel berichtet von der Offenbarung, die Moses auf dem Berge Sinai von Angesicht zu Angesicht (wie Zarathustra) mit dem Gott, der den unaussprechlichen Namen JHWH trägt, empfing.

Die indische Uroffenbarung enthielt die „frohe Botschaft", das Evangelium, daß der göttlich-urbildliche Mensch, das wahre Selbst des Menschen, nicht das empirische Selbst ist und daß die Welt, die wahre Welt, die göttlich-urbildliche Welt, nicht die empirische Welt der natürlichen Evolution ist. Die „frohe Botschaft", das Evangelium, das Zarathustra empfing, ist, daß die Welt und der Mensch eine Mischung von zwei verschiedenen Weltordnungen sind: derjenigen des Lichtprinzips und derjenigen des Prinzips der Finsternis – oder der göttlich-urbildlichen Weltordnung und der Weltordnung der natürlichen Evolution, und daß die letztere überwunden werden wird durch den Soschianten, „der durch den Willen den Tod überwinden wird", wonach die Toten auferstehen werden. Und die durch Moses und die Propheten übermittelte „frohe Botschaft", das Evangelium, verkündet, daß die durch den Sündenfall in den Bereich der Schlange gefallene Menschheit aus diesem Bereich erlöst werden wird, indem das Wesen und der Inbegriff der göttlich-urbildlichen Weltordnung selbst Mensch werden wird, daß damit die Menschheit das Reich der Schlange wird überwinden können und daß die Toten auferstehen werden.

Dieses ist im wesentlichen die Botschaft der Offenbarungen, die die großen vorchristlichen Religionen sind.

Der Buddhismus, der im Brahmanismus wurzelt, war keine religiöse Offenbarung, sondern vielmehr eine Spitzenleistung des reinen Humanismus. Auch der Konfuzianismus ist keine Religion, sondern eine sittlich-soziale praktische Philosophie. Die nachchristlichen Religionen des Mithraismus, des Manichäismus und des Islam sind im wesentlichen „Renaissancen" des Zoroasterianismus oder Mazdaismus (Mithraismus), des Buddhismus (Manichäismus) und des Mosaismus (Islam).

Alle diese Religionen oder Stufen der Offenbarung kristallisierten sich im Gesetz, d. h. in Systemen von Vorschriften oder Geboten und Verboten, die das Leben der Gläubigen entsprechend dem Inhalt der Offenbarung und Verheißung regeln sollten. Die religiöse Moral der vorchristlichen Religionen hat mit der Moral des Idealismus gemein, daß es sich in beiden namentlich um Selbstbeherrschung und Zucht handelt, mit dem Unterschied allerdings, daß die Moral des humanistischen Idealismus Gebote und Verbote der kontemplativen Vernunft enthält, während die Gebote und Verbote der Religionen nicht in der menschlichen Vernunft, sondern in der göttlichen Offenbarung wurzelten. Ihre Überzeugungskraft lag nicht in der vernünftigen Einsicht, wie beim idealistischen Humanismus, sondern in der Autorität der Quelle ihrer Offenbarung. Es war der Glaube an diese göttliche Quelle, der den Gläubigen zum Gehorsam gegenüber den Geboten und Verboten, die aus dieser Quelle stammten, veranlaßte.

„Selig die Armen im Geiste"

Nun geschah es im Verlauf der Geschichte des Heilswerks, welche die Geschichte der Religion ist, daß auf Erden eine Stimme ertönte, die nicht bloß des Menschen urbildliches Wesen der natürlichen Evolution entgegenstellte, nicht nur auf die göttlich-urbildliche Weltordnung, als Gegensatz zu der Welt der Schlange, hinwies, sondern darüber hinaus das Reich Gottes als in den Schicksalsbereich der Menschheit Gekommenes verkündete. In der Bergpredigt handelte es sich nicht darum, daß der Mensch sein wahres Wesen der natürlichen Evolution gegenüber bewahre und auch nicht bloß, daß er dem göttlich offenbarten Gesetz gehorche, sondern darum, daß der Mensch, dessen Urbild, „Ebenbild und Gleichnis Gottes" ist, so werde, wie Gott ist. „Seid vollkommen, wie euer Vater im Himmel vollkommen ist" – dieser zentrale, zusammenfassende Satz der Bergpredigt bedeutet den Aufruf, sich aus dem Reich der Natur und aus dem Reich des Menschen zum Reich Gottes zu erheben. Die Losung der alten „natürlichen Evolution" lautete: Ihr werdet sein wie Götter – ohne Gott. Dem stellt die Bergpredigt eine Gegenlosung gegenüber; die verkündet einen Entwicklungsweg, der zu den Höhen der Verheißung: „Ihr werdet sein wie Gott in Gott" führt.

Die Bergpredigt ist das geistgeschichtliche Ereignis, das der Versuchung der Schlange im Paradies als deren Gegenstück gegenübersteht. Sie ist die Verheißung der Freiheit in Gott, wie die Versuchung im Paradies die Verheißung der Freiheit ohne Gott war. Sie ist der vollkommene Gegensatz zur „natürlichen Evolution" der Schlange. Diese verheißt, daß der Mensch einst einen Zustand der Selbstgenügsamkeit erreichen wird, wo er keinen über ihm stehenden Gott brauchen wird. Es werden ihm sein Wissen und seine Macht vollkommen genügen. Er wird reich sein. Demgegenüber lautet die erste Seligpreisung der Bergpredigt: Selig sind die Armen im Geiste, denn ihrer ist das Himmelreich – d. h., selig sind die Menschen, die alles Wissen und alles Können, das ohne Gott ist und das nicht Gott selbst ist, für armselig halten, denn sie werden an dem göttlich-urbildlichen Schöpfungswerk Gottes teilnehmen.

„Selig die Trauernden"

Ferner verheißt die „natürliche Evolution" den Menschen das Glück der Überwindung des Leidens, der Krankheit und des Todes. Die zweite Seligpreisung sagt dagegen: Selig sind die Trauernden, denn sie werden getröstet werden. Die Trauernden oder Leidtragenden (qui lugent) sind solche, die nicht nach Leidlosigkeit streben, sich vom Leid nicht abwenden, sondern es akzeptierend *tragen*. Denn die Fülle des Seins, der wahre Reichtum des Lebens, besteht nicht im Wohlergehen und Glück allein, sondern in der immer wachsenden Spannweite von Freude und Leid. Je größer diese Spannweite ist, desto reicher ist das Leben. Goethe hat diese Tatsache so zum Ausdruck gebracht:

> „Alles geben die Götter, die unendlichen,
> Ihren Lieblingen ganz,
> Alle Freuden, die unendlichen,
> Alle Schmerzen, die unendlichen, ganz."

Und dieser Reichtum, diese bis ins Göttliche gesteigerte Spannung der Freude- und Schmerzfähigkeit ist eben Seligkeit (beatitudo).

„Selig die Sanftmütigen"

Die natürliche Evolution beruht auf dem Grundsatz, daß die Herrschaft über die Reiche der Natur, über die Erde, denjenigen gehören wird, die den stärksten Willen zur Macht besitzen. Den Harten und Härtesten ist sie von der Evolution vorbestimmt. So z. B. gelangten die Römer zur Herrschaft über das Stück Welt, das um das Mittelmeer herum lag, nicht indem sie die Herzen der Völker von Britannien bis Mesopotamien und von Germanien bis Ägypten für sich durch Freundschaft oder Überzeugung gewannen, sondern indem ihre Legionen diese Völker durch Waffengewalt unterwarfen. Was für die politische Geschichte der Menschheit gilt, es gilt erst recht für die Geschichte der Ausbreitung der Herrschaft der Menschheit über die Naturreiche – das Tierreich, das Pflanzenreich, das mineralische Reich – das Reich der Elemente, mit ihren Molekülen, Atomen und Elektronen. Die durch die Bergpredigt angekündigte neue, göttlich geleitete Evolution stellt demgegenüber den Grundsatz auf: „Selig sind die Sanftmütigen, denn sie werden die Erde besitzen" (possidebunt terram).

Nicht die Harten, sondern die Sanftmütigen werden über die Naturreiche der Erde herrschen. Die Herrschaft, die z. B. der hl. Franziskus von Assisi über Vögel, Fische und den wilden Wolf ausübte, ist noch keinem Naturforscher, Fischer, Förster oder Jäger zu erreichen gelungen. Dasselbe gilt auch für den Gehorsam, den die Hyänen dem hl. Antonius in der Wüste Ägyptens zollten und für viele andere Fälle des Gehorsams seitens der sogenannten unmündigen Natur wahrlich sanftmütigen Menschen gegenüber. Auch im politischen Leben der Menschheit fehlt es nicht an Beispielen, wo Sanftmut sich stärker als Gewalt erwies. Der Sieg des verfolgten Christentums in der Antike ist ein nicht wegzuerklärendes weltgeschichtliches Ereignis, wo Sanftmut das „Erdreich", den damaligen „orbis terrarum" in Besitz nahm. Auch unser Jahrhundert liefert ein überzeugendes Beispiel: Es ist die Befreiung Indiens von der britischen Herrschaft durch die von der Bergpredigt inspirierte gewaltlose, also „sanftmütige" Bewegung des Mahatma Gandhi.

„Selig, die hungern und dürsten nach der Gerechtigkeit"

Der Einwand, der gewöhnlich gegen den Verzicht auf Gewalt erhoben wird, ist, daß dieser Verzicht gleichbedeutend mit Verzicht auf Gerechtigkeit sei. Denn ob man sich selbst oder einem anderen gegenüber Ungerechtigkeit ungestraft geschehen lasse – in beiden Fällen laufe es gleicherweise auf ein widerstandsloses Zulassen von Ungerechtigkeit hinaus. Die Gerechtigkeit ist aber nicht nur das primäre Rechtsgut der Menschheit, sondern auch die tiefwurzelnde Grundlage ihres moralischen Lebens schlechthin. Das Bedürfnis nach Gerechtigkeit ist in der Tat etwas, das gleichsam mit elementarischer Gewalt im Menschenwesen lebt. Es kann nur mit Hunger und Durst verglichen werden. So sind Kinder für nichts mehr empfindlich als für Ungerechtigkeit, und nichts verletzt sie tiefer und dauernder als Dinge, die ihrem Gerechtigkeitssinn widersprechen. Dies weiß jeder, der sich seiner eigenen Kindheit erinnert oder der als Erzieher mit Kindern zu tun gehabt hat. Auch bei den sogenannten Naturvölkern ist der Gerechtigkeitssinn ausgeprägt. So nahmen die Indianer Nordamerikas den Weißen nicht so sehr bloß die Tatsache der Inbesitznahme ihres Landes übel als vielmehr die Tatsache des wiederholten Vertragsbruchs – was weitaus zur Mehrzahl der erbittertsten Indianerkriege führte. Ein Stamm, dem heute feierlich versichert wurde, daß der nun geschehene Abtritt eines Teiles seines Gebiets der letzte sei und daß der übrigbleibende Teil ihm für alle Zukunft gesichert bleibe, und der einige Jahre später erlebt, daß auch der ihm zugesicherte übrige Teil seines Gebietes von weißen Einwanderern in Besitz genommen wird – dieser Stamm kann dabei nichts anderes erleben als eine atemerstickende Entrüstung wegen dieser Verhöhnung der elementaren Gerechtigkeit. „Die Eingeborenen gelten bekanntlich für nichts", bemerkte bitter Immanuel Kant. Sie galten tatsächlich für nichts für die „Entdecker" ihrer Länder, aber die Eingeborenen selbst konnten sich nicht damit abfinden. Ihr Gerechtigkeitssinn sträubte sich dagegen, daß das ihnen gegebene Versprechen nicht bindend war und daß ihre Heimat als Niemandsland und als ein der Besiedlung durch Fremde offenstehendes Land betrachtet wurde. Aber auch in der sogenannten zivilisierten Gesellschaft ist der Gerechtigkeitssinn sowohl die zentrale Zielscheibe der Propaganda der Staaten und Parteien als auch der feuerspeiende Vulkan aller Revolutionen, Aufstände und Massenbewegungen. Doch hat bis jetzt noch kein Aufstand, keine Revolution und keine Massenbewegung den Hunger und Durst nach Gerechtigkeit auch nur einigermaßen stillen können. Weder die kommunistische noch die kapitalistische Gesellschaftsordnung waren – und sind – imstande, den Gerechtigkeitssinn zu befriedigen. Und zwar schon deswegen nicht, weil sowohl die eine als auch die andere Gesellschaftsordnung nur zwei verschiedene Formen desselben Übels sind, nämlich des die menschliche Persönlichkeit versklavenden und aushöhlenden Industrialismus. Es ist der Industrialismus, der – wie das vom Menschen selbst geschaffene Frankensteinsche Ungeheuer – die Menschen zu Produktionseinheiten erniedrigt und sie gleichsam zu sei es auch regulierenden Anhängseln der Maschinen macht – gleichgültig, ob diese Maschinen dem Staat oder Privatpersonen gehören. Und wie keine Gesellschaftsordnung der menschlichen Persönlichkeit Freiheit geben kann, so kann sie auch den Menschen keine Gleichheit geben. Denn der Arbeiter, der Ingenieur, der Fabrikdirektor, der Soldat, der Offizier, der General sind einander nicht gleich – gleichgültig, ob sie zur kommunistischen oder kapitalistischen Gesellschaftsordnung gehören. Der Industrialismus bringt mit sich seine Formen der Unfreiheit und Ungleichheit, ebenso wie der Feudalismus andere Formen der Unfreiheit und Ungleichheit mit sich brachte. Und wie wäre es möglich, den Industrialismus aus der Welt zu schaffen, zumal die Bevölkerung der Erde in explosivem Wachstum begriffen ist?

Gerechtigkeit, d. h. Freiheit und Gleichheit, ist eine Illusion, wenn man sie in der Dimension der in der menschlichen Geschichte weiterwirkenden natürlichen Evolution sucht. Da gibt es sie nicht, und kann es sie auch nicht geben. Denn der Kampf ums Dasein, von der natürlichen Evolution in den Bereich der Geschichte der Menschheit übertragen, hat an sich nichts mit Gerechtigkeit zu tun. Und im Bereich des Humanismus gibt es nur das stetige Bemühen um Annäherung an Gerechtigkeit, das ständig von Rückschlägen aus dem Bereich der evolutionären Natur bedroht ist. Die Gerechtigkeit muß in einer anderen Dimension gesucht werden.

Diese Dimension ist senkrecht zu dem horizontalen Strom der natürlichen Evolution und deren Fortsetzung in der Geschichte der Menschheit. Vollkommene Gleichheit und Freiheit kann tatsächlich erlebt werden, wenn z. B. Menschen aller Stände, reiche und arme, junge und alte, zusammen vor der Kommunionbank während der heiligen Messe knien und die Formel der menschlichen Selbsterkenntnis und des Glaubens an die göttliche Barmherzigkeit aussprechen: „Herr, ich bin nicht würdig, daß du eingehst unter mein Dach, aber sprich nur ein Wort, so wird meine Seele gesund." Da sind alle gleich in der Gegenwart des Höchsten, und da sind alle frei im Erkennen der eigenen Unvollkommenheit und im Bekennen der göttlichen Vollkommenheit. Da waltet Gerechtigkeit, da wird der Hunger und der Durst nach Gerechtigkeit gestillt. Das Irdische allein kann den Hunger und den Durst nach Gerechtigkeit nicht stillen, denn die Gerechtigkeit ist ein Zustand der Seele, wo sie die Gegenwart des Überirdischen, des Himmlischen, erlebt. „Selig, die hungern und dürsten nach der Gerechtigkeit (justitia), denn sie werden gesättigt werden", sagt die Bergpredigt – und meint damit nicht die unmögliche irdische Gleichheit und Freiheit, sondern die Gleichheit und Freiheit jenes Zustandes des Bewußtseins, der in der Bergpredigt als „Reich der Himmel" (regnum coelorum) bezeichnet wird. Die „Sättigung" des Hungers und des Durstes nach Gerechtigkeit besteht nicht im irdischen Ausgleich, sondern in der Teilhabe an einem Daseinszustand, wo es keine Ungerechtigkeit gibt. So spricht die Bergpredigt. „Selig die, die wegen der Gerechtigkeit verfolgt werden, denn das Reich der Himmel ist ihr". Die Tatsache ihres Verfolgtseins der Gerechtigkeit wegen ist offenbar eine Ungerechtigkeit, die ihnen im irdischen Geschehen widerfährt, aber ihre Teilhabe am Reich der Himmel, das sie mit sich bringt, läßt diese Ungerechtigkeit zu nichts schrumpfen.

„Selig, die um meinetwillen verfolgt werden"

Dieses ist noch deutlicher und prägnanter zum Ausdruck gebracht in der letzten Seligpreisung: „Selig seid ihr, wenn euch die Menschen hassen, wenn sie euch ausstoßen, schmähen und euren Namen als schlecht wegwerfen um des Menschensohnes willen. Freut euch an jenem Tage und frohlockt, denn siehe, euer Lohn (merces) ist groß im Himmel" (Lk 6, 22 f.). Hier ist mit nichts zu wünschen übriglassender Deutlichkeit gesagt, daß der Ausgleich in der Senkrechten Erde – Himmel und nicht in der Waagerechten des irdischen Geschehens stattfindet. Der „Lohn in den Himmeln" ist es, der die im irdischen Evolutionsstrom erlittene Ungerechtigkeit überstrahlt und sie, wie Schatten im Licht, verschwinden läßt. Der Ausgleich im Sinne der vertikalen oder göttlichen Gerechtigkeit besteht im „Lohn in den Himmeln", d. h. in der Bereicherung des Wesens des Menschen, nicht aber im Bestrafen des Urhebers der Ungerechtigkeit im Sinne der horizontalen Gerechtigkeit entsprechend dem Grundsatz: „Auge um Auge, Zahn um Zahn."

Die Gerechtigkeit des „Reiches Gottes" unterscheidet sich von der Gerechtigkeit, deren Ausdruck das Gesetz des Karma ist, wie es im Orient und Okkultismus verstanden wird. Denn die Gerechtigkeit des Karma bedeutet ebenfalls den Ausgleich in der Zeit innerhalb des irdischen Geschehens, sie entspricht folglich dem Grundsatz: „Auge um Auge, Zahn um Zahn." Jedoch bedeutet dieser Ausgleich mehr Sühne als Strafe, denn die Idee des Karma ist wesentlich humanistisch, d. h. auf das menschliche Gewissen orientiert. Da geht es darum, daß der Urheber der Ungerechtigkeit einem anderen Menschen gegenüber die Gelegenheit sucht – und auch findet, sei es auch in einem anderen Erdenleben –, die verschuldete Ungerechtigkeit zu sühnen und sie gutzumachen. Es ist somit nicht ein Strafgesetz, sondern vielmehr das Gesetz der Sühne, nach der das menschliche Gewissen „hungert und dürstet". Es ist im wesentlichen das Gesetz des menschlichen Gewissens, das im Schicksal waltet. Der karmische Determinismus unterscheidet sich somit von dem astrologischen Determinismus (Sternenkonstellation als schicksalsbestimmend) und von dem biologischen Determinismus (Heredität als schicksalsbestimmend) darin, daß es (namentlich vorgeburtliche) Gewissensfaktoren sind, die sowohl bei der Wahl der Konstellation als auch des Vererbungskomplexes maßgebend sind. Der Begriff, die Idee und das Ideal des Karma stehen deswegen auf einem höheren moralischen Niveau als der Begriff, die Idee und das Ideal der Justiz im Sinne von Vergeltung seitens einer äußeren Gewalt und stehen erst recht höher als die moralischen Begriffe, Ideen und Ideale, die dem biologischen und astrologischen Determinismus ebenso zugrunde liegen wie dem religiösen (der Prädestination im Islam und im Calvinismus). Aber wie das Gesetz des Karma sowohl den Determinismus als auch die vergeltende Justiz moralisch überragt, so wird es selbst von dem Gesetz der Gerechtigkeit des „Reiches Gottes" im Sinne der Bergpredigt moralisch überragt. Denn die letztere ist im Bereich des Allerwesentlichsten wirksam: sie heilt die Wunden des Herzens, das Ungerechtigkeit erlitten hat, und verwandelt das ungerecht erlittene Leiden in Seligkeit, während sie den Urheber der Ungerechtigkeit, ohne ihn zu strafen, dem Gericht seines eigenen Gewissens, d. h. seinem Karma, überläßt. Die Gerechtigkeit des Reiches Gottes überragt sowohl die Gerechtigkeit der Vergeltung als auch die Gerechtigkeit der Sühne (Karma), indem sie die *schenkende Gerechtigkeit* ist. Sie teilt Geschenke von Ewigkeitswert aus, in deren Licht die Schatten der erlittenen Ungerechtigkeiten verschwinden.

„Selig die Barmherzigen"

Es werden des „Reiches Gottes und seiner Gerechtigkeit" alle diejenigen teilhaftig, die es wollen, d. h. die selbst danach streben, eine über Vergeltung und Sühne erhabene Moral in Taten auszuüben. Selig sind deswegen die Barmherzigen, denn ihnen wird Barmherzigkeit widerfahren (beati misericordes: quoniam ipsi misericordiam consequentur).

Daß die Ausübung, d. h. die Realität des Willens zur schenkenden Gerechtigkeit, dem Genuß der Wohltaten dieser Gerechtigkeit vorangeht, ist deutlich nicht nur aus der angeführten Seligpreisung, sondern auch aus den Sätzen, die auf das Vaterunser unmittelbar folgen und gleichsam einen Kommentar zur fünften Bitte: „Und vergib uns unsere Schuld, wie auch wir vergeben unseren Schuldigern" darstellen. Es ist da nämlich gesagt: „Wenn ihr nämlich den Menschen ihre Verfehlungen vergebt, wird auch euch euer himmlischer Vater vergeben. Wenn ihr aber den Menschen nicht vergebt, so wird euer Vater auch eure Verfehlungen nicht vergeben" (Mt 6, 14 f.). Es ist somit nicht der Wille zu den Vorteilen und Wohltaten der schenkenden Gerechtigkeit des Reiches Gottes, der den Menschen dieses Reiches und seiner Gerechtigkeit teilhaftig macht, sondern der Wille zum Reich Gottes und seiner Gerechtigkeit an sich, der sich im Ausüben äußert. „Suchet zuerst das Reich Gottes und seine Gerechtigkeit, und alle diese Dinge werden euch zukommen."

„Selig, die reinen Herzens sind"

Und dieses „Suchet zuerst das Reich Gottes und seine Gerechtigkeit" ist es eben, was die Seligpreisung: „Selig sind, die reinen Herzens sind, denn sie werden Gott schauen" (Mt 5, 8), unter „reinem Herzen" versteht. Das „reine Herz" im Sinne der Bergpredigt ist das von dem Reich der „natürlichen Evolution" und deren Verheißungen abgekehrte und dem „Reich Gottes und seiner Gerechtigkeit" restlos zugewandte Herz. Und es ist dieses Herz, dem es beschieden ist, nicht nur Gott in seinen Werken, sondern auch darüber hinaus ihn selbst zu schauen.

„Wär' nicht das Auge sonnenhaft,
Wie könnten wir das Licht erblicken?
Lebt' nicht in uns des Gottes eig'ne Kraft,
Wie könnt' uns Göttliches entzücken?"[6]

Dieser Spruch Goethes liegt in der Linie der Bergpredigt und ihrer moralischen Logik, welche denen, die reinen Herzens sind, das Schauen Gottes verheißt.

Die Frucht dieses Schauens ist aber die tätige Mitverwirklichung des Reiches Gottes im irdischen Geschehen, d. h. die Verwandlung der natürlichen Evolution in eine neue, göttlich gewollte und göttlich geleitete Evolution.

„Selig die Friedensstifter"

Diese Verwandlung, d. h. das Wenden der natürlichen Evolution zum Guten, läuft vor allem darauf hinaus, daß das Grundgesetz der natürlichen Evolution – der Kampf ums Dasein – ersetzt werde durch den Frieden als Grundlage der Evolution. Deswegen sagt die Bergpredigt, daß die

---

[6] Goethe, Zahme Xenien III.

Friedenstiftenden „Söhne Gottes" genannt werden, d. h., daß sie nicht nur Gott schauen, sondern auch sein Werk auf sich nehmen, gleich wie Söhne das Werk des Vaters auf sich nehmen und es fortsetzen.

Die Bergpredigt, als weltgeschichtliches Ereignis, kennzeichnet den Wendepunkt in der Evolution, die seither nach und nach vom Grundsatz des Kampfes zum Grundsatz des Friedens übergeht. Der Weg der gewandelten Evolution, der sowohl für die gesamte Menschheit als auch für jeden einzelnen Menschen gilt, beginnt mit der *Läuterung* von den Impulsen, Instinkten, Gewohnheiten und Gepflogenheiten der „natürlichen Evolution", führt dann zur *Erleuchtung*, d. h. zur Einsicht in die Wahrheit, Schönheit und Güte der göttlichen Evolution – des Reiches Gottes und seiner Gerechtigkeit – und endlich zur *Vereinigung* des Willens, des Fühlens und des Denkens mit dem Willen, Fühlen und Denken, die der göttlichen Evolution oder dem *Heilswerk* zugrunde liegen. Der hl. Bonaventura gibt die einfachste und klarste Charakteristik dieses Weges der Läuterung (purgatio), Erleuchtung (illuminatio) und Vollendung (perfectio), indem er sagt:

„Purgatio autem ad pacem ducit,
illuminatio ad veritatem,
perfectio ad caritatem."
„Die Läuterung führt zum Frieden,
die Erleuchtung zur Wahrheit,
die Vollendung zur Liebe."[7]

Läuterung, Erleuchtung und Vereinigung als Weg der Menschheit zum Reich Gottes

Wie aus den vorangehenden Ausführungen ersichtlich ist, verläuft das Schicksal – oder die Geschichte – der Menschheit gleichzeitig in drei „Reichen" oder Bereichen, nämlich im Reich der natürlichen Evolution, im Reich des Menschlichen und im Reich Gottes. Der Mensch ist somit gleichzeitig ein Kämpfer und Jäger, ein Wesen der Vernunft und des Gewissens und auch ein liebesfähiger Gottsucher. Er ist Sieger über die Natur (homo faber), er ist denkender Versteher (homo sapiens) und er ist betender Verehrer (homo pius). Darum kommt es in der Geschichte der Menschheit im wesentlichen auf die Geschichte der *Zivilisation*, der *humanistischen Kultur* und der *Religion* an. Die Zivilisation gipfelt in den Errungenschaften der Technik, die Kultur im Ideengut der Philosophie und die Religion in der Heiligung, d. h. im Wirklichwerden des „Reiches Gottes" als des Reiches der Liebe.

Nun sind aber diese Bereiche eng verbunden; es gibt Übergänge von dem einen zum anderen. So konnten z. B. der Landmesser und der Archi-

---

[7] De triplici via, Prologus, 1.

tekt, die in ihrer Praxis des Berechnens und des Planens zur Arithmetik und zur Geometrie gelangt waren, ihre praktischen Kenntnisse zur Kontemplation wenden und das rein Quantitative ins Qualitative wenden. Da wurden die Zahlen zu Prinzipien und die geometrischen Figuren zu Symbolen. Im Pythagoräertum haben wir ein Beispiel der Verwandlung des Zivilisatorischen ins Kulturelle, des Technischen ins Philosophische. Desgleichen gab es – und gibt es – Übergänge aus dem Philosophischen zum Religiösen. So konnte das philosophische Anliegen, d. h. das auf die Wahrheit an sich gerichtete menschliche Denken, nicht umhin, sich mit der Tatsache und dem Problem des Todes auseinanderzusetzen.

Die Tatsache, daß das menschliche Leben mit dem Tode endet, war der moralische Schwerpunkt des ernsten Philosophierens, das sich über die Wirklichkeit mit Hilfe von sekundären Problemen und Detailforschung nicht hinwegtäuschen konnte. Ja, das Problem des Todes war der antiken Philosophie so wichtig, daß der „Philosoph" geradezu gleichbedeutend wurde mit einem Menschen, der sich auf den Tod vorbereitet. Nicht nur Sokrates und die Platoniker, sondern auch die Stoiker, Neuplatoniker und Neupythagoräer waren Menschen, die im Sinne des beständig vor Augen gehaltenen „memento mori" lebten. Das gilt in gleichem – wenn nicht in noch größerem Maße – für die indischen und buddhistischen Philosophen, die das Absterben in der Welt der natürlichen Evolution mit dem Ideal des Auslöschens, des Nirwana, krönten.

Dieses Ernstnehmen des Todes konnte nicht umhin, Erfahrung zu suchen, die einiges Wissen aus erster Hand und folglich einige Gewißheit über den Schicksalsbereich jenseits der Schwelle des Todes geben konnte. Das Suchen nach dieser Erfahrung und das Erleben dieser Erfahrung ist es, was Sinn und Zweck des Mysterienwesens war, das den Übergang vom Philosophischen zum Religiösen darstellte. Durch die Mysterien – die orphischen Mysterien, die Eleusinien, und in Ägypten die Mysterien des Osiris und der Isis – wurde der Mensch, als Erfahrender, ebenso des religiösen Bereiches teilhaftig, wie er durch die Zuwendung des Verstandes vom Praktischen auf das Kontemplative hin des reinen Humanismus teilhaftig wurde. Die Erfahrung, die in den Mysterien angestrebt und – nach antiken Zeugnissen – auch vermittelt wurde, bestand im Erleben eines Analogons des Todes und des auf ihn folgenden Bewußtseinszustandes, der als „Auferstehung" bezeichnet wurde. So sagt Jean Marquès-Rivière:

„Wir finden wieder ... die Mysterien der Isis und des Osiris und den Einweihungswert des ‚Totenbuches'. Die heiligen Worte, die Formeln des Verhaltens, die praktischen Anweisungen des ägyptischen Buches, die sich auf den Weg der Verstorbenen und auch, wie wir es (oben) festgestellt haben, auf den Weg der ‚Lebenden' in denselben Bereich beziehen, sind es, was wir in dem Tempel von Eleusis wieder sehen. Und wir werden sie gleicherweise auch in den Riten der orphischen Einweihung finden. Diese enthielt in der Tat ebenfalls ein Bestattungsritual nach dem Vorbilde des ägyptischen Buches, und die Orphiker ließen sich mit diesem Texte bestatten. Aber das Wesen der geheimen Lehre ist dasselbe bei den Ägyptern, in Eleusis oder bei den Orphikern: es sind die Mysterien des Jenseits, des Jenseits der Schwelle des Todes, die offenbart und erlebt wurden. Es sind die post-mortem-Zustände, die der Adept erlebte."[8]

Und Victor Magnien liefert eine Sammlung der antiken Zeugnisse über die Eleusinischen Mysterien in seinem Buch „Les Mystères d'Eleusis", wo u. a. folgende Zeugnisse zu finden sind:

„Glücklich derjenige unter den Menschen, die auf der Erde leben, der diese Dinge gesehen hat! Wer die heiligen ‚Orgien' nicht gekannt hat und wer an ihnen nicht teilgenommen hat, der wird, selbst nach dem Tode, nicht ein ihnen ähnliches Schicksal in dem Schattenreich haben."[9]

Oder: „Glücklich ist derjenige, der dieses gesehen hat, bevor er in die unterirdischen Höhlungen absteigt! Er weiß das Ziel des Lebens! Er weiß auch dessen Beginn, von Zeus gegeben!"[10]

Oder wieder: „Dreimal glücklich sind diejenigen unter den Sterblichen, die, nachdem sie diese Mysterien geschaut haben, sich in den Hades begeben; sie allein werden dort leben können; für die anderen wird dort alles Leiden sein."[11]

Victor Magnien selbst versteht das Wesen der Initiation wie folgt:

„Die Initiation ist in der Tat dem Tode ähnlich, d. h. der Rückkehr des Menschen zu seinem Ursprung; sich einweihen lassen, heißt sterben lernen, d. h. lernen, zum Licht wieder aufzusteigen; oder, um es auf eine andere Weise zu sagen, es heißt, eines symbolischen Todes sterben, durch den man dasjenige verläßt, was unvollkommen ist.

Die Seele ist durch mehrere Stufen auf dem Wege zum Leben in der Stofflichkeit abgestiegen; sie soll durch diese verschiedenen Stufen wieder aufsteigen, um den Ort wieder zu erreichen, von dem sie ausgegangen war ... Die Initiation umfaßt deswegen mehrere aufeinanderfolgende Stufen" (S. 98).

Und diese Stufen, fügen wir hinzu, lassen sich auf drei wesentliche Zustände der Seele zurückführen: den der Läuterung (purgatio), der Erleuchtung (illuminatio) und der Vollendung (perfectio), oder die Stufe des *Ablegens* der Gepflogenheiten, Impulse und Gewohnheiten der natürlichen Evolution, die Stufe des *Erwachens* für die Wirklichkeit der göttlichen Welt der Urbilder und die Stufe des *Eintritts* in diese.

Die Stufen der Läuterung, der Erleuchtung und der Vollendung, von denen der hl. Bonaventura spricht, sind insofern mit den Mysterienstu-

---

[8] Jean Marquès-Rivière, Histoire des doctrines ésotériques, S. 71.
[9] Der Autor hat hier die französische Fassung übersetzt; dt.: Homerische Hymnen, Hrsg. Anton Weiher (gr./dt.), München 1951, S. 32 f. (Vers 480 f.).
[10] Pindar, in den „Stromateis" III, 3 des Klemens von Alexandrien; Übersetzung des Autors; dt.: Bibliothek der Kirchenväter, Bd. XVII, München 1936, Clemens von Alexandreia, Bd. III, S. 267.
[11] Sophokles, Fragment 348, hrsg. von Didot.

fen identisch, als es sich in beiden Fällen um Läuterung, Erleuchtung und Vollendung schlechthin handelt; sie unterscheiden sich aber in ihrem Inhalt. Denn der Weg der christlichen Mystik, den der hl. Bonaventura beschreibt und lehrt, besteht nicht darin, daß der Mensch – durch magische Mittel der Einweihungsriten und symbolischen Handlungen – sterben lernt, sondern darin, daß er leben und lieben lernt, d. h. in das „Reich Gottes" in diesem irdischen Leben eingeht und in ihm und aus ihm lebt.

Der Myste ging durch eine außergewöhnliche einmalige und dramatische Erfahrung des Jenseitigen hindurch: der christliche Mystiker lernt es, im Diesseits, dem „Reich Gottes, das gekommen ist", zu leben. Sein Ziel ist nicht, das Jenseits einmal zu erleben, um dann mit der Erinnerung daran und dadurch gestärkter Hoffnung, „philosophisch" zu leben, sondern im täglichen Leben in steter Verbindung mit dem Göttlichen und der geistigen Welt zu leben. Es unterscheidet sich die Vollendung, die perfectio, des Mystikers von der Vollendung des Mysten dadurch, daß die Vollendung des Mystikers, die „unio mystica", ein Zustand im Leben ist, während die Vollendung des Mysten in der Mysterieneinweihung eine einmalige und dramatische Erfahrung ist, die ihn vom Mysten zum Epopten (Augenzeuge oder „derjenige, der geschaut hat") erhebt. Der Epopte lebt in der Nachwirkung des einst Erlebten; der vollendete Mystiker lebt im beständigen Verkehr, in Vereinigung und zuletzt in der Einheit, mit Gott.

Die Menschheit, sollte sie den Weg der Rückkehr zu Gott wählen statt des endlosen Sichentfernens von ihm, fortgeschwemmt vom Strom der natürlichen Evolution, wird somit den Weg der Läuterung, der Erleuchtung und der Vollendung (oder Wiedervereinigung) gehen. Und dieses wird ihre wahre und wesentliche Geschichte sein, weil es ihr wahres Schicksal sein wird. Ein zukünftiger Geschichtsschreiber, der den Unterschied zwischen dem Weg, der Wahrheit und dem Leben (einerseits) und dem Strom der natürlichen Evolution (andererseits) verstanden haben wird, wird nicht eine Geschichte der Zivilisation, d. h. des technischen Fortschritts und der politischen und sozialen Kämpfe schreiben, sondern über den Weg der Menschheit durch die Läuterung zur Erleuchtung und durch die Erleuchtung zur Vollendung berichten. Er wird über ihre Versuchungen und deren Überwindung, über die Vorbilder einzelner Menschen und einzelner Menschengruppen, über das Aufleuchten neuer Einsichten und über das Erwachen neuer geistiger Fähigkeiten in der Menschheit zu berichten haben: kurzum, er wird gewissermaßen die Bibel weiterschreiben, d. h. das Anliegen der Bibel zu seinem eigenen machen und danach streben, die Geschichte der Menschheit auf demselben Niveau und nach denselben Linien darzustellen, wie es die Bibel tut. Und dann wird man erst völlig verstehen, was das Dogma der Inspiration der Heiligen Schrift eigentlich bedeutet. Dann endet der theologische Streit über die Fragen, ob die Schrift wörtlich oder nur inhaltlich inspiriert sei, ob es in ihr Nichtinspiriertes, d. h.

rein Menschliches neben dem Inspirierten gibt, ob es in ihr Stufen der Inspiration gibt, angefangen von Stellen, wo Gott selbst spricht, bis zu Stellen, wo äußere geschichtliche Begebenheiten von menschlichen Augenzeugen geschildert werden, ob die Heilige Schrift im wesentlichen symbolisch oder realistisch ist oder wiederum äußere Dinge und Ereignisse als Symbole geistiger Realitäten schildert usw. Alle diese – recht schwierigen – Fragen der Inspiration der Heiligen Schrift werden ihre Antwort und Lösung finden, wenn sich eine genügende Anzahl verantwortungsvoller und berufener Menschen das Anliegen der Bibel zu eigen gemacht, d. h. den Weg der Menschheit im Unterschied und im Gegensatz zur natürlichen Evolution der Menschheit als das Wesentliche der Geschichte ins Auge gefaßt haben werden. Solche Geschichtsschreiber werden z. B. von dem „Zustand der Wüste" schreiben, in dem die Menschheit den drei Versuchungen der Macht („der Herrschaft über die ganze Welt und ihre Herrlichkeit"), des Materialismus („Steine in Brot zu verwandeln") und der experimentellen Methode („Sturz von der Zinne des Tempels", um Gott zu versuchen) ausgesetzt war. Und sie werden große Bewegungen und Strömungen ideologischer und sozialpolitischer Art, wie auch epochemachende Entdeckungen und Etappen der Wissenschaft als Formen dieser drei „Versuchungen in der Wüste" erkennen und beschreiben – sie beschreiben als wesentliche Ereignisse auf dem Wege der Läuterung. Dann werden sie die Einsichten, die der Menschheit als Folge der Überwindung dieser Versuchungen wurden, in ihrem Aufleuchten verfolgen und die mannigfaltigen Formen, in denen sie auftreten werden, beschreiben. Dieses werden sie tun, um den *Weg der Erleuchtung* der Menschheit darzustellen. Und sie, diese Schreiber der Geistgeschichte der Menschheit, werden zuletzt von einzelnen Menschen und einzelnen Menschengruppen berichten, die Wegweiser zur Vollendung sind, d. h. deren Eigenschaften und Fähigkeiten darüber Zeugnis ablegen, daß das Reich des Menschen mit dem „Reich Gottes" sich vereinigen und verschmelzen kann.

DER ODEM DES LEBENS

Ein Fragment

STATT EINER VORREDE

Wie die vollkommensten und kompliziertesten Gebilde der Welt des Lebendigen auf eine Keimzelle zurückzuführen sind, so geht auch das geistige Wachstum aus einem Keimerlebnis, einem Keimgedanken hervor. Eines Tages, vor 68 Jahren, als der Verfasser ein vierjähriges Kind war, spielte dieses an einem weit offenen Fenster, durch welches der unbewölkte blaue Himmel zu sehen war. Plötzlich richtete sich das Kind auf und stellte – auf den blauen Himmel schauend – der Mutter, ohne jeglichen äußeren Anlaß, die Frage: „Wo ist denn Gott? Ist er im Himmel? Schwebt er da? Oder sitzt er da? Wo?" Da richtete sich die Mutter ebenfalls auf und gab die folgende Antwort: „Gott ist überall gegenwärtig. Wie die Luft unsichtbar ist und doch alles durchdringt, und wir in ihr und dank ihrer leben und atmen, so leben und atmen unsere Seelen in Gott und leben aus ihm und dank ihm."
Die Antwort war so einleuchtend und überzeugend, daß sie wie ein Hauch alle Vorstellungsschwierigkeiten hinwegwehte und die Gewißheit vom allgegenwärtigen unsichtbaren Gott, der das Leben der Seelen ist, hinterließ. Dieser Keimgedanke wuchs später in die Höhe, in die Tiefe und in die Weite; er war gleichsam die Urzelle, aus der ein weitverzweigter Baum der Einsicht und des Glaubenslebens jahrzehntelang wuchs.

I
DAS GEHEIMNIS DES ATEMS

Sucht man nach Sinn und Bedeutung der Geheimnisse des Atems, so kann man nicht umhin, den bedeutsamen Text der Bibel zum Ausgangspunkt der Meditation zu machen:
„Und JAHWE ELOHIM gestaltete den Menschen aus dem Staub der Erde und hauchte ihm in sein Antlitz den Odem des Lebens (neschamah hachajim) ein, und es wurde der Mensch eine lebendige Seele (nephesch chajah)" (Gen. 2, 7). Einer Vertiefung in das Wesen und den Sinn dieses

Textes muß das Verständnis seiner Begriffe und Vorstellungen vorangehen. Aus dem Wortlaut ist zu ersehen, daß die Erschaffung des Menschen aus zwei göttlichen Handlungen bestand, nämlich aus dem Gestalten der menschlichen Leiblichkeit und dem Einhauchen des Odems des Lebens in sie. Jahwe Elohim gestaltete den Menschen aus dem Staub (epher), aus der Erde (min haadamah).

Nach der jüdischen Überlieferung, der Kabbala, gibt es sieben Arten oder Regionen der Erde, nämlich: „eretz", „adamah", „geah", „nesiah", „tziah", „arkoah" und „thebel"[1]. Während „eretz" im Sinne von „Land" gebraucht wurde, wies „adamah" im biblischen Sprachgebrauch auf die Wesensbeschaffenheit der Erde, d. h. auf den qualitativen Aspekt der Erde hin. „Staub (oder Schlamm) der Erde" heißt soviel wie: die Atome oder die kleinsten Partikelchen der Erde, die das latente Streben und die Berufung haben, zum Menschenleib zu werden. Denn „adam" bedeutet „Mensch" und „adamah" etwa „latentes Menschtum"; somit besagt „Staub und Erde" (epher haadamah), daß die elementaren Partikel des Bodens ihrer Wesensbeschaffenheit und Zielstrebigkeit nach dahin tendieren, den menschlichen Leib auszumachen. Adamah ist die nach Menschwerdung strebende Erde. Es war darum eigentlich kein gegen die Atome der adamah ausgeübter *Zwang*, als sie aus „allen vier Himmelsrichtungen der Welt" (Sohar) durch Jahwe-Elohim gleichsam gerufen wurden, um den Menschen zu gestalten: der Ruf war die Erfüllung ihrer eigenen Sehnsucht nach Menschtum (adamah). Das Wort „adamah" weist auf das Mysterium der Gestaltung (jetzirah) des Menschen aus den Atomen des Erdenstoffes, welche in Ekstase erzitterten, als der „Odem des Lebens" die Menschengestalt durchdrang und sie erreichte.

Die auf das Werk des Gestaltens folgende Belebung und Durchseelung des menschlichen Leibes, d. h. der „Odem des Lebens" (neschamah hachajim) und das Werden des Menschen als eine „lebende Seele" (nephesch chajah) bezieht sich auf die andere Quelle des Werdens des Menschen, auf Gott. Die aus Erdenstoff gebildete Form des Menschen wurde mit dem aus Gott stammenden Inhalte, dem lebendigen Odem Gottes, erfüllt. So wurde, wird heute und wird in aller Zukunft der Mensch eine „lebende Seele". Die jüdische Überlieferung, die Kabbala, sagt folgendes über das Wesen des Menschen[2]:

„Rabbi Isaak sprach: ,Merket, daß als der Heilige, gesegnet sei Er, den Menschen schuf, da sammelte Er seinen irdischen Stoff aus den vier Enden der Welt, und formte ihn daraus am Ort, wo der Tempel hier unten errichtet wurde. Und Er zog ihm heran aus dem Tempel von oben eine Seele des Lebens. Nun besteht die Seele aus drei Stufen und hat folglich drei Namen, nämlich nephesch (das Lebensprinzip), ruah (Geist) und neschamah (die eigentliche Seele). Nephesch ist die niedrigste Stufe der

---

[1] Sohar I, 40 a.
[2] Sohar I, 205 a u. 206 a.

drei, ruah ist eine höhere Stufe, während neschamah die höchste von allen ist und über die anderen herrscht. Zuerst besitzt der Mensch nephesch, das eine heilige Vorbereitung für eine höhere Stufe ist. Nachdem er die Läuterung auf der Stufe des nephesch erreicht hat, wird er fähig, von der höheren Stufe, nämlich derjenigen des ruah, gekrönt zu werden, welche über der Stufe des nephesch ruht. Wenn er auf diese Weise das Innewohnen von nephesch und ruah erreicht hat, und sich bewährt in der Verehrung des Schöpfers in der erforderlichen Art, dann nimmt die neschamah, die heilige höhere Stufe, Wohnung in ihm und krönt ihn und beherrscht alle anderen, so daß er vollständig und in jeder Hinsicht vollkommen wird.

Merkt wohl, daß nephesch, ruah und neschamah eine Reihe von aufsteigenden Stufen sind, von welchen die unterste nephesch ist, die, obgleich sie ihre Quelle in dem beständigen himmlischen Strom hat, nicht selbst für immer bestehen kann, es sei denn mit Hilfe von ruah, das zwischen Feuer und Wasser weilt, und das seinerseits durch neschamah unterhalten wird, das eigentlich die Quelle beider, sowohl von nephesch als von ruah, ist. Während ruah von neschamah aus ernährt wird, wird nephesch durch ruah erhalten, so daß die drei eine Einheit bilden.'" R. Simeon erläutert: ,,Wenn ein Mensch sich auf seinem Lager zum Schlafe hinlegt, dann verläßt ihn sein Lebensgeist (nephesch) und beginnt, in die Höhe zu steigen, während der Körper bloß von einem Lebenshauch, der im Herzen ist, belebt ist. Der Rest von nephesch versucht, von Stufe zu Stufe zu steigen. Indem er es tut, begegnet er gewissen hellen, aber unlauteren Wesenheiten. Wenn er rein ist und hatte sich nicht verunreinigt während des Tages, dann erhebt er sich über sie, wenn aber nicht, wird er verunreinigt durch sie, hängt an ihnen und wird unvermögend, höher zu steigen. Da zeigen sie ihm bestimmte Dinge, welche in der nächsten Zukunft geschehen werden, und manchmal betrügen sie ihn und zeigen falsche Dinge. Das geschieht während der ganzen Nacht, bis der Mensch erwacht, indem sein nephesch wieder zurückkommt... Die Seele, die auserkoren ist, sich auf diese Weise zu erheben, erreicht zuletzt das Tor des himmlischen Palastes und sehnt sich mit allen ihren Kräften, die Schönheit des Königs zu schauen und Sein Heiligtum zu betreten. Dieser Mensch ist berufen, an der künftigen Welt teilzuhaben, und die Seele, deren Sehnsucht beim Aufstieg nach dem Heiligen, gesegnet sei Er, so mächtig ist, daß sie nicht haften bleibt an den anderen hellen Wesenheiten, sondern nach dem heiligen Wesen strebt in der Stätte, aus welcher sie ursprünglich hervorgekommen ist. Darum steht geschrieben: ,Mit meiner Seele habe ich nach Dir verlangt in der Nacht', – um Dich zu suchen und um nicht verlockt zu werden von den falschen Mächten. Die Worte: ,mit meiner Seele habe ich verlangt nach Dir in der Nacht' beziehen sich auf die Seele (nephesch), welche in der Nacht bestimmend ist, während die Worte: ,mit meinem Geiste (ruah) in mir werde ich Dich in der Frühe suchen' sich beziehen auf den Geist, welcher während des Tages die Herrschaft hat. ,Seele' (nephesch) und

,Geist' (ruah) sind nicht zwei gesonderte Stufen, sondern eine Stufe mit zwei Aspekten. Es gibt noch einen dritten Aspekt, der jene zwei zu beherrschen bestimmt ist und sich ihnen anschließt, wie sie sich ihm anschließen. Dieser dritte Aspekt wird der ‚höhere Geist' (neschamah) genannt. Dieser Geist durchdringt sie und sie haften an ihm. Wenn er herrscht, so wird der Mensch, in dem es geschieht, heilig, vollkommen und gänzlich Gott ergeben genannt. Die ‚Seele' (nephesch) ist die unterste Regung; sie stützt und unterhält den Körper und ist eng verbunden mit ihm. Wenn sie (die Seele) sich genügend bewährt hat, so wird sie zum Throne, auf dem der niedere Geist (ruah) seinen Sitz hat. Wenn beide genügend vorbereitet sind, werden sie würdig, den höheren Geist (neschamah) zu empfangen, welchem gegenüber der niedere Geist (ruah) zum Throne wird. So gibt es Thron auf Thron, und einen Thron für das Höchste."

Eine kurze und klare Zusammenfassung der Vorstellungen und Gedankenkomplexe, welche in der jüdischen mystischen Überlieferung lebten und leben, und die mit den Bezeichnungen „nephesch", „ruah" und „neschamah" verbunden sind, ist im Sohar[3] gegeben; da finden wir die folgende Aussage des Rabbi Isaak:

„Glücklich sind die Gerechten in dieser Welt und in der nächsten, da sie überhaupt heilig sind. Heilig ist ihr Körper (kuph), heilig ihre Seele (nephesch), heilig ihr Geist (ruah), und ihre Über-Seele ist ihre Allerheiligste. Diese Stufen sind unzertrennlich verbunden. Wenn ein Mensch von seiner Seele (nephesch) guten Gebrauch macht, so wird er mit einer gewissen Krone, genannt ‚Geist' (ruah), gekrönt, welche ihn veranlaßt, die Gesetze des heiligen Königs tiefer zu betrachten. Wenn er aber vom Geist einen guten Gebrauch macht, so wird ihm die edle Krone, genannt ‚Über-Seele' (neschamah) verliehen, welche alles zu schauen vermag."

Um nun zum Hauptthema dieses Kapitels „Das Geheimnis des Atems" zurückzukehren, muß erinnert werden, daß es der Odem des Lebens ist, „spiraculum vitae", wie der hl. Hieronymus es übersetzt, oder „neschamah hachajim" des hebräischen Textes der Genesis (2, 7), der das Höchste im Menschen ist, der von Gott ausgeht und der der eigentliche Wesenskern des Menschen ist. Wie sowohl aus dem Urtext der Bibel (Gen 2, 7) als auch aus den oben angeführten Kommentaren des Sohar zu ersehen ist, ist er die Quelle, der Grund und die Ursache des Lebens der Menschen schlechthin – des leiblich-organischen, des seelisch-leiblichen, des geistigen und des göttlich-geistigen Lebens. Atem und Herzschlag, Denken und Vorstellen, Gebet und Meditation sind gestufte Äußerungen des einen Lebens, das der „Odem des Lebens" (neschamah hachajim) ist.

Mit anderen Worten: Wie Atem und Herzschlag der Ausdruck des Odems des Lebens im Wach- und Schlafzustand des Leibes sind, so ist das wache Denken und Vorstellen gleichsam der Atem und Herzschlag

---

[3] III, 10 b.

des Geistes, und so sind Gebet und Meditation der Atem und Herzschlag des „Odems des Lebens" im Menschen des wahren Selbst (des Atman der indischen Philosophie), über dem und hinter dem Gott selbst als dessen Ursprung und Quelle steht. Nun ist das Wesen oder die Substanz des wahren Selbst des Menschen der Odem des Lebens, der von Gott ausgehaucht wird, der Hauch der Liebe, der Gottesliebe, die sowohl der Ursprung als auch das Wesen des Lebens der Seele ist. Steigt dieser Hauch bis zum Geiste (ruah) herab, so wird er zum Streben nach der Wahrheit, das im Grunde des Denkens und Vorstellens als Leben wirkt. Erreicht er die seelisch-leibliche Organisation des Menschen, so wird er zum Urheber der Gesundheit, d. h. des harmonischen Zusammenklangs der seelischen und leiblich-organischen Funktionen des Lebens – „nephesch"; wie man heutzutage sagen würde: Er wird zum Urheber des „psychophysischen Parallelismus" (was gleichbedeutend mit „nephesch" ist). Somit bedeutet die Reihenfolge oder Stufenfolge „neschamah – ruah – nephesch" die Wirklichkeit der Liebe, der Wahrheit und der Gesundheit. Der Odem des Lebens (neschamah) ist Grund und Ursache des religiösen Lebens – der Geist (ruah) der Grund und die Ursache des Erkenntnislebens – und das Prinzip der Beseelung der leiblichen Funktionen und Verleiblichung der seelischen Wirkungen und Zustände (nephesch) der Grund und die Ursache des Lebens des auf Erden verkörperten Menschen überhaupt. So ist Liebe, Weisheit und Gesundheit die Wirkung des einen Lebensstromes, dessen Quelle die Liebe ist. Es ist eigentlich der aus Gott eingehauchte Liebesodem, der das Leben des Menschen als eine lebende Seele ausmacht.

Der Mensch ist von seinem Uranfang her als Träger der Liebe geschaffen; er ist nicht bloß als „homo sapiens" veranlagt, sondern darüber hinaus als „homo amans". So kann der biblische Bericht über das Werden des Menschen zu einer lebenden Seele durch den Odem des Lebens aus Gott – in der Sprache durch den Satz des Johannesbriefes zusammengefaßt werden:

„Gott ist die Liebe, und wer in der Liebe lebt, der lebt in Gott und Gott in ihm."

Leben ist Atem, und es gibt zweierlei Atem: der Atem der Luft, welcher für die leibliche, lebensnotwendige Durchdringung des Blutes mit Sauerstoff, Ozon und das Lebenselement des Prana (wie es in Indien bezeichnet wird), sorgt, und den innerlichen Atem der Seele, die in Gebet und Meditation Gott ebenso atmet, wie der Leib die Luft. Jener ist der Atem der Gesundheit, dieser ist der der Religion. Und wie der Mensch die Luft zum Atmen braucht für sein leibliches Leben, so braucht er auch den Atem in Gott, das Gebet und die Meditation der Religion, für sein seelisches Leben. Die Urreligion der Menschheit (religio naturalis) wurzelt und ist begründet in dem „Odem des Lebens", von dem die Bibel in der Genesis spricht (2, 7), der ewig dauert und nie aufhört und aufhören wird. Schleiermachers „Gefühl der Abhängigkeit" ist eigentlich das Gefühl des Ausgeatmetseins von Gott. Es ist die allgemeinste menschliche Urerfahrung der Wirklichkeit Gottes und ist für die Menschenseele der hauptsächlichste „Gottesbeweis".

Der Atem war ursprünglich anders, als er heute ist: Er war im gewissen Sinne total. Er war zugleich horizontal – als Ein- und Ausatmen der Luft und der in ihr enthaltenen „Vitamine" des Prana, der Lebenskraft, und auch vertikal – als Gebet und Meditation, als Verehrung und Anbetung des Göttlichen, als Verbindung mit ihm, als Verstehen und Einsicht – als Denken, Fühlen und Wollen des Unvergänglichen. Die Erinnerung an den ursprünglichen totalen Atem der Menschheit lebt noch in der Praxis der Yoga in Indien, aber auch in der Praxis des Jesus-Gebetes im Ostchristentum, wo das Gebet „Herr Jesus Christus, Sohn Gottes, sei mir Sünder gnädig" zum Atem und zum Herzschlag wird und somit Tag und Nacht ohne Unterbrechung, mit dem Atem und dem Herzschlag gebetet wird. Dies ist die Art, wie das Gebot des Apostels Paulus: „Betet ohne Unterlaß" erfüllt werden kann.

Dem ursprünglichen totalen Atem der Menschheit entsprach die ursprüngliche totale Sprache der Menschheit: Denn die Sprache ist ja der in Lauten gestaltete Atem. Der Verlust der menschheitlichen einen Sprache nach dem babylonischen Turmbau, von dem die Bibel berichtet, war eigentlich der Verlust des ursprünglichen totalen Atems der Menschheit. Der Atem wurde willkürlich und individuell. Und das Pfingstwunder, wo die Apostel eine Sprache sprachen, die von Menschen aus vielen Ländern als die eigene verstanden wurde, war die Auferstehung des ursprünglichen Atems und der ursprünglichen Sprache der Menschheit.

Die ursprüngliche Sprache vor dem Turmbau zu Babel war ebenso *total* wie der Atem: sie war mehr als bloßes Mitteilen von Informationen, sondern eher Gedankenübertragung (Telepathie). Sie war mehr zur einen Einsicht anregend als informierend, mehr Einsicht und Verständnis erweckend als erklärend. Sie war andeutend, aber die Andeutungen waren nicht vieldeutig und unbestimmt, sie bedurften nicht der Definitionen und Erklärungen. Sie waren vielmehr Strahlen und Blitze, die ihre Klarheit und ihr Licht in sich trugen und den Hörer ihres Lichtes ebenso teilhaftig machten, wie es der Redende war. Es war die Tiefe des Herzens, die in die Tiefe des Herzens drang – die Magie der Herzlichkeit.

So war auch die Pfingstsprache der Apostel, welche von allen Menschen aus verschiedenen Ländern als ihre Muttersprache erlebt wurde. Denn was kann jedem Menschen mehr eigen sein, als die Sprache der Herzenstiefen?

II
DIE NATÜRLICH-ÜBERNATÜRLICHEN SINNBILDER
DER HEILIGEN DREIEINIGKEIT GOTTES

Die Gabe der durchschauenden Einsicht und das Einfühlungsvermögen setzen die Konzentrationsfähigkeit voraus. Diese wird öfters als das Ergebnis willkürlicher Übungen vorgestellt und dargestellt, als eine Art mentaler Gymnastik, wo man sich darin übt, die ablenkenden und zerstreuenden Gedanken und Vorstellungen des assoziativen Denkens und Vorstellens, die gleichsam „von selbst" geschehen und unwillkürlich sind, zu beherrschen, indem man sich gewaltsam wieder und wieder dem gewollten und gewählten Gegenstand zuwendet und den Eigenregungen des assoziativen Denkens und Vorstellens zuerst Schranken setzt, um sie zuletzt zum Stillstand zu bringen.

„Yoga citta vritti nirodha – Der Yoga ist die Unterdrückung der Eigenregungen der Denksubstanz" – wie der erste Satz der Yoga-suttra des Patanjali – des klassischen Lehrbuches des Yoga – lautet. Dieser Lehrsatz wird von europäischen Schülern in die Praxis dadurch umgesetzt, daß dem freien Lauf der Erinnerungen, dem Spiel der Phantasie und des assoziativen Denkens und Vorstellens überhaupt, ein Ende gemacht wird, indem man den Verlauf des assoziativen Denkens rückgängig macht, es jedesmal zu seinem Anfangspunkt zurückbringt, wenn man bemerkt, daß ein unwillkürlicher Denk- und Vorstellungsvorgang geschieht. Auf diese Art übt man sich im Beherrschen des assoziativen Denkens. Gleichzeitig bemüht man sich, die Aufmerksamkeit auf einen absichtlich gewählten Gegenstand zu lenken und ihn alleine – ohne Ablenkung – festzuhalten, was öfters ziemlich krampfhaft geschieht.

Nun ist aber die wahre Konzentrationsfähigkeit weder das Ergebnis eines krampfhaften Festhaltens der Aufmerksamkeit auf einen Gegenstand, noch des Sichabplagens mit der Bekämpfung der assoziativen Gedankenregungen, sondern einzig und allein die innere Ruhe und Stille des atmenden Sicheinlebens in den einen Gegenstand. Sie ist Ausdruck des *Zustandes* der inneren Ruhe, des Stillseins oder Stillwerdens des Seelenlebens bis hin zum Atem, so daß der Atem ebenso ruhig und tief wird, wie der Seelenzustand der Sammlung in stiller Ruhe und Gelassenheit. Somit ist Konzentration eigentlich nicht ein Zustand der gespannten Aufmerksamkeit, sondern vielmehr der Entspannung, der sich im ruhigen und tiefen Atem äußert. Der psycho-physische Schlüssel der Konzentrationsgabe ist der Atem, auf den es letzten Endes ankommt.

Es ist jedoch ein Irrtum, zu meinen, der Konzentration sollten Übungen der Regelungen und Beherrschung des Atems vorangehen. Solche Übungen bestehen etwa darin, daß während einer bestimmten Anzahl von Sekunden der Atem still gehalten, dann während einer bestimmten Anzahl von Sekunden die Luft aus der Lunge ausgeatmet wird, um dann die Lunge während einer bestimmten Anzahl von Sekunden luftleer (d. h. atemlos) zu halten war. Übungen dieser Art, die von Yoga-Schulbüchern empfohlen werden, haben öfters das Ergebnis, daß der so Übende die automatische (und natürliche) Atemregulierung zugunsten einer aus dem Kopf heraus bewirkten bewußten Regulierung des Atems einbüßt und infolgedessen im nächtlichen Schlafe unangenehme (wenn nicht gar gefährliche) Erstickungszustände erleben kann. Nicht auf die Beherrschung und Regelung des Atems aus der bewußten Willkür heraus kommt es für die Konzentrationsfähigkeit an, sondern darauf, daß der Atem den Seelenzustand der Ruhe und Stille rein spiegelt – ohne Mitwirkung der bewußten Willkür. Der Atem wird so regelmäßig und natürlich während der Konzentration, wie er während des Schlafzustandes des Menschen ist – ebenso frei und automatisch, nur daß der Mensch nicht schläft, sondern den erhöhten Wachzustand des Konzentriertseins erlebt.

Reines Gewissen, Menschen- und Naturfreundlichkeit tragen mehr zur Konzentrationsfähigkeit bei als die erwähnten künstlichen Atemübungen.

Jedoch ist der Atem nicht auf die Rolle der Spiegelung des jeweiligen Seelenzustandes des Menschen beschränkt: er kann sich erhöhen und vergeistigen zur Spiegelung des den Seelenzustand transzendierenden Geistes des Menschen (der ruah im Sinne der angeführten Lehren des Sohar), ja, zur Spiegelung des unsterblichen wahren Ich des Menschen, der der „Odem des Lebens" (oder neschamah der Bibel und des Sohar) ist. In diesem Falle wird der Atem zum Organ des Mitschwingens oder der Teilnahme am göttlichen Atem – an dem Hauch des „Odems des Lebens", der der aus Gott ewig werdende Wesenskern des Menschen ist. Denn Gott ist das ewige Sein, und das wahre Selbst des Menschen ist das ewige Werden als „Odem des Lebens" aus dem ewigen Sein. Es ruhet das Selbst des Menschen im Sein-schenkenden Atem der Gottheit. In der höchsten Verinnerlichung des Atems erlebt der Mensch sein wahres Selbst gleichsam als Stern am Himmel des ewigen Seins Gottes. Und er erlebt auch den Sein-schenkenden Atem Gottes, welcher die Gewißheit über Gott und Unsterblichkeit mit sich bringt. Denn Glaube ist die Erfahrung des Sein-schenkenden Atems des ewigen Gottes. Die in den Tiefen des Seelenlebens gespürte Erfahrung des Atems der Ewigkeit ist die Ursache und Quelle der Religion, jeder Religion der Menschheit. Denn Glaube an Gott und Unsterblichkeit ist mehr als Fürwahrhalten, denn das Fürwahrhalten ist eigentlich die Zustimmung und das Wiedererkennen einer Erfahrung, die man in den Tiefen des Seelenlebens gehabt hat, und die Zustimmung zu ihr.

Diese Auffassung über den Ursprung der Religion und des Glaubens an Gott hat kaum eine Aussicht auf Anerkennung in der gegenwärtigen Welt, es sei denn bei der Jungschen Schule der Tiefenpsychologie und bei der platonischen Schule der Philosophie. Denn nur die Jungsche tiefenpsychologische Forschung ist zu dem Ergebnis gelangt, daß der Mensch in seinen Seelentiefen ein religiöses Wesen ist, und nur das platonische Denken vermag der Tatsache gerecht zu werden, daß es eine nicht auf empirische Art gewonnene Gewißheit über Gott und Unsterblichkeit gibt, die auf der „vertikalen" Erinnerung beruht, also auf dem Wiedererkennen der Erfahrung des höheren Selbst im Tagesbewußtsein des empirischen Ich.

Nun gibt es drei, allen Menschen zugängliche Erfahrungen, die den Atem der Ewigkeit nacherleben lassen, indem sie die atmende Erfahrung des höheren Selbst am Himmel des ewigen Seins des dreieinigen Gottes zur Erinnerung und zum Wiedererkennen bringen. Es ist der verinnerlichte Atem bei dem *Erlebnis der Nacht*, bei dem Erlebnis des *Sonnenuntergangs* und bei dem Erlebnis des *Sonnenaufgangs*, der die Wirklichkeit des dreieinigen Gottes auf natürlich-übernatürliche Weise dem still gewordenen Seelenleben des Menschen gleichsam einprägt.

Die Botschaft des Nachthimmels

Der gestirnte Nachthimmel prägt der still gewordenen Seele in der Sprache der schweigenden Majestät das Zeugnis von dem Reich des ewigen Seins – jenseits der Geburt und des Todes, jenseits des Werdens und des Vergehens – ein. Die feierliche Majestät des gestirnten Nachthimmels verkündet die Gegenwart – die Allgegenwart – des heiligen Seins, der der Hintergrund des Weltalls ist. Es ist so, als sei die Welt des Werdens und Vergehens in einer allumfassenden Umarmung an den Busen des ewigen Seins gedrückt. Es rückt das ewige Sein so nah an das Dasein mit seinem Werden und Vergehen heran, daß man sich wundert, warum man am hellichten Tage die Wirklichkeit der Gegenwart der großen Stille des ewigen Seins im Hintergrunde der Mannigfaltigkeit und Vielheit des Daseins nicht wahrgenommen hatte und warum es des gestirnten Nachthimmels bedurfte, um sich der Allgegenwart des ewigen Seins in der Zeitlichkeit des Daseins bewußt zu werden. Die Gegenwart der Ewigkeit in der Zeitlichkeit, von der die sternklare Nacht spricht, wird als alles umfassende und alles durchdringende Heiligkeit empfunden. Denn Heiligkeit ist das Wahrnehmen der Gegenwart des ewigen Seins in der Welt der Zeitlichkeit. Und die solche Heiligkeit empfindende Seele hat die Sicherheit, daß das, was sie empfindet, erst recht von den seligen, leibfreien Geistern der Welt – von den Engeln, Erzengeln, Fürstentümern, Mächten, Gewalten, Herrschaften, Thronen, Cherubim und Seraphim erlebt wird.

Somit findet das atmende Erlebnis des gestirnten Nachthimmels seinen vollkommenen Ausdruck im Schlußteil der Präfation der Messe:

„... die Cherubim und Seraphim, die nicht aufhören, wie aus einem Munde Tag und Nacht zu rufen:

‚Heilig, heilig, heilig, Herr Gott der Heerscharen, Himmel und Erde sind erfüllt von deiner Herrlichkeit, Hosanna in der Höhe! Hochgelobt sei, der da kommt im Namen des Herrn, Hosanna in der Höhe!'"

231

Das dreimalige „Heilig" drückt nicht eine Wertschätzung oder ein Urteil aus, sondern das Durchwehtwerden von dem Hauch der Gegenwart des ewig Seienden in der Welt des zeitlichen Daseins. Es ist, in anderen Worten, das Wahrnehmen der Gegenwart des ewigen Seins durch die Heerscharen, durch die Wesen, die Anteil am ewigen Sein haben. Der „Gott der Heerscharen" wird somit als Ursprung und Quelle aller Selbstheit von allen Selbsten erkannt und anerkannt, indem sie einstimmig („una voce") bekennen:

„Heilig, heilig, heilig ist der Gott der Heerscharen, Himmel und Erde sind erfüllt von seiner Herrlichkeit, Hosanna in der Höhe!"

Ist es denkbar, daß ein Wesen, das sein wahres Selbst als zu den Heerscharen der Ewigkeit gehörend erlebt – ob Mensch, Engel oder sonstiges hierarchisches Wesen –, in diesen Ruf nicht einstimmen würde? Denn dieser Ruf bedeutet die Anerkennung des höchsten Gutes, des höchsten Geschenkes, das denkbar ist und das es im Weltall gibt, nämlich das Geschenk des Seins, mit dessen endlosen Möglichkeiten der Entfaltung, gegeben von dem Schenker des Seins, Gott dem Vater.

So spricht der gestirnte Nachthimmel von der Wirklichkeit des Vater-Gottes zu der still gewordenen, die Tiefe atmenden Seele.

Die Botschaft des Sonnenunterganges

So wie der gestirnte Himmel der Nacht der wesentlich atmenden Seele die Allgegenwart des ewigen Seins und die Heiligkeit des Schenkers des Seins einprägt, so verkündigt das Erlebnis des Sonnenunterganges den Abstieg des Sohnes vom Himmel des ewigen Seins in das Reich des Daseins, in das Reich der Geburt und des Todes. Die Farbenpracht des Sonnenunterganges ist nicht bloß ein ästhetisches Erlebnis, sondern darüber hinaus ein natürlich-übernatürliches Symbol und Gleichnis der unaussprechlichen Schönheit des Liebesopfers des Sohnes, der von der Welt des ewigen Seins Abschied nimmt, um in die Welt des zeitlichen Daseins, in die Welt der Geburt und des Todes – in die Inkarnation hinabzusteigen:

„Descendit de coelo et incarnatus est de Spiritu sancto ex Maria virgine et homo factus est."

Und wiederum spiegelt sie die unsägliche Schönheit des Liebesopfers Jesu Christi, als er von den Seinigen Abschied nahm, um den Opfertod auf Golgatha zu erleben. Sie spiegelt das himmlische Abschiednehmen des Sohnes von dem Reiche des himmlischen Vaters vor der Inkarnation und das irdische Abschiednehmen Jesu Christi beim letzten Abendmahl, läßt dieselbe Melodie des Abschiednehmens ertönen wie das Sichversenken in die Abschiedsreden, wie sie das Johannesevangelium enthält. Beim Sonnenuntergang erlebt die Seele gleichsam die Abschiedsreden des Johannesevangeliums, und beim Lesen des Johannesevangeliums gleichsam das himmlische Geheimnis des Sonnenunterganges.

Ist es nicht dieses zweifache Abschiednehmen, das die indianischen peones und vaqueros täglich anschauen und belauschen, da sie jeden Abend in Mexiko schweigend den Sonnenuntergang erleben? Es ist nämlich jedem haciendero und ranchero in Mexiko bekannt, daß die indianischen peones (Tagelöhner) die abendliche Stunde des Sonnenunterganges frei haben müssen, um sich in die – mehr als ästhetische – Schönheit des Sonnenunterganges versenken zu können. Was erleben sie dabei, das ihnen lebenswichtig ist? Ist es nicht dieselbe Schönheit des Liebesopfers des Sohn-Gottes, die sowohl im Sonnenuntergang als in den Abschiedsreden Jesu im Johannesevangelium erlebt werden kann? Ist es nicht die Sehnsucht nach *absoluter* Schönheit, die jene einfachen Indianerseelen ergreift und ihnen ein Lebensbedürfnis ist?

Dabei kann man nicht umhin, an den Ausspruch des hl. Augustinus zu denken: ,,Anima humana naturaliter christiana – die Wesensbeschaffenheit der menschlichen Seele ist christlich." Wäre sie es nicht, wie könnte dann der Auftrag an die Apostel gegeben werden, in alle Welt hinauszugehen und alle Völker zu taufen im Namen des Vaters, des Sohnes und des Heiligen Geistes? Brot und Wasser setzen voraus Hunger und Durst, und Gnadenwirkung und Offenbarung setzen voraus Sehnsucht und Fragen, die in dem Bedürfnis zum Ausdruck kommen, den Sonnenuntergang in stiller Ergriffenheit mitzuerleben.

Nur im Sinne dieses Ausspruches kann das Bedürfnis jener indianischen Tagelöhner in Mexiko, den Sonnenuntergang kontemplativ zu erleben, verstanden werden. Es ist die unaussprechliche Schönheit des Sohn-Gottes, der den Himmel des ewigen Seins für die Inkarnation im Reiche von Geburt und Tod verläßt, und des Abschiednehmens des Gottmenschen Jesus Christus vom Menschenleben, um in den Opfertod zu gehen. Weder im Himmel noch auf Erden ist etwas von so ergreifender Schönheit zu finden wie der Abstieg des Gott-Sohnes vom Himmel des ewigen Seins und der Abschied des Gottmenschen vor seiner Passion und seinem Kreuzestode. Und es ist diese Schönheit, die die Seelen der armen Indios in Mexiko ergreift, und sie ist es, die von ihnen nacherlebt wird. Denn eine Seele, die wahrhaft Seele ist, kann nicht anders, als von der Schönheit des Sohn-Gottes ergriffen zu werden.

Es wäre aber unwahr und leichtfertig, wollte man aus der Tatsache, daß die indianischen Landarbeiter Mexikos das zum Herzen sprechende Geheimnis des Sonnenunterganges seelisch zu eratmen fähig sind, den Schluß ziehen, ein mit solchem Einfühlungsvermögen begabtes Seelenleben sei ,,erst recht" in der christlichen Menschheit Europas gegeben. Dem ist nicht so. Denn es gab und gibt in Europa Zeiten und ganze Völker, in denen das Leben der Seele als Seele höchst gefährdet und bis zu einem Minimum herabgedämpft ist. Dies gilt nicht nur für die Flut des Materialismus, die Ost- und Mitteleuropa in diesem Jahrhundert überschwemmt hat, sondern auch für die Welle der Aufklärung im 18. Jahrhundert, die dem Materialismus voranging. Die Gefahr für die menschliche Seele war so groß, daß sich ein besonderer Eingriff von oben als notwendig erwies, um ihr vorzubeugen. Dieser Eingriff bestand darin, daß in der zweiten Hälfte des 17. Jahrhunderts die Offenbarung des heiligsten Herzens Jesu geschah. Sie führte zum Kulte und zur Verehrung des heiligsten Herzens Jesu, die in den katholischen Ländern der Welt sich rasch verbreiteten und tiefe Wurzeln schlugen. Die Herz-Jesu-Verehrung sollte die Seele der Menschheit retten, denn die mit der Aufklärung hereinbrechende Gefahr drohte den Menschen zu einer Art Kentaur zu machen – zu einem Wesen, das aus Kopf und Gliedmaßen, d. h. aus Vernunft und Wille besteht, zu einer klugen Bestie ohne Herz. Die Herz-Jesu-Verehrung hatte die Aufgabe, das Herz zu beleben und damit dem nach Macht strebenden Willen und dem ihm dienstbaren Verstande das Licht, die Wärme und das Leben, die dem Herzen Jesu entströmen, gegenüberzustellen.

Denn die Seele, als Feinheit und Tiefe des Lebens des Herzens verstanden, ist keine sichere Gegebenheit, und auch nicht eine solche der christlichen, zivilisierten Menschheit. Sie wird in vielerlei Art gefährdet und mit Vernichtung bedroht. Sie muß gepflegt und angeregt werden, so wie es mit Hilfe der Herz-Jesu-Verehrung geschah und geschieht. Und was an ergreifender moralischer Tiefe und Schönheit bei der Verehrung des Herzens Jesu geschaut und erlebt werden kann, es wird bei der Anschauung und der kontemplativen Versenkung in den Sonnenuntergang von den indianischen Landarbeitern geschaut und erlebt. Denn das tiefste Wesen dessen, was sie beim Sonnenuntergange erleben, ist das Wesen des heiligsten Herzens Jesu, welches, wie die ihm gewidmete Litanei sagt: „der Herrscher und der Mittelpunkt aller Herzen – rex et centrum omnium cordium" ist.

Es ist gleichsam die Sonne aller Herzen.

Die Botschaft der Geburt des neuen Tages

Der Morgen, als Geburt des neuen Tages, ist ein großartiges Ereignis des Erwachens vieler Wesen, die in Schlaf und Vergessenheit versunken waren. Das Erwachen, was ist es? Es ist das Wiederaufleuchten der Erinnerung an die Vergangenheit und das Wiederaufleben der Hoffnung auf die Zukunft.

Das Wesen der Kraft, die das Erwachen bewirkt, die den Schlaf und die Vergessenheit überwindet, ist die Hoffnung. Jeder Morgen eines neuen Tages, jedes Erwachen ist das Werk der Kraft der Hoffnung, die die Menschen und die Naturwesen durchströmt. Der Chor der Vögel, der die Geburt eines neuen Tages mit seinem Gesang begrüßt, weist auf die Tatsache hin, daß es Hoffnung ist, die von den erwachenden Naturwesen erlebt wird ...

NACHWORT DES HERAUSGEBERS

Valentin Tomberg wurde am 27. Februar 1900 als zweiter Sohn eines höheren Beamten in St. Petersburg geboren. Dort besuchte er das humanistische Gymnasium und studierte drei Semester lang Geschichte und Philosophie. Obwohl evangelisch erzogen, kam er früh auch mit der russisch-orthodoxen Geisteswelt und mit theosophischen Strömungen in Berührung. Den glücklichen Jahren seiner Jugend setzte die Revolution, während der seine Mutter von umherstreifenden Banden auf der Straße erschossen wurde, ein Ende. Er ging ins Exil nach Reval in Estland, wo er sich zunächst als Landarbeiter, Pharmazeut, Künstler und Lehrer durchschlug, während er gleichzeitig an der Tartu-Universität vergleichende Religionswissenschaften sowie mehrere alte und neue Sprachen studierte und die Grundlagen für seine profunde Universalbildung legte. Seit 1924 entlastete ihn eine Beamtenstelle an der estnischen Generaldirektion der Post von den äußeren Lebenssorgen und ermöglichte ihm später den Besitz einer kleinen Datscha in der Nähe Revals. In jenen Jahren arbeitete er sich so gründlich und überzeugend in das Werk Rudolf Steiners ein, daß der deutschsprachige Zweig der Anthroposophischen Gesellschaft Estlands den 25jährigen zu ihrem Vorsitzenden wählte. Oft hat er bedauert, daß er Rudolf Steiner, der 1925 starb, im Leben nie begegnet ist. Erst in der zweiten Hälfte der 20er Jahre wurden ihm erste Reisen nach Finnland, Deutschland und Frankreich möglich.

Von 1930 an veröffentlichte er zahlreiche Aufsätze in anthroposophischen Zeitschriften. Zwischen 1933 und 1938 erschien, als Manuskript gedruckt, sein Hauptwerk: je zwölf anthroposophische Betrachtungen über das Alte und das Neue Testament. Zwölf weitere Betrachtungen über die Apokalypse (und damit über die Zukunft der Menschheit) hat Tomberg zwar als Vorträge gehalten, doch sind nur drei davon erschienen, dann brach Tomberg die Arbeit daran ab. In den gleichen Jahren erschienen drei Werke über die „Grundsteinmeditation" Rudolf Steiners über das Erscheinen Christi im Ätherischen und über die Innere Entwicklung des Menschen. In immer neuen Varianten ging es ihm vor allem darum, Christus ins Zentrum der Anthroposophie zu rücken, die Liebe zu ihm zu wecken oder zu vertiefen, in Erdenleben, Tod und Auferstehung Christi den Wendepunkt der Weltgeschichte zu erkennen, um daraus zur moralischen Verantwortung gegenüber dem dreieinigen Gott zu finden. Viele, die damals aufhorchten, berichten, wie unendlich viel sie ihm verdanken.

Doch die offizielle Anthroposophische Gesellschaft sah ihre Aufgabe in erster Linie in der Pflege und Weiterführung des Erbes Rudolf Steiners, die holländische Gesellschaft überdies mehr in praktisch-sozialer Arbeit als in der Christosophie. Zwar hatten ihm holländische Freunde die Übersiedlung in die Niederlande ermöglicht und sie ihm zu einer neuen Heimat gemacht. Doch als der damalige Vorsitzende der holländischen Gesellschaft Tomberg zum Austritt aufforderte, wandte er sich von der Anthroposophischen Gesellschaft ab, niemals freilich von Rudolf Steiner, dem er (und der aus der jenseitigen Welt ihm) immer in innigster Geistgemeinschaft verbunden blieb. Er hat aber auch der praktischen Arbeit der Anthroposophen, insbesondere im pädagogischen, heilpädagogischen, medizinischen und landwirtschaftlichen Bereich, bis zuletzt gerechte Anerkennung gezollt.

In den Jahren des Krieges und der deutschen Besetzung hielt sich Valentin Tomberg mit Frau und Sohn, nur von privatem Sprachunterricht lebend, in Amsterdam vor den Nazis verborgen – umgeben von einem kleinen Kreis treuer Freunde, die er in einem jahrelang währenden Kursus anhand des „Vaterunsers" immer tiefer in die Mysterien des Christentums einführte. In jenen Jahren verband er sich zunächst mit der orthodoxen Kirche. Doch gegen Ende des Krieges war sein Entschluß gereift: Im Internierungslager für „Displaced persons" trat er der katholischen Kirche bei.

Er hielt es für einen folgenschweren Irrtum, die katholische Kirche immer nur als Institution der Bevormundung des freien Geisteslebens oder gar der Inquisition und Religionsverfolgung zu sehen und sie so mit ihrem „Doppelgänger" oder „Egregor" zu verwechseln, der jede Institution begleitet. Er hatte gelernt, die hiervon zu unterscheidende wahre, eigentliche Kirche zu lieben, und er besaß die Gerechtigkeit, anzuerkennen, daß diese unter dem verwandelnden Eindruck ihrer Erfahrungen mit dem Nationalsozialismus auch im Äußeren viel deutlicher in Erscheinung getreten war.

Die Wurzel seiner Konversion lag nicht in persönlichen Motiven, sondern in Christusliebe und Weltverantwortung. Manche seiner früheren Freunde haben gefragt, ob ein so großer Geist nicht seine Freiheit durch die Einordnung in die Kirche einbüße. Seine persönliche Erfahrung hat diese Befürchtung seiner Freunde nicht bestätigt. Er verstand unter geistiger Freiheit, daß sich der Mensch dem objektiv Wahren und Guten ohne jede Trübung durch subjektive Sympathie oder Antipathie öffnet und es in sein ewiges Ich aufnimmt. In diesem Sinne konnte er auch als Katholik seine Freiheit und Identität bewahren. Denn der Kern dessen, was sich ihm aus eigener Einsicht als Wahrheit ergeben hatte, ist eben die Botschaft, die die Kirche in die ganze Welt trägt und der sie dient, indem sie die überlieferten Mysterien von Generation zu Generation weitergibt, Sakramente spendet, das liturgische Kirchenjahr feiert, predigt und segnet und sich ohne Geisteshochmut auch den einfachen Menschen in aller Welt zuwendet: Gebildete und Ungebildete vereinen sich hier in der Anbetung des dreifaltigen Gottes, in der Verehrung der Heiligen, im Singen unserer Weihnachtslieder, die Tomberg so sehr liebte. Wer im Geiste ernster Wahrheitssuche nach den tieferen Gründen für seine Konversion fragt, für den leuchten sie aus seinem Werk selbst zur Genüge hervor. In den Jahren nach dem Kriege hielt er Vorträge in mehreren Städten des Rheinlandes. Frühere Hörer erinnern sich mit großem Enthusiasmus, wie er u. a. den tiefen Sinn des Rosenkranzgebetes erklärte. – Daneben verarbeitete er die politischen Erfahrungen der Nazizeit in zwei rechtsphilosophischen Schriften: „Degeneration und Regeneration der Rechtswissenschaft" und „Die Grundlagen des Völkerrechts als Menschheitsrecht". Die Kölner Juristische Fakultät verlieh ihm den Doktorgrad. In der Stadt Mülheim/Ruhr wurde ihm die Verantwortung für den Wiederaufbau der Volkshochschule übertragen. 1948 vermittelten ihm englische Freunde eine Lebensstellung bei der BBC, zu der ihn nicht nur seine Sprachkenntnisse, sondern auch politischer Überblick und Urteilskraft befähigten. Er lebte zunächst in London, später in einem im Grünen gelegenen Häuschen in Reading an der Themse, wo ihm die Universitätsbibliothek für seine abendlichen Studien zur Verfügung stand. Er nutzte die früheste Möglichkeit zur Pensionierung, um sich ganz seinen Manuskripten zu widmen. Seine aus einer polnisch-französischen Familie stammende Frau war ihm dabei nicht nur eine verständnisvolle Wegbegleiterin, sondern in vielem auch eine kongeniale Mitarbeiterin. Die tiefe geistige Gemeinschaft mit ihr war ihm in seinem äußerlich schweren, von Verkennung und Vereinsamung gezeichneten Leben eine ständige Quelle menschlichen Glücks.

Ein Wort über meine persönliche Begegnung mit Valentin Tomberg, die ich als Anthroposoph und Katholik lange Zeit vergeblich gesucht hatte und die sich dann durch sehr eigentümlich gefügte Umstände ergab: Ich hatte zwar in Erfahrung gebracht, daß er mit dem emeritierten Kölner Staatsrechtler Ernst von Hippel befreundet war und daß dieser mir vielleicht den Zugang zu ihm vermitteln könnte, doch gelang es mir nicht, von Hippels Bekanntschaft zu machen, bis ich im Jahre 1967 überraschenderweise zu seinem Nachfolger berufen und dann Tomberg vorgestellt wurde. In seinen letzten Lebensjahren war mir Valentin Tomberg nicht nur ein Lehrer, sondern auch ein väterlicher Freund von unglaublicher Herzlichkeit und Zuwendung. In seinen Gesprächen wechselte tiefster Ernst mit gelöster Heiterkeit, Witz und Humor. Nie habe ich etwas anderes erlebt als Güte, Ehrlichkeit, Gerechtigkeit des Urteils, Klarheit des ganzen Wesens. Jede Begegnung, jeder Brief, ja jedes Telefonat hatten etwas Erfrischendes, Stärkendes, Regenerierendes.

Aus meiner Kenntnis seines Lebens und Denkens möchte ich nur zwei Dinge hervorheben: Seine „soziale" Aktivität bestand vor allem in dem Bemühen, in ausgedehnter täglicher und nächtlicher Gebetsarbeit zahlreichen Verstorbenen im „Purgatorium" praktische Hilfe zu bringen. Immer wieder betonte er als besonders wichtig, daß man den „Himmel" nicht als abstraktes Prinzip verstehen dürfe. Er sei vielmehr als das „göttliche Milieu" (Teilhard de Chardin) zugleich die von konkretem Leben erfüllte Gegenwart von Engeln und anderen personalen Wesen, die einen Namen tragen, die Eigenschaften haben, die wirken und leiden und am großen Drama der Weltgeschichte teilnehmen. Von Gott sprach er meist als dem „Vater", von Gottes Sohn als dem „Meister"; ihnen wollte er vollkommen gehorsam sein.

Bei einem Besuch in der Weihnachtszeit 1972 überbrachte er mir verschiedene Manuskripte, darunter die ersten drei der hier veröffentlichten, ferner seine geistlichen Tagebücher und andere Aufzeichnungen und vertraute mir die Sorge für seinen literarischen Nachlaß an. Es war, als ahnte er, obschon gesund, seinen bevorstehenden Tod; jedenfalls war es unsere letzte Begegnung. Wenige Wochen später traf ihn ein Gehirnschlag. Er starb am 24. Februar 1973. Der Tod ereilte seine Frau kurze Zeit darauf, wie er es mir auf die Frage nach seinen Altersplänen einmal mit großer Bestimmtheit vorausgesagt hatte. In seinem Nachlaß fand sich das Fragment, das wir als viertes Werk aufnehmen.

Die drei Manuskripte sollte ich veröffentlichen, wenn die Zeit dafür reif sei, was „nicht vor Ablauf von zehn Jahren der Fall sein werde".

Ich habe mich vor der Versuchung gehütet, schwierige, provozierende, der ausführlichen Erläuterung bedürfende Passagen zu kürzen oder zu „entschärfen". Lieber bitte ich den Leser, Valentin Tomberg auch dort das Vertrauen nicht zu entziehen, wo ihm zweifelnde Fragen bleiben. Aus meiner persönlichen Erfahrung kann ich zweierlei versichern: Wichtiger als die überzeugende Wirkung war ihm die Achtung vor der geistigen und moralischen Freiheit und Eigenständigkeit des anderen, den er mit seinen Bedenken und Einwänden stets ernstgenommen hat. Zum anderen: Fragen veranlaßten ihn oft zu ausführlichen Antworten, die das auf den ersten Blick Anstößige in ganz neuem Licht erscheinen ließen und auf überraschende Weise begreiflich machten. Die Bearbeitungen, Kürzungen und Umstellungen beschränken sich deshalb auf sprachliche und sachliche Korrekturen, bei denen ich gewiß sein kann, daß Tomberg seine Zustimmung erteilt hätte. Hierbei war die Mitarbeit von Frau Dr. Gertrude Sartory besonders hilfreich und dankenswert.

Ich habe gewagt, der ersten und dritten Schrift einen griffigeren, der zweiten einen treffenderen Titel zu geben. In den Manuskripten lauten die Überschriften: „Das Wunder der Auferweckung das Lazarus in der Weltgeschichte"; „Die zehn Gebote (Der Dekalog)"; „Das Reich der Natur, das Reich des Menschen und das Reich Gottes (Eine Betrachtung über die natürliche, die menschliche und die übernatürliche Sittlichkeit)". Das nachgelassene Fragment trug keinen Titel; „Der Odem des Lebens" schien mir seinen Inhalt am treffendsten zu kennzeichnen. Sein erstes Kapitel trägt den Vermerk „Pfingsten 1972". Am zweiten Kapitel arbeitete der Verfasser unmittelbar vor seinem Tode, der ihn ereilte, als er im Begriff war, das Erlebnis des Sonnenaufganges mit dem Wirken des Heiligen Geistes in Beziehung zu setzen. Die Schrift „Die Verkündung auf dem Sinai" war sein vorletztes Werk, sie trägt das Datum „Mai 1972". Die Schrift „Dein Reich komme" entstand zwischen dem 1. Februar und dem 10. April 1967. Das Manuskript „Lazarus" ist nicht datiert, ist jedoch mit Gewißheit in der zweiten Hälfte der 60er Jahre entstanden. Wir haben es an die erste Stelle gesetzt, nicht nur weil es das bedeutendste der vier Manuskripte ist und allen vieren seinenNamen geben soll, sondern auch weil sich die Einleitung zu dieser Schrift als Einleitung zum Gesamtwerk eignet.

Ich danke dem Verleger und seinen Mitarbeitern für die unbeirrbare Geduld und den engagierten Einsatz, mit dem sie das Erscheinen des Werkes möglich gemacht haben.

Köln, Pfingsten 1985 *Martin Kriele*

Der Anonymus d' Outre-Tombe

DIE GROSSEN ARCANA DES TAROT

MEDITATIONEN

Aussagen und Stimmen zum Werk:
„Ein christlicher Denker und Beter von bezwingender Lauterkeit breitet Symbole der christlichen Hermeneutik in ihren Stufen – Mystik, Gnosis und Magie – ... vor uns aus, die er meditierend in die tiefere, weil allumgreifende Weisheit des katholischen Mysteriums heimzuführen sucht ... Der Verfasser kann nur deshalb so souverän auf alle Spielarten okkulter Wissenschaft eingehen, weil sie für ihn zweitletzte Realitäten sind, die lediglich dann wahrhaft erkannt werden, wenn sie sich auf das absolute Mysterium der göttlichen Liebe in Christus beziehen lassen."

HANS URS VON BALTHASAR
in seiner Einleitung

Die außerordentliche, spirituelle Kraft und tiefe Religiosität des Verfassers wird vielen Lesern neue meditative und intellektuelle Wege zum christlichen Glauben eröffnen. In einer Zeit der allgemeinen theologischen Entmythologisierung schafft dieses Buch in wohltuender Weise den Ausgleich, in dem es Weisheitsschätze wieder voll in das Glaubensleben einbringt.

JOACHIM ILLIES

Ausgabe A
in 4 Bänden, je Band ca. 190 Seiten, 13,9 × 21,4 cm, Paperback.
Band 1: ISBN 3-906-37101-8 / Band 2: ISBN 3-906-37102-6
Band 3: ISBN 3-906-37103-4 / Band 4: ISBN 3-906-37104-2

Ausgabe B
als Liebhaberausgabe in 2 Bänden, zusammen 772 Seiten, gebunden.
ISBN 3-906-37105-0

HERDER BASEL